M. Kronenberg

Geschichte des deutschen Idealismus

1. Band - Die idealistische Ideen-Entwicklung von ihren Anfängen bis Kant

D1720218

Literaricon

M. Kronenberg

Geschichte des deutschen Idealismus

1. Band - Die idealistische Ideen-Entwicklung von ihren Anfängen bis Kant

ISBN/EAN: 9783959137997

Auflage: 1

Erscheinungsjahr: 2018

Erscheinungsort: Treuchtlingen, Deutschland

Literaricon Verlag UG (haftungsbeschränkt), Uhlbergstr. 18, 91757 Treuchtlingen. Geschäftsführer: Günther Reiter-Werdin, www.literaricon.de. Dieser Titel ist ein Nachdruck eines historischen Buches. Es musste auf alte Vorlagen zurückgegriffen werden; hieraus zwangsläufig resultierende Qualitätsverluste bitten wir zu entschuldigen.

Printed in Germany

Cover: Franz Ludwig Catel, Spaziergang in Palermo, 1846, Ausschnitt, Abb. gemeinfrei

Geschichte

des

Deutschen Idealismus

Von

Dr. M. Kronenberg

Erster Band

Die idealistische Ideen-Entwickelung
von ihren Anfängen bis Kant

München 1909
C. H. Beck'sche Verlagsbuchhandlung
Oskar Beck

C. H. Beck'ſche Buchdruckerei in Nördlingen.

Vorwort.

Die Idee des vorliegenden Werkes ist einer zwiefachen, und im Grunde doch einheitlichen, Absicht entsprungen. Es soll zunächst jene Periode der deutschen Geistesgeschichte zur Darstellung bringen, die etwa von der Mitte des 18. Jahrhunderts bis zu Goethes und Hegels Tode (1831 und 1832) reicht, jene Blütezeit des deutschen Geisteslebens, die man als die Zeit des deutschen Idealismus einheitlich zu begreifen und zu bezeichnen pflegt. Dieses Werk soll aber weiterhin, eben durch die geschichtliche Betrachtung, dem werdenden Neu-Idealismus, dessen verheißungsvolle Ansätze überall im geistigen Leben der Gegenwart deutlich zu erkennen sind, die sichere und vertiefte Grundlage schaffen helfen. Denn, diese Erkenntnis ist fast schon Gemeingut der Gebildeten geworden: dieser werdende, und vorerst noch so unsicher tastende, Neu-Idealismus unserer Tage wird keine Blüte ansetzen und keine dauernd wertvollen Früchte hervorbringen können, ohne Anknüpfung an jene Periode, in welcher der idealistische Geist, seit Beginn der Kulturentwickelung, sich am tiefsten und schönsten offenbart hat, ohne lebendige Aufnahme der überreichen Ideenfülle, die hier gegeben, und ohne ernste Auseinandersetzung mit den tiefsten Kulturproblemen und Menschheitsfragen, die hier gestellt sind.

Sicherlich würde also schon die Absicht einer rein geschichtlichen Darstellung das Erscheinen eines Werkes, wie des vorliegenden,

hinreichend rechtfertigen. Denn, so seltsam es klingen mag: es gibt
unter allen Zeitabschnitten der deutschen Kulturentwickelung keinen,
der noch immer so sehr im historischen Schatten läge, als die an
die Gegenwart so nah angrenzende Periode des deutschen Idealismus. Das gilt in einem gewissen Maße selbst von der Frühzeit
der klassischen Epoche, z. B. von der Ideenwelt Hamanns, Winckelmanns, Jacobis — um wie viel mehr gilt es von der späteren
Zeit, und namentlich der klassischen nachkantischen Philosophie! So
ist insbesondere zwischen der eigentlichen Romantik und der nachfolgenden, bis auf die unmittelbare Gegenwart reichenden, neu-
naturalistischen Periode das gewaltige Gedankenmassiv des Hegelschen Systems hingelagert — aber es ist noch immer unbekannter
und weniger erforscht als ein weit entferntes Hochgebirge, dessen
höchste Gipfel nur selten von einem menschlichen Fuß betreten
werden; und von Hegel selbst gilt noch immer, wiewohl schon in
eingeschränkterem Maße, das bittere Wort Lessings über Spinoza:
redet man doch von ihm nur wie von einem toten Hunde. Ähnlich
ist es mit Schelling, und nicht viel besser steht es selbst mit der
philosophischen Gedankenwelt Goethes und Schillers, wenigstens
soweit sie mit der Schellings und Hegels aufs engste verknüpft ist.

Der Grund hierfür ist, daß seit der Auflösung der Hegelschen Schule die historische Kontinuität mit der Periode des deutschen Idealismus unterbrochen blieb, so daß nun der Gegenwart
seit langem der Zugang fehlt zu dem Geiste, von dem jene Periode
beherrscht war. In diesem einheitlichen Geiste aber wurzeln alle
ihre einzelnen Lebensäußerungen, ja es hat wohl nie eine Periode
in der Kulturgeschichte gegeben, für welche die Einheit der Ideen-
verbindung so entscheidend, so sehr eins und alles war. Schon unter
dem rein historischen Gesichtspunkte ergibt sich also, daß eine Geschichte des deutschen Idealismus nicht möglich ist, wenn man nicht
alle seine Erscheinungen als Glieder einer einheitlichen großen Ge-

dankenbewegung betrachtet, zu welcher der Zugang nicht gewonnen werden kann, wenn man nicht, wie es das vorliegende Werk unternimmt, zwar im Geiste des deutschen Idealismus, aber von neuem und selbständig, in den Zusammenhang der Probleme eintritt, deren Lösung durch ihn versucht wurde.

Sonach ist dieses Buch nicht bloß historisch, sondern auch konstruktiv, es will nicht bloß einen historisch gegebenen Thatbestand darstellen, sondern auch Probleme der unmittelbaren Gegenwart aufwerfen und deren Lösung mit vorbereiten helfen.

Dadurch wurde denn auch die Anlage des ganzen Werkes wie die Art der Darstellung bestimmt.

Es handelt sich hier also um eine Geschichte von Ideen, Kulturströmungen und historischen Begriffsverbindungen, nicht um eine Geschichte der Persönlichkeiten, welche Träger jener Ideen waren, noch auch der Schriften, in welchen sie hervorgetreten sind. Demnach konnte diese Geschichte des deutschen Idealismus weder literarisch, noch biographisch, sondern nur pragmatisch behandelt werden, im Sinne einer Pragmatik des Geistes, deren Wesen im ganzen Werke, wie ich hoffe, immer deutlicher hervortreten wird. Die Sache selbst in ihrer eigenen Energie, und, wenn möglich, auch in ihrer eigenen Schönheit, zur Geltung zu bringen, die Einheit der Ideenverknüpfung durch sich selbst hervortreten zu lassen, darauf mußte alle Aufmerksamkeit vornehmlich gerichtet sein. Und nach eben denselben Gesichtspunkten bestimmte sich der Fortgang der Darstellung: jede neue Idee oder Ideen-Verbindung konnte nur da aufgenommen werden, wo sie in den geschichtlichen Zusammenhang eintritt und eingreift, nicht, wie es in philosophie- oder kulturgeschichtlichen Darstellungen üblich ist, da, wo es im biographischen Zusammenhange erwünscht gewesen wäre. Unter dem Gesichtspunkte endlich, daß die Gedankenbewegung des deutschen Idealismus fast alle wesentlichen Probleme der Kulturentwickelung in sich faßt und vor allem auch die tiefste und umfassendste Würdigung und Kritik der geistigen Hauptmächte der geschichtlichen Vergangenheit, Hellenismus, Christentum und moderner Naturalismus, in sich schließt, war es erforderlich, in der Darstellung bis zu den Anfängen der abendländischen Kulturentwickelung zurückzugreifen, so weit deren Hauptstadien zugleich Vorstufen für den deutschen Idealismus selbst bilden. In dieser Art schildert der vorliegende erste Band den Werdeprozeß des deutschen Idealismus von den Anfängen bis zur Reife, bis zum vollen Durchbruch seines eigentümlichen Ideen-Inhalts in der Sturm- und Drangperiode, während der zweite Band, der im nächsten Jahre erscheinen soll, die Blütezeit oder die klassische Periode des deutschen Idealismus behandeln wird. Naturgemäß wurde die Darstellung im vorliegenden Bande allmählich breiter, je mehr sie sich dieser Blüteperiode annäherte. Der vorliegende erste Band bringt also gewissermaßen die Exposition des Gedankendramas, dessen Peripetie im zweiten Bande zur Darstellung kommen soll.

In dieser dramatischen Zuspitzung, Kraft und Spannung einer Ideen-Krisis, welche fast alle höchsten Kulturprobleme und Menschheitsfragen in ihren Kreis zog, liegt vor allem das Auszeichnende und Große der Periode des deutschen Idealismus begründet. Eben dadurch ist Deutschland für Jahrhunderte zum praeceptor mundi, zum Lehrer des ganzen Erdkreises geworden. Von aller Geisteskultur gilt, was Goethe einmal von der Wissenschaft sagt: sie ist wie eine Fuge, in der die Stimmen der Völker nach und nach zum Vorschein kommen — und sicher ist die Stimme Deutschlands niemals volltönender und reiner zur Geltung gekommen, hat sich der Genius des deutschen Volkes nie schöner und tiefer offenbart, als eben in der Periode des deutschen Idealismus. Man braucht darum die Schatten nicht zu übersehen, die hier so wenig fehlen wie irgendwo sonst in der Wirklichkeit, vor allem das völlige Darniederliegen des politisch-sozialen Lebens. Damals konnte die Mahnung berechtigt erscheinen, die Gervinus, im Rückblick auf die Glanzzeit des deutschen Idealismus, einmal aussprach: die Deutschen, ein ruhesüchtiges Volk des bloßen Denkens und Dichtens, müßten hinausgetrieben werden in das freie offene Feld der Wirklichkeit und der Thatsachen, um in politisch-sozialer Arbeit realistisch hart geschmiedet zu werden. Aber diese Mahnung von damals ist heute längst erfüllt, so sehr erfüllt, daß dieses Hartwerden vielfach zur Verhärtung, der Wirklichkeitsgeist zum Wirklichkeitsfanatismus, zur Verarmung des geistigen Lebens geführt hat, — und so hätten wir auch schon um dessentwillen doppelten und dreifachen Anlaß, uns zu den Überlieferungen der idealistischen Epoche zurückzuwenden, die unser bestes Erbteil sind.

Berlin, September 1908.

Der Verfasser.

Inhalt.

Dritter Teil. Die idealistische Gedankenrevolution.

Erster Teil.
Die geschichtlichen Vorstufen.

1. Wesen und Grundtypen des philosophischen Idealismus.

Vom Begriff und Wesen des philosophischen Idealismus wird auf den nachfolgenden Blättern überall die Rede sein. Denn es gibt über dieses Thema keine Auseinandersetzung, die reicher, tiefer und umfassender wäre als eben die Geschichte des deutschen Idealismus. Nicht nur, daß hier fast alle Möglichkeiten idealistischer Ideenentwickelung durchdacht, und bis in die dunkelsten, entlegensten Tiefen des Gedankens fortgeführt wurden, auch die geschichtlich vorangehenden Erscheinungsformen des philosophischen Idealismus sind, wenigstens dem allgemeinen Ideengehalte nach, in diesen umfassenden Gedankenprozeß mit aufgenommen worden und tönen in mannigfaltigster Weise mit fort in dem ganzen melodienreichen Strome seiner dialektischen Entwickelung.

Indessen ist es auf alle Fälle nützlich und wertvoll, von vornherein eine, wenn auch nur vorläufige und allgemeine, Orientierung über den Gegenstand unserer Untersuchung zu gewinnen, und vor allem wichtig, ein so schwer zu fixierendes Objekt der Betrachtung, wie es das unsrige zweifellos ist, frühzeitig klar zu umgrenzen und scharf zu bestimmen. Gerade dies letztere aber erreicht man am besten durch eine Umschau von weitester historischer Perspektive. Denn mit der Betrachtung solcher großen historischen Erscheinungen, wie des deutschen Idealismus, ist es nicht anders als etwa mit der Betrachtung und Erforschung mächtiger Bergrücken und Höhenzüge: die festen Konturen, die allgemeinen Um risse erblickt man am deutlichsten und klarsten in weitem Abstand, hier in räumlicher, dort in zeitlich-geschichtlicher Ferne.

Von diesem weitesten geschichtlichen Standorte aus betrachtet, erscheint der philosophische Idealismus als eine Erscheinungsform alles geistigen Lebens, also auch aller Kultur, als eine notwen= dige Erscheinungsform, also eine solche, die mit beider Wesen unabtrennbar verknüpft und daraus unmittelbar abzuleiten ist.

Vielleicht hat Plato für das Wesen aller Kultur und alles geistigen Lebens den universellsten Ausdruck gefunden und die um= fassendste Formel geprägt, wenn er sagt: die wahre Giganto= machie ist der Kampf zwischen Subjekt und Objekt. In der Tat ist dieser Gegensatz das Grundthema aller Kultur= entwickelung, und die wichtigsten Erscheinungen des Kulturlebens nur ebensoviele Variationen desselben. Bald übt das Objektive mit seiner bunten Vielgestaltigkeit die Herrschaft aus, wie in den Naturreligionen, im Naturalismus, Materialismus und Positivismus; bald hat das Subjekt mit seinem Einheitstrieb die überragende Gewalt erlangt, wie in den vergeistigten Natur= und den mono= theistischen Religionen, in den Weltanschauungen des sinkenden Hellenismus, im Spiritualismus und Mystizismus usw.; und nur selten wird jenes ruhige statische Gleichgewicht beider erreicht, durch welches offenbar die höchsten Kulturleistungen bedingt sind, wie im griechischen und deutschen Idealismus, oder auch in der italienischen Renaissance zur Zeit ihrer Blüte.

An diesen Gegensatz des Subjektiven und Objektiven und seinen beständig erneuten Ausgleich scheint alle Kultur, d. h. das höhere Leben der Menschheit, ebenso geknüpft zu sein, wie alles animalische Leben beim Individuum gebunden ist an den Gegen= satz von Einatmen und Ausatmen: wie hier, so gibt es auch dort ein beständiges Wechselspiel von Systole und Diastole, das den eigentlichen Pulsschlag alles Lebens bildet und seinen ewigen Rhythmus unterhält.

Nach eben demselben Gegensatz bestimmen sich denn auch die Unterschiede der wichtigsten Perioden, die wir im Kulturleben kennen.

In der ersten dieser Perioden, der mythischen, werden Subjekt und Objekt noch mehr oder weniger stark vermischt oder doch nur in den leisesten Beziehungen unterschieden. Die mythen= erzeugende Phantasie bildet unaufhörlich das Subjektive in die Welt des Objektiven hinein — das deutsche Wort Ein=Bildungs=Kraft drückt dies schon vortrefflich aus —, ohne sich dieser Tätigkeit be= wußt zu sein, ohne etwas vom Gegensatz des Objektiven und Sub= jektiven zu ahnen und davon, daß zwischen beiden das Bewußtsein beständig herüber und hinüber spielt. So bildet sie in die ob= jektive Erscheinung des rollenden Donners die subjektive des Grolls und der zornigen Erregung hinein, in die murmelnde Quelle das sanfte, stille Träumen (einer Nymphe, Najade usw.). Diese mythen= bildende Phantasie überzieht und überspinnt die Welt des Objek= tiven mit einer dichten aber feinen Textur subjektiver Prägung, die gewebt ist aus lauter Bildern, Gleichnissen und Symbolen. In ihnen liegen die Samen aller höheren Erkenntnisse, ja aller Erscheinungsformen höherer Kultur — ist doch z. B. die Sprache ursprünglich nichts anderes als ein Inbegriff von Bildern und Gleichnissen und mythischer Symbolik. Diese mythische Periode ist das Kindheitsalter der Völker und bereitet das reife Mannes= alter ebenso vor wie beim Individuum. Und so wie gerade die voll entwickelte und hochstehende Persönlichkeit sich gern und oft zurückwendet zur phantasievollen Kindheit, die ja keimartig alles enthielt, was der erwachsene Mensch wurde, so wendet auch gerade die wahrhaft reif und frei gewordene Vernunft von der Höhe der Erkenntnis immer wieder gern zum Mythus sich zurück, und gibt dem von ihm ausgehenden Zauber um so williger sich hin, je weiter sie davon entfernt ist, noch von ihm beherrscht zu werden. Daher urteilte Aristoteles, daß der Philo=Mythos notwendig auch ein Philo=Sophos sein müsse, d. h. daß derjenige, der den Mythus liebe, notwendig auch die Weisheit selbst in ihrer reinen Form lieben müsse — und umgekehrt. —

Je weiter nun innerhalb dieser mythischen Periode die Ent= wickelung vorschreitet, desto mehr und desto stärker wird das

Subjekt mit seinen Einheitsformen in die Mannigfaltigkeit des Objektiven eingebildet. Es liegt schon in der Richtung dieser Entwickelung und in der Tendenz dieses Einheitsstrebens, das gleichsam hinter dem Rücken der mythenbildenden Einbildungskraft tätig ist, wenn nicht mehr vereinzelte konkrete Objekte (Fetische) sondern allgemeinere, eine gewisse Abstraktion erfordernde, Natur- erscheinungen, wie Donner, Feuer und dergleichen, die höchsten Vorstellungen bilden und als die zusammenhaltende Einheit des objektiv Wirklichen (Gottheit) dem Subjekt gegenüberstehen. All- mählich aber dringen auch feinere qualitative Unterschiede, auch die Prinzipien von Maß und Ordnung, in diese mythische Vor- stellungswelt ein, bis schließlich eine ganze, organisch geordnete und vielfach gegliederte, Götterwelt entsteht, deren Spitze dann endlich eine Gottheit von überragender Kraft, Gewalt und Größe bildet. Hier erst findet die Einheitstendenz des Geistes, so weit es auf dem Boden der mythenbildenden Phantasie möglich ist, ihr Genüge, wobei es von untergeordneter Bedeutung ist, ob der eine Gott die anderen Götter bloß überragt und beherrscht, wie im griechischen oder altdeutschen Polytheismus, (Zeus und Wodan) oder sie ganz vernichtet, um die eigene Despotie zu begründen, wie in den verschiedenen Formen des Monotheismus (Judentum, Christentum, Mohamedanismus). Auch dieser letztere ist ausschließlich ein Produkt der mythenbildenden Phantasie, weil auch hier das Subjekt in die Gesamtheit des Objektiven sich ein—bildet, ohne sich des Gegen- satzes von Subjekt und Objekt bewußt zu sein.

Aber nun, auf der letzten Stufe der mythischen Entwickelung, erwacht auch für diesen Gegensatz das Bewußtsein. Indem es, auf dem höchsten Punkte der Mythenbildung angekommen, deren Inhalt immer klarer und deutlicher vorzustellen und zu durchdenken ver- sucht, ergeben sich bei jedem Schritt die größten Schwierigkeiten und die schärfsten Dissonanzen. Bald ist es das objektive Sein, das über das subjektive hinübergreift, z. B. wenn sich zeigt, daß die Unendlichkeit des objektiven Seins zu groß ist für ein Wesen (Gott), bald ist es umgekehrt, z. B. wenn bemerkt wird, daß die

subjektiven Bestimmtheiten, Macht, Weisheit, Güte usw., dem objek=
tiven Sein überlegen sind. Und alle Versuche, diese Schwierig=
keiten und Dissonanzen zu überwinden, scheitern und müssen scheitern,
alle Bemühungen, den Mythus umzubilden und in sich selbst ein=
stimmig zu machen, wecken nur um so mehr den kritischen Geist,
schärfen und verfeinern ihn, und führen allmählich nur um so
näher an die Einsicht heran, mit welcher sich endlich eine ganz neue
Wendung im geistigen Leben, im Kulturleben überhaupt, vollzieht:
an die Einsicht, daß alle Mythen das Wesen des Objektiven nicht
enthüllen, sondern verwirren und verdecken, daß sie das Weltbild
verfälschen, weil sie aus der unterschiedslosen Vermischung des
Subjektiven und Objektiven entspringen, daß es darum gelte, fortan
beide scharf zu trennen, so daß das Subjekt nun die eigene Sprache
des Objektiven vernehme, nicht das Echo von dem, was es selbst
hinüber gerufen hatte.

Diese neue Wendung des geistigen Lebens ist keine Refor=
mation mehr, sondern eine Revolution, und mit ihrer Durch=
führung beginnt erst der Aufstieg zu jener höheren Kultur, die wir
im eigentlichen Sinne so nennen, und zu nennen berechtigt sind.
Und alle Erscheinungen des geistigen Lebens, die an diesem Wende=
punkte hervortreten: der Kampf gegen Gott oder die Götter, gegen
alle Autoritäten und alle Überlieferungen, die mit dem Mythus
verknüpft sind, die Selbstbefreiung des Geistes durch einen Akt der
Selbstbesinnung, der Subjekt und Objekt scharf voneinander
scheidet, das ehrfürchtige und andächtige Zurücktreten des Subjekts
vor der Natur, d. h. dem Inbegriffe des objekten Seins, deren
Geheimnis es nunmehr e r f a h r e n will: das alles sind nur
verschiedene Seiten ein und desselben geistigen Prozesses. Diese
Neugeburt des geistigen Lebens, die hohen Ahnungen, mit denen
sie die Seele füllt, die Begeisterung und Schwungkraft, die sie
den Menschen verleiht, ist treffend von Hölderlin in seinem tief=
sinnigen Fragment „Empedokles“ geschildert, — so, wenn er den
großen Meister der griechischen Naturphilosophie seine Landsleute
von Agrigent zur Nachfolge auffordern läßt:

So wagt's! was ihr geerbt, was ihr erworben,
Was euch der Väter Mund erzählt, gelehrt,
Gesetz und Bräuch', der alten Götter Namen,
Vergeßt es kühn, und hebt, wie Neugeborne,
Die Augen auf zur göttlichen Natur!

Diese Neugeburt ist das neu geborene Bewußtsein von der Autonomie des Denkens, von der Freiheit der Erkenntnis, die sich entschlossen der Natur, dem Inbegriff des Objektiven, gegenüberstellt, um ihr auch die dunkelsten und drohendsten Geheimnisse abzufragen. Damit beginnt dann die Entwickelung der **Philosophie**, und so ist diese in ihren Anfängen immer **Naturphilosophie.** Das Bewußtsein und das denkende Erkennen wenden sich hier hinweg, nicht nur von allem zufällig Subjektiven, sondern vom Subjektiven überhaupt, vom Geist, von den Formen des Bewußtseins, von der Seele, ja vom Menschen selbst — um desto entschiedener das zu ergreifen, mit dem Vorstellen gleichsam zu umwerben, was diesem allem als das rein Objektive gegenüber zu liegen scheint: das Stoffliche, das Körperliche, die räumliche und zeitliche Welt, die Natur.

*   *   *

Aber jenes Abwenden und dieses sich Hinwenden, Negation und Position, sind hier nicht gleichwertig, vielmehr vollzieht sich namentlich das erstere noch ohne Energie des Bewußtseins und ohne Reflexion des letzteren auf sich selbst, also mit keinem oder gering entwickelten **Selbstbewußtsein.** Das Bewußtsein ist hier, wie die deutschen Ausdrücke es vortrefflich bezeichnen, in die Natur ganz „versunken" oder „verloren", bei dem großen Schauspiel des Welt= und Naturprozesses steht es selbst, um einen Ausdruck Goethes zu wiederholen, gewissermaßen in der Ecke, obwohl doch für es allein die Natur ihr ganzes Schauspiel aufführt.

Allein je weiter die Naturerkenntnis und die naturphilo= sophische Betrachtung vorwärts schreiten, desto mehr wird nun das Subjekt reflexiv von der Natur (dem Objekt) auf sich selbst zurück gelenkt. Denn indem fortschreitend die Schwierigkeiten der Aufgabe,

die Natur umfassend und in ihren Zusammenhängen wirklich zu
denken und zu begreifen, sich mehren und sich steigern, so wird
auch fortschreitend mehr offenbar: diese Schwierigkeiten haben darin
ihren Grund, daß nach wie vor, auch nach Überwindung der
mythischen Betrachtungsweise, das Subjekt sich und seine Formen
in das Objektive ein—bildet, daß es unmöglich ist, von der Natur
ihre Geheimnisse rein zu „erfahren", weil darin immer die Stich=
worte mit enthalten sind, welche das Subjekt mit allen solchen
Erfahrungen unlöslich verwebt hat, so daß sie vom Objekt nur
wie von einem Echo zurückgeworfen werden. So kommt es all=
mählich immer mehr zur reflexiven Besinnung des Subjekts auf
sich selbst, damit zu immer stärkerer Differenzierung des Sub=
jektiven und Objektiven im Vorstellungsleben, und vor allem in
der Erkenntnis, bis endlich als das Geheimnis der Natur der
Geist enthüllt wird und das Subjekt in der Welt des Objek=
tiven sich selbst erblickt, so wie es Novalis schildert:

Einem gelang es, er hob den Schleier der Göttin zu Sais.
Und was sah er? Er sah, Wunder des Wunders — sich selbst.

Mit dieser revolutionären Wendung im Geistesleben beginnt
die Periode des philosophischen Idealismus. Und der Anfang
dieser Periode hat ganz naturgemäß etwas Analoges mit dem
ersten Beginn des autonomen Denkens in der Richtung der
Naturphilosophie. So wie die mythische Periode, dank der un=
bewußt auch in ihr wirksamen Einheitstendenz des Subjekts,
ihren Höhepunkt erreichte im mythisch=religiösen Monismus,
(organischer Polytheismus und Monotheismus) und nun — denn
immer ist die höchste Blüte mit dem Beginn des Verfalls, d. h.
der Wendung zu neuer Bildung, unmittelbar verknüpft — die
Selbstbefreiung des Denkens, die naturphilosophische Periode, sich
vorbereiten kann: so erreicht die letztere ihren Höhepunkt im aus=
geprägten naturphilosophischen Monismus (das absolute
Objekt in seiner Einheit gedacht), und eben damit setzt die ent=
schiedene Wendung zum Idealismus ein. So erreichte die griechische
Naturphilosophie ihren Höhepunkt im naturphilosophischen Monis=

mus des Parmenides und der Eleaten, die der Neuzeit in dem naturphilosophischen Monismus Spinozas, den man ebenso den Parmenides der Neuzeit nennen könnte, wie Parmenides den Spinoza des Altertums. Und so wie auf Parmenides unmittelbar Anaxagoras folgte, der zuerst, wenn auch zunächst noch in naturphilosophischer Beschränkung, das Subjektive als Prinzip des Seienden entdeckte, so folgte unmittelbar auf Spinoza die Monaden= lehre von Leibniz, in der zum ersten Male ebenfalls das Subjektive, und gleichfalls zunächst noch in naturphilosophischer Beschränkung, zum Prinzip des Seienden, zur Substanz, erhoben wurde.

*   *   *

So zeigt sich überhaupt ein schon oft bemerkter Parallelis= mus zwischen dem griechischen und deutschen Idealismus. Nichts natürlicher als dies. Denn zweimal nur ist im Laufe der Geschichte jene revolutionäre Wendung im Geistesleben eingetreten und jene Epoche heraufgeführt worden, die wir mit dem Namen idealistisch und Idealismus bezeichnen: das eine Mal in der Antike, um die Wende des vierten und fünften Jahrhunderts, das andere Mal in der Neuzeit, um die Wende des achtzehnten und neunzehnten Jahr= hunderts. Dort erreichte die griechische Kultur, hier die moderne abendländische Kultur mit der Periode des philosophischen Idealis= mus ihre Höhe, vor allem die Höhe ihres rein geistigen Lebens. Beidemale waren es stark individualistisch veranlagte Nationen, welche diese idealistische Kultur entwickelten, dort die Griechen, hier die Deutschen; bei jenen wie bei diesen hatte sich hierbei das politisch= soziale Leben verengt oder ganz verflüchtigt, es hatte sich not= wendig verengt, so wie ja auch der einzelne Mensch aus der Weite des handelnden Lebens sich zeitweise in die Enge des individuellen Bewußtseins zurückziehen muß, um in ihr die „Wirklich= keit" neu zu finden und aus ihr alle Werte des Daseins neu zu schöpfen. Aber dieses Defizit, das beide Perioden nach der politisch= sozialen Seite hin aufweisen, ist nur das notwendige Korrelat für die Blüte geistiger Kultur, eine Blüte unvergleichlicher Art, die un=

erreicht ist im ganzen übrigen Verlaufe der Menschengeschichte. Nie wieder hat es auf engbegrenztem Kulturboden und in kürzester Zeit= spanne ein so intensives und zu so glanzvoller Höhe gesteigertes Geistesleben gegeben als in der Periode der Plato und Aristoteles, Sophokles und Euripides, Phidias und Praxiteles auf der einen, und der Kant und Fichte, Goethe und Schiller, Mozart und Beethoven auf der anderen Seite. Die kürzeste Zeit dauerte diese Geistesblüte: denn beide idealistische Perioden umfassen nur wenige Jahrzehnte; und auf den engsten Raum war sie beschränkt: in Griechenland fast auf ein einziges städtisches Gemeinwesen, Athen, in der abendländischen Kultur der Neuzeit auf Deutschland. Es ist, als ob der Übergang von der naturphilosophischen zur idealistischen Betrachtungsweise, von der makrokosmischen zur mikro= kosmischen Stellungnahme, dieses Sichzurückziehen aus der Weite der Natur, des objektiven Daseins, in die innerste Tiefe des Geistes, als ob dies sein Gegenbild fand und hätte finden müssen auch in der geographischen Begrenzung: so zog sich die hellenische Kultur, deren Schauplatz vorher das ganze östliche Becken des Mittelmeeres gewesen, soweit sie neue Werte schuf, mit der idealistischen Periode in die Stadt Athen, und ähnlich die moderne abendländische Kultur, die ein so viel weiteres Areal umfaßte, in die Grenzen des deutschen Volksgebietes zurück. Mit dem Augenblick, wo Anaxa= goras, der zwar aus Klazomenae stammte, aber in Athen seine zweite Heimat fand, im Geiste das Prinzip des Seins entdeckte, wurde die Philosophie eine athenensische Angelegenheit und Athen die große Lehrerin der griechischen Welt; und vom Augenblick an, wo in ähnlicher Weise von Leibniz der Geist als das Prinzip des objektiven Seins entdeckt war, wurde die Philosophie eine deutsche Angelegenheit und Deutschland der Lehrer der Völker.

Und so zeigt auch der weitere Entwickelungsgang des idea= listischen Geistes in beiden Epochen einen deutlich hervortretenden Parallelismus. Die Ähnlichkeit der griechischen Sophistik und der deutschen Verstandesaufklärung, der geistigen Strömungen, welche der eigentlichen Blüteperiode des Idealismus vorangehen, ist, als

unverkennbar, schon oft bemerkt worden; ebenso die Ähnlichkeit
zwischen Sokrates und Kant, die sich nicht nur auf Richtung und
Ton grundlegender Anschauungen, sondern auch selbst auf Charakter
und persönliche Lebensführung erstreckt. Beide Epochen finden
ferner ihren Abschluß in zwei großen Universalsystemen, dem
Aristotelischen bei den Griechen, dem Hegelschen bei den Deutschen —
es sind die beiden größten und umfassendsten philosophischen
Systeme, die es gibt, wahre Weltepopöen in Begriffen, die eigentlich
allein den Namen „System" verdienen, weil sie allein in geschlossener Einheit und organisch festgefügtem Aufbau die Herrschaft
des Gedankens auf das ganze Reich des Wirklichen, bis in seine
entferntesten Regionen hinein, auszudehnen versucht haben.

Diesen Parallelismus darf man freilich auch nicht über-
spannen. So tritt der Geist der Sokratik im deutschen Idealismus
nicht nur bei Kant, sondern in eigentümlicher, scharfer pointierter
Weise auch bei Hamann, dem Magus des Nordens, und sporadisch,
wenngleich weniger ausgeprägt, auch noch bei anderen hervor.
Auf der anderen Seite spielt, neben der Sokratik, der eigentümliche
Geist des Platonismus — den man von bestimmten Anschauungen
des Philosophen noch wohl zu unterscheiden hat — bei Kant eine
wichtige Rolle, eine noch wichtigere bei Schelling und vielen
anderen.

Überhaupt aber sind es, mehr noch als Analogien der Persönlichkeiten und Charaktere, gewisse allgemeine Erscheinungen des
geistigen Lebens, gewisse unterscheidende Stimmungen, in denen der
Parallelismus des griechischen und deutschen Idealismus deutlich
zum Vorschein kommt. In ihnen und durch sie zeigt sich am
klarsten, daß es sich hier nicht um zufällige Ähnlichkeiten, sondern
um eine geschichtlich notwendige Übereinstimmung handelt, begründet
in dem Wesen, dem einheitlichen Geist des Idealismus, der
wiederum mit den allgemeinen Gesetzen alles geistigen Lebens, ja
des Lebens überhaupt, verknüpft ist. Dieser allgemeine Geist des
philosophischen Idealismus hat ja sein Gegenbild, und man erkennt ihn daran am besten, im individuellen Leben, in der

Entwickelung der einzelnen Persönlichkeit. So wie der mythischen, von der Phantasie beherrschten, Periode beim einzelnen Menschen das Kindesalter entspricht, und der naturphilosophischen, in das Objekt versunkenen, Kulturperiode das Jünglingsalter, so entspricht dem geschichtlichen Idealismus im individuellen Leben die Zeit der männlichen Reife, oder vielmehr des Beginns dieser männlichen Reife. Sie ist gekennzeichnet durch die Selbstbesinnung, durch das reflexive Zurückgehen des Bewußtseins aus der Natur, der Breite und Mannigfaltigkeit des objektiven Daseins, in das innerste Sensorium des Geistes und des Menschen, durch das monologische Sichversenken in das eigene Ich. Wenn vorher dieses Ich von der objektiven Welt ganz und gar sich formen und bilden ließ, so ist es jetzt sich dessen bewußt geworden, daß alles Bilden allein von ihm selbst ausgeht, daß es allen Dingen erst den von sich selbst entnommenen Wert zu verleihen hat — so wie es Fr. Heinr. Jacobi, der etwas wußte vom idealistischem Geiste, einmal ausdrückt: „das ist ein unbedingtes Gesetz für den Menschen, daß der Gedanke in ihm herrsche, daß sein Geist immer oben schwebe über den Gegenständen; sie sollen nicht ihn, sondern er im Gegenteil soll sie in Besitz nehmen. Er soll alles sammeln in seinem Geist." Und aus dieser idealistischen Stellungnahme, die von dem Bewußtsein erfüllt ist, daß das ganze weite Reich des Objektiven sich vom innersten subjektiven Kraftzentrum aus beherrschen und erobern lasse, daß jenes nur der Stoff sei, an dem sich die bildende Macht des Geistes erproben und bewähren solle, aus alledem entspringt dann ein Gefühl der Erhebung, der Begeisterung, ja oft des Rausches, das sich nach allen Seiten des Lebens mitteilt und ausbreitet.

In einem gewissen, wenn auch oft noch so geringem, Grade finden sich diese Erscheinungen in der Reifeperiode eines jeden Individuums, aber sie steigern sich natürlich bedeutend bei hervorragenden, außerordentlich gearteten, Individualitäten. Sie treten hier in eminenter Weise gerade dann hervor, wenn der Übergang aus der Jugendperiode in die Zeit der männlichen Reife sich zum

ersten Male mit Energie vollzogen hat und vollzieht. Denn in
dieser, immer nur kurzen, Blüteperiode des Lebens, wo der Geist
zum ersten Male, ganz in sich zurück gezogen, ganz in sich selbst
gesammelt, der objektiven Welt gegenüber steht, erreicht er eine
Intensität des Bewußtseins, eine Kraft und Stärke, welche später
in gleicher Art nicht mehr wiederkehren kann, wenn er an einzelne
bevorzugte Sphären des objektiven Seins sich wieder mehr oder
weniger hingegeben hat.

Was aber so von den Individualitäten gilt, gilt in analoger
Weise auch von ganzen Völkern und Kulturperioden. Es gibt
Völker und Kulturkreise, die sich überhaupt nicht, oder nur in einem
sehr geringen Grade, zur Stufe des Idealismus erheben konnten;
und selbst da, wo dies in hohem und höchstem Grade der Fall ist,
bleibt die idealistische Gedankenbewegung nicht auf eine einzelne
Epoche beschränkt, sondern tritt auch ferner, bald mehr bald weniger
einflußreich, hervor, nun die geschichtliche Entwickelung in hervor-
ragendem Maße bestimmend und dann wieder fast ganz in den
Schatten zurücktretend, so wie wir es in der jüngsten Vergangenheit deutscher Kultur erlebt haben, — völlig untergehen aber kann
sie nicht mehr, denn der Idealismus ist eine ewige, nie vollendete
Aufgabe des Lebens und der geistigen Entwickelung.

Gleichwohl aber gibt es eine Zeit des ersten Durchbruchs
idealistischen Geistes und der ersten Durchbildung idealistischer Gedanken, wo in eminenter Weise zusammen gefaßt erscheint, was
nachher in langer Kulturentwickelung auseinander gezogen ist, und
wo in besonderer Leuchtkraft hervortritt, was späterhin, in der
Vereinzelung, matter erglänzt. Solcher Perioden erstmaligen Durchbruchs idealistischen Geistes kennen wir aber auf geschichtlichem Boden
nur zwei: in der Antike und in der modernen Welt, den griechischen
und den deutschen Idealismus. Hier findet man daher alle wesentlichen Merkmale und Erscheinungsformen des idealistischen Geistes
vereinigt, er ist hier gewissermaßen mit dramatischer Spannkraft,
nach den Grundbedingungen der Einheit der Zeit und des Ortes,
entwickelt.

Was man in beiden Perioden zunächst beobachtet, ist eine ganz außerordentliche Intensität und eine nicht minder große Extensität des geistigen Lebens. Beide sind erfüllt von einer Hochflut tiefer Gedanken und zugleich von einer Fülle erhebender Gefühle und nachfolgender hoher Stimmungen, welche selbst geringere Geister mit sich fortreißen und zum Dienste dieser intensiven geistigen Kultur nötigen. Als um die Wende des achtzehnten und neunzehnten Jahrhunderts Frau v. Staël das Land der idealistischen Geisteskultur näher kennen lernte, schrieb sie, daß sie in Deutschland eingetreten sei wie in einen Tempel, — und ähnlich berichten Zeitgenossen von dem Perikleischen Zeitalter in Athen, dessen Glanz selbst uns, nach zwei Jahrtausenden, noch unvermindert leuchtet. Es ist der neu geborene Geist der Selbstbesinnung, der die Seelen mit solchem Schwung erfüllt. Denn indem nun das Subjekt nicht mehr dem Objekt sich preisgegeben, sondern umgekehrt der Aufgabe sich gegenübersieht, alles Gegebene in sein freies Eigentum zu verwandeln, allem Objektiven seinen Stempel aufzudrücken, selbst die entferntesten Regionen des Wirklichen, wenn auch vielleicht zunächst nur der Möglichkeit nach, in sich selbst hineinzuziehen: so erlebt jedes einzelne Individuum, das von diesem Geiste erfüllt ist, sich selbst in der stärksten Weise. Denn das höchste Lebensgefühl ist immer an die größtmögliche Einheit des geistigen Lebens, an den engsten Zusammenschluß aller Sphären des Bewußtseins, gebunden.

Dieses bewußte Einheitsstreben aber zeigt sich auf die mannigfaltigste Weise und nach allen Richtungen. Alles geistige Leben hat einen universellen Zug, und alle bedeutenden Persönlichkeiten haben, zum mindesten der Tendenz nach, einen universalistischen Charakter. Die Objekte werden hier nicht vereinzelt und isoliert, sondern sogleich der Einheit des Geistes unterworfen, und nur wenn und soweit dies möglich ist, erhalten sie Geltung und Bedeutung. Daher schreitet hier alle Betrachtung nicht von den Teilen zum Ganzen, sondern umgekehrt vom Ganzen zu den Teilen fort. Infolgedessen treten auch diejenigen Erkenntnisweisen, welche sich an das Einzelne halten, um von da aus zum Ganzen zu kommen, also die sukzessive Erfahrung (sinnliche Anschauung) und die (sukzessive) formal=logische Begriffsverbindung, ganz in den Hintergrund gegenüber der Intuition, dem Schauen des Ein= heitlich=Wirklichen.

Nach alledem erklärt es sich leicht, daß hier die Philosophie ihren Höhepunkt erreicht und das wirklich ist, was sie so oft, in anderen Perioden, nur zu sein behauptet: die zentrale Einheit des geistigen Lebens. Wenn der Geist darin sein Wesen hat, daß er zum Bewußtsein seiner selbst kommt, so erfüllt die Philosophie hier ihre natürlichste Funktion, indem sie, gewissermaßen als das Bewußt= sein dieses Selbstbewußtseins, den Akt der Selbstbesinnung begrifflich in geschlossener Einheit auseinanderlegt. Aus eben derselben Ein= heitstendenz des selbstbewußten Geistes wird die Kunst erzeugt, insbesondere die Dichtkunst. Kunst und Philosophie berühren sich darum hier aufs innigste, und in wechselseitiger Befruchtung er= reichen beide ihre höchste Blüte. Und auch die Religion, die dritte der drei höchsten Betätigungen des geistigen Lebens, auch die Religion, so paradox es im ersten Augenblick klingen mag, erreicht hier ihre höchste Blüte. Denn sie ist ja nichts anderes als das gefühlsmäßige Erleben der Einheit aller Sphären des Bewußt= seins — wo also könnte dieses intensiver sein, als in der Periode jugendfrischer Selbstbesinnung und der in sich gesammelten Einheit des selbstbewußten Geistes? So zeigt sich denn auch Religion in diesem Sinne in den verschiedensten Formen, in dem ganzen Rhythmus und der Stimmung des geistigen Lebens, in der Art der Lebensführung und Charakterbildung, in der Auffassung und Betätigung von Freundschaft und Liebe, vor allem auch in der Art und Weise, wie Philosophie (Wissenschaft) und Kunst das Leben innigst beleben und durchdringen, wodurch Goethes Wort erfüllt wird:

> Wer Wissenschaft und Kunst besitzt,
> Hat auch Religion,
> Wer diese nicht besitzt,
> Der habe Religion.

Von Religion in diesem letzteren Sinne, nämlich der Ab=
hängigkeit vom Mythus, ist allerdings hier keine Rede. Wohl
wendet man sich noch zu ihm zurück, aber in Freiheit, nicht in
Gebundenheit; der Mythus, wie Herder sagt, ist hier Werkzeug,
nicht Zweck, er dient dem Schmuck, der Erläuterung, der sinnlichen
Anschauung, er ist eine Quelle poetischer Beispiele, aber nicht
mehr eine Quelle der Religionsbegriffe und der Wahrheit — wie
z. B. in den Mythen Platos, in den Gleichnissen und Ein=
kleidungen, welche Schiller und Goethe, Schelling und die Roman=
tiker u. a. dem griechischen wie dem christlichen Mythus entnahmen.
Von gewissen Höhen= und Aussichtspunkten des Gedankens endlich
wendet man sich auch wohl in der gesamten Lebensstimmung
zum Vorstellungskreise des mythischen Zeitalters zurück, so wie
man sich auf festlichen Höhepunkten des Lebens gern der phantasie=
erfüllten Vorstellungsweise der Kindheit wieder zuwendet. Aber
auch nach dieser Richtung hin ist die Religion des klassischen
Idealismus rein menschlich und frei, und darauf beruht ihre
Größe und die Kraft ihrer Wahrheit.

Dieses Gefühl der Freiheit und Kraft des, in sich selbst
gegründeten und in sich selbst ruhenden, selbstbewußten Geistes
steigert sich dann in beiden Perioden vielfach zu einer Art von
Geistesrausch, bis zur prometheischen und titanischen Stimmung
und Betrachtungsweise. Etwas Ähnliches zeigt sich auch beim
Übergang aus der mythischen in die naturphilosophische Periode,
daher die innere Verwandtschaft, welche die idealistischen Vertreter
der prometheischen Stimmung — besonders Plato bei den Griechen,
Goethe, Fichte, Schelling und viele andere bei den Deutschen —
mit jenen zumeist sagenhaften Gestalten empfinden, die an der
Grenzscheide beim Übergang zum neuen naturphilosophischen
Zeitalter stehen: z. B. Prometheus, der den Göttern das Licht und
Feuer entwendet, um es den Menschen zu bringen, Faust, der sich
mit dem Teufel verbündet, um das Höchste des Lebens und Er=
kennens zu erzwingen, der sagenumsponnene Mystosoph Paracelsus u. a.
Aber im Unterschiede von jener Übergangszeit aus der mythischen

in die naturphilosophische Periode ist es hier, in der Periode des Idealismus, ein doppeltes Freiheitsbewußtsein, das die titanische Stimmung erzeugt: nicht nur, wie dort, das Bewußtsein der Befreiung von der Herrschaft der Götter, sondern auch das der Befreiung von der Gewalt des Objektiven. Nach der ersten Richtung hat wohl niemand der titanischen Stimmung einen kraftvolleren und hinreißenderen Ausdruck verliehen, als Goethe in seinem Trutzlied „Prometheus", das wie der Sturmgesang einer neuen Zeit ertönte, indem es nicht nur den Göttern, sondern auch dem einen höchsten Gott, die stärkste Verachtung entgegenschleudert:

„Ich dich ehren, — wofür?"

und ihm die stolze Zuversicht des selbstbewußten Geistes entgegensetzt:

„Hast du nicht alles selbst vollendet,
Heilig glühend Herz?"

Und das titanische Kraftgefühl des selbstbewußten Geistes, in seiner Unabhängigkeit von allem Objektiven, hat im deutschen Idealismus vielleicht niemand so gewaltig zum Ausdruck gebracht, wie Fichte; so, wenn er einmal ausruft: „Ich hebe mein Haupt kühn empor zu dem drohenden Felsengebirge und zu dem tobenden Wassersturz und zu den krachenden, in einem Feuermeer schwimmenden Wolken und sage: ich bin ewig und trotze eurer Macht! Brecht alle herab auf mich, und ihr Wasser und du Erde und du Himmel vermischt euch im wilden Tumulte, und ihr Elemente alle schäumet und tobet und zerreißet im wilden Kampfe das letzte Sonnenstäubchen des Körpers, den ich mein nenne, — mein Wille allein mit seinem festen Plane soll kühn und kalt über den Trümmern des Weltalls schweben. Denn ich habe meine Bestimmung ergriffen und die ist dauernder als ihr; sie ist ewig und ich bin ewig wie sie." In ähnlicher Weise hat z. B. auch Plato der prometheischen Stimmung Ausdruck verliehen. Bezeichnet er doch die Philosophie sogar als eine Art des Rausches, die er den anderen Arten, dem Rausche des Sehers (Dichters und Propheten) und des vom Weine Trunkenen, in gleicher Linie nebenordnet. Wie ein dramatischer Höhepunkt,

nicht nur dieser platonischen sondern aller idealistischen Gedankenent=
wicklung, mutet daher die bekannte Schlußszene des platonischen
„Gastmahls" an: inmitten eines nächtlich schwärmenden und vom
Weinrausch trunkenen Freundeskreises verkündet Sokrates, eben
von Alcibiades bekränzt, begeistert die Weisheit der Seherin Diotima,
der Deuterin des Mysteriums der Liebe, und lehrt, in engstem
Zusammenhang damit, auch die höchsten Prinzipien philosophischer
Erkenntnis.

Indessen erscheint diese prometheisch=titanische Stimmung natür=
lich nur auf den Höhen der Gedankenentwickelung, so wie nur
die höchsten Meereswellen vom Schaum gekrönt und nur die über=
ragenden Gipfel von ungewöhnlichen Lichterscheinungen umspielt
werden. Das Dionysische bildet sicher ein notwendiges Element
in dem geistigen Leben der idealistischen Epoche — doch beherrschend
ist das Apollinische, die reine Kraft der Intuition, die ruhige
Erhebung des selbstbewußten Geistes, die klare Einheit der Gedanken=
verknüpfung.

2. Der griechische Idealismus.

In außerordentlich klaren und einfachen Linien tritt in der Geschichte das Zeitalter des griechischen Idealismus hervor. Diese Gedankenbewegung erscheint ganz wie eines der großen Meisterwerke der griechischen Architektur und Plastik: nicht kunstvoll erzeugt, sondern aus der inneren Triebkraft der Natur mit Notwendigkeit entsprungen.

Wenn es richtig ist, daß mit dem äußerst durchgeführten natur=philosophischen Monismus bereits der Wendepunkt in der Richtung zur idealistischen Entwickelung hin gegeben ist — und die Gründe dafür sind ja oben entwickelt worden —, so ist es Parmenides, der Be= gründer der eleatischen Schule, der für den griechischen Idealismus diesen Anfangspunkt bezeichnet. Den Anfangspunkt freilich nur in dem oben erörterten Sinne der polaren Gegensätzlichkeit, — so, wie das Ende der negativen Reihe gleichzeitig der Anfang der positiven, der abendliche Endpunkt des Tages gleichzeitig der Anfangspunkt der Nacht ist, und umgekehrt. Und die Kraft der Anziehung, die zwischen solchen polaren Gegensätzen am stärksten ist, bewährt sich auch hier. So wie auf der Höhe des deutschen Idealismus der Spinozismus wieder erscheint und nun dessen ganze weitere Entwickelung wie ein Riesenschatten begleitet, so ist für die Entwicklung des griechischen Idealismus nichts bedeut= samer geworden, als der Einfluß der eleatischen, insbesondere der parmenideischen, Philosophie. Und so wie Spinoza's Lehre — ebenso wie sein Charakterbild — verknüpft ist mit dem ästhetischen Eindruck des Erhabenen, so auch die Lehre und das Charakterbild von Parmenides. Plato besonders, der so vielen seiner Gegner mit Spott und Ironie und Satire entgegentrat, spricht von Par=

menides immer nur mit einer Art scheuer Ehrfurcht. Das ist, ebenso bei
Spinoza wie bei Parmenides, bedingt durch die wunderbare Einheit=
lichkeit und Geschlossenheit ihrer Weltanschauung, mit der die Persön=
lichkeit, die Substanz des geistigen und sittlichen Charakters, ganz
kongruent ist. Beide sind ganz reines Weltenauge, hingegeben dem
geistigen Schauen des absoluten Objekts, des reinen Seins, ihr
Geist also erfüllt von dem Erhabensten, was es geben kann. Und so weit
auch der griechische Denker von dem des siebzehnten Jahrhunderts sonst
entfernt sein mag, so ganz befindet sich beider Denken doch in diesem ent=
scheidenden Punkte im Einklang: auch Parmenides hat, ebenso wie
Spinoza, das intuitiv erfaßte absolute Objekt rein und klar durchdacht,
dieses Objektive in seiner Totalität, das mit seiner Wucht und Größe
das Subjekt fast erdrückt, oder doch ohnmächtig zu Boden sinken läßt,
das jede Besonderung, jede Differenzierung von sich ausschließt, dieses
in sich selbst ruhende unendliche Sein — Parmenides faßt
es sinnlich=anschaulich im Bilde einer Kugel —, das unwandel=
bar ist, alle Verschiedenheit von sich ausschließend, eine vollkommene
Einheit, unbeweglich, unendlich und ewig.

Gerade dieses konsequente Durchdenken des absoluten Objekts
aber war es nun, was der Gegenwirkung die Bahn frei machte.
Denn die Widersprüche, die sich hierbei ergaben, wurden immer
offenkundiger, und sie wiesen immer deutlicher auf das Subjekt als
ihre Quelle hin. So stieg dieses immer klarer und höher, immer
deutlicher und brennender am Horizont des Denkens empor, bis
es, auf der Höhe des griechischen Idealismus, mit alles verzehren=
dem Feuer im Zenith stand, und die Welt des Objektiven nur
noch wie eine Schattenwelt unter ihm lag.

Wie ein erstes undeutliches Vordämmern zu diesem klaren
Sonnenaufgang des Subjektiven erscheint die Philosophie von Anaxa=
goras. Er scheidet zum ersten Male vom Stoff ein geistiges
Prinzip; und während alle vor ihm, wie traumverloren, in das
Objekt versunken, gleichsam von ihm berauscht waren, so wandte
Anaxagoras das Bewußtsein reflexiv zurück zum Subjekt und
erkannte es als gleichberechtigtes, ja selbst als höheres, Weltprinzip.

Er war der einzig Nüchterne unter Trunkenen, sagt Aristoteles
daher von ihm. Und ganz konform dieser Erhebung des Geistes
zum Weltprinzip, ist die geschichtliche Mission, welche Anaxagoras
im Ganzen der Entwickelung griechischer Kultur erfüllt hat. Er
verpflanzte die Philosophie nach Athen, das fortan den Brenn=
punkt des griechischen Geisteslebens und aller griechischen Kultur
bilden sollte. Mit Anaxagoras wurde die größte Epoche Athens,
die glanzvollste Zeit der gesamten Kulturgeschichte, eingeleitet,
die größten Vertreter dieser Epoche, die Perikles und Euripides,
Thukydides und Sokrates, waren seine unmittelbaren Schüler. Es
war, als ob natürliche Wahlverwandtschaft beide zueinander geführt
hätte: die führenden Intelligenzen dieses athenischen Gemein=
wesens, in welchem alles, individuelle und soziale Kultur, Staats=
ordnung und sittliche Ordnung, Kunst und Dichtung, durch ihr
einfaches Dasein jenen Geist verherrlichten, der erst den bloßen Stoff
zur Wirklichkeit erhebt — und diesen Denker; der an dem ein=
samen Gestade von Klazomenae die allgemein kosmische Bedeutung
des „Nus", als des gestaltenden Weltprinzips, durchdacht hatte.
Das Resultat der Selbstbewegung des freien philosophischen Ge=
dankens traf hier zusammen mit dem Ergebnis, welches von der
Wirklichkeit in ihrer so eindringlichen Sprache verkündet wurde. Jener
freie Gedanke hatte das wahrhaft Seiende vergebens im Reiche des
Objektiven, sei es in seinen weitesten oder in seinen nächsten Bezirken,
finden zu können geglaubt — er war dadurch nur in immer
größere Schwierigkeiten geraten und hatte immer schroffere Wider=
sprüche herausgebildet, den schroffsten zuletzt in dem Gegensatz
der Eleaten, welche nur ein ruhendes Sein anerkannten und das
Werden leugneten, und der Herakliteer, für welche es nur ein
Werden gab, aber nirgendwo ein Sein. So wurde zuletzt die
Philosophie auf jene Quelle hingelenkt, aus der alle jene Schwierig=
keiten und Widersprüche letzten Endes entsprungen sein mußten: auf
das Subjekt, den Geist, die menschliche Erkenntnis; und so wurde
jene Selbstbesinnung eingeleitet, für die Anaxagoras zuerst die all=
gemeine charakterisierende Formel fand: nicht im Objektiven, son=

dern im Subjektiven liegt der Ursprung alles Wirklichen, und das wahrhaft Seiende ist der Geist. Und eben dasselbe lehrte mit überzeugender Beredsamkeit die bloße Tatsache der hochgesteigerten athenensischen Kultur. Alle diese Statuen und Tempel, welche Häuser und Straßen und Plätze schmückten, ebenso wie die politischen Gesetze, welche die Bürger, und die freien ethisch-sozialen Normen, welche die Menschen zu innerlicher Einheit aneinander knüpften, selbst die individuelle Menschenbildung, die körperliche in dem Ebenmaß ihrer Glieder, wie sie noch heute die griechische Plastik unübertroffen vor Augen stellt, und die geistige, deren höchstes Prinzip die Sophrosyne, die weise Mäßigung und Selbstbeherrschung, bildete — das alles zeugte unaufhörlich für die Substantialität des Subjektiven; denn in alledem war das Objektive, der Stoff, so gut wie nichts, das Subjektive, der Geist, die Form so gut wie alles.

So war es denn natürlich, daß auf der einen Seite, von der freien Gedankenbewegung her, die menschliche Erkenntnis, und alles was ihr zugehört und ihr zu dienen scheint, auf der anderen Seite, vom objektiven Geistesleben her, die Hauptbetätigungen menschlichen Kulturlebens, Kunst, Religion, Politik und Ethik ᛉc., in den Mittelpunkt der philosophischen Aufmerksamkeit rückten. Das neue Gesamtthema lautete nun nicht mehr: die Natur, sondern: der Mensch, der Mensch als geistiges Wesen, der zugleich die nächste und unmittelbarste Erscheinungsform des Objektiven ist. Anaxagoras, der den Übergang vom einen zum anderen philosophischen Grundthema vollzogen, hatte zunächst den Geist noch kosmisch gefaßt, als das primum movens der Natur ihn in der Breite des Seins gesucht und daher nur undeutlich vom Objektiven unterschieden. Seine Nachfolger dagegen zogen sich ganz aus dem Makrokosmos in die Tiefe des Mikrokosmos, aus der Weite des Objektiven, der Natur, in den engeren Umkreis der Menschenwelt zurück. Sie taten es mit solcher Entschiedenheit, daß die meisten unter ihnen, nicht nur viele Sophisten, sondern auch Sokrates und die älteren Sokratiker, der Natur mit Gleichgültigkeit, ja mit Verachtung den Rücken wandten. — —

*

* * *

Wenn nun aber im Subjektiven die Substanz des Wirk=
lichen zu finden, wenn der Geist jenes wahrhaft Seiende ist, dem
das Denken immerfort zustrebt — wie beschaffen ist er, und wo
ist er zu fassen? Das ist die Frage, welche alle weitere Ent=
wickelung beherrscht. Und dabei wird zunächst jener denkwürdige
und in seiner geschichtlichen Tragweite unabsehbare Gegensatz hervor=
getrieben, der erst eigentlich die Wendung zum reinen Geiste des
philosophischen Idealismus hin entscheidet: der Gegensatz des indivi=
duellen und des überindividuellen (universellen), oder um mit Hegel
zu sprechen, des subjektiven und des objektiven (und absoluten) Geistes,
— dieser Gegensatz, der sich in Griechenland darstellt in dem Wider=
streit der Sophistik auf der einen, der sokratisch=platonischen
Philosophie auf der anderen Seite.

Denn zunächst allerdings erweist sich das Subjektive, der Geist,
als eine Erscheinungsform beim einzelnen Menschen, es zeigt
sich als eine Summe von Individualitäten, deren jede, wie es schon
in diesem Worte liegt, für sich besteht, durchaus isoliert und von
den anderen vollkommen geschieden ist. Jener Geist, der die Sub=
stanz des Wirklichen ist, wäre demnach nur die Summation zahl=
reicher vereinzelter geistiger Individualitäten, so wie die Menschen=
welt nur das Aggregat vieler atomistisch zu und nebeneinander ge=
ordneter Individuen. Ist aber diese Voraussetzung richtig, dann ist
das Wahre, des Seins wie des Denkens, an jedem Punkte, räumlich
und zeitlich genommen, des Menschenwesens zu finden und
alle diese nebengeordneten wechselnden und individuellen Wahr=
heiten haben gleichen Wert und gleiche Geltung. Dann ist der
Mensch, der individuelle Geist, das Maß aller Dinge, der Maßstab,
an dem alle Unterschiede, vor allem auch alle Wertunterschiede des
menschlichen Lebens, zu prüfen und festzustellen sind. Wohl können
einzelne, kann eine Anzahl von Individualitäten, sich in solchen relativen
Wahrheiten zusammen finden, wohl kann der einzelne Mensch andere zu
seiner individuellen Wahrheit herüberziehen — aber auch dann bleibt
man ja in der Sphäre des Relativen, in dem Geltungskreise des Indivi=
duellen; eine universelle, absolute Wahrheit aber gibt es dann nicht.

Das war der Standpunkt der griechischen Aufklärungs=
philosophie, der Sophistik, und dieses Ergebnis wurde in immer
deutlicherer und entschiedenerer Weise herausgearbeitet, je weiter
sie sich entwickelte, je mehr sie sich ausbreitete und auf alle Er=
scheinungen des atheniensischen Kulturlebens ihren Einfluß ausübte.

Aber grade dann, als dieser Einfluß am höchsten gestiegen
war, und die hochentwickelte atheniensische Geisteskultur subjekti=
vistisch sich völlig aufzulösen drohte, trat in Sofrates der Gegner
hervor, der diesen Einfluß brach und den Geist der Sophistik,
nicht zwar vernichtete — denn er ist unsterblich geblieben, bis
auf den heutigen Tag — wohl aber in denkwürdiger Weise so
überwältigte, daß damit eine neue Wendung in der Geschichte des
griechischen Geistes, ja eine neue Epoche in der Entwickelungs=
geschichte des ganzen Menschengeschlechts, eingeleitet wurde.

Der Grundüberzeugung aller Vertreter der Sophistik stellte
Sofrates die Antithese gegenüber: der Geist, als das Wahre des
Seins und des Denkens, ist nicht individuell sondern universell,
die Wahrheit ist etwas Überpersönliches, Transsubjektives, weit er=
haben und überlegen jedem individuellen Meinen und Fürwahr=
halten und jeder Art von Sichregen individuellen Geistes. Wohl
kann jede Individualität teilhaben an jenem universellen Geiste,
aber nur so etwa, wie jedes Auge Anteil hat am universellen Lichte,
das über alles Wirkliche ausgegossen ist, dem jedes einzelne Auge
adaptiert und zugebildet ist, so daß es in jedem in mannig=
faltiger Weise sich reflektieren, aufgehen und erlöschen kann. Dieser
Unterscheidung des individuellen und des universellen Geistes
und ihrer geheimnisvollen Verknüpfung ist Sofrates zum ersten
Male in freiem klaren Denken, das zu allen Schlußfolgerungen
fortschritt, sich bewußt geworden — und darin liegt seine welt=
geschichtliche Mission, durch die alle nachfolgende Kulturentwickelung
bedingt war.

Geheimnisvoll war ihm noch diese Verknüpfung. Wie ein
göttlicher Akt, aus unbekanntem fernen Ursprung zu unbekannten
Zwecken hinleitend, so erschien ihm darum jede wirkliche neue Ein=

sicht, die einen Tatbestand aufhellte oder den Weg seines eigenen
Lebens erleuchtete. Das war ihm kein gewöhnlicher Vorgang,
gleichgeordnet den übrigen Erscheinungen des individuellen Lebens,
es war etwas Feierliches, durch das er ergriffen wurde. Er
empfand in solchen Augenblicken nicht: ich denke, sondern: es denkt
in mir. Dieses Göttlich=Geheimnisvolle, welches so in ihm dachte
und oft auch geradezu zu sprechen schien, das also momentweise sein
individuelles Sein mit dem universellen Geiste verknüpfte, nannte
er sein Dämonium.

Dieses vielberufene Dämonium war es vor allem, durch das
Sokrates von allen zeitgenössischen Philosophen, den Sophisten,
völlig geschieden war. In unserer Sprache würden wir sagen: in
Sokrates erschien zum ersten Male das seiner selbst bewußt ge=
wordene Denken des Genies, das sich mit sieghafter Gewißheit
der beschränkten Verstandesaufklärung, der Philosophie des nüch=
ternen, am Endlichen und Begrenzten haftenden, Reflexionsstand=
punktes entgegensetzte. Dieser Reflexionsstandpunkt der Sophisten
ist durch und durch relativistisch, d. h. wie die Individualitäten
so werden auch die Objekte isoliert, und nur innerhalb enger Grenzen
werden vom Denken Beziehungen zwischen ihnen gestiftet, eine
bunte Fülle von Beziehungen, ohne innere, organische Einheit; eben
dieser Drang und Trieb nach innerer, organischer Einheit alles
Erkennens ist aber der Lebensnerv der Sokratik wie des Platonis=
mus. Jener Relativismus, für den die letzte Quelle der Erkenntnis
im individuellen Subjekte liegt, führte die Sophistik durchgängig zu
mehr oder weniger ausgeprägter Skepsis, welche ihr zugehört, wie
der Tag zur Nacht und das Rechts zum Links: denn wenn die
Erkenntnis nur auf einzelne Objekte oder einige begrenzte Objekt=
reihen sich erstreckt und nur für einzelne Individuen, oder begrenzte
Gruppen von solchen, Geltung besitzt, so ist die letzte Schluß=
folgerung, daß es eine Erkenntnis, als Wahrheit, überhaupt nicht
gebe, immerfort naheliegend. Dem gegenüber ist Sokrates ganz
von diesem Bewußtsein erfüllt, daß es eine Erkenntnis als Wahr=
heit gebe, die weit erhaben sei über alles subjektive Meinen, die

notwendig sei wie das ewige Licht, unvergänglich und unwandelbar, eine Wahrheit, die fortbestehe, wenn auch alle Menschen untergingen. Diesen Geist der Wahrheit in sich und anderen zu entbinden, die ewigen Samen der Erkenntnis mit Hingebung zu suchen, war die selbstgewählte Lebensaufgabe von Sokrates — darum lauschte er mit Andacht der Stimme des Dämoniums, das ihm die Wege dazu wies; während die Sophisten nicht Wahrheit suchten, sondern, wenigstens vermeintlich, schon besaßen, als individuelle Überzeugungen, Einfälle, Empfindungsweisen, die sie daher als Spitze und Krone ihres individuellen Daseins zur Schau trugen und unter den Menschen nach Möglichkeit zur Geltung zu bringen suchten. Daher waren die Sophisten verstrickt in die bunteste Vielgestaltigkeit des Lebens, sie waren die Causeure der auserlesenen Gesellschaften, die Wortführer der Menge, die Advokaten oder auch wohl Rabulisten der Parteien; während Sokrates auch im dichtesten Menschengetriebe einsam war, so auch immer sich fühlte und nur in tiefster Einsamkeit seine Wahrheiten gewann — wie damals im Feldlager von Potidäa, wo das Dämonium ihn so ergriffen hatte, daß er einen ganzen Tag und eine Nacht regungslos auf einem Fleck stehen blieb, worüber des Staunens der anderen kein Ende war. Und so erlebten die Sophisten das Höchste, wenn sie ihre Individualität unter den Menschen so hoch als möglich emporgehoben zu haben glaubten; Sokrates dagegen, wenn sie so tief als möglich versunken war, wie in den Momenten, wo er in der Einsamkeit der Stimme des Dämoniums lauschte, oder damals, als er zu sterben beschloß und die trauernden Jünger darauf hinwies, wie bedeutungslos sein individuelles Dasein wäre gegenüber den Forderungen des universellen Geistes. Und so waren denn auch für die Sophisten geistiger Hochmut und Bildungsdünkel bezeichnende Züge ihres geistigen Charakters; während Sokrates erfüllt war von der tiefsten Menschendemut, von der Bescheidenheit des wahrhaft Wissenden — und eben darum, nach dem Orakelspruch, einzig Weisen — die sich in dem Satze ausprägte: Ich weiß, daß ich nichts weiß. Denn so wenig die Individualität ihm etwas

bedeutete gegenüber der Einheit des universellen Geistes, so wenig
die individuelle Erkenntnis gegenüber der Fülle der Wahrheit,
gegenüber dem ewigen Licht, an dem auch der Weiseste nur einen
geringen Anteil gewinnen kann. Daher das Zurückhaltende aller
seiner Behauptungen und seines ganzen Lehrvortrages, und, indem
die Fülle und der Glanz der ewigen Wahrheiten, die man nur
ahnen konnte, den wirklichen oder vermeintlichen Einsichten als
Folie diente, so war die Ironie seinem ganzen Wesen tief ein=
geprägt und trat besonders hervor, wenn er in Unterredungen mit
anderen (Dialektik) die Wahrheit, zu der ja jeder gelangen kann,
zu entwickeln und zu entbinden suchte; die Sophisten dagegen,
je weniger sie eine allgemeine und notwendige Wahrheit anerkannten,
suchten mit desto größerem Eifer ihre subjektiven, zufälligen Mei=
nungen auszubreiten, sie konnten sie also nur übertragen, in den
individuellen Geist anderer gewissermaßen nur hineintreiben und
die größeren oder geringeren Widerstände, die sie dabei antrafen,
zu überwinden versuchen — die dabei angewandten Kunstgriffe der
Überredung bildeten die Rhetorik. Die Sophisten waren daher überall
nur Advokaten, Advokaten des persönlichen Nutzens oder der (theo=
retischen) persönlichen Meinung, Advokaten des eigenen oder des
Koterie= oder Parteiinteresses; keiner unter den Sophisten war ein
Prophet, und als solcher ein unparteiischer Richter und Wahrheits=
sucher, wie es Sokrates war.

　　　Und wie auf theoretischem Felde, so auf praktischem, besonders
auf dem Gebiete der Ethik, wo der Gegensatz der Sophisten zu
Sokrates am schärfsten hervortrat. Auch die Sophisten wandten,
ebenso wie Sokrates, der Ethik — und im Zusammenhang damit
der Politik und Sozialphilosophie — ihr Hauptinteresse zu, ja sie
traten vornehmlich gerade als Tugendlehrer auf, aber ihre rela=
tivistische Denkweise erlaubte ihnen nur, Regeln aufzustellen,
d. h. Normen von eingeschränktem, bedingten Geltungsbereich, nicht,
wie Sokrates, Gesetze und Gebote mit dem Anspruch auf un=
bedingte Geltung. Und jene Regeln zielten vor allem auf das dem
Einzelnen Nützliche, nicht, wie bei Sokrates, auf das schlechthin

Gute. Die Tugend, welche die Sophisten im Auge hatten, erstrebten und lehrten, war ihnen nur ein Mittel, wenn auch oftmals das wichtigste, um dem Nutzen der einzelnen Menschen zu dienen, ihre Wohlfahrt zu sichern; und ihre ganze Ethik unterstand der Hauptfrage: Wie werde ich glücklich? Für Sokrates dagegen war die Tugend Selbstzweck, und seine ethische Hauptfrage lautete: Wie erfülle ich meine Bestimmung? Und wie wenig für ihn demgegenüber die Frage nach dem Glück des individuellen Daseins bedeutete, das hat der Tod des athenensischen Weisen gezeigt und der „Phädon" Platos mit hinreißender Beredsamkeit gelehrt. Und so wie die theoretischen Überzeugungen der Sophisten notwendig in Skepsis endeten, so ihre ethischen Anschauungen in schrankenloser Willkür, in Libertinismus, wobei das Individuum sich selbst das Gesetz gibt, ja schließlich in der Verneinung aller ethischen Normen, aber auch da, wo dies nicht der Fall war, wo man sittliche Normen anerkannte, — und es gab hochstehende Charaktere unter den Sophisten, die aufs tiefste von ihrer Notwendigkeit durchdrungen waren — auch da hatten diese Normen nur relative, eingeschränkte, bedingte Geltung, wenn und so weit nämlich, als sie das Glück der Menschen zu sichern schienen; für Sokrates dagegen war die sittliche Forderung eine schlechthin absolute Forderung, ohne deren Erfüllung es keinen Zweck habe zu leben, keinen Sinn und Wert habe, ein Mensch zu sein. —

* * *

Die Gedankenreihen, welche Sokrates, als philosophischer Rhapsode, mehr durch die Eigenart und Macht seiner Persönlichkeit und durch lebendige Wirksamkeit, als durch dies oder jenes, was er positiv lehrte, zur Darstellung gebracht hatte, — diese Gedankenreihen führte sein größter Schüler Plato weiter, verfolgte sie, auf der Grundlage einer universellen Bildung, nach allen ihren Konsequenzen und sammelte sie zur geschlossenen Einheit, wodurch er der erste große Systematiker der Philosophie wurde.

Die Persönlichkeit von Sokrates, könnte man sagen, ihre charakteristische Eigenart, das was sie so eindrucksvoll machte und

von allen anderen Menschen unterschied, ist der Ausgangspunkt,
ja, man darf vielleicht behaupten, das einzige Objekt des Platonischen
Denkens. Seine Grundfrage, könnte man sagen, lautet: Was für
eine Verwandtnis hat es mit dem Sokratischen Dämonium, was
ist es mit diesem eigenartigen, eminenten — wir würden sagen:
genialischen — Vorstellen und Denken? Und wenn es denn also
eine Wahrheit des Seins und des Denkens gibt, die, im allge=
meinen Subjektiven, im universellen Geist wurzelnd, doch im
individuellen Geiste zur Erscheinung kommen kann — welcher
Vorgang findet, näher betrachtet, hierbei statt, und wie ist jenes
geistige Erleben zu bestimmen, in welchem und durch welches jene
beiden momentan verknüpft werden, und wie jener bildhafte Umriß,
der sich hierbei der Seele vor Augen stellt? Das waren die
eigentlichen Kern= und Grundfragen der Platonischen Philosophie.

Für jenen bildhaften Umriß, jene innere Vorstellungseinheit,
welche im Momente des genialischen Geistesprozesses sich zeigt, hat
Plato den Begriff und Namen geprägt, der seitdem ein dauernd=
unentbehrlicher Besitz aller höheren Kultur ist, und von dem auch
der Idealismus seinen Namen herleitet: den Begriff Idee.

So wie das Wesen der Sokratik — wenn man mit diesem Wort
die Einheit der Persönlichkeit und Lehre des Sokrates bezeichnet —
erst deutlich wird durch den Gegensatz zur Sophistik, so auch das
Wesen des Platonismus und des Begriffs der Idee, in dem seine
unterscheidenden Kennzeichen beschlossen sind. Die Sophistik war
die Philosophie des nüchternen, hausbackenen, schwunglosen, stets
der utilitarischen Richtung zugewandten Verstandes; im Platonismus
erscheint zum ersten Male die ausgebildete Weltanschauung des
Genies, das von der Wirklichkeit ergriffen ist und ihrer Wahrheit
mit der Begeisterung der Liebe entgegengeht. Die erstere studiert
das Buch der Welt, ganz überwiegend allerdings das der Menschen=
welt, indem sie einzelne Sätze, oder auch ganze Abschnitte, begreift
und nun zu verknüpfen sucht; der letztere, indem er den Sinn des
Ganzen erfaßt und von hier aus in das Verständnis der einzelnen
Teile vorzudringen trachtet. Auch die Sophistik sieht, ebenso wie

Plato, im Subjektiven das Wesen und die Wahrheit des Wirklichen, aber sie erblickt es nur vereinzelt, isoliert, in der Verendlichung und Begrenzung, nicht, wie Plato, in der zusammenfassenden Einheit und Unendlichkeit. Daher blieb die Sophistik, die dogmatische ebensowohl wie die skeptische, indem sie sich an die begrenzten und vereinzelten Objekte und Erscheinungen hielt, im dialektischen Gegensatz von Wahrnehmung und Denken, Anschauung und Begriff stecken. Dieser Gegensatz, der dadurch entsteht, daß im Bewußtsein das eine Mal das Objekt, das andere Mal das Subjekt das Übergewicht hat, ist nur in der Betrachtung der endlichen, isolierten Erscheinungen vorhanden, — aber er ist aufgelöst in dem genialischen Erfassen der Platonischen Idee. Diese ist also weder bloße Anschauung noch bloßer Begriff, sondern beides in einem, und sie wird erfaßt weder vom bloßen Wahrnehmen noch vom bloßen Denken, sondern von dem, was beide vereinigt, der Intuition, der intellektuellen Anschauung. Es gibt keine Anschauung und keinen Begriff, die nicht dem Inhalt nach einer korrespondierenden Idee durchaus kongruent wären, und doch sind sie von der letzteren grundverschieden; was sie unterscheidet, ist eben dasselbe, was die — bei Anschauung und Begriffen stehen bleibende — Sophistik vom Platonismus, was die die Objekte isolierende Verstandeserkenntnis von der genialischen Vernunftanschauung, was das Endliche vom Unendlichen, die Begrenztheit von der Unbegrenztheit scheidet. Anschauung und Begriff bei den Sophisten haben immer den Charakter des Besonderten und Isolierten — Plato dagegen verkündet nichts eindringlicher als die Lehre von der Verflechtung der Urbilder, von der Gemeinschaft aller Ideen, und erklärt, daß es völlig unphilosophisch sei, alles von allem abzutrennen, und daß es keine gründlichere Vernichtung aller vernunftgemäßen Erkenntnis gebe, als das Loslösen eines jeden von allem anderen. Anschauung und Begriff haben stets den Charakter des Begrenzten und Endlichen, die Idee stets den Charakter des Grenzenlosen und Unendlichen, so sehr den Charakter des Unendlichen, daß sie die Tendenz hat, den Geist immer weiter ins Grenzenlose mit fort- oder emporzureißen, obwohl es immer

schwieriger wird, diesem Zuge zu folgen je höher er emporführt —
so wie es Plato einmal, am Beispiel der Idee der Schönheit, im
„Phädrus" schildert: Wenn einer die Schönheit dieser Erde besieht,
sich aber dabei an die wahre Schönheit erinnert, und nun fühlt,
wie seine Schwingen aufwärts flattern und, gleich einem Vogel,
der zum Himmel aufblickt, nach oben strebt und nicht steigen kann,
die irdischen Dinge aber nicht achtet. . . . So unterscheidet denn
auch Plato dieses Erfassen der Idee von jeder anderen Tätigkeit
und Regung des Geistes, er nennt es Erhebung oder Ekstase, und
während das Wahrnehmen und Denken des Verstandes, das dort
im Element der Anschauung, hier in dem des Begriffs sich bewegt,
von einer gewissen Nüchternheit unabtrennbar ist, so ist das Erfassen der Idee immer verknüpft mit einer gewissen Begeisterung,
mehr noch oftmals mit einer Art von Geistesrausch. In mannig-
facher Weise hat Plato immer wieder diese ekstatische Begeisterung
und Verzückung, dieses Ergriffensein vom philosophischen Eros in
der Erhebung zur Idee, geschildert, und er nimmt keinen Anstand,
ausdrücklich vier Hauptarten der Mania oder Verzückung zu
unterscheiden: den natürlichen Wahnsinn (auch des vom Wein
Berauschten), die Poesie, das Prophetentum und das (philosophische)
Schauen der Ideen.

Diese Lehre von den Ideen ist das Meisterstück der Platonischen Philosophie, das zum unverlierbaren Bestandteil aller
Philosophie und aller Kulturentwickelung geworden ist. Dagegen
versagt das freie Denken, so hoch es auch in Plato sich erhoben hatte,
zunächst noch da, wo es sich um die Frage nach dem Ursprung und
der ursprünglichen Einheit der Ideen, sowohl im universellen als im
individuellen Geiste, handelt. Dieses Problem konnte, aus Gründen,
die später noch hervortreten werden, erst zweitausend Jahre später,
in der Philosophie des deutschen Idealismus, gelöst werden. Plato
kommt nicht darüber hinaus, eine höchste Idee zu suchen, die er
bald in der Idee des Schönen, bald (und am häufigsten) in der
Idee des Guten zu finden glaubt, und diese höchste Idee bald mit
dem universellen Geist (Gott) zu identifizieren, bald ihr noch ein

gottähnliches Wesen (Demiurgos) gegenüberzustellen. Und hierbei läßt das Denken immer wieder ermattet die Flügel sinken, um sich von der mythenbildenden Phantasie weiter tragen zu lassen. Ebenso ist es mit der Platonischen Anschauung über das Verhältnis der Ideen zur Seele, zum individuellen Geiste. Auch hier ist nur der Kern und der Ausgangspunkt philosophisch, alles Weitere aber ein, wenn auch bezauberndes, Vorstellungsgewebe mythischen Charakters, das jenen kernhaften Inhalt überspinnt. Der Seele, so erzählt Plato, war es einst, in ihrer vormenschlichen Existenz, ehe sie mit dem Körper vereinigt wurde, vergönnt, die Ideen in ihrer Reinheit zu schauen, weilend an jenem fernen, jenseitigen himmlischen Ort, der unberührt bleibt von der Enge und Begrenztheit, der Endlichkeit und Er= niedrigung, der Verderbtheit und Schuld des Irdischen, erfüllt nur von jenem Glanze, den einzig die Ideen ausstrahlen können. Nun, da sie in den Körper gebannt sind, wie in ein Gefängnis, da sie tief in ihn versunken sind wie in eine Höhle, sind die Seelen erfüllt von namenloser Sehnsucht nach jener überirdischen Heimat, die erfüllt ist von dem Glanz der Ideen. Jede Seele hat die Erinnerung an diese Ideen bewahrt, und immer wieder werden ihr die Erscheinungen des wirklichen Lebens, des irdischen Daseins, ein Anlaß, diese Erinnerung von neuem zu erwecken. So oft dies geschieht, fühlt sie, wenigstens für Augenblicke, der Gefangen= schaft des Körpers sich entrückt, in ihre dunkle Höhle fällt wenigstens ein Abglanz jener Herrlichkeit, die sie einstmals in ihrer unver= minderten Lichtfülle schauen durfte, und um so eifriger strebt sie nun danach, sich mehr und mehr loszulösen von allen irdischen Hemmungen, durch stetiges und vermehrtes Anschauen der Ideen, — bis sie einstmals ganz frei sein wird von allem Körperlichen, und, nach dessen Zerfall, unsterblich zu den unsterblichen Ideen und ihrem ewigen himmlischen Wohnsitze zurückkehren kann, von dem sie gekommen.

Hier, in den phantasievollen Anschauungen über den ein= heitlichen Ursprung, den „Ort", der Ideen und ihre Beziehungen zum individuellen Geiste, ist der Hauptquell jener weitausgedehnten

Mythenbildung, welche nachmals in so reichem Maße an die
Platonische Lehre angeknüpft hat. In die Lücke, welche hier das
freie philosophische Denken gelassen, drang eben späterhin immer
stärker die mythenbildende Phantasie ein, um so stärker, je mehr
die Energie der antiken Kultur sich minderte — bis schließlich,
in den Anfangszeiten der christlichen Epoche, der Mythus überhaupt
alle festen Schranken der Erkenntnis überflutete.

*　　　*　　　*

Überall wo ein neues Prinzip in die Kulturentwickelung ein=
tritt, hat es die Tendenz, sich dem früheren möglichst schroff entgegen=
zusetzen, sich stark negativ ihm gegenüber zu verhalten, und, zunächst
zum Zwecke der deutlichen Unterscheidung möglichst schroff ana=
lytisch zu trennen, was doch in der Wirklichkeit verbunden ist —
dagegen aber reagiert sehr bald das deutlichere Bewußtsein, und die
allzu scharfe Scheidung wird wesentlich gemildert oder teilweise
aufgehoben. So verhalten sich Plato und sein großer Schüler
Aristoteles zur Grundlage der Ideenlehre, vor allem in Bezug
auf den entscheidenden Punkt des Verhältnisses von Objekt und
Subjekt. Für Plato sind diese beiden durchaus geschieden, die
Welt des Subjektiven ist jenseits der Welt des Objektiven, deren
Wahrheit sie doch ist, und die einzelnen Dinge (Objekte) haben wohl
Teil an den Ideen, aber dennoch sind sie von ihnen getrennt. Dieser
Platonischen Anschauung stellt Aristoteles, der große Realidealist des
Altertums, die der Einheit des Subjektiven und Objektiven gegen=
über. Wenn Plato überwiegend die analytische Tendenz verfolgt,
so Aristoteles die synthetische, ist Plato mehr bereit zur Ekstase,
so Aristoteles mehr zur Symbiose; Plato neigt stets dazu, die Welt
des Objektiven weit entfernt und tief unter der Ideenwelt zu er=
blicken, während Aristoteles ihre Übereinstimmung und Verknüpfung
ins Auge faßt. Oder wie Goethe in der Geschichte der Farbenlehre
den Gegensatz beider meisterhaft schildert: „Plato verhält sich zu
der Welt wie ein seliger Geist, dem es beliebt, einige Zeit auf
ihr zu herbergen. Es ist ihm nicht sowohl darum zu tun, sie

kennen zu lernen, weil er sie schon voraussetzt, als ihr dasjenige, was
er mitbringt und was ihr so nottut, freundlich mitzuteilen. Er
bringt in die Tiefen, mehr um sie mit seinem Wesen auszufüllen,
als um sie zu erforschen. Er bewegt sich nach der Höhe mit
Sehnsucht, seines Ursprungs wieder teilhaft zu werden. Alles,
was er äußert, bezieht sich auf ein ewig Ganzes, Gutes, Wahres,
Schönes, dessen Forderung er in jedem Busen aufzuregen strebt . . .
Aristoteles hingegen steht zu der Welt wie ein Mann, ein bau=
meisterlicher. Er ist nun einmal hier und soll hier wirken und
schaffen. Er erkundigt sich nach dem Boden, aber nicht weiter
als bis er Grund findet. Von da bis zum Mittelpunkt der Erde
ist ihm das übrige gleichgültig. Er umzieht einen ungeheuren
Grundkreis für sein Gebäude, schafft Materialien von allen Seiten
her, ordnet sie, schichtet sie auf und steigt so in regelmäßiger Form
pyramidenartig in die Höhe, wenn Plato, einem Obelisken, ja,
einer spitzen Flamme gleich, den Himmel sucht.“

Die idealistische Grundrichtung des Denkens ist also bei beiden
die gleiche, nur daß Plato sich eng bei der Ideenwelt mit ihrer Leucht=
kraft und ihrem eigentümlichen Glanze hält, um von hier hinaus=
zublicken in die Weite des objektiven Daseins, während, umgekehrt,
Aristoteles von der Peripherie der objektiven Welt aus den Blick
fest gerichtet hält auf die Wahrheit der Ideenwelt. Daher sieht
Plato, von seinem Standorte aus, im „Wirklichen“ nur ab=
nehmende Idealität, zunehmendes Dunkelwerden, bis zu jenem
äußersten Punkte an den Grenzen des Wirklichen, am Horizont
des objektiven Seins, wo es gänzlich finster, wo alles Ideelle
erloschen und also, da die Wahrheit des Seins nur im Ideellen
liegt, eben nur noch ein Nicht=Seiendes ($μὴ ὄν$) vorhanden
ist; während Aristoteles, umgekehrt, an der Peripherie des ob=
jektiven Seins stehend, sieht, wie die Leuchtkraft der Ideen auch
dorthin reicht, so daß er auch im bloßen Stoff schon den ersten
leisen Schimmer der Ideenwelt, in der Wirklichkeit überhaupt nur
die stetige Aufhellung in der Richtung des Ideellen, darum die
fortschreitende Steigerung des Wirklichwerdens und des Lebens

erblickt, das durch unendlich viele Stufen hindurchgeht bis zu jener höch=
sten, wo die Intensität des Subjektiven, Geistigen, Ideellen den höchsten
Grad erreicht hat, absolut geworden ist. Oder, in der Sprache der
Aristotelischen Metaphysik ausgedrückt: nichts ist bloßer Stoff, alles
ist Anlage, Möglichkeit zur Form, nichts ist bloßes Objekt, alles ist
auch Idee, subjektive Einheit seiner selbst, nur in unendlich vielen Ab=
stufungen, von der untersten, der Materie (ὕλη), wo diese Anlage zur
Form, diese ideelle subjektive Einheit, noch am kraftlosesten ist, den ge=
ringsten Grad hat, bis zur höchsten Stufe, Gott, wo sie den höchsten
Grad erreicht hat, absolut geworden ist. Und es ist für Aristoteles das
Grundmotiv alles Seins, das ganze Thema des Weltprozesses, daß
alles Objektive in immer höherem Grade durch das Subjektive gleich=
sam aufgezehrt oder, wie Schiller es ausdrückt, aller Stoff immer
mehr durch die Form vernichtet wird.

*   *   *

Alles Leben, kann man sagen, ruht auf dem statischen Gleich=
gewicht der Kräfte, vor allem der am meisten entgegengesetzten Kräfte,
welche im Lebendigen wirksam sind, — so das animalisch=vegetative
Leben auf dem Gleichgewicht von Aufnahme und Ausscheidung der
Nahrung, auf dem gleichmäßigen Rhythmus der entgegengesetzten
Bewegungen Systole und Diastole, Einatmen und Ausatmen usw.
Eben dasselbe gilt aber auch vom geistigen Leben, sei es der Individuen
oder ganzer Völker und Zeitperioden. Sind es also hier, wie wir
wiederholt schon sahen, die entgegengesetzten Richtungen des Subjektiven
und Objektiven, die den äußersten Gegensatz des Kulturlebens bilden,
so ist es beider statisches Gleichgewicht, das die Grundlage einer
vollen Lebensentfaltung bildet. In diesem Sinne sagt auch Goethe
einmal treffend: Wo Subjekt und Objekt sich berühren, da ist Leben.
Man könnte also hier ergänzend hinzufügen: wo das Subjektive und
Objektive im sichersten Gleichgewichtszustand sich bedingen und be=
grenzen, wo sie, bei stärkster Differenzierung und Entgegensetzung,
doch die festeste Einheit bilden, da ist (geistiges) Leben im eminenten
Sinne, da ist ein Höhepunkt des Lebens.

Einen solchen Höhepunkt bezeichnet denn also auch die Periode des griechischen Idealismus; und dies nicht nur in der Philosophie, sondern im Kulturleben überhaupt, welch erstere ja nur ins vollere Licht des Bewußtseins emporhebt und in Begriffen und Kategorien auseinanderlegt, was in der letzteren lebendige Wirklichkeit geworden ist.

Aber so wie im physischen, im vegetativen und animalischen Leben, so ist auch im geistigen Leben die Blüteperiode nur ein verhältnismäßig kurzer Zeitraum zwischen einer langen Aufwärts= entwickelung und einem ebenso langsamen und langen Absteigen. Hier, in der griechischen Kulturwelt, ist dieser Abstieg bezeichnet durch allmähliche Aufhebung des statischen Gleichgewichts des Objektiven und Subjektiven, derart, daß das letztere immer mehr zum Absoluten wird, immer höher steigt und immer ferner rückt, indes die Welt des Objektiven immer mehr zum Negativen und Wertlosen erniedrigt wird, zu einer bloßen Schattenwelt sich verflüchtigt und nach und nach für das Bewußtsein ganz versinkt.

Leise angedeutet ist dieser beginnende Abstieg, das sich vor= bereitende Versinken des Objektiven, bereits auf der Höhe des griechischen Idealismus, namentlich in der Platonischen Ideenlehre, so wie ja auch bei einer Blüte, gerade in dem Augenblick, in welchem sie sich voll erschlossen hat, die ersten Spuren des Ver= falls sichtbar werden. Deutlicher tritt diese Dekadence in der nach=aristotelischen Zeit, zunächst in den Erscheinungen der Skepsis und des Epikuräismus, hervor. Die Skepsis der spätgriechischen Zeit ist nicht jener hoffnungsfreudige Zweifel, aus welchem neue Erkenntnisse geboren werden, sondern der müde, resignierte Zweifel, durch den das Bewußtsein zunächst aus der zentralen Provinz des objektiven Kulturlebens, aus der Welt der Erkenntnis, sich zurückzieht, sie mit dem Zeichen der Verwerfung, ja der vollen Verachtung, versieht. Das notwendige Korrelat dieses negativen Verhaltens zur Erkenntnis ist die Selbstbeschau, die, um alle objektiven Werte unbekümmert, nur insoweit Erkenntnis sucht, als sie dazu dienen kann, die In

tegrität des individuellen Subjekts, die Erhaltung und Steigerung
des reinen Selbst, zu fördern und zu sichern. In dieser letzteren
Richtung bewegt sich vor allem die Gedankenarbeit der Epikuräer
— ebenso wie die der Stoiker — und bei der engen Beziehung
beider zur Skepsis ist es natürlich, daß sie in mannigfaltigen
Schattierungen sich vermischen und ineinander übergehen.

Hauptsächlich aber vollzieht sich die Auflösung des antiken
Geisteslebens, durch die fortschreitende Entwertung und Vernichtung
des Objektiven, in den beiden, durch Jahrhunderte sich erstreckenden,
Strömungen des Stoizismus und Neuplatonismus (zu welch
letzterem ja der Neupythagoreismus und die jüdisch-alexandrinische
Religionsphilosophie eng verwandte Nebenströmungen bilden). Und
zwar ist es im Stoizismus der individuelle, im Neuplatonismus
der universelle Geist, der kontinuierlich immer mehr so hoch
emporgehoben wird, daß schließlich die ganze Welt des Objektiven
versunken ist. In dieser Entwickelung der stoischen und neuplatonischen Gedankenarbeit vollzieht sich eine Art Kulturtragödie,
die unendlich viel schwerer und ergreifender ist, als irgend ein
tragisches Einzelschicksal nur sein kann.

Besonders deutlich tritt dieses tragische Moment in der Entwickelung des Stoizismus zutage. Hier will der subjektive Geist
der Antike, unfähig, den Konflikt mit dem Objektiven zu lösen,
ihm ausweichen, der Welt des Objektiven sich ganz entziehen, durch
deren Vernichtung im Bewußtsein das eigene Selbst retten — und
eilt doch nur um so sicherer dem Untergang entgegen.

Will man diesen Grundzug des Stoizismus deutlich sehen,
so muß man sein individuell-menschliches Ideal, den stoischen
Weisen, dem idealen Menschen der Antike gegenüberstellen, wie er
auf der Höhe der hellenischen Kultur, in der Epoche des griechischen
Idealismus, erscheint. Dieser ideale Mensch der Antike, das ist der
Mensch, wie er in der klassischen Kunst der Griechen, wie er noch
heute namentlich in den plastischen Darstellungen ihrer Helden und
Götter — welch letztere ja nur erhöhte Bruderwesen der Menschen
sind — vor Augen tritt, wie er in der platonisch-aristotelischen

Philosophie gezeichnet ist: der individuelle Geist ganz objektiv geworden in der Erscheinung des Körpers, der, im Ganzen, wie in allen seinen Teilen, einheitlich von ihm belebt und durchdrungen ist; jener individuelle Geist selbst erfüllt und bewegt von allen mannigfaltigen objektiven Erscheinungsformen des Lebens, von Trieben und Neigungen, Begehrungen und Leidenschaften, von allem, was Raum haben kann in der Menschenbrust, so aber, daß auch die äußersten Gegensätze in maßhaltender Mitte (Aristoteles' Ethik!) aneinander geknüpft sind, und alle Mannigfaltigkeit seelischer Bewegtheit zur festen ideellen Einheit (die Sophrosyne Platos und der griechischen Tragiker!) verknüpft ist; mit Festigkeit ruhend auf der wohlgegründeten Erde, die ihm seine Heimat ist — daher er das Jenseits fast als ein Nichts, nur als Schattenwelt, betrachtet — heimisch in der Natur, der außermenschlichen sowohl wie der menschlichen, die ihn umgibt in der sozialen und staatlichen und sittlichen Ordnung; hingegeben an jede objektive Erscheinungsform der Idee, und in jeder doch sich selbst, die eigene geistige Einheit, oder doch deren Spuren, wiederfindend: so hingegeben an die Kunst, die objektive Erscheinungsform der Idee des Schönen, an Sittlichkeit und Recht, als die Objektivierung der Idee des Guten — „Liebhaber des Guten und Schönen in jeder Gestalt", sagt Plato im „Gastmahl" — an das politische Leben des Staates, als der objektiven Erscheinung der Idee der Gerechtigkeit, an die konkreten menschlichen Verhältnisse der Freundschaft und der Liebe usw.

Und nun dem gegenüber der Weise, der Stoiker! Stetig und beharrlich zieht er sich aus allen konkreten Beziehungen zurück, gibt von der objektiven Welt ein Stück nach dem anderen preis, bis er, so vollständig als möglich, zur reinen, in sich gesammelten, Subjektivität geworden ist. Und die Philosophie ist ihm hierbei im wesentlichen nichts anderes als die praktische Lebenskunst, vermittelst deren diese Loslösung der reinen Subjektivität von allem Objektiven vollzogen wird, indem diese letztere im individuellen Bewußtsein vernichtet wird. Zuvörderst hat dieser stoische Weise

sich losgelöst von der Natur — er kennt für sein Denken nur
praktische Daseinszwecke des Menschen, und nichts liegt ihm so fern
als die Naturphilosophie, alle Philosophie ist ihm nur Theorie der
Lebenspraxis oder Ethik. Ebenso verwirft der Stoiker von vorneherein die äußeren Güter des Menschen, Besitz, Reichtum und dgl.;
aber auch höhere Güter mehr geistigen Charakters, wie Ehre, Ruhm,
und selbst die höchsten Güter solcher Art, wie die Freundschaft,
erscheinen ihm, wenn nicht ganz verwerflich, doch zum mindesten
als entbehrlich, kein notwendiges Ziel für das Streben des Weisen.
So macht er sich überhaupt frei von allen Affekten, auch vom
stärksten, der Liebe, in welcher Gestalt sie auch erscheinen mag;
er löst sich ferner, soweit als möglich, los vom eigenen Körper,
von dessen Bedürfnissen, Neigungen und Begehrungen — nur eine
„mäßige" Sorgfalt für den Körper empfiehlt noch Marc Aurel,
die aber von anderen Stoikern, wie von ihren kynischen Vorbildern,
ebenfalls verworfen wird. Mit aller Energie reißt der stoische
Weise sodann im Bewußtsein sich los vom politischen Leben, vom
sozialen Gemeinschaftsleben, repräsentiert vor allem durch die Familie,
— er ist unbedingt ehelos —, von Staat und Vaterland — daher
er denn in diesem, aber nur in diesem, Sinne der erste Welt-
bürger und der erste theoretische Vertreter des Kosmopolitismus
wird. Er negiert weiterhin die konkrete Kunst und Wissenschaft,
weil ja sein Denken gar nicht die objektive Welt zu erfassen sucht;
ja, man kann sagen, er löst sich selbst vom konkreten sittlichen
Zusammenhang der Menschenwelt, weil ja seine, des Stoikers,
Ethik gar nicht auf die objektive Mannigfaltigkeit des Menschenlebens eingeht, um sie mit dem Gedanken zu durchdringen, sondern,
außerhalb dieses Lebens stehend, immer nur das eine Thema eben
dieses negativen Verhaltens variiert: der Mensch müsse vom
Weltenlauf, von der konkreten Vielgestaltigkeit des Daseins, welche
die Menschen gemeinhin Leben nennen, sich zurückziehen, um ganz
bei sich, ganz in reiner Innerlichkeit gesammelte Individualität, zu
sein. Diesen stoischen Grundgedanken kann man nicht klarer zum
Ausdruck bringen, als wenn Marc Aurel, der Stoiker auf dem

Throne der Cäsaren, von der Höhe der Welt und des Lebens her,
beide, die ganze Welt des Objektiven, mit dem Siegel der äußersten
Verwerfung und Verachtung versieht, in ihr nur ein leeres Nichts
erblickt, eine ungeheure Wüste voller Dunkel und Verworrenheit,
in die nur durch die Subjektivität noch einiges Licht fallen kann,
wenn diese in ihrer reinen Innerlichkeit bewahrt wird: „Des mensch=
lichen Daseins Zeit", sagt er, „ist ein Augenblick, sein Wesen ver=
gänglich; die Empfindung ist dunkel, des ganzen Körpers Gefüge
zum Verwesen geneigt, die Seele ein Kreisel, das Schicksal schwer
zu ahnen, der Menschen Nachrede verworren; was zum Körper
gehört, ein Strom, was zur Seele gehört, Traum und Rauch, das
Leben ein Kampf und eine Reise im fremden Lande, der Nachruf
Vergessenheit. Was gibt es nun, das uns geleiten kann? Einzig
und allein die Philosophie. Diese besteht darin, daß man den
Gott im Inneren vor übermütiger Schädigung bewahrt, über=
legen der Lust und dem Schmerze, nichts zwecklos tuend, ohne
Lüge und Heuchelei, unabhängig vom Tun und Lassen der anderen,
zufrieden hinnehmend, was geschieht und uns zugeteilt wird." —

Indessen dieses Ideal des stoischen Weisen war zunächst noch
ein menschliches Ideal. Man konnte hoffen, sich ihm anzunähern,
wenn auch nicht, es ganz zu erreichen. Aber eben dies, daß noch
eine letzte Beziehung und Verknüpfung mit dem objektiven Menschen=
leben bestand, trieb den Gedanken in der Entwickelungsrichtung des
Stoizismus weiter und bis zur letzten Stufe: man sublimierte und ver=
feinerte noch das Idealbild des stoischen Weisen so lange, bis es los=
gelöst war von allen Bedingungen des Wirklichen. Dieses Urbild
des Weisen, als des Menschen, der von allem Objektiven sich losgelöst,
der alles, was zur Welt gehört, tatsächlich verworfen hat, der ganz zur
reinen, für sich seienden, Subjektivität geworden ist, verherrlichen nun
die Stoiker um so mehr, je mehr sie sich bewußt sind, daß es
ganz übermenschlich und überirdisch ist, über alle menschliche Kraft
hinaus liegt. In der Lobpreisung dieses einen wahren Weisen ist
ihnen kein Wort zu hoch, kein Vergleich zu kühn. Hatten ihn
einige Gott gleichgestellt, so stellt ihn Seneka in mancher Beziehung

sogar über Gott, denn dieser sei nur außerhalb der Leiden und des Übels, der Weise aber stehe über ihnen. Und er vergleicht ihn der Sonne, die kein Pfeil trifft, und der Welt über dem Monde, von der die Alten annahmen, daß sie aus reinem Äther gebildet sei.

Dieses bis ins Übermenschliche, und selbst Übergöttliche, gesteigerte Idealbild des stoischen Weisen, das sich dem Bewußtsein des sinkenden Altertums tief einprägte, hat bereits alle wesentlichen Züge des Weltheilands und des Welterlösers. Beide Ausdrücke bezeichnen hier fast ein und dasselbe, nur der erstere mehr von der positiven, der letztere mehr von der negativen Seite. Denn das „Heil“, welches man suchte, war das Heil der Seele, d. h. der Zustand des subjektiven Geistes, in dem er ganz bei sich und für sich, ganz in sich gesammelte Einheit ist, befreit von allem Leid und Übel, d. h. da dieses nur aus der Endlichkeit und Begrenzung des objektiven Seins sich ergibt, befreit von diesem Objektiven, losgelöst oder erlöst von der „Welt“, der konkreten Mannigfaltigkeit des Daseins, der Natur wie der Menschenwelt, des fremden wie des eigenen Lebens. Und wenn es nun eine Individualität gab, welche in diesem Sinne dem stoischen Idealbilde des Weltheilands und Welterlösers entsprach — mußte sie nicht allen Menschen das absolute Heil bringen und alle Menschen erlösen, dadurch daß sie den Weg wies, auf dem jenes Heil zu erringen, jene Erlösung im Bewußtsein zu vollziehen sei? Welchen ungeheuren Eindruck mußte es also machen, als über das ganze Weltreich der griechisch-römischen Kultur hin, in dem der Stoizismus die Hauptreligion der Gebildeten, aber auch in populären Formen ins Volk gedrungen war, vom fernen Osten her allmählich die dunkle Kunde sich ausbreitete, ein jüdischer Prophet, den viele als den jüdischen Messias, den Heilbringer ihres Volkes, verehrten, sei eben dieser Weltheiland und Welterlöser; jenes sublimierte Idealbild des Stoizismus wäre nicht mehr, wie man vorher immer meinte, bloß in einer jenseitigen, ätherischen, übermenschlichen, oder selbst übergöttlichen, Welt zu suchen, sondern das Wunder habe sich vollzogen, dieses Idealbild sei als lebendige Wirklichkeit unter den Menschen erschienen, es sei „Fleisch“

geworden", wirklich und leibhaftig sei ein Mensch — Christus — erschienen, der sich völlig losgelöst, nicht bloß im Vorstellen, sondern durch sein ganzes Tun, von aller Mannigfaltigkeit des objektiven Seins, von der Natur und dem Kulturleben, von Familie und Staat, von Wissenschaft und Kunst, von Freundschaft und Liebe, von Leidenschaften und Begehrungen, zuletzt auch vom eigenen Körper und dem eigenen Leben — das letztere als Opfer von sich werfend, um die reine Innerlichkeit „heil" zu bewahren!

So gewaltig war die Wirkung dieser Christusgestalt, daß ihr gegenüber die rein menschliche Deutung von vornherein völlig un= zureichend erschien, daß sie, was ja auch schon im sublimierten Idealbild des stoischen Weisen angedeutet liegt, nur im Zu= sammenhang alles Seins und Wirkens wurzeln, nur aus den tiefsten Geheimnissen des Weltprozesses erklärt werden konnte. Diese Umbildung geschieht im Zusammenhange mit der neu= platonischen Philosophie. Sie erhebt das stoische Idealbild aus der menschlichen in die universelle und kosmische Sphäre, und man kann ganz allgemein sagen: so wie der Stoizismus für den individuellen Geist, so sucht der Neuplatonismus für den universellen Geist die Voraussetzungen und Bedingungen auf, unter denen er, gänzlich losgelöst vom objektiven Sein, in seiner reinen Geistigkeit und absoluten Subjektivität beharren könne. Auch der Stoizismus freilich war nicht ohne eine gewisse universelle Tendenz, vor allem in der Ausbildung der Logoslehre; und auch dem Neuplatonismus war die individualistische Richtung der Stoiker nicht fremd, vielfach steigerte er sie noch, so, wenn Jamblichus u. a. geradezu sich schämen, einen Körper zu haben; aber beide Male handelt es sich dabei nicht um das Ent= scheidende, Kernhafte der Gedankenbewegung, nicht um das, was im Mittelpunkt des Denkprozesses stand.

Ebenso nun wie die Stoiker den individuellen Geist, das Bild des stoischen Weisen, so hoben auch die Neuplatoniker den universellen Geist immer höher empor, über alle Grenzen des menschlichen Daseins, ja, alles Seins überhaupt, entleerten ihn

von aller konkreten Bestimmtheit, entfernten ihn unendlich von allem
Zusammenhang mit dem Objektiven. Um diese unendliche Distanz
des reinen absoluten Subjekts von allem Objektiven deutlich zu
machen, können die Neuplatoniker sich nicht genug tun, immer neue
Zwischenglieder, Emanationen, Äonen, zwischen beide einzuschieben,
ohne sich doch jemals völlig Genüge leisten zu können. Denn so viele
Zwischenglieder auch angenommen werden, so unendlich auch die
Entfernung gedehnt wird, immer bleibt doch durch alle die
verbindenden Glieder hindurch eine geringe Berührung des Sub=
jektiven und Objektiven übrig, immer also das Ideal des absoluten
Subjekts in seiner Reinheit nicht ungetrübt. Den Ausgangspunkt
für diese fortschreitende Distanzierung des absoluten universellen
Subjekts und der Welt des Objektiven bildet die Platonische Ideen=
lehre. Plato hatte von einer höchsten Idee, der des Guten, ge=
sprochen, in der alle anderen Ideen ihre Einheit hätten. Plotin,
der größte unter den Neuplatonikern, trennt diese höchste Idee von
allen anderen, er reißt diese Einheit alles Ideellen hoch empor zu
unendlicher Höhe: sie ist ihm wie die Sonne, in die zu schauen
dem Sterblichen nicht, oder nur momentweise, vergönnt ist, und
in den seltenen Augenblicken, wo dies geschieht, dem Zustand
der Ekstase, der Verzückung, ist er berauscht und geblendet, und
alles objektive Sein erscheint ihm dunkel. Diese reine subjektive
Einheit alles Ideellen, oder die Einheit schlechthin, oder Gott, ist
nicht nur erhaben über alles Sein, sondern auch erhaben über die
Vernunft, über das Denken und selbst über das Gedachtwerden.
Denn wie könnte die reine absolute Einheit von dem Gegensatz
berührt werden, in dem alles Denken sich bewegt?

Wie aber dieses Absolute in Verbindung stehen könne mit
dem Begrenzten, Relativen, wie das Eine mit dem Vielen, das
reine Subjekt mit der Welt des Objektiven sich, wenn auch nur
in unendlicher Entfernung, berühren könne, das war die Frage,
um welche die neuplatonischen Denker sich mühten. Bei Plotin
läßt das Eine (Gott) aus der Überfülle seines unendlichen Wesens
ein Abbild seiner selbst hervorgehen — etwa so wie die Sonne

Strahlen von sich ausgehen läßt — welches sich mit Notwendigkeit dem Urbild zuwendet, um es zu schauen; dieses Abbild und dieser Abglanz des Einen ist der Nus, der Inbegriff der Ideen; er erzeugt wieder in ähnlicher Weise, als Abbild seiner selbst, die Seele, und so fort durch zahlreiche Zwischenglieder hindurch bis zur untersten Stufe des rein Objektiven, der Materie. Noch weiter geht Jamblichus. Über das „Eine" des Plotin stellt er, ebenso wie Philo von Alexandrien, der Zeitgenosse Jesu, noch ein viel Höheres, das schlechthin erste Eine, das, erhaben über alle Gegensätze und alle objektive Bestimmtheit, also völlig eigenschaftslos, auch über dem Guten stehe, ein völlig unaussprechliches und aller Denkbarkeit entrücktes Urwesen — und aus ihm erst geht das Plotinische Eine hervor, welches wiederum die intelligible Welt aus sich erzeugt, diese die intellektuelle Welt in vielfachen Abstufungen, aus der alsdann das Psychische entspringt, zunächst die überweltliche Seele, welche wieder zwei andere, mehr dem Objektiven angenäherte, Seelen aus sich hervorgehen läßt; alsdann setzen in zahllosen Gliedern die abwärts gehenden Abstufungen der „Welt", des objektiven Seins, ein, zunächst die Götter der griechischen Volksreligion, dann die Engel, Dämonen, Heroen, und zuletzt die Abstufungen des rein Sinnlichen und Materiellen. Und dieser unendlichen Abfolge der Stufen, vom absoluten Subjekt bis zu den Bestimmtheiten des objektiven Seins, entspricht der Weg aufwärts, den die Seele des einzelnen Menschen zu nehmen hat, um vom Niedrigsten bis zum Höchsten vorzudringen. Leer und nichtig ist natürlich das Anschauen und Erkennen des Sinnlichen, bedeutungslos und verwerflich alles Verstricktwerden des Willens, und der ihm entsprechenden Erkenntnis, in die Besonderheiten des menschlichen Lebens, des Staats, der Familie, des Auf und Ab der Einzelschicksale; und wenn bei Philo und Plotin noch wenigstens die höchste und allgemeinste Erkenntnis, das Schauen der Ideen, die Betrachtung des Schönen und Guten, den Wert hatte, vorzubereiten zum Ziele aller Erkenntnis und alles Lebens, dem ekstatischen Ergriffenwerden von der Fülle des absoluten Einen, so waren auch jene Vorstufen zuletzt

bedeutungs- und wertlos und verwerflich; das Wesenhafte, das
vom Leben übrig blieb, war zuletzt nur noch jene Ekstase, und
alles, was sie ermöglichte und negativ bedingte: größtmögliche
Absonderung von allem Objektiven vermittelst Zurückgezogenheit
und Einsamkeit des Lebens, Selbstbeschau, Askese, Abscheidung von
allem Begehren und Wollen, ja von allem Körperlichen, zuletzt
das freiwillige Erwählen und sehnsüchtige Erwarten des Todes
— durch alles dies sollte die Seele nur hingelenkt werden auf
das eine Ziel: das verzückte, ekstatische Anschauen des absolut
Einen (Gottes), der die Ruhe, in dem alle Disharmonie gelöst ist,
bei dem auch die Seele des einzelnen ihre vollste Seligkeit findet. In
solchen Momenten überirdischer Seligkeit, wenn wir, wie Plotin
sagt, das Eine im göttlichen Reigentanze umkreisen, ist die Welt
des Objektiven ganz versunken und entschwunden.

Entschwunden ist damit auch dem griechischen Geist selbst die
Gesamtheit des objektiven Daseins. Und es ist, als ob er von dieser
unendlich fernen, überirdischen Höhe im seligen Abscheiden noch einmal
einen letzten Blick hinuntersenden wollte auf diese bunte Mannigfaltig=
keit des Wirklichen, die er so weit durchmessen, so tief durchdrungen
und durchdacht und so sehr geliebt hat. Wie ein letzter verhallender
Gruß aus unendlicher Ferne, so verklingen die letzten ekstatischen
Visionen des Neuplatonismus, in denen, wie die Eigenkraft der
ganzen antiken Kultur, so auch die des antiken Denkens erlischt.

3. Der christliche Idealismus.

Wenn das Wesen aller Kultur darein gesetzt wird — und wie wäre es anders zu bestimmen — daß, indem der Gegensatz des Objektiven und Subjektiven stets lebendig bleibt, doch beide sich immer mehr durchdringen und zur Einheit werden, so hat es, wenn man nicht auf die Natur= sondern nur auf die Kultur= geschichte der Menschenwelt hinblickt, wohl nie einen größeren Tief= stand gegeben, als in den ersten Jahrhunderten christlicher Zeit= rechnung. Sicherlich, da wo eine Kulturentwickelung erst in den Anfangsstadien sich befindet, ist die allgemeine Höhenlage der Kultur viel niedriger — aber das Primitive ist hier etwas Ursprüngliches, Zukunftreiches, und die geringen Anfänge der Kultur werden belebt durch die Frische und Unmittelbarkeit alles aufsteigenden Werdens. Hier aber handelt es sich um den Prozeß der Auflösung und Ver= wesung, und dieser mußte um so stärker und durchgreifender sein, je umfassender und tiefer die vorangegangene Kulturentwickelung gewesen. Welche Kultur aber war tiefgründiger gewesen und höher gestiegen, und welche hatte ein größeres Gebiet der Menschen= welt umfaßt, als die des griechisch=römischen Weltreiches?

So ist denn sicherlich dieser Verwesungsprozeß der antiken Kultur das erschütterndste Schauspiel, das unter den Menschen je sich zu= getragen. Und das Bewußtsein, daß ein solcher Verwesungsprozeß sich vollziehe und der allgemeine Kulturuntergang nahe bevorstehe, legte sich mit ungeheurem Druck auch auf die Gemüter der Menschen. So erzeugte sich weit und breit das Gefühl der Gewißheit, oder doch die Ahnung, einer bevorstehenden „Weltwende", jene apo

kalyptische Stimmung, die zahlreiche Schriften jener Periode durch=
zieht, und auch in den Schriften des neuen Testaments einen so
starken Nachhall gefunden hat. Wie auf einem dem Untergang
geweihten Schiff die Menschen bald sich verzweifelt an den Boden
anklammern, der sie noch trägt, bald angsterfüllt weit von ihm,
der in seinen Grundfesten schwankt, hinwegstreben, so hielten
damals zahllose Menschen sich fest und fester an die Welt „mit
klammernden Organen", auch an die primitivsten Erscheinungs=
formen des Objektiven, zahllose andere aber, und gerade die besten,
strebten so weit als möglich von dieser „Welt" hinweg, in die
grenzenlosen Fernen des rein Subjektiven. Und viele der letzteren
begnügten sich nicht damit, diese Flucht vor der Welt bloß im
Bewußtsein zu vollziehen, lediglich dem Zuge des Denkens folgend,
in der Art, wie es oben geschildert wurde, sondern sie suchten sie
auch im praktischen Leben zu verwirklichen; so entstand der Typus
des Asketen in seinen zahlreichen Abstufungen bis zum freiwilligen
Hinuntersteigen auf das untermenschliche, fast tierische, Niveau,
wie etwa bei den christlichen Fabulatoren. Und nicht genug
damit, so wollten zahllose von diesen Weltflüchtlingen und Asketen,
heidnische wie christliche, die Loslösung von der Welt des Objektiven
auch auf die Beziehungen von Raum und Zeit übertragen: so
flohen viele in die Einöden, wurden Anachoreten, und Tausende
erwarteten, oft täglich und stündlich, den Beginn der Weltwende,
oder, wie es später bei den Christen hieß, den Anbruch des tausend=
jährigen Reiches, sie zogen auf die Berge, um dessen erstes
Frührot zu erspähen, und bereiteten sich durch um so intensivere
Weltflucht und desto härtere Askese auf dieses Erscheinen des neuen
Reiches vor, eines Reiches der reinen Subjektivität und Geistigkeit,
eines Reiches, das „nicht von dieser Welt" wäre. In dieser
Erwartung und in dem ganzen Begriff des Reiches, das nicht
von dieser Welt ist, vollendet sich recht eigentlich der Auflösungs=
und Verwesungsprozeß der antiken Kultur.

Doch es ist hier, wie überall im Bereich des Seienden, nicht
bloß Verwesung. Denn alles ist Frucht und alles ist Samen.

Und so wie sich im Momente der höchsten Blüte, nicht nur im
physischen sondern auch im geistigen und allgemeinen Kulturleben,
schon die ersten leisen Spuren des Verfalls und der Auflösung
bemerkbar machen, so im äußersten Stadium des Verwesungs=
prozesses die ersten leisen Spuren eines neuen Werdens.

Diese erste Spur, die deutlich auf ein Neues, Werdendes un=
mittelbar hindeutet, zeigt sich in der Bildung der Christus=Gestalt
d. h. darin, daß hier zuerst, nach der äußersten Sublimierung des
Geistigen, nach der extremsten Entfernung des rein Subjektiven von
der Welt des Objektiven, in der Richtung des letzteren ein ent=
scheidender Schritt rückwärts getan wird, indem jene sublimierte,
reine Geistigkeit personifiziert, das Idealbild objektiviert, zu einem
leibhaftigen, einzelnen, geschichtlich bezeugten, lebendigen Menschen
gemacht, oder, mit der Bibel zu reden, indem Gott zum Menschen
und der Logos Fleisch wird.

Diese Personifizierung erfolgte unter der Einwirkung des
jüdischen Messiasglaubens, also von Seiten einer Volksreligion
her. Dort, im Osten des römischen Weltreiches, so hatte sich die
Kunde allmählich ausgebreitet, war unter dem jüdischen Volke ein
Prophet auferstanden, der ihm das lange vergeblich erwartete ab=
solute „Heil" gebracht, der Zimmermannssohn Jesus von Nazareth.
Zuerst erkannten nur wenige Jünger, daß er der Nachkomme
Davids, der Gesalbte des Herrn, der lange erwartete Messias des
jüdischen Volkes sei, den so viele Propheten voraus verkündet.
Als aber Jesus alle Schmach der Welt erduldet und für seine
Überzeugung gestorben und den Kreuzestod erlitten, da erkannten
es viele. Und schließlich trat unter seinen Jüngern einer auf,
Saulus, später Paulus genannt, der nicht nur ein jüdischer Schrift=
gelehrter, sondern auch bekannt war mit griechisch=alexandrinischer
Geisteskultur und Philosophie, und lehrte, daß Jesus nicht nur
der Messias der Juden, sondern auch der griechischen Heiden sei.
Und schon bei ihm näherte sich diese von jüdisch=nationalem
Partikularismus befreite Messias=Gestalt dem rein menschlichen
kosmopolitischen Idealbilde der Stoiker, der allem objektiven Sein

entrückten reinen individuellen Subjektivität, der Gestalt des Welt=
heilands und Welterlösers. Bald wurden diese beiden verwandten Ideal=
typen gänzlich verschmolzen: die volkstümliche Gestalt des jüdischen
Propheten und Messias, der seine Messianität durch zahlreiche
Wunder bewiesen, wurde identifiziert mit dem rein philosophisch
gewonnenen Persönlichkeitsideale des Menschen, der von allem
Zusammenhang mit der objektiven Welt im Bewußtsein frei ge=
worden, zur ganz reinen, in sich gesammelten Subjektivität sich
erhoben hat. Und schließlich folgte auch die weitere Aus= und
Durchbildung der Christus=Gestalt dem vorherrschenden Zuge des
Denkens, der sich in den ersten christlichen Jahrhunderten im
Neuplatonismus ausprägte: so wurde dieser Weltheiland und
Welterlöser, der die persönlichen Züge des jüdischen Messias an=
genommen, aus der Sphäre der individuellen in die der universellen
reinen Subjektivität transponiert, die Christus=Gestalt wurde nun
identifiziert mit der universellen Einheit des Geistes, dem „Einen",
oder Gott. Es entsprach natürlich diesem Begriff, daß Christus
nicht unmittelbar mit Gott selbst identisch sein konnte, sondern
nur mit seinem nächsten Abbild, dem Logos, den schon
Philo auch metaphorisch den eingeborenen Sohn Gottes nannte,
mit diesem unmittelbar aus Gott hervorgehenden Abbild, das
sich zum Einen selbst verhält, wie die Strahlen zur Sonne,
das von ihm, dem Urbild, oder metaphorisch dem „Vater", wohl
unterschieden aber doch ihm noch ganz wesensgleich ist. Sehr
früh schon hatte diese Auffassungsweise sich befestigt, wie sie
in den Eingangsworten des Evangelium Johannis' zum Ausdruck
gebracht ist: Im Anfang war der Logos, und der Logos war bei
Gott, und Gott war der Logos.

So waren es also drei Komponenten, drei Idealtypen, die
in der Christus=Gestalt zu einer Einheit verschmolzen wurden:
das jüdisch=messianische Ideal, das stoische Ideal der individuellen
reinen Subjektivität (Weltheiland und Welterlöser), und das neu=
platonisch=stoische Ideal der universellen (absoluten) reinen Sub=
jektivität (Gott, Abbild Gottes, Logos, eingeborener Sohn Gottes).

Und so ist es das Eigenartige, ja Einzigartige der hier anhebenden christlichen Mythenbildung, daß bei dieser Christus=Gestalt, dem Kristallisationskern und dauernden Mittelpunkt der neuen Welt= religion des Christentums, zunächst griechische Philosophie und jüdische Religion, freies philosophisches Denken und mythenbildende Phantasie zu einer einheitlichen Bildung zusammen wirkten.

Aber die letztere erhielt sehr bald und gewann immer mehr das Übergewicht. Sie besaß es schon von vornherein durch die Einflüsse der sinkenden griechischen Kultur. Denn, wie die antike Kultur überhaupt, so war auch das freie philosophische Denken längst ermattet und kraftlos geworden; schon in der neuplatonischen Philo= sophie war die Neigung zur Personifizierung abstrakter Begriffe, Ideen und Gedankenzusammenhänge, welche der mythenbildenden Phantasie eigen ist, allmählich immer mehr zutage getreten — die Personifizierung des stoisch=neuplatonischen Ideals im Christus= bilde war nur das einheitliche Ergebnis dieser Entwickelung.

Eines also unterscheidet diese an die Christus=Gestalt ange= knüpfte Mythenbildung der christlichen von der aller anderen Religionen: während in den letzteren die Erscheinungen der objek= tiven Welt von der mythenbildenden Phantasie personifiziert werden, so geschieht dies beim Christentum mit den Erscheinungen der subjek= tiven Welt. Oder, könnte man auch sagen, während bei den Natur= religionen, im weitesten Sinne dieses Wortes, (genauer: objektive Religionen), die Erscheinungen des Naturlebens und Menschenlebens personifiziert, d. h. zu selbständigen Wesen werden, die am Sub= jektiven Anteil haben, der Donner zum zürnenden Donnergott, die murmelnde Quelle zur träumenden Nymphe, das Kriegshandwerk, die Jagd, die Kunst zu den göttlichen Persönlichkeiten des Mars, der Diana und des Apollo, die Einheit der Familie, des Stammes, des Volkes zum Familiengott, Stammesgott (eine Art erhöhter Stammeshäuptling), Nationalgott (bei den Juden) — so sind es im Christentum die Erscheinungen des subjektiven Lebens und zum Teil die sublimiertesten Ideen des ausgehenden griechischen Denkens, an welche die mythenbildende Phantasie personifizierend sich anknüpft.

4*

Dieser christliche Mythus hat es weder zu tun mit den Natur-
gewalten und Naturkräften, noch mit den objektiven Erscheinungen
des Menschenlebens in Staat und Familie, in Freundschaft und
Liebe, in Wissenschaft und Kunst und allen andern Betätigungen
des Kulturlebens, — es sei denn rein negativ, um zum Ausdruck
zu bringen, wie sehr dies alles von seinem religiösen Heros und
allen, die ihm nachfolgen, verworfen wird;*) sondern hier handelt
es sich um die Einheit des individuellen und des universellen
Geistes, um den Logos und den Nus, das Denken und die
Weisheit, die Ideen und die Seele, die ekstatische intellektuelle
Anschauung und Liebe und die im Bewußtsein vollzogene Weltver-
achtung und Weltvernichtung, um die darauf sich gründende
Seligkeit des Geistes und die Erlösung.

Wie diese Erscheinungen des rein Subjektiven personifiziert
und untereinander in Beziehung gesetzt werden, und wie nun dieser
Mythus schwärmerisch-phantasievoll und phantastisch zu ganzen
Romanen ausgestaltet wird, das ersieht man z. B. aus den Er-
zählungen der Valentinianer, der bedeutendsten Schule der Gnostiker.
Das „Eine“, der unnennbare und unerkennbare Urvater, so hebt dieser
Roman an, hatte einst aus Liebe gezeugt, und die ersten Produkte dieses
Zeugens sind der Geist (Nus) und die Wahrheit, und von ihnen aus
erstreckt sich die Zeugungskraft weiter durch dreißig Äonen hindurch
bis zur jüngsten, der Sophia (Weisheit). Die Gesamtheit aller dieser
Äonen ist das Pleroma, das Reich der göttlichen Lebensfülle,
innerhalb dessen der Heiland (auch Retter genannt) dreißig Jahre
lang sich verborgen gehalten hat. Einst begehrte, angeblich aus Liebe,
in Wahrheit aus Überhebung, die jüngste und unterste der Äonen,
die Weisheit, in unmittelbare Nähe des Urvaters zu kommen und
ihn zu schauen, was nur der Nus vermag — mit Mühe wurde

---

*) Alle Äußerungen einer geringen positiven Beziehung, wie sie in
den ersten Evangelien sich finden, entstammen der Zeit des rein messianischen
Christus-Mythus, der Zeit also, ehe das Messias-Ideal in das stoisch-neu-
platonische Denken eingebildet und so die Christus-Gestalt vollendet war.

sie von der Unausführbarkeit ihres Verlangens überzeugt. Dann versuchte sie, allein durch sich, gleich dem obersten Prinzip, zu zeugen, aber sie brachte nur eine Fehlgeburt, einen Stoff ohne Form, hervor. Unter diesem Mißerfolge litt die Sophia außerordentlich, und sie wandte sich flehend und hilfesuchend an den Vater. Dieser ließ sie reinigen und trösten, befreite sie vom Sterben und Leiden, und ließ sie dann ihre Stelle im Pleroma wieder einnehmen. Auf sein Geheiß ließen nun Geist und Wahrheit in der Stufenreihe der Äonen noch Christus und den heiligen Geist emanieren, und Christus formte das Gebilde der Sophia, hauchte ihm Wesen und Leben ein, und dann sprang er in das Pleroma zurück, belehrte alle Äonen über ihr Verhältnis zum Vater, und der heilige Geist erfüllte sie alle mit dem Gefühl des Dankes und brachte ihnen Ruhe und Frieden und tiefste Seligkeit. Und zum Danke dafür vereinigten sich alle Äonen zur Erzeugung eines wunderbar herrlichen Gebildes: Jesus, der Heiland, der große Hohepriester, den sie unter Zustimmung Christi und des heiligen Geistes dem Vater darbrachten. Jesus, der Sendling des gesamten Pleroma, erlöste nun die außerhalb des Pleroma umherirrende unvollkommene Sophia und befreite sie von den Leiden, die sie erduldete, als sie Christus suchte. Er trennte diese Leiden, Furcht und Trauer, Not und Flehen, von ihr ab und machte sie zu selbständigen Wesen und zu Grundlagen der sichtbaren Welt, zunächst der psychischen, welche von der Äonenwelt durch das Kreuz geschieden ist.

Man sieht an jedem Punkt deutlich: es ist der Mythus, fast könnte man sagen der Roman, der reinen Subjektivität, der hier ausgesponnen wird. So wie in den Naturreligionen die Naturkräfte, bei den Germanen etwa Thor und Wodan und Freya, so treten hier, im christlichen Mythus, die Erscheinungen der reinen Subjektivität personifiziert in mannigfache Beziehungen und erleben ihre Irrungen und Wirrungen, gleichartig den Erscheinungen der Menschenwelt, nach deren Vorbilde die mythenbildende Phantasie ihre Gestalten formt. So wird zuletzt die ganze Vorstellungswelt, welche die Antike im freien Denken erarbeitet hatte, übersponnen

von dieſem überaus bunten und reichen mythiſchen Gewebe, unter
dem ſie wie unter einer ungeheuren Decke verhüllt und begraben
liegt. Und gerade die gnoſtiſche Spekulation mit ihrer reichen, oft
wilden und ſprunghaften, Phantaſtik erweckt ſo den Eindruck eines
bunten, wirbelnden Tanzes von Schneeflocken, die ſich ſchließlich
immer dichter ſammeln, und zuletzt als eine einzige gleichmäßige
Schneedecke den freien Gedanken und die Überreſte antiker Kultur
einhüllen und begraben.

*   *   *

Indeſſen auch der Winter iſt eine Periode des Lebens, und
auch unter der Schneedecke keimt und wächſt es fort. Iſt das,
was vorher lebendig war, auch in ſeiner Form untergegangen, ſo
blieb es doch in ſeinem Weſen erhalten und entwickelt ſich unter
der warmen, ſchützenden Schneehülle zu neuer Lebensform, welche
vielleicht die erſte an Reichtum und Schönheit übertreffen mag.
So auch im Leben des Geiſtes und in der Entwickelung von
Kulturperioden. Als in der Renaiſſance, deren Anfänge ja
weit in die Zeit des ſogenannten Mittelalters zurückreichen, der
freie Gedanke von neuem die Hülle des religiöſen Mythus durch=
brach und die Antike ihre Auferſtehung feierte, war es dieſelbe
Vorſtellungswelt, welche die Griechen und Römer gehegt hatten —
und doch wiederum nicht dieſelbe. Denn ſie war nicht nur er=
weitert, ſondern vor allem vertieft und verinnerlicht worden, dank
dem bergenden Schutze, den ſie ſo lange unter der Hülle des
religiöſen Mythus, des Mythus der reinen Subjektivität und der
Innerlichkeit, erfahren hatte.

Bis zu dieſem Durchbruch ins freie offene Feld der Wirklich=
keit bedurfte der freie Gedanke aber einer jahrhundertelangen Arbeit,
die ſich unter der Decke des religiöſen Mythus vollzog, ohne
zunächſt dieſen ſelbſt, ſeinem weſenhaften Inhalt nach, zu berühren.
Und wie überall, wo aus dem religiöſen Mythus, als dem Samen
aller Kultur, dieſe ſich in ihren Anfängen entwickelt, ſo zeigte ſich
auch hier die erſte Tendenz dieſer verborgenen Arbeit des Gedankens

in dem Streben nach Ordnung und Vereinheitlichung der mythischen Vorstellungen. Dieses Streben erhielt hier um so mehr Bedeutung, und das Christentum zog daraus um so mehr Kraft und Energie, als letzteres ja nicht, wie es etwa bei Stammes= oder nationalen Religionen der Fall ist, den einzigen geistigen Inhalt der Kultur bildete, sondern sich in den ersten Jahrhunderten, außer von der griechischen Philo= sophie, umgeben sah von zahlreichen anderen konkurrierenden religiös= mythischen Vorstellungskreisen, so des Heidentums, des Judentums, des ferneren Orients usw. Ihnen allen gegenüber mußte der neue Glaube verteidigt, gerechtfertigt, verdeutlicht, von allzu starken Blößen und Mängeln befreit, von den grellsten, unmittelbar einleuchtenden, Widersprüchen gereinigt werden. So führte die apologetische Ten= denz von selbst zur unifizierenden hinüber. Denn, so wie die Krieger im Felde, so sind auch Vorstellungen und Gedanken gegen feindliche Angriffe dadurch am besten geschützt, daß sie zu einer festen, nach außen geschlossenen, nach innen gegliederten, Einheit zusammenrücken. Und so wurde aus dem christlichen religiösen Mythus, der lange Zeit, wie andere Mythen, der freien Fortbildung nach allen Seiten offen gestanden, allmählich eine immer mehr geschlossene Vorstellungs= einheit, welche sich schon damals dem Systematischen, der höchsten Stufe einheitlicher Vorstellungsbildung, näherte.

Ein solches System aber ist immer nur wenigen zugänglich, der christliche Mythus aber war von vornherein auch unter den vielen ausgebreitet; er war nicht nur Philosophie, sondern auch Volksreligion, er entstammte nicht nur dem Stoizismus und Neu= platonismus, sondern auch dem jüdischen Volksglauben. So ver= knüpfte sich mit der apologetischen und unifizierenden von vorn= herein auch die popularisierende Tendenz, das System des Glaubens trat für die vielen nur in Erscheinung in zusammen= hangslosen Dogmen und Formeln, Zeremonien und Symbolen; an den letzteren ließen sich die „Laien" genügen, das erstere be= griffen und erfaßten nur die Wissenden, die Kleriker.

Eine doppelte Richtung also, die apologetische Begrenzung und Vereinheitlichung der esoterischen, und die Durchbildung der

exoterischen (populären) christlichen Lehre, erstere sich darstellend in
abstrakter Gedankenbildung, letztere in der Durchbildung von
Dogmen und Satzungen, Symbolen und Sakramenten, — diese
doppelte Richtung ist es, in welcher sich die Arbeit der Patristen
oder „Väter" der Kirche, der Justinus und Origines, Tertullian
und Augustinus u. a. bewegt. Und nach beiden Seiten hin strebt
der Gedanke schon in realistischer Richtung vorwärts. Es sind
zwar nur die ersten leisen Regungen dieser realistischen Tendenz,
aber sie tritt doch klar und deutlich genug hervor: die reine
Subjektivität, der gänzlich weltferne, weltfremde und weltflüchtige
Geist, sucht sich wieder herabzusenken zur objektiven Welt, die ihm
ins Dunkel hinabgesunken, und dieses Dunkel zu durchdringen, in
diesem Dunkel gleichsam von neuem sehen zu lernen, bis ihm die
ersten Konturen des Objektiven allmählich heraufstiegen und von
neuem sichtbar wurden.

In mannigfaltiger Weise zeigen sich diese Anfänge realistischer
Entwickelung bei den Vätern der Kirche, zunächst in der esoterischen Gedankenarbeit. Schon vor ihnen und frühzeitig hatte
man z. B. die apokalyptische Vorstellungsweise aufgegeben, erwartete
man nicht mehr unmittelbar, von Tag zu Tag und von Stunde
zu Stunde, den Beginn des tausendjährigen Reiches, sondern ver-
tagte ihn in eine fernere Zukunft und erhöhte so in außerordent-
licher Weise die ganze Bedeutung der objektiven Wirklichkeit.
Ähnlich näherte man sich bereits den objektiven Erscheinungen der
Geschichte: man verwarf nicht mehr bedingungslos Heidentum und
Judentum, sondern ließ sie als halbe, als vorbereitende Wahrheiten mehr oder weniger gelten. Man näherte sich auch mehr
und mehr den objektiven Erscheinungen des individuellen Menschenlebens: wenn z. B. die vor-patristische Zeit der Geschlechtsgemein-
schaft und Ehe noch völlig verständnislos gegenüber gestanden,
sie mit dem Siegel absoluter Negativität und Verwerfung versehen, wenn noch Tertullian sie lediglich als tierischen Trieb angesehen hatte, so läßt schon Clemens Alexandrinus die Ehe, unter
der Bedingung der Heiligung der Gesinnung, gelten und „toleriert"

sie, ja, er weist die Berufung auf das Vorbild Christi, der ehelos
gewesen, ausdrücklich zurück, da ja Christi Braut die Kirche sei
und er, als Sohn Gottes, eine außergewöhnliche Stellung einnehme.
Und der letzte und größte der Kirchenväter, Augustin, wendet sein
Augenmerk sogar schon dem Staate zu und läßt ihn gelten, wenn
auch nur als die minderwertige, mit allen Verderbtheiten der
Negativität behaftete, Folie des idealen Gottesreiches.

Und so wie hier, in der esoterischen Glaubenslehre, das Be=
wußtsein der reinen Subjektivität sich allmählich herabsenkt und
einzudringen anfängt in die Welt des Objektiven, — so auch in
der exoterischen, dem populären Bewußtsein angepaßten, Glaubens=
lehre, die sich darstellt in Dogmen und Zeremonien, Vorschriften
und Symbolen und Sakramenten. Alles dies repräsentiert ja
schon der Form nach realistische Wandlungen im ursprünglichen
Inhalt des religiösen Mythus. Denn sie bedeuten die Trans=
ponierung des verborgen Geistigen in das sichtbar Dingliche, des
reinen Bewußtseinsinhalts in das Greifbare, Faßbare, Sinnliche
und selbst Materielle. Auch hier ist der Entwickelungsprozeß um=
gekehrt wie in der Antike. In der griechischen Volksreligion war
alles zuerst greifbar, sichtbar, sinnlich, und die Götterwelt mit ihren
Geschehnissen eine nur wenig erhöhte Darstellungsweise der objektiven
Welt, sei es der menschlichen oder der außermenschlichen (Natur)
— und dann, mit zunehmender Vergeistigung, wurde das Sichtbare
immer mehr verhüllt, das Offenbare verdunkelt, und es entstanden
die, nur wenigen Eingeweihten zugänglichen, Mysterien.*) In der
Entwickelung des christlichen Mythus aber gab es zuerst das
Mysterium — die rein geistige Durchdringung des schwierigen
Glaubensinhalts, die ekstatische Erhebung zum Bewußtsein der
reinen Subjektivität, die nur wenigen, und auch ihnen nur in seltenen

---

*) So entstanden aus der Verehrung der Demeter, als der in der
Natur sich offenbarenden Fruchtbarkeit, die Eleusinischen Mysterien, in denen
die Zeugungskraft in ihren vielen Formen, auch der geistigen, als Einheit
gefaßt wurde.

Augenblicken, möglich ſein konnte*) — und dann deſſen Sichtbar=
und Faßbarwerden in Dogmen und Zeremonien, Kulthandlungen
und Symbolen, Sakramenten und Kirchenordnungen.

Symbole, Zeremonien, Kulthandlungen finden ſich in allen
Religionsformen, weil in allen das Bedürfnis beſteht, das rein
Innerliche des religiöſen Lebens auch nach außen hin darzuſtellen
und vor die Anſchauung zu bringen. Dogmen aber, Sakramente
und die Kirche, in dem ſpezifiſchen Sinne, in dem das Wort hier
zu nehmen iſt, gab es bisher nur und konnte es nur geben auf
chriſtlichem Boden. Denn das Chriſtentum allein iſt der religiöſe
Mythus der reinen, von allem objektiven Daſein unendlich weit
entfernten, Subjektivität, und Dogmen, Sakramente und kirchliche
Organiſation dienen, auf verſchiedenartige Weiſe, nur dazu, jene
beiden Sphären zu vermitteln, die ungeheure Diſtanz, die zwiſchen
ihnen beſteht, wenigſtens zu verkleinern, da ihre Aufhebung un=
möglich iſt.

Das Weſen des Dogmas beſteht darin, daß ein ins Unend=
liche, Grenzenloſe ſich verlierender geiſtiger Inhalt dem Verſtande,
der nur das Endliche, Begrenzte begreift und faſſen kann, zu=
gebildet und preisgegeben wird. Schon die Platoniſche Idee unter=
ſchied ſich, wie wir ſahen, vom Begriff, und naturgemäß auch
von der Zuſammenſetzung der Begriffe in Urteilen, Schlüſſen uſw.,
durch ihre alle Bedingtheit und Grenze aufhebende Unendlichkeit,
— um wie viel mehr unterſchied ſich davon das Höchſte des Ideen=
reiches, jene abſolute reine Subjektivität, welche, von den Neu=
platonikern her, in den chriſtlichen Mythus übergegangen war. Natur=
gemäß iſt aber die Transponierung von Ideen in die logiſchen
Formen des Verſtandes um ſo weniger möglich und naheliegend,
je weiter das Vorſtellen in die äußerſte Ferne der reinen ſubli=
mierten Subjektivität ſich verliert. Wenn alſo für die Platoniſche

---

*) Schon vom Neuplatoniker Plotin erzählte ſein Schüler Porphyrios,
daß ihm dieſe ekſtatiſche Erhebung (die volle Einigung mit Gott) in den ſechs
Jahren, während deren er bei ihm war, nur viermal gelungen ſei.

Idee der entsprechende Begriff noch verhältnismäßig leicht ein=
treten kann, so bedurfte es für die spätgriechischen (und christlichen)
Vorstellungen von dem Einen (der absoluten Subjektivität) und
seinem eingeborenen Sohn und dem Pleroma usw. schon einer Art
von Gewaltakt, um ihnen begrenzte Verstandesformen, Begriffe und
Urteile, assertorische Sätze (Dogmen), unterzuschieben. Solche Ge=
waltsamkeit war unnötig, solange jene Vorstellungsweisen noch, als
Ideen, von den Wenigen, den Wissenden gehegt wurden — sie wurde
notwendig, als sie zur Grundlage eines religiösen Mythus und Volks=
glaubens wurden. Nun wurde jene sublimierte Vorstellungsweise
dem Verstande preisgegeben, eben demselben Verstande, mit dem
die Menschen die begrenzten Erscheinungen des Wirklichen unauf=
hörlich ordnen und verknüpfen; das was vorher nur Wenigen und nur
in seltenen Augenblicken ekstatischer Erhebung zugänglich war, wurde
nun ein jederzeit greifbarer, faßbarer und verwendbarer Gemeinbesitz
vieler, nämlich aller jener, welche jene Sätze für wahr hielten, d. h. an
die Dogmen glaubten; und diese Sätze selbst, könnte man sagen,
waren gleichsam Symbole des geistigen Inhalts für den (be=
grenzenden) Verstand, so wie die Symbole Dogmen waren für die (be=
grenzte) Anschauung. Aber jene Gewaltsamkeit der Transponierung
mußte sogleich sich bemerkbar machen. Was dem Verstande preis=
gegeben war, konnte von ihm nicht verleugnet, mußte durch ihn
immer mehr in die Endlichkeit und Begrenztheit der Verstandes=
funktionen hineingezogen werden, und um so mehr, je mehr die
lebendige Beziehung zum rein geistigen Inhalt des christlichen
Mythus eben durch diese dogmatische Verengung dahinschwand.
Dieses zunehmende Hineinziehen in die Endlichkeit der Verstandes=
auffassung und der rein logischen Funktionen, das bedeutet aber:
zunehmende Einsicht in die Unhaltbarkeit dieser Dogmen, Erkenntnis
ihrer Sinnlosigkeit, ihres Widerspruchs gegen alle andere Ver=
standeseinsicht und alle Denkgesetze. Das ist die ganze Geschichte
und — die ganze Tragik des christlichen Rationalismus, (der
also schon bei den Vätern der Kirche beginnt) bis auf den
heutigen Tag. Die Vorstellung z. B. von dem „Einen" und der

eingeborenen Sohnſchaft und die Umwandlungsprozeſſe dieſer philo=
ſophiſchen Begriffe, das alles ſind notwendige Entwickelungsſtufen
in der Geſchichte des menſchlichen Geiſtes und den wenigen
Wiſſenden wohl zugänglich — aber das Dogma von der Gott=
menſchheit, (Gott iſt Menſch geworden), iſt etwas Unſinniges
d. h. Verſtandeswidriges; die Vorſtellung von der abſoluten Ver=
werflichkeit alles objektiven Seins, alſo auch der Menſchenwelt, iſt
in geſchichtlichem Lichte wohl begreiflich — aber das Dogma von
der Erbſünde, das Auguſtinus darauf gründete, iſt etwas Unſinniges
und ein Geſpött für die Verſtändigen. Dieſen Widerſpruch zwiſchen
verſtandesmäßiger Form und verſtandeswidrigem Inhalt des Dogmas
haben ſchon die Väter der Kirche ſo deutlich erkannt, daß einer von
ihnen, Tertullian, das Wort ſprach, welches nachher noch oft wieder=
holt worden iſt: Ich glaube, weil es unſinnig iſt. — —

Wenn die Dogmen der Form nach den Glaubensinhalt, die
reine Subjektivität, mit der objektiven Welt verknüpfen, ſo tun
dies die Sakramente und ſakramentalen Ordnungen, ebenſo wie die
Kirche ſelbſt, auch dem Inhalt nach. Das Sakrament iſt die
Vermittelung zwiſchen dem ſchlechthin nichtigen objektiven Menſchen=
leben und dem allein wahrhaft Seienden, dem Jenſeits des Ob=
jektiven, der reinen Subjektivität. So iſt z. B. das individuelle menſch=
liche Daſein ſchon in ſeinem Urſprung, bei der Geburt, mit allem
phyſiſchen und geiſtigen Erleben, das daraus entſpringen kann,
etwas ſchlechthin Verwerfliches, ein Wertloſes oder Schädliches,
ein Nicht=Seiendes im Sinne der Platoniker — nur durch das
Sakrament der Taufe, durch welche es an das höhere wahre Sein
angeknüpft wird (die ſymboliſche Handlung iſt hierbei nur Ver=
anſchaulichung des Sakraments, nicht aber dieſes ſelbſt), wird
ihm ein gewiſſes Maß von Sein und Wert allererſt verliehen.
So iſt die Ehe, im höheren wie im niederen, im phyſiſchen wie
im höchſten geiſtigen Sinne genommen, etwas völlig Nichtiges und
Verwerfliches — nur durch das Sakrament der Ehe, durch welche
die wirkliche, objektive Ehe durch mannigfache Zwiſchenglieder mit
der reinen Subjektivität (Gott, der Paraklet, Chriſtus uſw.) ſich

verknüpft, wird sie erst in gewissem Sinne etwas Reales, Mögliches, damit Duldbares. So wurden schließlich alle Erscheinungen des objektiven Menschenlebens erst durch die sakramentale Weihe — nicht erhoben und verherrlicht, was für die christliche Anschauungs= weise unmöglich war und ist, sondern nur mit dem Zeichen der Duldung versehen, nur zu einer gewissen vermittelten Teilnahme an der Realität allererst zugelassen. Auch das Leben des Staats, auch dieser selbst in seinen höchsten Funktionen, wurde in derselben Weise betrachtet, — daher der stete Anspruch der Kirche, ihm durch die sakramentale Weihe aller seiner Lebensfunktionen (späterhin vor allem Bestätigung und Krönung der Staatsoberhäupter durch den Papst oder seine Vertreter) erst Wirklichkeit zu verleihen. Wo aber beides, die Erscheinungsformen des objektiven Menschenlebens und die, wirklichen oder vermeintlichen, Forderungen des Glaubens, der reinen Subjektivität, in Konflikt gerieten, da verstand es sich von selbst, daß jene ersteren bedingungslos geopfert werden mußten, also Ehe und Familie, das Leben der Erkenntnis und die Wahrheit, Staat und Recht, die Persönlichkeit mit allem, was ihr zugehört, und erst recht — in dem Verfolgen der Ketzer und Ungläubigen — das, was am geringwertigsten erschien, die Leiber der Menschen.

So wie endlich die jenseitige Welt der reinen Subjektivität dem objektiven Menschendasein gegenüber vermittelt wurde durch die Sakramente und sakramentalen Ordnungen, so dem Individuum gegenüber durch die kirchliche Organisation und ihre hier= archischen Ordnungen. In der Kirche und ihrer Hierarchie betritt die neuplatonische Äonenreihe gewissermaßen den Boden der Wirklichkeit und pflanzt sich fort im diesseitigen Leben mensch= licher Individualitäten. Die Tendenz zur Organisierung des rein Geistigen lag ja in der ganzen Gedankenwelt des sinkenden Griechen= tums, die das Christentum in sich aufnahm — aber sie hat nirgendwo in der Welt des Wirklichen ein so vollkommenes adäquates Gegenbild gefunden als in der Organisation der mittel= alterlichen Kirche. Der Neuplatonismus (und, ihn vorbereitend, schon der Stoizismus) hatte das „Eine", die reine absolute Sub=

jektivität unendlich emporgehoben, so daß seine Transzendenz nur
durch immer neue Zwischenstufen des rein Geistigen dem Objektiven
nahe gebracht werden konnte — eben dieselbe Einheitstendenz lag
von vornherein in der Entwickelungsrichtung der christlichen Kirche,
und ebenso entsprach es ihrem Wesen, daß ihre höchste Spitze, der
Papst, immer mehr emporgehoben wurde über alles Wirkliche des
Menschendaseins, und daß nur durch zahlreiche Zwischenstufen
der hierarchischen Ordnung — Kardinäle, Erzbischöfe, Bischöfe,
Priester usw. — eine allmähliche Vermittelung stattfinden konnte
zur objektiven Welt der Individualitäten, bis hinunter zur „Materie"
der Kirche, der großen Masse der Menschen, aller derer, welche nur
durch den Glauben, wie durch ihre Fügsamkeit und Demut gegenüber
der Heilsordnung und ihren Vertretern, Anteil an der Kirche hatten
und damit auch an der Seligkeit erlangen konnten. Und so wie
in der Äonenwelt alle Zwischenglieder ihr Dasein, je nach dem
Grade ihrer Erhöhung oder Erniedrigung, nur hatten durch
das „Eine", ebenso in der hierarchischen Ordnung der Kirche.
Indem hier die höchste Spitze, der Papst, unmittelbar von
Gott und dem Mittler, Christus, ihr Dasein herleitete, so war
eine einzige große Stufenordnung gegeben, die vom Höchsten, dem
„Einen" (Gott), hinunterreichte bis in die untersten Bezirke des
menschlichen Daseins; nur daß, je mehr Christentum und Kirche
mit der objektiven Welt sich versöhnten, je mehr namentlich die
letztere ihre Fühlfäden immer stärker und immer tiefer hineinsenkte
in die bunte Mannigfaltigkeit des objektiven Menschendaseins, desto
mehr die hierarchische Ordnung des Jenseits zurücktrat hinter der
diesseitigen der Kirche. So verschwanden die Äonen des Jenseits
allmählich fast ganz hinter der kirchlichen Stufenordnung des Dies=
seits, aber selbst das Eine (Gott) trat ganz zurück im Vorstellungs=
kreise und im Bewußtsein der Menschen; Gott verschwand gleichsam
hinter der Person Christi, und Christus selbst legte immer mehr
seinen transzendenten Charakter ab und erschien zuletzt nur wie
der erste und oberste der Priester und Päpste, wie der Führer
der Engel und der Heiligen. Und als Christentum und Kirche,

so weit, als es überhaupt möglich war, mit der objektiven Welt wieder eins geworden, und damit, in der Periode der ausgehenden Scholastik und beginnenden Renaissance, die Zeit der fortschreitenden Wieder=erneuerung des griechischen Geistes gekommen war, da hatte auch diese hierarchische Ordnung der Kirche, mitsamt den Heiligen unter Führung Christi, die größte Ähnlichkeit und Verwandtschaft mit der heidnischen Götterwelt der Griechen wiedererlangt: wie diese, erschienen auch jene nur als erhöhte Brüderwesen der Menschen, über sie erhoben und doch ihnen gleichartig und wesensähnlich, darum auch in alles Irdische und alle Mannigfaltigkeit des Lebens vielseitig verstrickt — und, im Unterschied von der griechischen, blieb der christlichen Götter= und Heldenschar nur der allgemeine Zug zur Transzendenz der Subjektivität, zur reinen Innerlichkeit, auf=geprägt, derjenige Zug, der mit dem Wesen des Christentums un=löslich verknüpft ist. So wird diese Entwickelung ja auch in der Kunst widergespiegelt. Vom romanischen über den gotischen bis zum Renaissancestil hin streben die Kirchen und Dome immer weniger einseitig himmelwärts und breiten sich immer mehr aus auf der festgegründeten Erde, — aber immer noch, selbst in den breit hin=gelagerten Renaissancekirchen, weisen Spitzen und Türme nach oben, ist das Innere in Dämmerschein und Dunkel gehüllt und ist das Allerheiligste, der Altar, und erst recht sein Inhalt, verhüllt und verborgen. Und so legen auch die Gestalten der christlichen Malerei fortschreitend immer mehr den, das Transzendente symboli=sierenden, breiten Goldhintergrund und den Heiligenschein ab, dieser ist zuletzt, in der Renaissance, nur noch ein ganz dünner Reif, um alsbald ganz zu verschwinden, aber auch dann noch bleibt ihren Gestalten, und besonders dem Antlitz, das sehnsüchtige Streben nach oben aufgeprägt, die Tiefe der Innerlichkeit, das Verborgensein des Wesens in der äußeren Leiblichkeit; alles dies sind Züge, die der griechischen Kunst durchaus fremd sind.

*
*   *

Die ganze Entwickelung des Christentums, könnte man sagen, ist solcherart ein stetiger Fortschritt im realistischen Sinne, in der

Richtung der Verweltlichung, ein immer weiter schreitendes Erobern
der Welt des Objektiven für und durch die reine Subjektivität,
welche am Anfang steht, ein immer innigeres Sichvermählen des
Himmlischen mit dem Irdischen, ein immer entschiedeneres Herabsteigen
von der transzendenten unendlichen Höhe und Ferne des absoluten
Subjekts, des Einen, zu der Tiefe und Breite und bunten Mannig=
faltigkeit des Objektiven und Wirklichen. In diesem Sinne hat
schon einer der Väter der Kirche, Origines, das Programm ihrer
Entwickelung aufgestellt, indem er, in allegorischer Anspielung auf
das Fischessen, sagte, man müsse beim Essen mit dem Kopfe an=
fangen, d. h. von den höchsten und prinzipiellsten Vorstellungen
über das Himmlische ausgehen, und schließlich mit den Füßen auf=
hören, d. h. mit alledem endigen, was sich auf das vom Himmlischen
Fernste bezieht, auf alle Mannigfaltigkeit des Existierenden, auf
das Materielle, aber auch auf das Unterirdische, die bösen Geister
und unreinen Dämonen.

Die erste umfassende Periode dieser realistischen Entwickelung
ist die der „Patristik", die Periode der Vereinheitlichung und
Systematisierung des Mythus der reinen Subjektivität, ihres
Faßbar= und Sichtbarwerdens in Dogmen, Symbolen und
Sakramenten und kirchlicher Organisation. Die zweite Periode ist
die Scholastik, innerhalb deren, von dem durch die Patristik ge=
sicherten Boden aus, allererst die Eroberung des Objektiven beginnt,
derjenigen „Wirklichkeit", die nicht mit dem Glaubensinhalt in
unmittelbarer Berührung ist. Vor der patristischen Zeit, in den
Anfängen des Christentums, stand die reine Subjektivität völlig
negativ und ausschließend dem objektiven menschlichen Dasein, als
dem schlechthin Verwerflichen und Nichtigen, gegenüber, — nun,
am Ende der patristischen Entwickelung, ist es in das Reich der
Subjektivität mit aufgenommen, es ist toleriert und als positiv
wertvoll und wahr anerkannt, wenn und so weit es jenem Reiche
eingeordnet ist, durch die Kirche und alles was als geistiger Inhalt
ihr zugehört. Am Beginn der scholastischen Periode ist die geistige
Organisation der Kirche im wesentlichen vollendet, — ihr aber

steht zunächst noch), als das Negative, Nichtige, Verwerfliche, das Profane gegenüber — der Ausdruck ist erst damals geprägt worden —, d. h. alles objektive Sein, das nicht zum Lebenskreise der Kirche gehört: das profane Menschenleben in seinen mannigfaltigen Gestaltungen, das sittliche, rechtliche und Staatsleben, soweit sie eben vom Kirchlichen unberührt sind, das Naturleben der Seele und des Körpers, auch die außermenschliche Natur. Und der realistische Geistesdrang — das ist der ganze Inhalt der Scholastik — erfaßte nun Schritt für Schritt dieses weite Gebiet des Profan-Objektiven, um es für das Glaubens- und Kirchensystem zu erobern und ihm anzugliedern.

Wie sehr das weite Gebiet des Profanen, — das mit dem des Objektiven nicht sich deckt — der Patristik noch als das Nichtige, Verwerfliche galt, zeigt selbst das Beispiel von Augustinus, des größten der Kirchenväter, der ja im übrigen der scholastischen Denkweise schon am meisten vorgearbeitet hat. In seinem Soliloquium (Selbstgespräch) sagt er u. a.: „Ich begehre nach der Gottes- und Selbsterkenntnis. Nach nichts anderem? Nein, durchaus nicht." Man kann nicht schärfer das christliche Grundprinzip der reinen Subjektivität zum Ausdruck bringen: Alle Erkenntnis ist beschlossen in Erkenntnis (und Anschauung) der reinen Subjektivität, nach deren beiden Erscheinungsformen, der universellen (das Eine, Gott), und der individuellen (das reine Selbst). Und wenn für Augustinus außer diesem „frui Deo", dem genießenden Anschauen Gottes durch das reine Selbst, einige Erkenntnis des Profanen noch einigen Wert besitzt, so doch höchstens als Hilfsmittel für diese einzig wahre und berechtigte Erkenntnis und das darauf gegründete Seelenheil — im übrigen sind sie entbehrlich, am meisten natürlich die Physik, die Erkenntnis des Materiellen, ja verwerflich, unnütz oder gar verderblich, indem sie den Menschen aufblähen und von der Gottesliebe abziehen, daher man sich gegen sie mit der Demut wappnen soll.

Schrittweise wird in der eigentlichen Scholastik dieser Standpunkt immer mehr modifiziert, das Profane, und die ihm zugewandte freie Erkenntnis, erlangen immer selbständigere Bedeutung gegenüber dem rein Kirchlichen und dem Glaubensinhalt, die ganze Welt des Objektiven tritt zu dem letzteren in ein immer engeres Verhältnis, bis beide — im System des Thomas Aquinas — zu einer Einheit verschmolzen sind.

In der profanen Welt des Objektiven ist der Verstand heimisch, der die einzelnen isolierten Glieder ordnet und verknüpft. Sein Werkzeug ist die Logik, genauer gesagt die formale Logik, welche die einzelnen Dinge nicht in ihrer Totalität (konkret), sondern nur nach gewissen Seiten und Beziehungen (abstrakt) erfaßt, für diese Seiten und Beziehungen wiederum Symbole und Zeichen (Worte) einsetzt, welche man ordnen und verknüpfen kann, ohne auf das, was ihnen zugrunde liegt, zu achten. Die formale Logik, die man treffend späterhin auch Semiotik (Zeichenlehre) des Verstandes genannt hat, wurde daher in der Scholastik zu besonderer Bedeutung erhoben. Diese Bedeutung war schon wohlvorbereitet durch die Patristik. Nicht nur, daß auch hier schon, nach gewissen Seiten und in beschränkter Weise, der Übergang aus der reinen Subjektivität in die objektive Welt vollzogen wurde, wobei der Verstand sich betätigte — diese Dogmen und Sakramente und Symbole selbst, welche in der patristischen Zeit geschaffen wurden, waren ja schon den (abstrakten) Begriffen und Worten der formalen Logik wesensverwandt, bloße Zeichen wie diese, auf die Sache nur hindeutend, nicht sie in ihrer Totalität umfassend; nur daß eben diese Sache dort das Subjektive (der Vorstellungsinhalt des religiösen Mythus), hier das Objektive war. Von dem rein esoterischen Glauben, wie ihn Augustinus in den oben angeführten Worten des Soliloquium bezeichnet, von der Vorstellung des Einen, der reinen Subjektivität, die vom reinen Selbst intuitiv, in ekstatischer Erhebung, erfaßt wird, von dieser Intuition führte nur schwer eine Brücke hinüber zum formal-logischen Verstandesgebrauch, — wohl aber war der Weg dahin sehr nahe von den schon semiotischen, formalistischen, und auf logischen Formalismus mitbegründeten, Dogmen und Symbolen, Sakramenten und kirchlichen Satzungen.

Dieses formalistische, in logischen Verstandesoperationen sich bewegende, Denken war es nun vornehmlich, das in der Scholastik die profane der kirchlichen Welt, das Objektive dem Geiste, der reinen Subjektivität, die Welt des Mannigfaltigen, Relativen, Begrenzten der mythischen Vorstellungs- und Glaubenswelt, die ins Unendliche wies, zu verknüpfen, Natur und Geschichte dem Glaubenssystem erkenntnismäßig anzugliedern und anzupassen, und beide in Übereinstimmung zu bringen suchte. Das Feste, Ruhende, der unerschütterlich feste Ausgangspunkt alles Erkennens, und selbst alles tastenden und vagierenden Vorstellens, war dabei das Glaubenssystem, und natürlich seine Faßbar- und Sichtbarkeit in Dogmen und Satzungen, Symbolen und Sakramenten und der gesamten kirchlichen Organisation. Wir, die Kinder der Neuzeit, sind es gewohnt, es als selbstverständlich und „natürlich" anzusehen, daß diese sinnlich wahrnehmbare Welt der Erscheinungen, die Vielheit des Objektiven, die Natur, den festen Ausgangspunkt aller menschlichen Erkenntnis bilden müsse, auch alle Erscheinungen der Subjektivität suchen wir uns zu erklären und plausibel zu machen, indem wir sie auf solche sinnlich wahrnehmbare Naturelemente zurückführen; und wo die Erkenntnis sich allzuweit von diesem sinnlich Wahrnehmbaren der Natur entfernt hat, da suchen wir sie durch Appellation an den „gesunden" Menschenverstand zu diesem ihrem natürlichen Ausgangspunkt zurückzuführen. Aber diese Stellungnahme ist keineswegs „natürlich", sondern Folgeergebnis eines langen Kulturprozesses — ganz ebenso „natürlich" fand man im Mittelalter die entgegengesetzte Stellungnahme; ja, zweifellos fand sich der mittelalterliche Mensch noch viel stärker eingehegt durch die Vorstellungswelt des Glaubens, als wir durch die Natur, fühlte er sich noch stärker als Glied eines großen Heils- und Erlösungsprozesses, denn wir als Glieder eines Naturprozesses, und es umgab ihn die Vorstellungsweise des kirchlichen Lebens, der religiösen Symbolik und des religiösen Mythus, als die zum geistigen Leben unentbehrliche Atmosphäre, noch inniger, als den physischen Menschen die Luftschicht der Erde. Um so inniger war

ja dort die Verknüpfung, als für das Individuum, ebenſo wie
für die ganze Menſchheit, immer, auch heute noch, die Vor=
ſtellungsreihen des religiöſen Mythus, nicht die der Naturerkenntnis,
zeitlich das Erſte ſind; mit den Mythen wachſen die einzelnen
Menſchen, wie die Kulturmenſchheit im ganzen, in ihrer Kindheit
auf — die Beziehungen zur Natur können ſie erſt ſpäter, und
auch dann nur mühevoll, gewinnen; denn zu jeder Zeit liegt
dem Menſchen alles zum Umkreiſe der Subjektivität Gehörende
weit näher, als die ſinnlich wahrnehmbare Natur und die Fülle
des Objektiven, zu der erſt auf dem Umweg der Reflexion und
des vermittelnden Denkens der Zugang gewonnen werden kann.

In dieſem Sinne allein verſuchte alſo die Scholaſtik in die
profane Welt des Objektiven einzudringen und ſie der gegebenen,
allein „wirklichen“, Welt des Glaubensinhalts und Kirchenlebens an=
zupaſſen, einzubilden und anzugliedern. Der Glaube war Ausgangs=
punkt und Grundlage der Erkenntnis — „credo ut intelligam“
— ohne Glauben war ihr Erkenntnis nicht möglich. Ergaben ſich
alſo Schwierigkeiten, traten Widerſprüche zutage zwiſchen der pro=
fanen und der religiös=kirchlichen Welt, ſo mußte man verſuchen,
die erſtere weiter umzudeuten, oder man unterſuchte das Inſtrument
dieſer Erkenntnis, die formale Logik, ob ſie nicht in ihren Grund=
lagen ſchadhaft und verbeſſerungsbedürftig, und ob ſie auch „richtig“
angewandt ſei, oder man verzweifelte an der Natur, an der ganzen
Welt des Objektiven und kehrte reſigniert zum bloßen Glauben
zurück — niemals aber durfte ſich ein Zweifel gegen dieſen ſelbſt
richten. Ebenſowenig konnte und durfte ſolcher Zweifel ſich regen,
wenn der formal=logiſche Verſtand, der im Reiche der profanen
Erkenntnis heimiſch geworden war und dabei ſich geſchult hatte,
nun die Welt des Glaubens ſelbſt zu durchdringen und zu einer
logiſch=formalen widerſpruchsloſen Einheit umzubilden ſuchte. Wohl
erſchien den Scholaſtikern, erſchien ſchon ihrem erſten bedeutenden
Führer, Anſelm von Canterbury, — und darin unterſcheidet er ſich
ſogleich von der patriſtiſchen Periode — der Verſuch verſtandes=
mäßiger Aufnahme, logiſcher Disziplinierung der Glaubens= und

Kirchenlehren als ein durchaus würdiges, ja frommes Beginnen; wo aber hierbei sich Schwierigkeiten ergaben, wo die Vorstellungs= weisen des religiösen Mythus, des Glaubens= und Kirchenlebens, aller Logik spotteten, allen Verstandesbemühungen, sie zu begreifen, widerstanden, da scheiterte nicht der religiöse Mythus, sondern der Verstand, nicht der Glaube, sondern die Logik — wenn nicht gar der Mensch selbst scheiterte, der solchen Zwiespalt anders als im kirchlichen Sinne entschied, oder auch nur zweifelnd vor ihm stehen blieb. Im letzteren Falle wurde der Perversität des Willens, der Ver= stocktheit im Unglauben, — die durch entsprechende Kirchenstrafen ge= ahndet wurde, — zur Last gelegt, was der Verstand und die Gradlinig= keit der Logik verschuldet hatten. „Der Glaubensinhalt“, sagt Anselm, „kann durch die aus ihm erwachsene Erkenntnis nicht zu höherer Gewißheit gebracht werden, denn er hat ewige Festigkeit,“ — sagen wir nicht ebendasselbe von der Natur? „Diesen Glauben liebend,“ fährt Anselm fort, „und nach demselben lebend, forsche der Mensch in Demut nach den Gründen seiner Wahrheit. Kann er es zur Einsicht in denselben bringen, so danke er Gott; kann er es nicht, so renne er nicht dagegen an, sondern beuge sein Haupt und bete an.“ Entspricht dem nicht, vom Standorte des modernen Menschen, aufs genaueste Goethes Devise der Naturerkenntnis: „das Erforschliche erforschen, das Unerforschliche still verehren“? —

So sehr indessen diese Assimilierung und Angliederung des Profanen an das Kirchen= und Glaubenssystem der immanenten realistischen Tendenz der christlichen Kulturentwickelung entsprach, so stand sie doch in Widerspruch mit dessen ursprünglichem Geiste, mit diesem ganzen, ihr zugrunde liegenden, religiösen Mythus der reinen Subjektivität, der gegen alles Objektive so ganz negativ gerichtet, der so ganz weltabgewandt und so ganz verstandesfeindlich ist. Diese Aneignung des Profanen mußte daher das mittel= alterliche Glaubenssystem sich selbst gewissermaßen gewaltsam ab= ringen, und sie vermochte auch das nicht ohne von außen kommende Hilfe. Diese konnte nur von einer Seite kommen: von der griechischen Philosophie idealistischer Richtung. Denn nur hier war das vor-

bildlich gegeben, was man, zuerst fast instinktiv, gesucht hatte, als
das Bewußtsein, das weltverloren und traumverloren empor=
gestiegen war in die transzendente Ferne der reinen Subjektivität,
wieder Fuß zu fassen suchte im Reiche des Objektiven: man fand
hier die Subjektivität, umgekehrt, gewissermaßen emportauchend aus
der bunten Mannigfaltigkeit des Objektiven, sie mehr und mehr
hinter sich lassend, aber doch immer noch mit ihr verbunden. So
folgte man rückwärts dem Zuge der idealistischen griechischen
Philosophie, man ließ sich zuerst von der neuplatonischen Philosophie
leiten, — so Scotus Erigena, der geniale Vorläufer der eigent=
lichen Scholastik, auch viele der Späteren noch — und kam dann
allmählich auf die beiden weiter rückwärts liegenden eigentlichen
Quellen der idealistischen Gedankenrichtung, Plato und Aristoteles.
Und nichts ist natürlicher, als daß schließlich, im Widerstreit dieser
beiden größten Vorbilder aus der profan=heidnischen Welt, derjenige
idealistische Philosoph den Vorrang behielt, der den stärksten rea=
listischen Einschlag in seinem Gedankengewebe besaß: Aristoteles.
Aus eben demselben Grunde hatten sich, da der Orient immer in
engerem Kontakte mit den Überlieferungen der griechischen Geistes=
kultur geblieben war als das christliche Abendland, schon lange
auch die Scholastiker des Muhamedanismus und des Judentums
der Aristotelischen Philosophie bemächtigt, um von ihrem religiösen
Mythus aus den Zugang in die Welt der Naturerkenntnis zu
gewinnen (was ihnen leichter war als den christlichen Theologen,
da ihr monotheistischer Gottesbegriff der Natur um so viel näher
stand), und erst durch diese Vermittelung der Araber und Juden
wurde Aristoteles auch bei den christlichen Scholastikern bekannt
und heimisch.

Die mohamedanische Scholastik wurde vollendet durch Averroës,
die jüdische durch Maimonides, die christliche, auf beide sich stützend,
durch Thomas Aquinas. Das Grundprinzip ist bei allen dreien
durchaus gleichartig: die Verknüpfung des religiösen Mythus, und
des darauf sich gründenden Glaubenssystems, mit der griechischen
Philosophie, oder, im wesentlichen, ihrem größten Systematiker,

Aristoteles, zu einer nicht sowohl innerlichen als äußerlichen, nicht sowohl ideellen als formal-logischen Einheit. Jedes dieser drei Religionssysteme hatte, wenn auch jedes in besonderer Weise, auf dem Boden der antiken Kultur Wurzeln fassend, deren Trümmer und Reste aufbewahrt, deren allgemeine Traditionen fortgepflanzt, und davon nährte sich nun der Geist freier Erkenntnis und freien Kulturlebens, so lange bis die Zeit gekommen war, — in der Renaissance — da der Geist der Antike wieder ganz erwachte und nun der volle Durchbruch in das freie Kulturleben erfolgen konnte. Daher sind die einzelnen Perioden der Scholastik gekennzeichnet durch vermehrte Kenntnis griechischer Philosophie, insbesondere durch Auffindung und vermehrte Kenntnis neuer Schriften des Aristoteles. So wie die bildende Kunst eben derselben Zeit zuerst lange an kärglichen Überresten der griechischen Plastik und Architektur den Weg mühsam zur Natur zurück zu gewinnen suchte, und an ihnen die Sprache der Natur, wozu auch das objektive Menschenleben gehört, gewissermaßen erst wieder buchstabieren lernte,*) ehe es ihr gelang, mit Hilfe reicherer Funde und auf Grund immer tieferen Eindringens in die Antike, diese Sprache der Natur wieder ganz zu verstehen — ebenso tastete die freie Erkenntnis zuerst mühsam an wenigen philosophischen Schriften der Antike (Boëtius, Porphyrius, der Neuplatoniker Dionysius Areopagita, dann einige logische und später ethische Schriften des Aristoteles) sich vorwärts, bis, mit der umfassenden Kenntnis der Aristotelischen (mehr noch als der Platonischen) Schriften und der vollen Erschließung des Aristotelischen Weltsystems, der Zugang zur Natur, d. h. zur objektiven Welt, neu eröffnet wurde.

---

*) Als Niccolo Pisano, der erste Vertreter der Frührenaissance in der Bildhauerkunst, den Zug der Hohenpriester im Tempel zu Jerusalem darstellen wollte, kopierte er das einzige antike Vorbild, das er besaß, die Reliefdarstellung eines — Bacchantenzugs. Trotz alles zum Grotesken führenden Gegensatzes, der zwischen Hohepriestern und Bacchanten naturgemäß besteht, führte ihn dieses antike Muster der Natur näher, lehrte ihn deren Sprache doch schon stammeln, — diese selbst, in ihrer Unmittelbarkeit, konnte er noch nicht verstehen.

Und ſo bezeichnet es freilich den Höhepunkt der Scholaſtik, des
Mittelalters, der chriſtlich-kirchlichen Kultur überhaupt, als, im Syſtem
von Thomas Aquinas, das ariſtoteliſche Weltſyſtem dem Glaubens-
ſyſtem angegliedert wurde, Ariſtoteles mit Auguſtinus, die Welt des
Objektiven mit dem Mythus der reinen Subjektivität einheitlich verknüpft wird, das Reich der Natur nun als Vorſtufe erſcheint zum Reiche
der Gnade — und doch fallen auch hier höchſte Blüte und Beginn des
Verfalls unmittelbar zuſammen und iſt ebendasſelbe thomiſtiſche Syſtem
ebenſowohl der Höhepunkt der Scholaſtik, wo Vernunft und Glauben,
Diesſeits und Jenſeits, reine Subjektivität und objektive Welt zur
Einheit verbunden ſind, als der Anfang der eigentlichen Renaiſſance,
in welcher Vernunft und freie Erkenntnis die Oberhand gewinnen über die Gebundenheit des religiöſen Mythus, die Natur
über den Glauben der Subjektivität, das allgemein Menſchliche
(als objektive Naturerſcheinung) über die ſubjektiviſtiſche Vergeiſtigung.
In dieſer Rückſicht auf das unmittelbare Zuſammenfallen von Blüte
und Beginn des Verfalls, ſind Scholaſtik und Kreuzzüge zwei, nicht
bloß zeitlich und äußerlich, ſondern auch ſachlich und innerlich, eng
zuſammenhängende Parallel-Erſcheinungen. Mit den Kreuzzügen
wollte das auf der Höhe ſtehende Papſttum den letzten Schritt
tun, durch Unterwerfung des Orients den ganzen Kulturkreis ſich
zu eigen machen — und bereitete ſich doch eben dadurch nur den
Untergang, durch die vom Orient her kommenden Einflüſſe und die
Erweiterung des Geſichtskreiſes der Chriſtenwelt über die engen
Schranken des Glaubens. Und ſo war auch in der Scholaſtik der
chriſtliche Glaube ausgezogen, um mit den Mitteln der Verſtandes-
erkenntnis die ganze Welt des Objektiven, die geſamte Natur, zu
erobern und ſich zu unterwerfen — und in eben demſelben Augenblick, wo dieſes Ziel erreicht zu ſein ſcheint, beginnt der Untergang
dieſes Glaubensſyſtems, die Überwindung durch eben denſelben
Geiſt der Antike, der Natur, der freien Erkenntnis, den der Glaube,
im Syſtem des Thomas Aquinas, mit ſich ſelbſt verbunden und
gewonnen zu haben wähnte.

4. Die Naturphilosophie der Neuzeit.

Es lag von vornherein in der Richtung der christlichen Kulturentwickelung, daß sie in immer stärkerem Grade das suchte und erstrebte, was dem ursprünglichen Christentum fehlte und der Tendenz nach ganz fern lag: die Wiederanknüpfung an das, im Denken der Antike schrittweise aufgegebene, Objektive, das Durch= brechen der Schranken der bloßen Subjektivität, die Konkretisierung des religiösen Vorstellungsinhalts, die Verweltlichung des religiösen Lebens. Aber ebenso natürlich war es, daß dieser Tendenz von Anfang an der ursprüngliche Geist des Christentums sich entgegen= setzte, daß er zurückstrebte zur reinen Subjektivität, zur bloßen Ver= senkung in seine Tiefen und Abgründe, zur reinen Innerlichkeit und Abschließung gegen alles objektive Dasein, zur Entweltlichung des religiösen Vorstellungsinhalts, und zur Weltflucht im religiösen Leben.

Dieser Widerstreit durchzieht die ganze Geschichte des Christen= tums und der christlichen Kulturentwickelung, und aus ihm erklären sich dessen wichtigste Erscheinungen.

So tritt, als Reaktion gegen das in der Kirche der Welt zugewandte und in sie verstrickte Leben des Christentums, von vorn= herein das Anachoreten= und Mönchsleben hervor,*) das schon zur

*) Wesentlich schwächer zeigt sich diese Reaktion in den immer wieder erneuten Versuchen einzelner Reformatoren und ganzer Sekten, die kirchliche Organisation und die Verknüpfung mit der „Welt“ beizubehalten, aber dabei den ganzen Apparat von Symbolen und Dogmen usw. ganz oder zum großen Teil zu beseitigen und zur „apostolischen Einfachheit“ zurückzukehren.

Zeit der ersten Anfänge christlicher Gemeinde- und Kirchenbildung
einsetzte, immer mehr sich ausbreitete und zu immer größerer
Bedeutung sich erhob, je mehr die Kirche in die „Welt" sich ein=
lebte. Immer waren es diese weltflüchtigen Anachoreten und
Mönche, welche den wahren ursprünglichen Geist des Christentums
vertraten, indem sie die „Welt" mit dem Siegel der Verachtung ver=
sahen, sie, als das rein Negative, im Bewußtsein zu vernichten streb=
ten, alle Verbindungsfäden mit dem objektiven Dasein mit Staat und
Familie, Freunden und Mitmenschen, selbst mit den objektiven Er=
scheinungen des eigenen Lebens (man denke an das Verbot des
ewigen Schweigens bei den Trappisten, an das ständige Schlafen
in dem eigenen Sarge u. dgl.) gänzlich zu lösen suchten.*) Und so
wie dem weltlichen Leben der Kirche das Mönchswesen, so trat der
weltlichen Lehre die Mystik gegenüber, die alle Verstandeserkennt=
nis verwirft, alle erkenntnismäßige Verknüpfung des Glaubens=
inhalts mit der Welt des Objektiven überhaupt aufzuheben sucht,
und nun sich zurückzieht auf den reinen ursprünglichen und ein=
fachen geistigen Inhalt des Mythus der reinen Subjektivität: die
Versenkung der individuellen in die absolute Subjektivität, das
Alleinsein des reinen Selbst mit Gott, oder dessen unmittel=
baren Vermittelungsstufen, Christus, den Heiligen usw. Beides,
Mönchswesen und Mystik, begleitet wie Schatten von Anfang an
die Entwickelung des Christentums, und wie das erstere zu um
so größerer Bedeutung sich erhob, je mehr das Christentum in der
Kirche und ihren realistischen Formen verweltlichte, so die Mystik,
je mehr der Vorstellungsinhalt des christlichen Mythus von den
„Welt=Christen" logisch diszipliniert, verstandesmäßig in Dogmen
und Lehren auseinandergelegt und mit der, verstandesmäßig zu
erkennenden, profanen Welt verknüpft wurde. Daher ist, nicht zu=

---

*) Daß freilich auch das Mönchstum, namentlich dann, als es (vom
vierten Jahrhundert an) zur Gemeinschaftsbildung überging, demselben Zwie=
spalt unterliegen mußte, wie die Kirche und das weltliche Christentum, so daß
die Geschichte des Mönchswesens ein steter Kampf zwischen weltlichem und
anachoretischem Geist ist, liegt in der Natur der Sache.

fällig, die Blütezeit der Scholastik auch die Blütezeit des Ordens=
lebens und der (katholischen) Mystik, wenn sie auch beide, eben
als Reaktion gegen die erstere, zeitlich über sie hinausgreifen.

Diese gleichzeitige Blüte von Kirchenwesen und Scholastik
auf der einen, von Mönchswesen und Mystik auf der anderen
Seite, bezeichnet recht eigentlich den Höhepunkt des Mittelalters
und der spezifisch christlichen Kultur. Und eine kurze Zeitspanne
wenigstens — im 13. Jahrhundert — scheint zwischen diesen beiden
entgegengesetzten Tendenzen der Weltflucht und Weltlichkeit, der
Ausbreitung ins Objektive und der Versenkung in das absolut
Subjektive, jenes statische Gleichgewicht hergestellt zu sein, auf wel=
chem alle wahrhafte Blüte des Geisteslebens beruht: eben damals
lebt Franz von Assisi, das Prototyp des reinen christlichen Lebens,
und entstehen die reinsten Ausprägungen des Mönchswesens, die
Bettelorden der Franziskaner und Dominikaner, und gleichzeitig ist
das Papsttum auf der Höhe seiner geistigen Macht und doch auch in
alle Welthändel und alle weltlichen Interessen verstrickt — und beide
Tendenzen stehen sich nicht feindlich gegenüber, die weltliche Kirche
z. B. feiert und begünstigt die Mönchsorden, und die Bettelmönche
dienen eifrig allen weltlichen Interessen der Kirche. Und ebenso
stehen in dieser Periode Mystik und Scholastik in engster Ver=
knüpfung, schließen sich nicht aus, sondern berühren und be=
fruchten sich wechselseitig, so daß z. B. der größte Mystiker jener
Zeit, Bonaventura, ein weltmännischer Kardinal, der größte
Scholastiker, Thomas, ein dominikanischer Bettelmönch ist, jener
die Elemente der Scholastik, dieser die Elemente der Mystik un=
befangen mit aufnimmt.

Auch hier aber, wie überall im Kulturleben, wie selbst
im Leben der Natur, dauert diese Blüteperiode, die charakterisiert
ist durch das Gleichgewicht und die Einheit der entgegengesetzten
Tendenzen, nur kurze Zeit und ist unmittelbar verknüpft mit den
ersten Anzeichen des beginnenden Verfalls. Schon am Ende des
dreizehnten und am Anfang des vierzehnten Jahrhunderts wandten
angesehene Führer der Bettelmönche sich feindlich gegen die Kirche,

wie diese sich gegen jene,*) kehrten die Mystiker sich unwillig ab
von der Verstandesaufklärung der Scholastik, so wie diese sich gegen
jene feindlich spannte — und so wurde fortschreitend das Bewußtsein eines unversöhnlichen Gegensatzes lebendig, reifte immer mehr
die Einsicht: ein anderes ist das weltabgewandte ursprüngliche
Christentum, ein anderes das der Welt zugewandte und in sie verstrickte Kirchenwesen, ein anderes der Glauben und ein anderes
das Wissen, ein anderes das mystische Sichversenken in die Tiefen
der reinen Subjektivität und ein anderes die verstandesmäßige, auf
Erkenntnis gerichtete, Hingabe an die Mannigfaltigkeit des objektiven Seins.

Vom Standpunkt der Scholastik, der verstandesmäßigen Erkenntnis, aus (von der Stellungnahme der Mystiker wird später
noch die Rede sein) wurde dieser Antagonismus schon deutlich bezeichnet durch Duns Scotus, der fast ein Zeitgenosse von Thomas
Aquinas ist, noch schärfer aber durch Wilhelm von Occam (gest.
1347), der es aussprach, von der objektiven Welt und der Erkenntnis führe keine Brücke hinüber zum Glauben, der letztere sei
für den Intellekt unfaßbar, und man müsse die Glaubenswahr-
heiten annehmen auf Grund der Autorität der Bibel und der
Kirche, man müsse sie sich zu eigen machen durch einen Entschluß
des Willens, auch wenn dieser der Einsicht widerstreite, — und
dann sei ja das Verdienst dieses Glaubens um so größer.

So wurde jener folgenschwere Bruch vollzogen, dessen Wirkung sich bis zum heutigen Tage erstreckt, und jene Lehre von der
„zwiefachen Wahrheit" begründet, die bis zur Gegenwart den
größten Einfluß ausübt, von vielen ehrlich aufgefaßt, von vielen
aber, und sicherlich den meisten, nur als Deckmantel kläglicher

---

*) So bezeichnet der Franziskanerführer Olivi damals die römische
Kirche als die babylonische Hure, sein Nachfolger Ubertino de Casale (1305)
das Papsttum als das in der Apokalypse geweissagte siebenköpfige Tier
der Lästerung, während Papst Nikolaus III. gegen die Franziskaner die
Bulle Exiit richtete, deren Tendenz ist, den weltflüchtigen Geist im Sinne
der weltlichen Interessen der Kirche zu mildern.

Schwäche und schlimmster Heuchelei benutzt: die Lehre, daß man
die Vernunft, die man im Profanen anerkennen müsse, in Glaubens=
sachen verleugnen dürfe, ja verleugnen müsse, daß dem Bewußt=
sein des einzelnen eine Art von doppelter Buchführung gestattet,
ja notwendig sei, wenn es sich um das Verhältnis von Glauben
und Wissen, Religion und Erkenntnis handle.

Nachdem einmal der Bruch zwischen Subjekt und Objekt,
Glauben und Wissen, kirchlicher Lehre und Profanwissenschaft,
Christentum und Philosophie, dem Mythus der reinen Subjektivität
und der verstandesmäßigen Erkenntnis des objektiven Daseins voll=
zogen worden war, so erweiterte der Zwiespalt sich fortschreitend
immer mehr, und indem das geschah, wurde von jeder der beiden
Seiten die entgegengesetzte immer schärfer als negativ, untergeord=
net, minderwertig, bloß abgeleitet stigmatisiert, wenn nicht gar mit
dem Siegel der Verachtung und vollen Verwerfung versehen, wäh=
rend das Eigene, als das Positive, Primäre, Ursprüngliche,
Substantielle, wahrhaft Seiende und Bedeutungsvolle, immer höher
emporgehoben wurde. Schon Bonaventura erklärte, alle mensch=
liche Weisheit sei Torheit im Vergleich zur mystischen Erleuchtung
— und wie sehr wurden diese Akzente der Verachtung verschärft in
der Mystik des vierzehnten und fünfzehnten Jahrhunderts! Und
auf der anderen Seite zog sein Zeitgenosse Roger Bacon, auch ein
Franziskaner, gleich Bonaventura, schon das Studium der Natur=
erkenntnis, die Mathematik, Mechanik, Optik, Astronomie und Chemie,
aller mystischen Erleuchtung vor, wurden zur selben Zeit auf der
Pariser Universität schon Sätze vorgetragen, wie: die christlich
theologischen Behauptungen stützten sich auf Fabeln, für den Men=
schen sei das Wichtigste die (profane) Erkenntnis, der Natur wie der
natürlichen Gesetze und Lebensbedingungen des Menschen (Moral),
und sie genüge vollkommen zur Glückseligkeit; und wie sehr ist
in der nachfolgenden Entwickelung, in der Renaissance, dieser
Standpunkt der Autonomie der Vernunft erhöht, die Gering=
schätzung und selbst Verachtung des christlichen Glaubens gesteigert
worden.

Auf der Seite der verstandesmäßigen, der Welt des Objektiven zugewandten, Erkenntnis — deren Entwickelungsrichtung allein wir hier zunächst nur weiter verfolgen, — war es Wilhelm von Occam, der die Präponderanz des Objektiven über das Subjektive entscheidend philosophisch begründete und ihr auch erkenntnistheoretisch mit der Formulierung: Universalia post rem entschiedenen Ausdruck verlieh, d. h. nicht die Ideen und Begriffe, das Allgemeine (Subjektive), sondern die Dinge, das Besondere, Vereinzelte (Objektive) sind das Erste, Ursprüngliche, „Wirkliche", und jenes Allgemeine ist von diesem Besonderen, Vereinzelten, den Dingen nur abgeleitet, nur wie ein flüchtiges Bild, ein vorübergehender Schatten, ihnen, man weiß nicht wie, entnommen. Schon im Anfang der Scholastik, und erst recht in deren Blütezeit, war diese Meinung hervorgetreten und hatte sich der ursprünglich von den Vätern der scholastischen Denkweise, namentlich Erigena und Anselm, gehegten, und zunächst zur Herrschaft gelangten, platonisierenden Ansicht entgegengesetzt, daß das Allgemeine, die Ideen und Begriffe, das Ursprüngliche, Primäre, Wesenhafte der Dinge sei (Universalia ante rem); und auf der Höhe der Scholastik, auch bei Thomas, war in aristotelischem Sinne eine Vermittelung zwischen beiden Ansichten versucht worden (Universalia in re). Nun kam also mit Wilhelm von Occam und seiner nominalistischen*) Doktrin der volle Realismus**) zum Durchbruch: das wahrhaft Seiende, das „Wirkliche" sind die einzelnen Dinge, ist die Fülle des Objektiven, alles Subjektive aber nur das Abgeleitete, Sekundäre, nur eine beiläufige und vorübergehende Er

---

*) Schon in diesem Ausdruck nominalistisch zeigt sich die Geringschätzung, die jetzt das Subjektive erfährt: Begriffe und Ideen sind bloße Namen (Nomina), von Menschen den Dingen willkürlich beigelegt, und Namen, wie andere sagten, sind nichts als ein bloßer Hauch (flatus vocis), der verweht, während die „realen Dinge" bleiben.

**) Es ist bezeichnend, daß in der Scholastik die Bedeutung des Wortes Realismus und realistisch d e r Bedeutung, welche dieses Wort in der Naturphilosophie hat, ganz entgegengesetzt ist. Realismus heißt in der Scholastik die Ansicht, daß das Allgemeine, die Ideen, Begriffe usw., das „Wirkliche" sind.

scheinungsform, die in eben diesem objektiven Sein angetroffen werden mag.

* * *

Damit beginnt eine neue Epoche in der Philosophie, in der Kulturentwickelung und Geschichte der Menschheit. Zum ersten Male seit den Zeiten des Sokrates verliert das Subjektive seine Herrschaftsrechte im Bewußtsein der Menschen, wird das Objektive von neuem auf den Thron erhoben, die idealistische Gedanken= richtung abgelöst durch die realistische, und von neuem die Rich= tung der Naturphilosophie eingeschlagen. Nach langem Hader, nach mehr als tausendjähriger Arbeit, hat der freie Gedanke, der so lange unter der Hülle des religiösen Mythus gearbeitet, endlich diese Hülle durchbrochen, und hebt nun wiederum „wie neugeboren die Augen auf zur göttlichen Natur".

Und als ob in jener Zeit der Anfänge der Naturphilosophie der Geist erfüllt gewesen wäre von dem Bewußtsein eines langen, allzu langen Entbehrens und eines unverhofft neuen köstlichen Besitzes, so strebte er der Natur entgegen, nicht mit ruhiger Rüch= ternheit, sondern mit Begeisterung und feurigem Schwunge, so wie etwa der vom Wiedersehen berauschte Liebende seiner Braut ent= gegenstürzt.

Schon hierin bekundete sich, daß diese „Natur" nicht mehr die= selben Züge zeigte wie einst in der griechischen Naturphilosophie. Nicht umsonst hatte der Gedanke, wenn auch tief verborgen unter der Hülle des religiösen Mythus, viele Jahrhunderte fortgearbeitet. Auf anderem Boden kam hier nur ebendieselbe vertiefte Innerlichkeit zur Geltung, welche die Menschenwelt in tausendjähriger Schulung durch das Christentum und die Kultur der reinen Subjektivität gewonnen hatte. So wie ein Hohlspiegel mehr Strahlen auffangen kann und diese in ihm schärfer und heißer sich sammeln, wenn er vertieft und sein Fokus weiter zurück verlegt wird, so vermochte auch der Geist der neueren Naturphilosophie, der die Schule der Innerlichkeit im Christentum durchlaufen, von vornherein, wenigstens zunächst der

Tendenz und den allgemeinen Ideen nach, tiefer in die Natur ein=
zudringen, als es früher der griechischen Naturphilosophie möglich ge=
wesen war. Man ließ also der Natur, deren eigene Sprache man noch
nicht verstand, zunächst noch die Sprache der Subjektivität, in der man
allein heimisch geworden war, man suchte in ihr die Tiefe, ein Inneres,
ja selbst das Innerlichste, man befragte und behorchte sie und trug
ihr Wünsche vor, wie einem Menschen, einem Heiligen oder
einer Gottheit, man glaubte sie besser verstehen zu können in der
Stille und im Dunkel der Nacht — das Magiertum blühte, und
die Zauberei vermischte sich unaufhörlich mit den Anfängen wirk=
lichen Naturerkennens, — es war im ganzen jener Zustand der
naturphilosophischen Betrachtungsweise, wie er in unübertrefflicher
Weise, ganz im Geiste jener Zeit, dargestellt ist in Goethes Faust.
Und so oft auch die Natur stumm blieb und alle Antwort ver=
weigerte, man ergab sich beharrlich ihrem Zauber und ging ihr
immer wieder entgegen wie einer geliebten Braut. Eben dies
unterscheidet die Anfänge der neueren Naturphilosophie so bedeu=
tungsvoll von der griechischen: wie viel auch die letztere, selbst in
den ersten Entwickelungsstadien, an Klarheit der Erkenntnis vor=
aus hatte, es gab bei ihr keine Naturmystik und keine Natur=
liebe, in dem Sinne, wie sie noch Giordano Bruno, dem mäch=
tigsten Propheten jener gährenden Zeit, zu eigen war, der da aus=
rief: Liebet immerhin ein Weib, aber höret darum nicht auf, die
Natur und das ewige All zu lieben! Und es geschah, nicht trotz
dieser Naturmystik, wie viele meinen, sondern durch sie, daß die
moderne Naturphilosophie dazu befähigt und beflügelt wurde, in
die wirklichen Geheimnisse der Natur so tief einzudringen und eine
solche Höhe zu erreichen, wie sie niemals früher geahnt werden
konnte.

*　　*　　*

Wenn aber auch die moderne Naturphilosophie durch den
Geist der Innerlichkeit, den sie vom Christentum als Mitgift em=
pfing, von vornherein von der griechischen unterschieden blieb, so

war doch auch hier die Antike die erste Lehrmeisterin, sie war es, welche die Sprache der Natur von neuem verstehen lehrte. So wie in der Renaissance die Künstler die natürlichen Körperformen darstellen lernten, nicht indem sie diese selbst beobachteten, sondern indem sie antike Darstellungen fleißig studierten und nachzuahmen trachteten, so suchte die Erkenntnis in die Zusammenhänge der Natur einzudringen, nicht indem sie diese selbst befragte, sondern indem sie die Lehrmeinungen der antiken Philosophen über sie zu ergründen bemüht war. Man folgte dabei den Alten ebenso blind= gläubig und vertrauensvoll als ehedem den Vätern der Kirche, und es bedurfte eines Zeitraums von Jahrhunderten — noch im sieb= zehnten Jahrhundert mußten Galilei und andere große Natur= philosophen die Autoritätsgläubigkeit gegenüber der Antike be= kämpfen*) —, ehe die Naturphilosophie, und mit ihr die empirische Naturwissenschaft, frei und mündig geworden war. Aber so allein konnte der Geist, der Sprache der Natur ganz entwöhnt, diese von neuem, erst stammeln und buchstabieren, dann allmählich wahrhaft begreifen und immer mehr verstehen lernen.

Anfänglich waren auch der modernen Naturphilosophie, so gut wie der Scholastik, die großen idealistischen Philosophen der Antike, Plato (ebenso die Neuplatoniker) und namentlich Aristoteles, die Lehrmeister, sie, die den mittelalterlichen Geist überhaupt zuerst herausgeführt aus der Sphäre der reinen Subjektivität, und seiner Richtung auf das Objektive den ersten Halt gegeben hatten. Aber je mehr die Entwickelung weiter schritt, desto mehr suchte man natürlich in der Antike die Vorbilder auf, welche der objektiven Welt stärker oder ausschließlich zugewandt waren, also die vor= sokratischen Vertreter der griechischen Naturphilosophie, so daß der moderne Geist den ganzen Kursus der griechischen Philosophie nach

---

*) Galilei polemisiert besonders gegen die beständige Berufung auf die Autorität des Aristoteles und ruft unwillig aus: „Müssen wir uns immer auf einen berühmten Namen stützen, als ob unser Geist, wenn er sich nicht mit dem Verstand eines anderen gattet, ganz unfruchtbar bleiben müßte?"

rückwärts noch einmal vollständig absolvierte, ehe er, dieser Schule entlassen, selbständig seinen eigenen Weg beschritt. Und ebenso unselbständig und abhängig, wie die Scholastik gegenüber den griechischen Idealisten, war die moderne Naturphilosophie gegenüber den vorsokratischen Philosophen. Sie stellte dieselbe Frage, wie einst, vor zweitausend Jahren, die Vorsokratiker: was ist das wahrhaft Seiende in der Natur, das Beharrende im Wechsel der Erscheinungen? Und sie antwortete darauf ganz im Sinne dieser ältesten Denker, sie drang dabei nach rückwärts bis zu den ersten jonischen Naturphilosophen vor, und es fehlte noch im fünfzehnten Jahrhundert nicht an Naturphilosophen, die, wie einst Thales, den Gegensatz des Feuchten und Trockenen für den entscheidenden des ganzen Naturprozesses hielten.

Unter diesen antiken Naturphilosophen gab es einen, welcher mehr als vorübergehenden Einfluß erlangte, ja der seinen Einfluß bis auf den heutigen Tag bewahrt hat: Demokrit, der Philosoph des materialistischen Atomismus. Nur einige wenige freilich lernten diese atomistische Lehre bei ihrem eigentlichen Urheber, Demokrit, selbst kennen; die meisten nahmen sie durch den Epikureismus auf, der sie in der nacharistotelischen Zeit erneuert hatte, und besonders durch das berühmte Lehrgedicht des Epikureers Lucrez, „die Natur", das schon frühzeitig in der Renaissance wieder bekannt geworden war und gerade durch die Verbindung seines lehrhaften und verstandesmäßigen, aber doch oftmals ins Mystische hinüberspielenden, Inhalts mit einer poetisch-schwungvollen Darstellungsweise dem Geiste der Zeit machtvoll entgegenkam.

Was aber der materialistisch-atomistischen Lehre ihren überragenden und dauernden Einfluß vor allem sicherte, war, daß sie den äußersten Gegensatz gegenüber der auf die reine Subjektivität eingestellten Denkweise des Christentums bildete. Schon Plato hatte in der Materie, als dem metaphysischen Begriff des reinen Objektiven, den äußersten polaren Gegensatz zur Idee, als dem metaphysischen Begriff des rein Subjektiven, erblickt und jene, als das Nicht-Seiende (μὴ ὄν), mit dem Siegel der äußersten Verwerfung versehen, diese als das wahrhaft Seiende ($\overset{\text{\'o}}{\text{ντως}}$ $\overset{\text{\'o}}{\text{ν}}$) zum höchsten Prinzip des Wirklichen erhoben. In der erneuerten demokritisch-epikureischen Lehre kehrte sich das Verhältnis um: die Materie ist das wahrhaft Seiende, Ideen sind nur abgeleitete, dunkle, verworrene, also im Grunde nichtige und zu verwerfende, Gebilde willkürlichen Sichregens der menschlichen Seele. Und ebenso hatte auch schon Plato in dem Gegensatz von Einheit und Vielheit eine klassische Ausdrucksweise und Erscheinungsform des allumfassenden Gegensatzes von Subjekt und Objekt gesehen und wiederum (hierin mit den Eleaten einstimmig) die Einheit als die Ausdrucksform des wahrhaft Seienden, die Vielheit als nichtigen, täuschenden Schein erklärt, — indem auch in dieser Hinsicht die modernen Epikureer das Verhältnis umkehrten und die Vielheit, ja die absolute Vielheit, nämlich die unendliche Zahl unendlich kleiner materieller Teile oder Atome, zur grundlegenden Ausdrucksform des Wirklichen machten, so folgten sie damit nur der allgemeinen naturphilosophischen Tendenz nach dem Erfassen des reinen, von aller Subjektivität befreiten, Objektiven und führten diese Tendenz bis zum äußersten Punkte durch. Daher gab es, und gibt es noch bis auf den heutigen Tag, keine schärferen Gegensätze des Denkens und des allgemeinen Kulturbewußtseins als die extremen Bewußtseinsformen der reinen Subjektivität, die philosophische: Neuplatonismus, die mythische: das ursprüngliche Christentum, auf der einen Seite, und auf der anderen die extremen Bewußtseinsformen der reinen Objektivität, vor allem der materialistische Atomismus Demokrits und Epikurs.

In diesem Sinne wurde die Lehre Demokrits und Epikurs schon im vierzehnten und fünfzehnten Jahrhundert wieder aufgenommen, dann im siebzehnten Jahrhundert vor allem von Gassendi, dem bekannten Respondenten von Descartes, einem der bedeutendsten und einflußreichsten Ahnherrn der modernen Naturwissenschaft, systematisch erneut durchgebildet. Noch Newton bekannte sich in diesem Sinne als Schüler Gassendis und Anhänger Demokrits. Und diese atomistisch-materialistische Lehre des

Altertums bildet noch heute eine der wichtigsten Grundlagen der Naturwissenschaft, und jedenfalls die einflußreichste und verbreitetste naturphilosophische Anschauungsweise.

Nächst der Lehre Demokrits war es die pythagoreische Philosophie, welche, wiewohl nur kürzere Zeit, auf die moderne Naturphilosophie den größten Einfluß übte. Auch sie verdankt diesen dem extremen Gegensatz zur Philosophie der reinen Subjektivität und dem radikalen Ausdruck, welchen sie dem rein Objektiven nach einer seiner wichtigsten Ausdrucksformen gibt. Denn die Lehre des Pythagoras hatte Maß und Zahl, überhaupt die mathematischen Verhältnisse, zum Prinzip alles Seienden erhoben.*) Die Mathematik aber ist nichts anderes als die Explikation des Wesens von Raum und Zeit, welch' letztere wiederum die Grundlage für die Anschauung des Materiellen, Objektiven, ebenso wie die Grundlage der Endlichkeit und Begrenztheit, der Vielheit und unendlichen Mannigfaltigkeit des Seienden, bilden. Auch hier also, mit der Erhebung des Mathematischen zum Prinzip des Wirklichen, war nur die Tendenz aller Naturphilosophie in radikaler Weise zum Ausdruck gebracht: die Tendenz nach der Gewinnung des rein Objektiven für das Bewußtsein. Im Unterschiede aber von der Lehre Demokrits behielt die der Pythagoreer nur verhältnismäßig kurze Zeit ihren unmittelbaren Einfluß auf die Naturphilosophie, alsdann löste sich die mathematische Betrachtungsweise des Objektiven von der antiken Überlieferung los, und sie selbst, unabhängig von der philosophischen Einkleidung, welche sie früher erfahren, und von der metaphysischen Ausdeutung, welche die Pythagoreer ihr gegeben, wurde nun ein bestimmender Faktor in der Entwickelung der Naturphilosophie, so sehr ein bestimmender

---

*) Nur beiläufig wurde die pythagoreische Lehre in den ersten Zeiten der Naturphilosophie auch noch dadurch begünstigt, daß sie vielfach, schon in der neupythagoreischen Lehre, später in der christlichen und namentlich auch in der jüdischen Mystik, der Kabbala, mit mystischen Elementen sich verbunden hatte, und so auch der Naturmystik Anknüpfungspunkte bot.

Faktor, daß erst mit der mathematischen Behandlung der Natur=
erscheinungen die moderne Naturwissenschaft recht eigentlich ge=
boren wurde.

Und in der Tat schien ja die Mathematik alle Rätsel
der Natur klar zu enthüllen. Es war nur eine Vorbedingung
nötig: daß man die „Natur" ausschließlich auf die Welt des rein
Objektiven beschränkte, dessen Fülle und Mannigfaltigkeit in Raum
und Zeit beschlossen ist, daß man alles zur Subjektivität Gehörende
entweder in räumliche oder zeitliche Anschauungsformen zu über=
setzen versuchte oder, wo dies nicht möglich war, es völlig ausschloß.
So entstand die Mechanik, d. h. die (mathematische) Erkenntnis
der Natur nach ihren räumlichen und zeitlichen Erscheinungsformen.
Und die hervorragenden Begründer der Mechanik leisteten jene
Vorbedingung, ohne welche ihre Entdeckungen unmöglich waren:
sie schlossen nicht nur alles Seelische, alles Ideelle und alles Inner=
liche, sondern selbst alles rein Qualitative, sofern es sich nicht ins
Quantitative räumlich und zeitlich übertragen ließ (z. B. auch die
Sinnesqualitäten), von der Naturbetrachtung völlig aus. Auch die
Naturkräfte als solche wurden völlig ausgeschaltet und nur nach
ihrer räumlich=zeitlichen, also mathematisch faßbaren, Wirkungs=
weise betrachtet. So führte Stevin, der am Ende des sechzehnten
und Anfang des siebzehnten Jahrhunderts lebte, zuerst die Übung
ein, Kräfte in der Naturbetrachtung durch gerade Linien zu ersetzen,
(und so auch für die Anschauung zu versinnlichen) die nach Richtung
und Größe verschieden sind. Und als Galilei seine Fallgesetze
entdeckte, folgte er diesem Prinzip, schaltete die Kraft (Schwerkraft 2c.)
als solche aus dem ganzen Problem aus und veranschaulichte
dieses durch eine geometrische Figur, in der ebenso die Fallräume
wie die Fallzeiten, als auch die Geschwindigkeiten (Proportion von
Fallraum und Fallzeit) durch gerade Linien dargestellt waren,
deren Beziehungen sich nun mathematisch ebenso exakt demonstrieren
und messen ließen, als nur irgend welche „reinen" mathematischen
Verhältnisse, d. h. solche, die nur abstrakt, ohne Beziehung auf
physikalische Kräfte, vorgestellt und dargestellt werden.

Was der Mathematik dieses Ansehen gab und dauernd be=
wahrte, war in erster Linie die Sicherheit, die Untrüglichkeit und
Unfehlbarkeit aller mathematischen Erkenntnis, wovon man die
Ursache nicht kannte, die aber als Tatsache sich unmittelbar auf=
drängte. Allen Aussagen über das Wesen Gottes und der Seele, über
sittliche Gesetze und rein menschliche Beziehungen usw. — alledem
mochte man berechtigte Zweifel entgegensetzen, aber wer einmal den
Satz, daß die Summe der Winkel im Dreieck zwei Rechten gleich sei,
oder wer die Regula de tri begriffen hatte, der wußte, daß der leiseste
Zweifel für alle Zukunft ausgeschlossen bleiben mußte. Schon die
Pythagoreer, und unter ihrem Einfluß auch Plato, waren von
dieser unfehlbaren Sicherheit der mathematischen Erkenntnisse, man
könnte sagen, ergriffen und berauscht worden; und als nun, in der
Zeit der Renaissance, die beginnende Naturphilosophie, unter dem
Einfluß der Antike, das Studium der Mathematik erneuerte,*) das
alsbald einen großen Aufschwung nahm, da wurde jener Eindruck
beständig verstärkt und vertieft, so sehr vertieft, daß man bald
glaubte, mit der Mathematik die unfehlbare Grammatik für die
Sprache der Natur in Händen zu haben.

Was aber diese faszinierende Wirkung der Mathematik noch
steigerte, war, daß sie überdies auch noch die Logik zu ihrer
höchsten Vollendung zu bringen schien. Auch die (formale) Logik,
welche die Scholastiker als den unfehlbaren Schlüssel zur Sprache
der objektiven Welt betrachtet hatten, ehe man daran dachte, der
Mathematik diese Rolle zuzuerteilen, auch diese formale Logik hatte den
Charakter der unfehlbaren Sicherheit, wie die Mathematik, aber doch
nur in eingeschränktem, nicht, wie die letztere, in uneingeschränktem
Sinne, d. h. die Gesetze der formalen Logik waren untrüglich,
und wo man sie, insbesondere die Gesetze der Syllogistik, die Lehre
von den logischen Schlüssen und Beweisen ꝛc., richtig anwandte,

---

*) Es geschah auch hier wiederum besonders unter der Einwirkung
der Araber, welche ebenso die ersten Lehrer der Mathematik für das Abend=
land wurden, wie sie ihm die Kenntnis der Aristotelischen (formalen) Logik
vermittelt hatten.

war man sicher, nie einen Fehlschluß zu tun, und so in den Stand
gesetzt, von beliebigen Punkten aus immer weiter in die Mannig=
faltigkeit des objektiv Gegebenen einzudringen, — aber immer war
doch die Frage und blieb der Zweifel, ob auch der Ausgangs=
punkt eines Schlusses oder einer Schlußkette (Beweis) richtig ge=
wählt, d. h. ob der Vordersatz oder die Vordersätze „richtig", keinem
Zweifel unterworfen wären, ob man sich „richtiger" Prämissen
versichert hätte. Eben diese Einschränkung aber fiel in der
Mathematik, so schien es, ganz hinweg. Denn das berühmte
mathematische Muster= und Lehrbuch des Altertums, an dem die
Mathematik der Neuzeit sich orientiert hat, die Stoicheia des
Euklid, hatte aus einigen wenigen Grundsätzen (Axiomen) sämt=
liche Lehrsätze der Geometrie in formal = logischer Abfolge mit
vollster Sicherheit entwickelt, — diese Axiome aber, die obersten
Prämissen der Mathematik, unterschieden sich eben dadurch von
allen anderen Axiomen, wie von allen Prämissen überhaupt, daß
sie gleichfalls, ganz ebenso wie die abgeleiteten mathematischen Lehr=
sätze, den Charakter der Unfehlbarkeit und untrüglichen Sicherheit
besaßen.

So erhielt die mathematische Erkenntnisweise den Charakter
eines formal=logischen Verfahrens im eminenten Sinne, und die
Mathematik selbst wurde gewissermaßen zur Ideallogik. So eng
wurde beides allmählich in der naturphilosophischen Betrachtungs=
weise verknüpft, daß oft genug der Mathematik, oder insbesondere
der Geometrie, zugeschrieben wurde, was der Logik zugehörte, daß
man in mathematischer Weise zu verfahren glaubte, da man doch
nur ein ideal=logisches Verfahren einzuschlagen sich bemühte, eben
dasjenige, für welches Euklids berühmtes Lehrbuch das Muster
geboten. Das bemerkenswerteste Beispiel solcher Nichtunterscheidung
von mathematischem und ideal=logischem Verfahren ist die Ethik
Spinozas, welche mit dem Untertitel versehen ist: „in geometrischer
Weise demonstriert", während er tatsächlich lauten müßte: „in ideal=
logischer Weise demonstriert", vielleicht mit dem Zusatze: „nach
dem Vorbilde Euklids". —

Nicht nur die formal=logische Betrachtungsweise wurde so
mit der mathematischen identifiziert, sondern ebenso, wiewohl weniger
allgemein, auch die atomistisch=materialistische Lehre Demokrits
und Epikurs, welche, wie wir schon sahen, der modernen Natur=
philosophie frühzeitig als Grundlage diente. Das Grundelement
alles Mathematischen (insbesondere zunächst des Geometrischen) ist
der Punkt, aus dem ja auch alle Linien, Flächen, mathematischen
Körper als entstanden gedacht werden — und der Punkt, das
quantitativ Einfache, ist auch in der atomistischen Lehre das Ur=
element; nur mit dem Unterschiede, daß dort der Punkt als bloß
„vorgestellt", hier aber als materiell, d. h. also als „wirklich", galt.
Daß in dieser Identifizierung von „materiell" (stofflich) und „wirk=
lich" eine einseitige metaphysische Annahme lag, die lediglich bedingt
war durch den naturphilosophischen, d. h. den dem rein Objektiven zu=
gewandten, Standpunkt, blieb hierbei natürlich verborgen — genug,
das ganze Weltbild schien auf diese Weise mit Hilfe der Mathe=
matik in einfachster Art sich aufzuklären: auf der einen Seite
die mathematischen Beziehungen als „Wirklichkeit", auf der anderen
als bloße Vorstellungen, dort materielle (stoffliche), hier bloß
abstrakte (von der Materialität im Bewußtsein losgelöste) Punkte
und Linien, Flächen und Körper; dort also das Wesen der Natur,
hier deren irgendwie erzeugtes Spiegelbild.

Nicht durchgängig freilich und nicht von Anfang an war
das Bewußtsein dieser Einheit, fast könnte man sagen: Identität,
von Atomistik und mathematischem Verfahren vorhanden. Die
erstere führte ja nicht notwendig zu letzterem hin: das zeigen am
deutlichsten die griechischen Väter der Atomistik, Demokrit und Epikur,
die der Mathematik so gut wie gar keine Aufmerksamkeit schenkten;
und die mathematische Betrachtungsweise anderseits bedurfte nicht
unbedingt, wie Hobbes meint, der atomistischen: das beweist Galilei,
der sich damit begnügte, seine Untersuchung auf das Quantitative
einzuschränken, alles aber, was jenseits dieses Quantitativen lag,
die Kräfte ihrem Wesen nach, soweit sie nicht quantitativ bestimm=
bar waren, erst recht alle rein qualitativen Erscheinungen (z. B.

auch Sinnesqualitäten) und noch mehr die Erscheinungen der reinen Subjektivität, als unerkennbar, von der wissenschaftlichen Erkenntnis überhaupt ausschloß.

Gleichwohl aber ist es diese im Bewußtsein immer mehr vollzogene Einheit und enge Verknüpfung von mathematischer, formal-logischer und atomistisch-materialistischer Betrachtungsweise, in der sich fortschreitend die moderne Naturphilosophie vollendet. Darin besteht das Wesen der mechanistischen Betrachtungsart, welche die neuere Naturphilosophie in so charakteristischer Weise von der griechischen unterscheidet. Sie muß von der Mechanik wohl abgegrenzt werden. Während diese eine Einzelwissenschaft ist, in der, unter Ausscheidung alles Nicht-Quantitativen, die Mathematik auf die Physik angewandt wird,*) so ist die mechanistische Betrachtungsweise ein universelles philosophisches Prinzip, das auf die ganze Welt des Objektiven angewandt zu werden verlangt. Und diese Anwendung versuchte man bereits frühzeitig durchzuführen. Schon Hobbes, ein Zeitgenosse Galileis, suchte eine mechanistische Seelenlehre, Ethik, Staatslehre zu begründen — ja selbst das Denken faßte er unter rein mathematisch-mechanistischem Gesichtspunkt. Und bis auf den heutigen Tag hat die Naturphilosophie sich bemüht, dieses mechanistische Prinzip immer weiter auszudehnen und, von ihm geleitet, selbst bis zu den eigensten Gebieten des Subjektiven vorzudringen.

---

*) Im Altertum gab es von der Mechanik nur die sogenannte Statik, die Mechanik der ruhenden Körper; in der Neuzeit erst entwickelte sich dann die Dynamik, die Mechanik der bewegten Körper, deren erster Klassiker Galilei ist, dem aber schon Lionardo, Stevin u. a. vorarbeiten.

Zweiter Teil.

Übergang von der Naturphilosophie zum Idealismus.

5. Neuentdeckung des idealiſtiſchen Prinzips: Descartes.

Um die Wende des ſechzehnten und ſiebzehnten Jahrhunderts erreichte die mechaniſtiſche Denkweiſe ihre volle Durchbildung und ihre höchſte Blüte. Ihr Weſen wird erſt recht deutlich, wenn man ſie mit dem äußerſten polaren Gegenſatz vergleicht: mit der Philoſophie, und dem in ſie verflochtenen Mythus, der reinen Subjektivität, welche die ſinkende griechiſche Kulturwelt und den Beginn der chriſtlichen Kulturentwickelung beherrſcht.

In der neuplatoniſch = chriſtlichen Denkweiſe iſt das Sub= jektive ſo gut wie alles, das Objektive ſo gut wie nichts — in der mechaniſtiſchen Denkweiſe iſt es umgekehrt. Dort liegt die Welt des Objektiven für das Bewußtſein im tiefſten Schatten, hier die des Subjektiven: den Neuplatonikern und den alten Patriſten und Gnoſtikern iſt die „Welt", insbeſondere die Körperwelt und Natur, nur das am weiteſten vom Glanz des „Einen" entfernte, lichtloſe, gottentleerte Reich, ein unheimliches Chaos voller Ver= worrenheit, der Sitz dunkler Gewalten und lichtſcheuer Dämonen — den Vertretern der mechaniſtiſchen Naturphiloſophie iſt, umgekehrt, alles, was jenſeits des mathematiſch faßbaren Objektiven liegt, ein Reich des Dunklen, Unheimlichen und Verworrenen, ſchon die Naturkräfte als ſolche qualitates occultae, d. h. dunkle ſub= jektiviſtiſche Beſtimmtheiten, die ganze Welt des chriſtlichen Vor= ſtellungskreiſes vollends ein nächtliches Reich des Aberglaubens und des Wahnes.

Auf beiden Seiten bezeichnet man das Prinzip aller Wahrheit mit dem Worte Erfahrung — aber bei den Neuplatonikern und

christlichen Denkern ist es die innere, bei den mechanistischen Natur=
philosophen die äußere (sinnliche) Erfahrung; und dieses Wort ist
dort nur eine einheitliche Bezeichnung, durch welche die Subjektivität,
hier eine ebensolche, durch welche das Objektive als das unbedingt
Primäre, Wahre, Überlegene charakterisiert wird; und während
im ersteren Falle die objektive Welt ein gewisses Maß von Wert
und Bedeutung und Helligkeit nur empfangen — nicht sich selbst
geben — kann durch die Strahlen, welche vom Subjektiven auf
sie fallen, so empfängt im letzteren Falle die Subjektivität alles
von dem Reich des Objektiven und muß mit einer gewissen Demut
dies ihr Zugeteilte hinnehmen, wie viel oder wie wenig es sein
mag: „Die Natur", sagt Galilei, „hat nicht erst das Hirn des
Menschen geschaffen, und dann die Dinge nach der Fähigkeit ihres
Verstandes eingerichtet, sondern sie hat zuerst die Dinge auf ihre
eigene Weise gemacht, und dann den menschlichen Verstand so ein=
gerichtet, daß er, wiewohl mit großer Mühe, einiges von ihren
Geheimnissen zu erraten vermag." Und wenn es endlich in der
neuplatonisch=christlichen Anschauungsweise der Glanz der Einheit
ist, welcher vom Subjektiven auf das Objektive zurückgeworfen
wird, so in der mechanistischen Naturphilosophie die nüchterne
Vielheit und Mannigfaltigkeit des Relativen und Begrenzten, welche
in die Subjektivität eingehen kann. „Ihr meint," sagt Galilei,
„Philosophie sei ein Buch, aus der Phantasie eines Menschen ent=
sprungen, wie die Ilias oder Orlando Furioso, wobei darauf am
wenigsten ankommt, ob das, was darin geschrieben steht, wahr sei.
Nein, die Sache liegt anders. Die Philosophie ist geschrieben in
jenem Buche, das uns fortwährend vor Augen liegt — ich meine
das Universum; das man aber nicht verstehen kann, wenn man
nicht erst die Sprache verstehen lernt und die Züge kennt, in denen
es geschrieben ist. Dies Buch ist geschrieben in mathematischer
Sprache, und die Schriftzüge sind Dreiecke, Kreise und andere geo=
metrische Figuren, ohne deren Hilfe es unmöglich ist, nur ein Wort
davon menschlicherweise zu verstehen."

*   *

*

Als einst die Philosophie der reinen Subjektivität ihren Höhe=
punkt erreicht hatte, traten zugleich damit auch schon die ersten Au=
zeichen der Reaktion hervor, in der beginnenden Versöhnung mit
der „Welt“, und in den Anfängen einer Hinwendung zum Objektiven.
In analoger Weise treten auch auf der Höhe der Philosophie des
Objektiven, zugleich mit und schon innerhalb der mechanistischen
Denkweise, die Anfänge einer Reaktion hervor, in der Hinwendung
zum Subjektiven, in den ersten Versuchen einer Neubildung und
Neubegründung idealistischer Denkweise.

Diese bedeutsame Wendung im Geistesleben vollzieht sich in
der Philosophie von René Descartes. Er vollendete die mecha=
nistische Naturphilosophie, vor allem dadurch, daß er sie vereinheit=
lichte und systematisierte — und zugleich ist er es auch, der die
Vorbedingung solcher Vereinheitlichung und Systematisierung ver=
wirklichte: die idealistische Betrachtungsweise, die er zum ersten
Male, und zwar vom Standpunkte der Naturphilosophie aus, er=
neuerte, indem er, zwar nicht ihr ganzes Wesen, aber doch zunächst
ihr Grundprinzip, von neuem entdeckte. So trägt die Philosophie
von Cartesius einen Janus=Kopf: auf der einen Seite (und
zwar ganz überwiegend) ist sie mechanistisch=naturphilosophisch ge=
richtet, auf der anderen Seite vorwärts gewandt nach der Richtung
einer neu=idealistischen Entwickelung, deren erstes Glied sie bildet.*)
Diese Doppelseitigkeit und Zwiespältigkeit zeigt sich auch in kultur=
geographischem Sinne. Descartes gehört nach seiner Geburt und
ersten Entwickelungszeit Frankreich an, und dieses Land war mit
Italien und England der Kulturboden, auf welchem die mechanistische
Naturphilosophie am meisten geblüht und sich zur höchsten Reife

---

*) Hält man diesen Gesichtspunkt fest, so ist es unmöglich, daß man
schwankt, ob die Epoche, welche mit Descartes beginnt, nicht auch ebensogut
mit Giordano Bruno oder Nicolaus Cusanus u. a. zu beginnen sei. Denn
diese beiden sind Übergangserscheinungen von der Scholastik zur Natur
philosophie, nicht aber von der Naturphilosophie zum neuen, an ihr erst
orientierten und durch sie sich entwickelnden, Idealismus.

entwickelt hatte, zur gleichen Zeit, wo auf deutschem Kulturboden
Mystik und Protestantismus blühten, d. h. wo alles erfüllt war von
einer erneuten Vertiefung in die Welt des Subjektiven; in der Zeit
seiner geistigen Reife aber gehörte Descartes fast ganz der deutschen
Kulturwelt an, er wurde gewissermaßen ihr Adoptivsohn und fand
auf deutschem Boden (Deutschland in engerem Sinne, die protestantischen Niederlande, zuletzt noch Schweden) seine zweite Heimat.
So tritt der philosophische Idealismus, der mit Descartes beginnt,
von Anfang an als eine Erscheinung auf, die mit der Eigenart
deutscher Geisteskultur untrennbar verknüpft ist, so daß beide notwendig zusammengehören. Und je weiter die Entwickelung vorwärts schreitet, desto enger und notwendiger erscheint diese Verknüpfung, und desto mehr wird die Ausbildung der idealistischen
Denkweise von der Peripherie in das Zentrum des deutschen Kultur-
gebietes verlegt: Descartes, von Frankreich herkommend, findet auf
deutschem Kulturboden seine zweite Heimat, verlebt aber die meisten
und fruchtbarsten Jahre an dessen Peripherie, in Holland (zuletzt
in Schweden); Spinoza, sein Nachfolger, lebt und wirkt von vornherein an der Peripherie deutscher Geisteskultur, in Holland; mit
Leibniz endlich dringt der philosophische Idealismus in den Mittelpunkt Deutschlands selbst vor, breitet sich alsdann nach allen
Seiten aus, und auf der Höhe, in der Glanzzeit dieses deutschen
Idealismus, sind zwei kleine, im Herzen Deutschlands gelegene,
Orte, Weimar und Jena, wie zu Haupt- und Residenzstädten
des idealistischen Geistes, so zu Brennpunkten der gesamten deutschen
Kultur geworden. —

Nicht nur unter rein philosophischem, unter kulturgeographi-
schem und ethnologischem Gesichtspunkte, sondern auch unter dem
der Persönlichkeit und des geistigen Charakters, zeigt sich die Doppelseitigkeit des Cartesianischen Denkens in der Vereinigung von naturphilosophischer und idealistischer Betrachtungsweise. Mit der ausgeprägten naturphilosophischen Denkweise teilt Descartes die reine
Hingabe an die ungeheure Mannigfaltigkeit des Objektiven, die
stetige, unermüdliche Arbeit in dessen engsten und eingeschränktesten

Bezirken,*) auch da, wo sie mikrologisch sich ins Kleinste und Un=
scheinbarste verliert, und mit der rein idealistischen Denkweise teilt
er den Drang nach allumfassender Einheit, nach emporreißender,
zu den höchsten Höhen des Seins hinaufführender, Erkenntnis,
selbst wenn diese sich ins Nebelhafte und Phantastische zu verlieren
droht. Descartes bekundet in dieser letzteren Hinsicht schon viele
der titanischen und prometheischen Züge, welche auf der Höhe des
deutschen Idealismus hervortreten, und es gibt kaum einen Denker
der Neuzeit, der so sehr dem Faust ähnlich ist, wie ihn Goethe,
aus dem Geiste dieses Idealismus heraus, uns geschildert. Wie
Faust ist auch Descartes bald in die minutiöse, unermüdlich=
geduldige Beobachtung einfachster Naturvorgänge versunken und
verloren, und bald von wildem, heißbegehrendem, ja verzweifeltem
Drang erfüllt, der Natur ihr ganzes Rätsel auf einmal zu ent=
reißen:

> Wo faß ich dich, unendliche Natur,
> Euch, Brüste, wo? Ihr Quellen alles Lebens!
> Und schmacht' ich so vergebens?

Echt faustisch ist bei Descartes auch der tiefempfundene Gegensatz
zwischen Wissen und Handeln, Erkenntnis und Leben, Wahrheit
und Glück. Auch hierin dokumentiert sich die Doppelseitigkeit seines
geistigen Charakters, die der seiner Philosophie entspricht: der reine
Naturphilosoph mag, wie der Famulus Wagner im Faust, in der
Hingabe an irgend welche, mehr oder weniger ausgedehnte, Be=
zirke des Objektiven und ihre Erkenntnis seine volle Befriedigung
finden, aber nur der, welcher, wie Cartesius=Faust, damit die
idealistische Gedankenrichtung verbindet, empfindet, daß zwei Seelen
in seiner Brust wohnen, daß er nicht nur die Wahrheit finden,
sondern auch alle Höhen und Tiefen des Daseins durchmessen will,

---

*) So hat Descartes sich den mühevollsten optischen Studien (bei
denen er u. a. die Gesetze der Lichtbrechung zuerst entdeckte) unterzogen und
bei den Handwerkern die nach seiner Angabe gefertigten Gläser und Instru=
mente sorgfältig überwacht.

daß ein und derselbe Drang ihn nicht nur zur Einheit der Er=
kenntnis, sondern auch zur Einheit des Lebens hintreibt. Daher
verbrachte Descartes seine Lebenszeit bald in tiefster Einsamkeit,
seinen Studien hingegeben, zwischen Büchern und Gläsern und Re=
torten, bald drängte es ihn hinaus in das Getriebe der anderen
Menschen, um gleich ihnen „der Erde Weh und der Erde Glück"
zu kennen und zu tragen. Daher hat er auch in der entscheiden=
den persönlichen und philosophischen Krisis seines Lebens, an=
gewidert von aller bloßen Gelehrsamkeit und allem bloßen Wissen,
an der Erkenntnis selbst und ihrer Möglichkeit verzweifelnd, diese
zeitweise ganz aufgegeben, und in das dichteste Weltgetriebe
sich gestürzt, um, von allem Wissensqualm entladen, ein neues
Leben beginnen zu können. Wenn ihm zuerst dafür noch das
Pariser Gesellschaftsleben und die Pariser Salons genügt hatten,
so wurde ihm dieser Schauplatz sehr bald zu enge, er suchte eine
andere, weitere Bühne, auf welcher er, als Akteur und Zuschauer
zugleich, das Buch der Welt und des Lebens, vor allem auch das
Buch der Menschenwelt, studieren könne; und so wurde er, zuerst in
holländischen, dann in deutschen Diensten, Soldat und Offizier, nahm
an den ersten wilden Heereszügen des dreißigjährigen Krieges
teil — alles dies aus keinem anderen Grunde, als aus welchem
Faust seine Weltfahrt antrat:

> Des Denkens Faden ist zerrissen,
> Mir ekelt lange vor allem Wissen . . .
> Stürzen wir uns in das Rauschen der Zeit,
> Ins Rollen der Begebenheit.

Es war während dieser Kriegszüge, in der Einsamkeit eines Feld=
lagers und der Stille einer klaren, sternhellen Nacht, bei dem süd=
deutschen Städtchen Neuenburg an der Donau, daß Descartes,
nach eigenem Bericht, am 10. November 1621 das Prinzip des
philosophischen Idealismus von neuem entdeckte. So vollzieht sich
diese entscheidende Wendung im Geistesleben der Kulturwelt ge=
wissermaßen mit dramatischer Schlagkraft, unter genauer Bestim=

mung des Ortes, der Zeit und der Umstände — und diese letz=
teren erscheinen fast wie Symbole jener geistigen Wendung, die
sich im Kopfe des Denkers vollzog: inmitten des ausgedehnten,
lärmenden Kriegslagers der einsame, und einsam sich wissende und
fühlende, Denker, der, als Glied einer gewaltigen Kriegsmaschine
und eines großen Heerkörpers, in die bunteste Mannigfaltigkeit
sachlicher und menschlicher Beziehungen verstrickt ist, und doch von
ihnen nicht beherrscht wird, sondern frei über ihnen steht, der dieser
Vielgestaltigkeit des Daseins nicht ab=, sondern fortdauernd zu=
gewandt ist, und doch, unberührt von ihr, die Reinheit und
Integrität seines Selbst bewahrt, der nicht aus der dunklen, nur
von spärlichem Lagerfeuer erhellten, Gestaltenfülle in der Tiefe,
sondern von oben, von den Sternen her, sein Licht empfängt.

* * *

Wie dieses neue Licht in den Geist des Philosophen ein=
dringt und alles Seiende in eine neue Beleuchtung rückt, das ist
eine der merkwürdigsten und interessantesten Begebenheiten in der
Geschichte des geistigen Lebens.

Der Ausgangspunkt ist, wie überall, wo neue Fortschritte
herbeigeführt und neue Gedanken geboren werden, der Zweifel,
nicht jener müde, blasierte Zweifel des Übersättigten, sondern
der frische, lebendige Zweifel des jugendlich=empfänglichen Geistes,
der hier, bei Descartes, zu faustischer Kraft und Energie gesteigert
ist. Die Scholastiker mochten an ihrer kirchlichen Überlieferung
und formal=logischen Dialektik, die Naturphilosophen an ihrer mathe=
matischen Methode und mechanistischen Betrachtungsweise den un=
fehlbaren Schlüssel der Erkenntnis besitzen — ihn zwang diese
faustische Energie des Zweifels, immer wieder zu fragen, stets von
neuem betroffen stille zu stehen, und das, was für das Bewußt=
sein gewonnen war, auch immer wieder durch das Bewußtsein zu
vernichten.

Langsam vorbereitet war dieser Zweifel freilich schon durch
die vorangehende Naturphilosophie. Auch Galilei z. B. hatte er=

7*

kenntnistheoretiſche Unterſuchungen angeſtellt und namentlich den
Gegenſatz und den Widerſtreit von ſinnlicher Anſchauung und Ver=
ſtandesoperation bemerkt.   Aber er hatte dieſen Widerſpruch nur
bemerkt und regiſtriert, ohne den Verſuch zu machen, ihn zu er=
klären und aufzulöſen.   „Dem unmittelbaren Zeugnis der Sinne",
ſagt er, „wird ſo, als höhere Inſtanz, die vom Verſtand begleitete
Wahrnehmung (senso accompagnato col discorso) gegenüber=
geſtellt.   Die Apprehenſion des Verſtandes bringt auch dahin, wo
die Sinneswahrnehmung nicht hingelangt.   Sie kann aus wenigen
Erfahrungen Schlüſſe ziehen, die über unſere Erfahrung weit
hinausreichen."   Das iſt nichts weiter als eine Umſchreibung des
Tatbeſtandes, zum Teil in metaphoriſchen Wendungen.   Der Grund
iſt: Galilei und die übrigen Naturphiloſophen vor Deſcartes waren
noch zu ſehr in die Natur verſunken, ſie waren ganz in das Ob=
jekt verloren — bei Deſcartes zum erſten Male wird dieſes
Verſunkenſein aufgehoben, er bemerkt, wie die Welt des Objektiven
nur das Licht zurückwirft, das ſie vom Subjekt empfangen, er be=
merkt dieſen ſcharfen Gegenſatz beider, ſcheidet ſie deutlich in der
Reflexion, und wendet ſich jener Lichtquelle zu, der man bis dahin,
vom Objekt, von der Natur berauſcht, den Rücken gekehrt.   So
kommt die moderne Kultur in Deſcartes zum erſten Male zur
Selbſtbeſinnung, zum erneuerten Selbſtbewußtſein des Geiſtes.

Indem ſo die Aufmerkſamkeit reflexiv auf das Subjekt zurück=
gelenkt wird, erſcheint am Horizont des Bewußtſeins zum erſten
Male wieder ein altes, und doch zunächſt wieder neues, Problem:
der Menſch; natürlich nicht der Menſch als objektive Natur=
erſcheinung — inſofern iſt er ein Glied, unter vielen, der natur=
philoſophiſchen Betrachtung —, ſondern der Menſch als Subjekt,
das zu allem Objektiven in ſo ſcharfem Gegenſatze ſteht, daher ja
auch der Menſch, als reines Subjekt, mit ſich ſelbſt, als objektiver
Naturerſcheinung, in einem ſo ſeltſamen Widerſtreit ſich befindet.
Und nur ein Mann, der, gleich Carteſius=Fauſt, dieſen Widerſtreit
nicht nur im Denken, ſondern auch in Leben ſelbſt, ſo tief empfunden,
konnte den erſten mächtigen Anſtoß zur Löſung dieſes Problems

aller Probleme geben: was ist es mit dieser Erscheinung des
Menschen, der zugleich erkennt und auch erkannt wird, von dem
alles Licht auszugehen scheint, und der doch selbst die dunkelste
und rätselvollste aller Naturerscheinungen ist, der über alles
Wirkliche sich erheben, ja es beherrschen kann, und doch nur ein
bedeutungsloses, ohnmächtiges Atom in ihr ist, der bald am
Staube klebt, in die Welt verstrickt ist und sich an sie hält „mit
klammernden Organen", bald sich gottähnlich darüber erhebt und
die Welt versinken läßt?

Im Mittelpunkte aber dieses Problems: der Mensch, steht
die Frage nach dem Wesen der Erkenntnis, die wieder identisch
ist mit der Grundfrage nach dem Verhältnis des Subjektiven und
Objektiven. Descartes, kann man sagen, ist der erste Erkenntnis=
theoretiker der Neuzeit, und mit einer Klarheit und Schärfe, die
der von Kant nicht nachsteht, hat er vor allem das Problem selbst,
als Problem, in seiner ganzen Bedeutung und Tragweite erfaßt
und hingestellt. „Es gibt", sagt er, „keine wichtigere Frage als
die, was ist das: menschliche Erkenntnis, und wie weit reicht sie...
Nichts scheint mir unsinniger, als verwegen über die Geheimnisse
der Natur zu diskutieren, ohne ein einziges Mal untersucht zu
haben, ob der menschliche Geist so weit reichen kann."

Das ist die Sprache des seiner selbst gewiß gewordenen Denkens,
der zur Selbstbesinnung herangereiften Vernunft. Das Bewußt=
sein, welches vorher in die Natur versunken und verloren war, er=
hebt sich darüber und wendet sich reflektierend zu sich selbst zurück. Der
naive Realismus des rein naturphilosophischen Standpunkts glaubte
noch unerschütterlich an die Realität des „natürlich" Gegebenen,
an die Wahrheit und Wirklichkeit des Objektiven — aber längst
hat sich diesem Glauben, der nicht weniger dogmatisch war als der
der Philosophie (und des Mythus) der reinen Subjektivität, der
Zweifel zugesellt, je mehr die Erkenntnis weiter schritt, je mehr
das bloße „Gegebensein" in eine Fülle von Beziehungen aufgelöst
wurde und, wie es z. B. schon bei Galilei stark hervortritt, das
hin und wieder spielende Licht des Verstandes auch das scheinbar

feftefte „Objektive" unficher und fchwankend machte. Aber erft der
gewaltige fauftifche Zweifel, mit dem Descartes der Welt des Ob=
jektiven gegenübertritt, vermochte diefen reinen Realismus der Natur=
philofophie zu zerftören, ja in fein volles Gegenteil zu verkehren:
das wahrhaft Wirkliche, das in genaueftem Sinne allein Gegebene,
ift nicht das Objektive, fondern die reine Subjektivität, und von
dem letzteren borgt jenes allein feine Realität, — nicht umgekehrt.
Galilei mochte feinen fchwächlichen Zweifel noch dadurch befchwich=
tigen, daß er ein gewiffes Übergewicht des Subjektiven über das
erfahrbar Gegebene und Objektive, nicht zu erklären und zu be=
gründen, wohl aber zu konftatieren und erkenntnistheoretifch zu
formulieren fich veranlaßt fah: er ftellt der (finnlichen) Erfahrung
die vom Verftand begleitete Wahrnehmung als „höhere Inftanz"
gegenüber, die den Mangel der erfteren ergänzt und über fie weit
hinaus reichen kann. Der Zweifel Descartes' dagegen ift fo
durchaus radikal und fo erfchütternd, daß ihm zunächft alles
erfahrbar Gegebene, die ganze Welt des Objektiven, in der Nacht
des Bewußtfeins verfinkt, und nichts als, die reine Subjektivität
felbft übrig bleibt.

In diefer Wieder= oder Neuentdeckung des Prinzips der
reinen Subjektivität, die gewonnen wurde nach der radikalen Ver=
nichtung alles Objektiven durch das Bewußtfein, — darin befteht
die eigentliche Großtat Descartes' auf philofophifchem Felde. Und
wie diefe Operation fchrittweife, und mit unerbittlicher Konfequenz,
im Geifte Descartes' fich vollzieht, das ift eine der denkwürdigften
und folgenreichften Begebenheiten in der ganzen Gefchichte des
menfchlichen Geiftes und aller menfchlichen Kultur. —

Zuerft find es die Meinungen und Anfichten anderer, die Des=
cartes, indem er zur Wahrheit und Wirklichkeit vorzudringen fucht,
radikal von fich abtut. Schon früh hatte er fich von den theologifch=
fcholaftifchen Überlieferungen frei gemacht, denen er in feiner Jugend
— er war in einem Jefuitenklofter aufgewachfen — unterworfen
worden war. Aber ebenfowenig wie der Autorität von Auguftinus
und Thomas Aquinas, wollte er der der Griechen, eines Ariftoteles,

Plato, Demokrit u. a. folgen, ebensowenig aber auch sich beein=
flussen lassen von den Überzeugungen naturphilosophischer Vorläufer,
oder solcher Zeitgenossen, die hervorragten auf dem Gebiete der
Naturerkenntnis. Und noch weniger als von Autoritäten, wollte
er sich leiten lassen von vulgären Vorurteilen, von den unklaren,
hin= und herschwankenden Meinungen der großen Menge. Mit
reinem, ungetrübtem Bewußtsein wollte er der Welt der Er=
scheinungen gegenübertreten, um den festen Ankergrund der Er=
kenntnis, die Wahrheit in der Zwiespältigkeit der Meinungen, das
Wirkliche in der Verworrenheit des täuschenden Scheins zu finden.

Wo aber war dieser sichere Punkt, von dem aus man bis
zum Mittelpunkt und Wesenhaften alles Seins vordringen könne?

Zunächst, so schien es nach der Anschauungsweise der Natur=
philosophie, der auch Descartes sich hingegeben, mußte die Körper=
welt, mit dem, was ihr zugehört, der ganze Inbegriff der sinnlich
erfahrbaren Natur, als das wahrhaft Gegebene und „Wirkliche", also
auch als fester Ausgangspunkt der Erkenntnis, gelten. Aber war
sie das in der Tat? Alle sinnliche Erfahrung, dessen war man
schon lange vor Descartes inne geworden, ist ja doch unaufhör=
licher Täuschung unterworfen, — ich nehme z. B. sinnlich wahr,
daß der ins Wasser gehaltene Stab gebrochen ist, obwohl er un=
versehrt wieder herausgezogen wird —, ja die sinnlichen Quali=
täten (Geruch, Geschmack, Färbung usw.) nehme ich deutlich
sinnlich wahr und kann sie doch nirgendwo in oder an den
Körpern entdecken. Wo also sind hier die Kriterien, welche den
Irrtum von der Wahrheit, den Schein von der Wirklichkeit zu
unterscheiden lehren?

Aber wenn auch vielleicht die einzelnen Körper als solche
nicht jenes schlechthin Gegebene und zweifelsfrei Wirkliche darstellen,
das von der irrenden Erkenntnis gesucht wird, so ist doch wohl
daran kein Zweifel möglich, daß es überhaupt eine Körperwelt
gibt, von der Sinnlichkeit und Verstand zugleich Kunde geben, und
deren Existenz ein gewisses untrügliches Gefühl uns versichert?
Aber mit welchem Rechte bauen wir auf dieses Gefühl? Wie oft

täuscht es uns ein Gegebenes vor, da uns doch nur ein Gebilde
unserer Einbildungskraft genarrt hat! Gibt es ein Merkmal,
das solche Phantasmen von der körperlichen „Realität" unter=
scheidet? Sicherlich, es gibt keines. Jenes untrügliche Gefühl,
das mich der Existenz einer Körperwelt, überhaupt einer Außen=
welt, der Natur, versichert, habe ich vor allem in dem Bewußtseins=
zustande, den wir Wachen nennen, während wir im Traum, wie
wir annehmen, etwas „Unwirkliches" vorstellen. Aber so wenig als
von den Phantasmen des wachen Zustandes, kann ich vom Traum
diejenigen Vorstellungen unterscheiden, welche auf ein „Reales" hin=
deuten. Oft genug erscheint uns nicht nur beim Träumen, sondern
noch lange nachdem wir erwacht sind, der Traum als Wirklich=
keit und die „natürliche" Wirklichkeit als traumhaft, chimärisch,
phantastisch. Und könnte nicht so, was vom Einzelfall gilt, auch
im Ganzen, von der Gesamtheit alles Seins, gelten? Vielleicht ist
also das ganze Leben nichts als ein bloßer Traum, so wie es
Calderon in seinem berühmten Drama ausgesprochen:

> Ach, in dieser Wunderwelt ist eben
> Nur ein Traum das ganze Leben,
> Und der Mensch, das seh ich nun,
> Träumt sein ganzes Sein und Tun.
> Was ist Leben? Hohler Schaum,
> Ein Gedicht, ein Schatten kaum.
> Wenig kann das Glück uns geben,
> Denn ein Traum ist alles Leben,
> Und das Träumen selbst ein Traum.

Indessen dürfen wir nicht wenigstens darauf vertrauen, daß
Gott uns nicht habe täuschen wollen, und darum diese Realität
des Objektiven kein bloßer Schein sein könne? Aber welche zu=
reichenden Gründe haben wir für dieses Vertrauen? Zunächst bin
ich ja nicht einmal der Existenz Gottes gewiß. Wenn ich schon
Zweifel an der Realität der Körperwelt hege, um wie viel mehr
muß ich an der Existenz eines Gottes zweifeln! Und selbst wenn
er existierte, — welchen Grund habe ich, anzunehmen, daß er mich

mit der Wahrheit begnadigen wolle? Vielleicht ist er ein neckischer und zauberischer Gott, der sein Gefallen daran findet, uns unaufhörlich zu täuschen, und unser Bewußtsein in vielfältige Schleier einzuhüllen — man denke an den indischen Mythus vom Schleier der Maja —, vielleicht ist er auch ein argliftiger und bösartiger Dämon, der solches Gaukelspiel zum Verderben der Menschen ersonnen hat!

So irrt das Bewußtsein in der Welt des Objektiven umher, schwankend und zweifelnd, ja verzweifelt. Diese anscheinend so fest gegründete und sicher in sich ruhende Natur wankt in ihren Grundfesten, das scheinbar Wirkliche, ja das Allerrealste, erwies sich dem Zweifel gegenüber als etwas Unwirkliches, und nirgendwo fand sich auch nur ein einziger Punkt, an dem das Bewußtsein stille stehen und sagen konnte: hier saß ich Fuß, hier ist es Wirklichkeit.

Eben in diesem Bewußtseinsprozeß zerstörender Skepsis ergreift aber das Bewußsein — sich selbst; indem alles Objektive verdunkelt wird und versinkt, kommt das Subjekt zur reflexiven Besinnung: nirgendwo und in keiner Weise kann das Objektive dem Zweifel standhalten — dieser Zweifel allein bleibt also als das wahrhaft Wirkliche übrig; alles „Wirkliche" kann in der Nacht des Bewußtseins versinken, — nur dieses Bewußtsein selbst kann nicht verschwinden; an allem kann ich zweifeln, aber wie sehr ich auch die Energie des Zweifelns verstärken und wohin ich sie auch richten mag, so kann ich daran nicht zweifeln, daß ich jetzt zweifele, also vergleichend vorstelle, kombiniere, ins Bewußtsein aufnehme und verwerfe, kurz daß ich meiner bewußt bin.

Hierin also liegt die große Entdeckung Descartes', in der Einsicht: alles Sein ist gegründet auf das Bewußt=Sein, der feste Punkt aller „Wirklichkeit" ist nicht das Objektive, sondern die reine Subjektivität, der Ausgangspunkt aller Erkenntnis ist nicht die Natur, sondern das Ich.

Diese neue Einsicht wurde nicht durch sinnliche Erfahrung gewonnen, auch nicht auf dem Wege logischer Schlußfolgerungen —

wenn sie auch auf diesem Wege dargestellt und veranschaulicht werden kann — sie hat noch weniger mit mathematischer Demonstration und Erkenntnisweise zu tun, sondern sie ist eine Einsicht ganz besonderer, spezifischer Eigenart: wir nennen diese eigentümliche Erkenntnisweise Intuition oder auch intellektuelle Anschauung.

Welche Bewandtnis es mit jenem Ich, als festem Ausgangspunkt der Erkenntnis, und welche es mit der Intuition oder intellektuellen Anschauung hat, davon wird noch im ganzen weiteren Verlaufe dieser Darstellung die Rede sein. Denn der ganze deutsche Idealismus, kann man sagen, zu dessen Entwickelung Descartes hier den ersten Anstoß gegeben, ist eine fortschreitende Enthüllung des Wesens der intellektuellen Anschauung und des Ich, und eine fortschreitende Unterwerfung des Objektiven unter das reine Ich, unter die, intuitiv erfaßte, reine Subjektivität.

Zu dieser Entwickelung hat Descartes, durch die Neuentdeckung des Prinzips der reinen Subjektivität, den ersten Anstoß gegeben — aber damit ist sein Anteil an der Geschichte des deutschen Idealismus auch erschöpft. Denn alsbald wandte er sich zur rein naturphilosophischen Betrachtungsweise zurück, aus der auch jene Neuentdeckung hervorgegangen. Im Bilde gesprochen, könnte man sagen: nachdem er zuerst, gleich seinen naturphilosophischen Vorgängern und Zeitgenossen, ganz in das Objektive verloren und versunken gewesen, hatte ihn die Stärke und Energie des faustischen Zweifels zur Erhebung darüber, zur Selbstbesinnung, geführt, und, rückwärts gewandt, hatte er das Licht der reinen Subjektivität bemerkt, durch das die Welt des Objektiven allererst erleuchtet wird, seine Wahrheit und Wirklichkeit empfängt; nun drehte er sich gleichsam wieder um und ließ dieses „Licht der Natur" (lumen naturale nannte er es) in der konzentrierten Energie, welche, wie er entdeckt hatte, nur der intellektuellen Anschauung erreichbar, durch die intuitive Kraft und Erhebung des Bewußtseins allein zu gewinnen ist, auf die Welt des Objektiven fallen. So verharrte auch Descartes auf dem Standpunkt der Naturphilosophie, aber er führte sie zu ihrer Höhe, indem er sie unter der Idee der reinen Subjektivität vereinheitlichte, vermöge der Kraft der Intuition systematisierte.

Die theoretische Ausdrucksform der Naturphilosophie im Cartesianischen Zeitalter war, wie wir sahen, die mechanistische Denkweise: alles Seiende ist ein endloser Zusammenhang von relativen, endlichen, in Raum und Zeit begrenzten, objektiven Erscheinungsformen, die „wirklich" sind nur als materiell erfüllte Raum= und Zeitverhältnisse, und dann unwirklich irgendwie noch einmal vorhanden sind, als logisch=mathematische Vorstellungsbeziehungen. Das ist und bleibt auch die Anschauungsweise Descartes', aber er vollendet, d. h. vereinheitlicht sie durch den Begriff der Substanz; während also die anderen Naturphilosophen an die Fülle des Relativen, Begrenzten, Endlichen hingegeben waren, erhob sich Descartes darüber und fragte nach dem Bleibenden, Beharrenden, Festen, Ruhenden, eben nach dem, was in dem Begriff Substanz ausgedrückt ist. Dieses Substanzielle hatte er zunächst im Objektiven nicht finden können, sondern nur in der reinen, intuitiv erfaßten, Subjektivität. Aber indem er nun sich zurückwandte zum Objektiven, erhob sich die Frage: Ist dieses letztere abhängig zu denken vom Subjektiven, sind also Körper nur Modifikationen des Bewußtseins? Das ist undenkbar für den mechanistischen Naturphilosophen. Also gibt es noch ein weiteres Substantielles neben und außer der Subjektivität, eine zweite Substanz, welche ebenso durch klare Intuition erfaßt werden muß wie die reine Subjektivität. Diese zweite Substanz ist die Ausdehnung. Sie deutet ebenso substantiell=einheitlich das Wesen des Objektiven aus, wie das einheitliche Bewußtsein (Denken*) das Wesen des Subjektiven. Und so wie

---

*) Es hängt mit der vorübergehenden Aufmerksamkeit, welche Descartes dem neuentdeckten Prinzip der reinen Subjektivität widmete, zusammen, daß dessen nähere Bestimmungen bei ihm beständig schwankten. So wird die reine Subjektivität bald, und am häufigsten, mit dem Denken identifiziert, bald als das „natürliche Licht" (lumen naturale) noch vom Denken (cogitare) unterschieden. Und ebenso werden vom Denken die übrigen Bewußtseinsformen

alle Bewußtseinsformen nichts als Modifikationen (Bestimmt=
heiten) des Denkens, so sind alle Naturerscheinungen (Körper=
formen) nichts als Modifikationen der Ausdehnung. Worin das
Wesen jener Bewußtseinsformen besteht, welches der Zusammen=
hang ist, nach dem sie sich ordnen und verknüpfen, das bleibt bei
Descartes noch in Dunkel gehüllt; das Wesen und der Zusammen=
hang der Naturerscheinungen aber enthüllt sich ihm, wie allen
vorangehenden Naturphilosophen, durch die mechanistische Be=
trachtungsweise, deren Grundcharakter er nicht geändert, die er
nur durch den Begriff der Substanz vereinheitlicht hat: alle Natur=
erscheinungen sind also auch für ihn nur Bewegungen materieller
Körper, d. h. Veränderungen dieser Körper nach Raum und Zeit
(oder cartesianisch gesprochen: nach der reinen Ausdehnung), dem
Bewußtsein zugänglich nur durch die Mathematik und die, ihr
immanente, (formale) Logik.

Wie es freilich möglich sein soll, daß das Wirkliche doppelt, in
zwei unabhängigen Sphären, existent ist, einmal als ein ungeheurer
Mechanismus, ein Zusammenhang von Modifikationen der Aus=
dehnung, von Raum= und Zeitbeziehungen, sodann als Bewußtseins=
prozeß, als ein Zusammenhang von logisch=mathematischen Vorstel=
lungen, das hat Descartes in keiner Weise zu erklären gewußt und
auch nur versucht. Um das zu vermögen, hätte Descartes den natur=
philosophischen Standpunkt verlassen müssen, — und er hat ihn ja
nur augenblicksweise verlassen, um nachher ihn um so ausschließ=
licher festzuhalten, ja ihn vollends durchzuführen und durch Ver=
einheitlichung zu vervollkommnen. Eben darin aber besteht ja
seine große Bedeutung, daß er durch diese Vereinheitlichung und
Vervollkommnung der Naturphilosophie ihren inneren Widerspruch
zum Vorschein brachte und enthüllte, und so auch das erkenntnis=
theoretische Problem, nicht schon zur Lösung brachte, wohl aber
klar hinstellte und formulierte.

(Fühlen, Wollen usw.) bald streng unterschieden, ja selbst dem Materiell=
Objektiven zugerechnet, bald nur als bloße Modifikationen des Denkens
aufgefaßt.

Sowenig ist Descartes imstande, dieses Problem des Gegensatzes von Denken und Ausdehnung zu lösen, daß er eine metaphysische
Hilfskonstruktion seltsamer Art herbeizog, um den Dualismus, nicht
zwar zu beseitigen, wohl aber zu mildern und einigermaßen zu erklären. Er fügte nämlich jenen beiden Substanzen noch eine dritte hinzu,
welche, als Substanz in eminentem Sinne, sie überrage: Gott. Daß
also zwei voneinander unabhängige, ja entgegengesetzte, Substanzen
existieren — ein vollkommener Widerspruch in sich —, suchte er
einigermaßen erklärlich zu machen durch die noch widerspruchs-
vollere Annahme, Gott habe sie durch seinen allmächtigen Willen
so vereinigt und nebengeordnet, das heißt, wie Spinoza es treffend
ausdrückt, da er diesen Gegensatz nicht aufzulösen vermochte, so zog
er sich in das Asyl der Unwissenheit zurück, als welches sich die
Gottesvorstellung von jeher, und bis auf den heutigen Tag, vortrefflich bewährt hat.

Descartes glaubte die Existenz dieser dritten Substanz, Gott,
mit vollkommener Gewißheit beweisen zu können: im Bewußtsein
finde sich unzerstörbar die Vorstellung eines allerrealsten, vollkommensten Wesens, das aber nicht vollkommen sein könnte, wenn
zu seinen Eigenschaften nicht auch die Existenz gehörte, — er sah
nicht, daß diese scheinbar unzerstörbare Vorstellung nichts als der
Schatten war, den der religiöse Mythus der Vergangenheit auch
noch in sein Bewußtsein warf. Die Vorstellung „Gott" war in mehr
als tausendjähriger Entwickelung ein integrierender Bestandteil des
Kulturbewußtseins der ganzen Menschheit gewesen — wie hätte man
nicht den Gedanken fassen sollen, daß sie unabtrennbar mit allem
Bewußtsein, und darum auch mit allem Wirklichen, verknüpft sei?
Wie hätte sich diese Auffassung nicht selbst bei den schärfsten
Denkern lange Zeit noch erhalten sollen, auch noch, nachdem man
das Bewußtsein längst von allen besonderen Formen des Mythus
losgelöst hatte und, dem freien Zuge des Denkens zu folgen, gewohnt geworden war?

Es gehörte darum eine außerordentliche Kraft des Denkens
und Energie des Geistes dazu, um diesen Schatten zu verscheuchen,

den die (mythische) Gottesvorstellung auch noch in das Bewußtsein
eines so kühnen Denkers wie Descartes geworfen, und so, mit einer
mehr als tausendjährigen Tradition vollkommen brechend, das reine
Fazit alles Wirklichen zu ziehen. Das geschieht durch Descartes'
größten Schüler, Spinoza; und die einzigartige Bedeutung, welche
Spinoza in der Geistesgeschichte der Menschheit einnimmt, beruht
in erster Linie eben hierauf, daß er die letzten Schatten der mythischen
Tradition verscheuchte, und, innerhalb des klar erfaßten klassischen
Gegensatzes des Subjektiven und Objektiven, der die Kulturentwickelung beherrscht, zum ersten Male Stellung nahm auf dem
Grunde eines völlig frei gewordenen Denkens, — Stellung nahm
als der größte und entschiedenste Philosoph der reinen Objektivität, den es je gegeben.

6. Der naturphilosophische Monismus: Spinoza.

Die tief verborgene Quelle des philosophischen Idealismus war von Descartes von neuem entdeckt worden. Nicht den Wegen scholastischer Denkweise folgend, unbeeinflußt vom christlichen Mythus, unbeeinflußt auch von Denkrichtungen der Antike, vielmehr — und dies eben ist das Entscheidende — allein unter dem Gesichtspunkte der modernen Naturphilosophie, war er bis zum Grunde des Idealismus vorgedrungen: zum intuitiven Erfassen der reinen Subjektivität, wenn auch zunächst nur seiner individuellen Erscheinungsform, als dem höchsten Prinzip alles Seins und Erkennens. Unter dem Einflusse dieses neugewonnenen idealistischen Prinzips hatte sich für Descartes auch die naturphilosophische Betrachtungsweise, die sonst unverändert in den Bahnen des Mechanismus verharrte, in einem Punkte, und zwar gerade dem höchsten, gewandelt: darin, daß sie alles Objektive unter dem Begriff der Substanz betrachtete. Die Frage nach der Substantialität des Objektiven, das war die neue Erleuchtung, welche Descartes aus dem „natürlichen Licht", der intuitiven Erkenntnis des reinen Subjekts, für die Naturphilosophie gewonnen, wodurch er diese zur Höhe geführt hatte.

Indessen, wie es so oft geschieht, daß gerade beim ersten Entdecken eines neuen Prinzips dessen Tragweite nur unzureichend erkannt wird, und dessen Konsequenzen, selbst die nächstliegenden, nicht, oder nur sehr unvollkommen, gezogen wurden, so auch hier. Das idealistische Prinzip war bei Descartes nur eine Art von

krönender Spitze und Ornament, das mit seiner rein mechanistischen
Naturphilosophie nur in sehr wenig organischer Weise vereinigt
war; die intuitive Erkenntnisweise und die reine Subjektivität hatte
er zwar entdeckt, aber beider Wesen nicht näher untersucht, und
weder die erstere von den übrigen Erkenntnisweisen (insbesondere
der sinnlichen und logisch-mathematischen), noch die letztere von
den übrigen Erscheinungen der Subjektivität (Fühlen, Wollen usw.)
auch nur mit einigermaßen zureichender Deutlichkeit unterschieden;
den Begriff der Substanz hatte er zwar neu gewonnen, aber so
wenig konsequent durchdacht, daß er, was dem Begriffe der Substanz ganz und gar widerspricht, bald zwei, bald drei Substanzen
unterschied; endlich war Descartes' Philosophie, so frei und unabhängig sie auch sonst war, noch beeinflußt durch eine letzte Abhängigkeit von den Traditionen des christlichen Mythus, vor allem
von dem Begriffe „Gott", der einen tiefen Schatten auch in den
Geist dieses freien und faustisch-kühnen Denkers geworfen und dadurch die Klarheit vieler Begriffe verdunkelt hatte.*)

Alle diese Mängel verschwinden in der Philosophie Spinozas, der konsequenten Durchführung der von Descartes gegebenen Prämissen.

Auch Spinoza erblickt, ebenso wie Descartes, die reine Subjektivität nur unter dem Gesichtspunkte der Naturphilosophie, als
eine abgegrenzte und bestimmte Erscheinung (Individualität), die,
man weiß nicht wie, im Bereiche des Objektiven sich findet und
bemerkt wird; und, gleich Descartes, sieht auch Spinoza den
eigentlichen Ausdruck dieser reinen Subjektivität in der intuitiven
Erkenntnis, in der intellektuellen Anschauung. Aber auf diese Intuition wenigstens fällt hier bereits etwas deutlicheres Licht als bei
Descartes: Spinoza grenzt sie genauer ab gegen andere Erschei-

---

*) In diesem Schatten hat sich der sogenannte Occasionalismus
(Malebranche, Geulinx u. a.) angesiedelt, der kaum etwas anderes ist als
die Fortbildung der Schwächen cartesianischer Philosophie, mit uneingeschränkter
Benutzung des von ihm so weit offen gelassenen asylum ignorantiae, und
dies mehr in theologisch-kirchlicher als in philosophischer Richtung.

nungen des Subjektiven und unterscheidet drei Arten von Erkennt=
nis: die sinnliche, die logisch=mathematische Verstandeserkenntnis,
und die Intuition. Bei der ersteren, der sinnlichen Erkenntnis,
wird das Buch der Welt nur mühsam buchstabiert, das Subjekt
ist hier ganz und gar beherrscht vom Objektiven, daher kommt es
hier nur zu Imaginationen, verworrenen Abbildern, dunklen Nach=
bildern des Wirklichen, entsprechend der unaufhörlichen Vermischung
und Verwirrung des Objektiven und Subjektiven, die hier leicht
stattfindet. Die zweite Art, die (logisch=mathematische) Verstandes=
erkenntnis, liest mit Deutlichkeit einzelne Sätze in dem Buche der
Welt und weiß sie sinnvoll zu verknüpfen, das Subjekt hat hier
bereits vom Objektiven sich losgelöst und ergreift darum „adä=
quate“ Ideen, reine Abbilder des Objektiven — aber es bleibt
noch in der Endlichkeit und Begrenzung des Objektiven und inso=
fern noch von ihm abhängig. Erst in der Intuition fällt diese letzte
Abhängigkeit weg, hier ist das Subjekt völlig losgelöst von allem
Objektiven, frei und rein tritt es ihm gegenüber, und so erst ver=
steht es, nicht nur einzelne Teile, sondern den Sinn des ganzen
Buches der Welt.

Auf diesen einheitlichen Sinn des Ganzen ist aber Spinozas
Augenmerk ganz und gar gerichtet, diese Intuition hält er darum
ausschließlich fest. Gleich Descartes wendet er überhaupt dem
Wesen der Subjektivität nur vorübergehende Aufmerksamkeit zu,
man könnte sagen, nur insoweit und so lange, bis es ihm gelungen
ist, dieses, der naturphilosophischen Betrachtung bis dahin so un=
bekannte, neue Licht der Natur, die Intuition, zu bestimmen, und
es so scharf als möglich auf die Welt des Objektiven einzustellen,
natürlich nicht auf deren bunte Vielheit, worauf die Verstandes=
erkenntnis sich richtet, sondern auf deren Einheit, auf die Substanz.
Aber wie ganz anders als Descartes, mit welcher Kraft der In=
tuition hat Spinoza die Substanz angeschaut, mit welcher Energie des
Denkens sie begriffen! Hier ist, kann man sagen, alles Seiende auf
eine einfache Gleichung gebracht, deren Exponenten bloß entwickelt
zu werden brauchen, um alles Wirkliche denkend neu zu erzeugen:

das reine Subjekt findet sich hier gegenüber der Fülle des Ob=
jektiven, die durch sein Licht zur absoluten Einheit gebracht ist,
die Intuition richtet sich mit durchdringender Kraft auf die eine
Substanz,*) das klare Weltenauge ruht ganz auf dem reinen Sein.
So erreicht die naturphilosophische Betrachtungsweise hier ihren,
in derselben Richtung nicht mehr zu übersteigenden, Höhepunkt, in
diesem Monismus Spinozas, in dieser einzigartigen Konstellation
des Denkens, wo die eine Substanz, nämlich die Einheit des rein
Objektiven, mit verzehrendem Feuer im Zenith steht und nichts Sub=
jektives mehr einen Schatten darauf wirft, — da diese Lichtfülle
doch ausgeht von der reinen Subjektivität, die mit der Kraft
der Intuition auf die Welt des Objektiven gerichtet ist.

Dieser einzigartigen Konstellation des Denkens entspricht ja
auch das einzigartige Charakterbild des Philosophen: ein Mensch,
der sich ganz losgelöst hat von allem Zusammenhang mit dem
Objektiven, der sich losgelöst hat auch von allen Besonderheiten
und Bestimmtheiten des objektiven Menschendaseins, von Liebe und
Haß, von Strebungen und Begehrungen, der gewissermaßen her=
ausgetreten ist aus dem Zusammenhange des Objektiven, um ihm
gegenüber treten zu können als vollkommene Subjektivität, als reines
Weltenauge, in welches das einheitliche Bild des objektiven Seins mit

----

*) Unter diesem Gesichtspunkt wird man auch die Bedeutung der
sogenannten mathematischen Methode für Spinozas Philosophie richtig, und
anders als es bisher meist zu geschehen pflegte, würdigen. Diese mathematische
Methode hat für Spinoza keinerlei konstitutive Bedeutung, sondern ist nur
eine Form der Darstellung, bei der er sich dem naturphilosophischen Zeit=
geschmack, der damals, im siebzehnten Jahrhundert, ganz besonders unter
dem faszinierenden Eindruck der Mathematik stand, angepaßt hatte — wie
zuerst von Herder erkannt wurde. Spinozas Philosophie, wie sie in der
Ethik zur Darstellung kommt, ist nichts als die Intuition der Substanz, der
Einheit des Objektiven. Sollte diese Intuition zur Darstellung kommen, so
konnte das philosophisch naturgemäß nur auf dem Wege logischer Demon=
stration geschehen. Wenn nun hierbei das Vorbild nachgeahmt wurde, das
Euklid für die Geometrie gegeben, so hängt dies, wie schon oben (S. 87)
hervorgehoben, mit dem Wesen der Sache nicht mehr zusammen.

aller Lichtfülle hineinfallen könne, während es selbst eben dadurch im Dunkel ganz verschwindet.

*　*　*

Die intuitive Betrachtung der Substanz, die intellektuelle An= schauung des rein Objektiven — das also ist Inhalt und Kern des Spinozismus.

Will man das Wesen dieser Intuition, oder intellektuellen Anschauung, im Sinne des Spinozismus verstehen, so muß man es vergleichend prüfen an seinem Gegensatz, dem Standpunkt der Reflexion oder, wie Kant ihn später genannt hat, der diskursiven Erkenntnis. Diese ist immer, mehr oder weniger stark bewußt, erfüllt von dem Gegensatze, ja der scharfen Dissonanz, des Sub= jektiven und Objektiven. Alle Naturerkenntnis, sagt Goethe ein= mal, ist nur ein steter Konflikt von Denkkraft und Anschauung. Alle reflexive oder diskursive Erkenntnis überhaupt, kann man in demselben Sinne sagen, ist nur ein Konflikt des Objektiven und Subjektiven, des Seins mit dem Bewußtsein. Aus diesem Konflikt entsteht alle Endlichkeit, alle Bestimmtheit, alle Begrenzung des Ob= jektiven; alles dies entsteht, indem das Bewußtsein dem Objektiven mehr oder weniger seinen Stempel aufzudrücken, es zu verändern, ihm selbst Gewalt anzutun sucht: so fixiert und kombiniert die (sinnliche) Anschauung, auch die reine Anschauung der Mathematik, die Grenzen von Raum und Zeit und deren mannigfaltige Be= ziehungen; die Logik trennt, willkürlich begrenzend, das eine Ob= jektive vom anderen (Abstraktion), fügt ebenso willkürlich zu Bestimmt= heiten zusammen (Begriff), ja das eigentliche wissenschaftliche Be= wußtsein zeichnet sich dadurch aus, daß es mit größter Energie ver= endlicht und bestimmt, daß es Grenzen von äußerster Schärfe zieht, indem es im Bewußtsein alles, was ihm nicht gemäß ist, vernichtet — so in der methodisch-wissenschaftlichen Erfahrung, im Experi= ment usw.

Ganz entgegengesetzt verhält es sich mit der intellektuellen Anschauung. Hier will das Bewußtsein dem Objektiven nicht Ge=

8*

walt antun, will es nicht umformen, nicht verändern und sich selbst
gemäß gestalten, sondern in seinem reinen Wesen nur schlechtweg
in sich selbst reflektieren. Für diese intellektuelle Anschauung ist
darum auch der Konflikt von Subjekt und Objekt, Bewußtsein und
Sein aufgehoben, damit auch alle Bestimmtheit, Endlichkeit, Be=
grenzung beseitigt. Indem das Bewußtsein hier ruhevoll-in seine
eigene Tiefe zurückgegangen ist, scheint auch das Seiende in ihm
rein sich reflektieren zu können, der Zauber des Wirklichen gewisser=
maßen festgebannt zu sein, und der Geist völlig aufzugehen in des
Seins unendlicher Tiefe. Solcher Art war z. B. die intuitive Be=
trachtungsweise Goethes, welche Schiller einmal, in einem Briefe
an ihn, mit den Worten charakterisiert: „Ihr beobachtender Blick,
der so still und rein auf den Dingen ruht." Und solcher Art war
auch die intuitive Betrachtungsweise Spinozas, dessen größter Jünger
eben Goethe gewesen ist.

Dasjenige nun, was der intellektuellen Anschauung erscheint,
wenn sie sich auf das Objektive richtet,*) ist die Substanz. Ihr
Wesen läßt sich darnach leicht bestimmen, am leichtesten, indem
man dieses Substantielle, welches der Intuition erscheint, auch
vergleicht mit dem Relativen (Akzidentellen), das der reflektierenden
oder diskursiven Betrachtung als Objekt entspricht.

Wenn man irgend ein Objekt, z. B. einen einzelnen Baum,
dem Bewußtsein gegenüberstellt, sei es im Anschauen oder im be=
grifflichen Denken, so besteht das Verhalten des Subjekts zunächst
und zumeist darin, daß es im Umkreise dieses einzelnen, isolierten
Objekts fortschreitend vereinzelnd, isolierend und differenzierend sich
verhält. Es wird also für sich zunächst vielleicht die räumlichen
Beziehungen der einzelnen Teile aussondern, dann die Licht= und
Farbenreflexe, weiterhin die Verhältnisse und Abstufungen der
Masse zu ihren Teilchen und deren Konfigurationen, alles dies
auch innerhalb der zeitlichen Beziehungen betrachten, und so fort.

---

*) Richtet sich die intellektuelle Anschauung auf das Subjektive, so
erscheint, wie hier zunächst nur vorläufig und beiläufig angemerkt sein mag,
die Idee. Vgl. oben Kap. 2.

Und diesem Isolations= und Vereinzelungsprozeß ist ja auch in keiner der eben hervorgehobenen Sondersphären irgend eine Grenze gesetzt, — er geht fort ins Grenzenlose. Innerhalb dieses Ver= einzelungsprozesses bewegt sich das gewöhnliche Bewußtsein der Erfahrung, in ihm auch die empirische Wissenschaft nach allen ihren Verzweigungen, die das einzelne Objekt zerlegt, es räumlich und zeitlich, an mathematischen oder anderen relativen Maßstäben, mißt, es in seine chemischen Bestandteile, seine physischen oder auch physio= logischen Faktoren und Komponenten zerlegt und zerfällt, und diese wiederum durch Vergleich mit anderen (Wert und Maßstab) zu prüfen und zu bestimmen, d. h. für das Bewußtsein zu fixieren, sucht.

Indessen kann es nun auch geschehen, daß das Subjekt von dieser isolierenden Betrachtungsweise sich frei macht, daß es das reine, für sich seiende, Objekt im Bewußtsein zu ergreifen sucht, zu dem zwar alle jene vereinzelnden Bestimmungen gehören, in denen es aber doch sein Wesen noch nicht erschöpft, selbst dann nicht er= schöpft, wenn sie alle, vollständig summiert, zueinandergeordnet wür= den. Alle jene vereinzelnden Bestimmungen, z. B. dieses Baumes, die Bestimmungen der Farben, der räumlichen Konfiguration usw. — sie sind ja vom Bewußtsein sich selbst zugebildet, sie tragen alle irgendwie den Stempel des Subjektiven. Nun aber fragt dieses Subjekt auch nach dem, was unabhängig im Objekt, nach dem, was das reine Objekt ist, das gar nicht mehr für das Subjekt, also bewußt, sondern an und für sich ist. Dieses reine Objekt nun, das vom Bewußtsein — wir fügen hinzu: scheinbar — Unabhängige, das reine Sein des Objektiven (alles dies, wie man sieht, sind identische Begriffe) nennen wir mit dem alten philosophischen Ausdruck die Substanz.

Nach alledem ergeben sich leicht die wesentlichen Bestim= mungen, welche der Substanz zukommen.

Die Substanz ist zunächst die objektive Einheit in der Mannigfaltigkeit. Sie ist vermöge dieser Einheit das Allgemeine, eben darum auch nicht Bestimmte, gegenüber dem eindeutig Be= stimmten. Wir können nicht angeben, wo die Substanz ist, wie sie sich äußert, mit welchen Bestimmungen, oder welcher Summation von Bestimmtheiten, sie identisch ist — jede derartige Bestimmung widerspricht dem Wesen der Substanz, hebt sie auf. Denn jede Bestimmtheit bedeutet auch Begrenzung, Beschränkung, darum auch Verneinung eines anderen — omnis determinatio est negatio, sagt Spinoza — die Substanz aber ist das schlechthin Positive, das reine Gegebensein des Objektiven. Wir pflegen auch wohl zu sagen, die Substanz sei das, was der Mannigfaltigkeit der einzelnen Bestimmungen „zugrunde liege" und diese letzteren „hafteten" an ihr — aber wir tun damit nichts, als durch bildlich-figürliche Ausdrucksweise die reine Bewußtseinstatsache der Anschauung, hier insbesondere der räumlichen Anschauung, etwas näher zu bringen. Ähnlich ist es mit der Ausdrucksweise, die Substanz sei das Beharrende, Bleibende gegenüber dem Vergänglichen, Transitorischen, Zufälligen der einzelnen Bestimmtheiten (die daher auch Zufälligkeiten [Akzidenzen] heißen). Nur ist hier nicht bloß eine metaphorische Wendung gebraucht, sondern das Wesen der Sache, wenigstens nach einer Seite hin, zum Ausdruck gebracht: die Einheit in der Mannigfaltigkeit ist hier unter dem ausschließlichen Gesichtspunkt der Zeitbestimmung betrachtet, die allerdings besonders wichtig ist, da in sie alles fällt, was uns irgendwie zum Bewußtsein kommen kann. Die Substanz ist endlich, kann man noch sagen, das rein Objektive, das Sein schlechthin, das An-sich, welches allein noch übrig bleibt, wenn wir von dem korrelativen Verhältnis Objekt — Subjekt alles eliminiert haben, was dem letzteren angehört.

In welchem tieferen und umfassenderen Sinne aber alle diese Bestimmungen des Wesens der Substanz genommen werden müssen, das ersieht man erst mit voller Klarheit, wenn man diesen Begriff ganz durchdenkt und klar zu Ende denkt, so wie es unter allen Philosophen nur Spinoza mit einzigartiger Konsequenz und Geisteskraft getan hat.

Denn es ergibt sich schon aus dem bisher Gesagten, daß, sobald einmal irgendwo und irgendwie ein Objektives als Sub-

stanz dem Bewußtsein gegenübertritt, dieses unmöglich bei einer
vereinzelten, isolierten substantiellen Erscheinung, z. B. diesem
Baum, stehen bleiben kann. Denn jedes einzelne Objekt
z. B. dieser Baum — ist ja, auch in seiner substantiellen Einheit
gefaßt, immer etwas nach außen hin Abgegrenztes, Bestimmtes,
Relatives, — und diese Relativität verträgt sich nicht mit der
intuitiven Betrachtung, diese Begrenzung ist unvereinbar mit dem
Begriff der Substanz, zu dessen Wesen es gehört, daß alle Bestimmtheit in ihr, der völlig bestimmungslosen Einheit, dem reinen
Sein, dem an sich Objektiven, erlischt. Wohl kann das intuitiv
gerichtete Bewußtsein auch in das begrenzte Objektive so versinken,
daß ihm diese Begrenzung und Relativität verschwindet in der
unendlichen Tiefe des reinen einheitlichen Seins, — aber nur vorübergehend; dann wird es um so mehr an jener Grenze sich stoßen
und nun wie mit unwiderstehlicher Gewalt vorwärts getrieben,
hinaus über alle Grenzen, alle Relativität und Bestimmtheit, bis
es volle Ruhe findet in dem Begriff der reinen absoluten
Substanz, in der alle Begrenzung verschwunden, alle Bestimmtheit erloschen ist.

Es nehme z. B. die intuitive Betrachtungsweise ihren Ausgang von irgend einer einzelnen begrenzten Erscheinung des Objektiven, etwa diesem Baum, — so wird sie alsbald deren Grenze
zu überschreiten, deren Bestimmtheit in einem Allgemeineren aufzulösen sich gedrungen fühlen; und so dringt sie zunächst etwa vor bis
zur Vorstellung der allgemeinen Gattung „Baum", oder der des
fruchtbaren Erdreiches, denen gegenüber dieser einzelne Baum ja nur
etwas Akzidentelles, Vorübergehendes ist, oder weiterhin zu der
der Vegetation überhaupt oder, noch weiter, zum Erdkörper selbst,
der in Wahrheit das Beharrende, Substantielle, das wahrhaft
Seiende darstellt, während die einzelnen Erscheinungen der Vegetation, z. B. dieser Baum, kommen und vergehen und nur durch
die Erde ihr Dasein haben, ebenso wie die einzelnen Blätter,
Zweige usw. das ihrige nur durch den Baum. Aber auch die
Erde ist ja wieder etwas Begrenztes, ein einzelner Himmelskörper,

und so dringt die Intuition weiter vor bis zur substantiellen Ein=
heit des ganzen Sonnensystems, durch welche auch unsere Erde
erst wirklich ist, und innerhalb deren sie nichts ist als eine vorüber=
gehende, afzidentelle Erscheinung; und weiterhin ebenso zu einer
Zentralsonne und der substantiellen Einheit aller Sonnensysteme,
in welcher das unsrige wieder nur etwas Afzidentelles ist — bis
endlich das Bewußtsein auch diese letzte, äußerste Grenze, so sehr
sie sich auch schon mit der Unendlichkeit berührt, auflöst im Grenzen=
losen, und Ruhe findet in der Vorstellung der einen Substanz, in
welcher und durch welche alles Wirkliche sein Dasein hat, alle
Möglichkeit und alle Notwendigkeit beschlossen ist, und alles Ob=
jektive in seiner vollkommenen Einheit und Totalität sich darstellt.

Von welchen anderen Punkten auch die intuitive Betrachtung
ausgeht, sie wird immer zu demselben Endpunkt hingedrängt. Be=
trachtet man z. B. das Tun und Wirken eines einzelnen Menschen,
die Regungen seines Gemüts, die Textur seines Vorstellungs=
gewebes, sein Instinktleben, sein Mienenspiel, die Form seines
Äußeren, — so sind dies alles nur afzidentelle, vorübergehende
Äußerungsweisen und Erscheinungsformen der einheitlichen Sub=
stanz des Charakters und dieser so bestimmten Individualität.
Diese letztere aber, was ist sie ihrerseits anderes als eine vorüber=
gehende Erscheinung innerhalb einer Kette von Individuen und Ge=
schlechtern, in welcher und durch welche sie allein ihr Dasein hat?
Und so findet die Intuition vielleicht zunächst das „wahrhaft"
Substantielle der Menschenwelten in der Einheit eines Volkes, welch
letzteres ja aber wieder nur ein Afzidentelles und Transitorisches
ist gegenüber der substantiellen Einheit des ganzen Menschen=
geschlechts, das seinerseits ebenfalls nur eine Erscheinungsform des
Lebendigen repräsentiert, welch letzteres aber, mit samt dem Leblosen
und allem Wirklichen, schließlich sein Sein nur hat in der einen,
absoluten, alles umfassenden Substanz. —

Sucht man derart bis zum intuitiven Erfassen der einen abso=
luten Substanz vorzudringen, dann erst ergeben sich einwandfrei
und widerspruchslos alle jene Bestimmungen, in denen das Wesen

der Substanz zum Ausdruck gelangt und die ganze Tragweite und Bedeutung dieses Begriffs enthüllt wird. Alle diese Bestimmungen sind keine Schlußfolgerungen, welche von einem Begriffe zum anderen hinüberleiten — das ist unmöglich, weil dem Wesen der Substanz widersprechend, denn wie kann ihr gegenüber etwas ein Anderes, d. h. irgendwie Geschiedenes, Abgegrenztes sein? — sondern es sind lediglich Erläuterungen und Erklärungen, welche ein und dieselbe Sache, nur von verschiedenen Seiten her, deutlich machen und beleuchten. Man kann diese Erläuterungen und Erklärungen beliebig weit fortsetzen, ohne doch damit jemals das Wesen der Substanz zu erschöpfen. Denn wie könnte die absolute Objektivität, das reine, bestimmungslose Sein — und eben dies bedeutet die Substanz — jemals mit Begriffen ausgeschöpft werden?

Hält man sich also nur an die wichtigsten Bestimmungen des Wesens der Substanz, so wie sie Spinoza entwickelt hat, so begreift sich zunächst, daß es nur eine Substanz geben kann, nicht zwei oder mehrere, wie Descartes angenommen. Denn gäbe es mehrere, so würden sie sich gegenseitig ja begrenzen und bedingen, das Wesen der Substanz wäre also damit aufgehoben. Ferner: jede einzelne, begrenzte und bestimmte, Erscheinung des Wirklichen können wir intuitiv in ihrer substantiellen Einheit oder ihrem Wesen erfassen, — und finden dann doch, daß sie in ihrem Sein etwas Zufälliges, Akzidentelles, Bedingtes ist, daß also hier Wesen und Dasein verschieden sind, nicht ohne weiteres zusammenfallen; bei der einen absoluten Substanz aber fallen beide zusammen und es ist unmöglich, sie in der Vorstellung zu trennen. Bei einer einzelnen Erscheinung des Wirklichen sodann sondern wir ihr Wesen ab von ihrer Macht oder Kraft, und unterscheiden davon weiterhin noch die Wirksamkeit und das Wirken, in welch letzteres jenes erstere nicht restlos aufgehen kann, weil es ja durch anderes eingeschränkt, begrenzt und gehemmt wird; in der absoluten Substanz fällt alles jenes zusammen, ihr Wesen wie ihre Kraft, ihre Macht wie ihre Wirksamkeit und ihr Wirken sind ein und dasselbe. So sind überhaupt alle einzelnen Dinge begrenzt und

bestimmt, vor allem räumlich und zeitlich — die absolute Substanz
ist natürlich räumlich und zeitlich unbegrenzt und bestimmungslos,
d. h. sie ist unendlich und ewig. Wenn die zeitliche Begrenzung
einzelner Erscheinungen des Wirklichen eine notwendige ist, so
sprechen wir von Kausalität, und nennen das zeitlich Voran=
gehende die Ursache, das zeitlich Spätere die Wirkung — der absoluten
ewigen Substanz kann natürlich nichts vorangehen, sie ist also
zeitlos=ewige Ursache und alle ihre Bestimmtheiten sind zeitlos=
ewige Wirkung; nur ist hier das Verhältnis von Ursache und
Wirkung nicht so zu denken, wie bei einzelnen Dingen, wo eines
auf das andere, als ein Fremdes, von ihm Abgegrenztes, über=
greift — denn wie könnte etwas von der Substanz abgegrenzt sein? —
sondern die Ursache ist hier ein innerlich Bedingendes, das die
Wirkung in sich hegt und nur äußerlich hervortreten läßt, causa
immanens, non vero transiens, sagt Spinoza. Nennen wir
schließlich das, was nur Ursache, aber niemals Wirkung ist,
frei, umgekehrt das, was stets irgendwie verursacht ist, notwendig
und unfrei, so ist nur die Substanz frei, alle ihre Bestimmtheiten
(Modifikationen) aber, d. h. alle Einzelerscheinungen des Seins
und Wirkens, sind notwendig und unfrei.

*   *   *

Spinoza hat der absoluten Substanz noch zwei charakterisierende
Namen beigelegt: Gott und Natur. Man kann das wohl ver=
stehen und wird doch ein gewisses Bedauern nicht unterdrücken
können, daß diese drei Namen von ihm identifiziert wurden. Denn
gerade dadurch sind zahlreiche Mißverständnisse entstanden und ist
das einfache Wesen des Spinozismus, die geniale Intuition des
absolut Objektiven, das Durchdenken des Substanzbegriffs, für so
viele verdeckt und verdunkelt worden.

Am wenigsten der Sache angemessen, und darum am meisten
zahlreichen Mißverständnissen Tür und Tor öffnend, ist die Be=
zeichnung der absoluten Substanz mit dem Namen „Gott". Wohl
ist es erklärlich und keineswegs fernliegend, daß Spinoza die höchste

Vorstellung seines Denkens mit dem Namen schmückte, mit dem von jeher die mythenbildende Phantasie auch die ihrige bezeichnet hat. Aber eben weil es die mythenbildende Phantasie ist, welcher die Vorstellung von Gott ganz und gar ihren Ursprung verdankt, sollte dieser Name um so mehr von den Grundbegriffen des freien Denkens sorgfältig fern gehalten werden. Am meisten inkongruent aber ist er dem rein Objektiven, auf welches Spinoza die ganze Kraft seines intuitiven Schauens und Denkens richtete. Denn die mythenbildende Phantasie, aus welcher alle Vorstellungen von den Göttern wie von dem einen Gott entsprungen sind, hat ihr Wesen gerade darin, daß sie das Subjektive in das Objektive hineinbildet, beides nicht trennt — wie es erst auf dem Standpunkt des freien philosophischen Denkens möglich ist —, sondern unterschiedslos vermischt. Daher ist jede Gottesvorstellung anthropomorphisch, und Gott, selbst auf den höchsten Stufen einer verfeinerten mono= theistischen Religionsentwickelung, ein „Wesen", von einer irgendwie noch menschenähnliche Bestimmtheit, und subjektiven Qualitäten darum auch niemals vollständig entrückt.

Um dieses Ursprungs willen steht also auch der sublimierteste Gottesbegriff noch immer in schärfstem Widerspruch zum Substanz= begriffe Spinozas. So erklärt es sich unschwer, daß die einfachen und klaren Linien der Spinozistischen Philosophie bis auf den heutigen Tag immer wieder verwischt und verdunkelt wurden, so oft man vom Gottesbegriff, und zwar, erklärlich genug, von dem Gottesbegriff, der aus dem Vorstellungskreise des religiösen Mythus geläufig war und ist, seinen Ausgang nahm. Auf diesem Wege kam man dann zu der mißverständlichen Anschauung, Spinoza habe nur gewissermaßen eine modifizierte Auffassung des geläufigen monotheistischen Gottesglaubens gelehrt, indem er nämlich den Gott der religiösen Überlieferung aus der Weltenferne, wo er einsam und verlassen thronte, hergeholt und in das Innere des Weltgetriebes selbst hineingezogen, oder — das gröbste aller Miß= verständnisse — indem er ihn mit der Summe aller Natur= erscheinungen gleichgesetzt habe. Und so erklärt es sich auch auf

der anderen Seite, daß Spinoza so viele Mühe angewandt hat,
um zu zeigen, daß man Gott, der Substanz, nicht Verstand und
Willen zuschreiben, daß man ihm nicht Zwecke und Absichten unter-
schieben dürfe. In der Tat kann wohl nichts dem Wesen der
Substanz mehr widersprechen. Wille und Verstand sind einzelne
Bestimmtheiten, Akzidenzen des menschlichen, weiterhin des organisch-
lebendigen, Daseins — wie kann man die Substanz mit einer solchen
Akzidenz identifizieren? Es wäre ebensogut möglich, ihr Schwerkraft,
Elastizität, Magnetismus zuzuschreiben. Nur da, wo Wille und
Verstand sind, gibt es Zwecke und Absichten — wie kann man also
unsere, d. h. der Menschen, um mit Goethe zu sprechen, „elende Art,
nach Zwecken zu handeln", bei der ja Vorstellung, Streben und Begierde immer unterschieden sind von der Kraft und Macht, und noch
mehr von unserem eigenen und einem anderen Sein, — wie können
wir dies alles, das dem rein Akzidentellen, der niedrigsten Sphäre
des Begrenzten und Bedingten und Eingeschränkten, angehört, der
absoluten Substanz zuschreiben?

Aber man kann es deutlich bemerken: es sind lediglich selbst-
geschaffene Schwierigkeiten, die Spinoza hier zu überwinden sucht.
Hätte er der Substanz nicht den Namen Gott beigelegt, so hätte
er diese neue Gottesvorstellung nicht von der traditionellen, die
dem religiösen Mythus entstammt, die immer anthropomorphisch ist
und bleibt, und von subjektiven Bestimmtheiten nie abgetrennt
werden kann, so mühevoll zu unterscheiden brauchen, und nicht
nötig gehabt, mit solcher Energie, ja Heftigkeit, von seinem Substanz-
begriffe alle jene Anthropomorphismen und subjektiven Bestimmtheiten abzuwehren, welche in allen Erscheinungsformen des religiösen
Mythus, selbst denen des fortgeschrittensten und verfeinertsten Monotheismus, wiederkehren: daß Gott bestimmte Ziele und Absichten
mit der Welt verfolge, daß er insbesondere mit den Menschen gewisse
Zwecke von Anfang an im Auge hatte und noch weiter habe, daß er
ihnen nahe stehe, die Dinge zu ihrem Besten lenke, und dgl. mehr.

Alle diese Mißverständnisse verschwinden, und alle Ver-
wahrungen dagegen werden unnötig, sobald man sich klar gemacht

hat, daß die Substanz der begriffsmäßige Ausdruck für das intuitiv
erfaßte rein Objektive ist, daß die absolute Substanz mit dem
Gottesbegriff des religiösen Mythus schlechterdings nichts gemein
hat, in diesem Sinne also der Spinozismus keine neue „Lehre von
Gott", also auch keine pantheistische, sondern höchstens eine
atheistische ist. Und nur unter solchem Vorbehalt, der jedes Miß=
verständnis ausschließt, kann man fortfahren, Spinozas absoluter
Substanz auch den Namen Gott beizulegen, und seine Lehre auch
als Pan=Theismus zu bezeichnen. —

Weit angemessener als der Name Gott, ist dem Wesen der
spinozistischen Substanz der Name Natur. Doch ist auch dieser
Name nicht so eindeutig bestimmt, um Mißverständnisse aus=
zuschließen. Denn wohl begreifen wir unter der Bezeichnung
„Natur", wie unter der Substanz, die Einheit alles Wirklichen,
aber ebenso verstehen wir darunter auch oft bloß die Einheit des
außermenschlichen Wirklichen, dem die Welt des Bewußtseins als
etwas Gesondertes gegenübersteht, — welch letztere Bedeutung dem
Wesen der Substanz natürlich durchaus widerspricht. Und sodann ver=
stehen wir unter „Natur" nicht bloß die einheitliche Substanz alles
Seienden, sondern ebenso auch die Fülle ihrer Bestimmtheiten, die
Summe ihrer Einzelerscheinungen; um der Verwechslung dieser
beiden Bedeutungen vorzubeugen, hat daher Spinoza die natura
naturans, d. h. die Natur als substantielle Einheit, begrifflich
geschieden von der natura naturata, d. h. der Summe ihrer ein=
zelnen Bestimmtheiten, der Fülle der Akzidenzen und transitorischen
Erscheinungen des Naturprozesses.

Jene andere, dem Begriffe der Substanz völlig widersprechende,
Auffassung des Wortes „Natur", wonach sie etwas dem Menschen,
dem Bewußtsein, der Welt des Subjektiven Entgegengesetztes sei,
ist von Spinoza nicht durch eine ausdrückliche Begriffsunterscheidung
abgewehrt worden — schon der Gedanke daran mußte ihm meilen=
fern liegen. Denn nichts ist durch den ganzen Geist des Spi=
nozismus so sehr ausgeschlossen, als die Auffassung von einer
Sonderstellung des Menschen gegenüber der Natur, des Subjektiven

gegenüber dem Objektiven. So sehr war Spinoza reines Welten=
auge, mit so unerschütterter Festigkeit, ja fast möchte man sagen
Starrheit, hielt er den intuitiven Blick gerichtet auf das rein
Objektive, daß ihm nichts törichter dünkte, als das Subjektive los=
reißen zu wollen von der substantiellen Einheit alles Seienden, und
den Menschen, in dem dies Subjektive zur Erscheinung kommt,
eben dadurch über die Natur zu erheben. Wenn er also den=
noch grade dem Wesen des Menschen, ja dem spezifisch Menschlichen,
das eben in den Erscheinungen der Subjektivität liegt, bevorzugte
Aufmerksamkeit schenkte, ja hierin der Ausgangspunkt seiner Welt=
anschauung, das primum movens seines Philosophierens, zu er=
blicken ist, — daher sein weitaus wichtigstes Werk eben die Ethik
ist — so nur deshalb, weil sein ganzes Denken darauf gerichtet
war, jene Torheit von der Sonderstellung des Menschen in der
Fülle des Objektiven ad absurdum zu führen, die Einheit und
Gleichartigkeit der Erscheinungen des Menschenlebens mit allen
übrigen Naturerscheinungen, als Akzidenzen der einen Substanz, auf=
zuzeigen und unerschütterlich fest zu begründen.

*   *   *

Spinozas Lehre vom Menschen ist also nur eins unter
vielen Kapiteln seiner Lehre von der Natur (im Sinne der natura
naturata), sicherlich eines der interessantesten und wichtigsten, aber
keines, das neuen, besonderen Gesichtspunkten der Erkenntnis
zu unterstellen wäre. Vielmehr gilt vom Menschen nur, was
von der Fülle der übrigen Naturerscheinungen gilt: daß sie nichts
sind als vorübergehende Formen des einen Seins, nur gewisser=
maßen repräsentative Symbole der einen Wirklichkeit, der Sub=
stanz, so wie es in den Schlußworten des Goetheschen „Faust"
ausgesprochen wird:

Alles Vergängliche — ist nur ein Gleichnis.

Denn so wie in einem Gleichnis das Wesen und die Wahrheit
einer Sache nur von einer gewissen Seite her ausgedrückt wird,

nur unter einem Geſichtspunkt ſich darſtellt, ſo wird auch das
Weſen und Daſein der Subſtanz gleichnisweiſe immer nur an
einem einzigen Punkte durch irgend welche Erſcheinungsformen des
Wirklichen repräſentiert; dieſe leihen nur augenblicksweiſe ihr Daſein,
in der Abhängigkeit von allen anderen, die Subſtanz allein iſt; die
letztere beharrt in ewiger unmeßbarer Dauer, die Naturerſcheinungen
aber kommen und entſchwinden, werden und vergehen in ewigem
Wechſel: ſo heben ſich die Wellen des Meeres empor und ſinken
wieder zurück, Blüten brechen auf und verdorren und entſchwinden,
Weltkörper entſtehen und vergehen — und ſo entſtehen und ver=
gehen, unter den zahlreichen gleichnisartigen Ausdrucksformen des
einen ſubſtantiellen Seins, auch die Menſchen, Völker und Geſchlech=
ter, und alle die mannigfaltigen Ausdrucksformen des menſchlichen
Lebens, Vorſtellungen und Gefühle, Leidenſchaften und Erkenntniſſe,
Ideen und Taten, ſo daß auch das bunte Wechſelſpiel des menſch=
lichen Lebens in Wahrheit dem bunten Spiel der kommenden und
vergehenden Meereswellen gleicht:

> Uns hebt die Welle,
> Uns verſchlingt die Welle,
> Und wir verſinken.

Gegen die Erkenntnis dieſer einfachen Wahrheit von der Gleich=
artigkeit und Gleichwertigkeit des menſchlichen Daſeins mit allen an=
deren Naturerſcheinungen haben ſich die meiſten Menſchen von jeher
mit großer Hartnäckigkeit geſträubt. Zwar glaubten ſie wohl zugeſtehen
zu müſſen, daß die menſchlichen Körper, ja vielleicht ſogar manche
ins Seeliſche hinüberſpielende Erſcheinungen, wie unwillkürliche Be=
wegungen, Triebe, Inſtinkte und dgl., ebenſo gleichartig der Natur
angehörten und ihren Geſetzen unterworfen wären, wie Pflanzen
und Tiere und Mineralien ꝛc. mit allen ihren beſonderen Er=
ſcheinungsformen. Aber um ſo mehr hoben ſie nun das Spezifiſche,
Auszeichnende des Menſchen, nämlich das bewußte Vorſtellen, und
das darauf ſich gründende bewußte Handeln, aus allem Natur=
ſammenhange heraus, und wieſen ihm eine bevorzugte Ausnahme=

und Sonderstellung jenseits alles Naturzusammenhanges, ja weit
darüber erhaben, an. Sie bezeichneten dieses Spezifisch-Menschliche,
das über alle Natur und ihre Einheit hinausliege, mit dem Namen
Freiheit. Alle anderen Naturerscheinungen wären demnach
unfrei, stets bedingt, begrenzt und bestimmt durch anderes, un-
entrinnbar eingeschlossen in die eherne Kausalkette und den notwendigen Zusammenhang alles Seins und Wirkens, — die Menschen
aber, als bewußte Wesen, könnten frei, d. h. nicht bestimmt und
bedingt durch anderes, Vorstellungen hegen oder nicht hegen, und
dementsprechend auch nach Wahl handeln, oder nicht handeln, indem
sie unter vielen gehegten Vorstellungen bald diese, bald jene bevor-
zugten, um ihr Tun und Lassen zu inspirieren.

Wie ungereimt erscheint für die Spinozistische Betrachtungsweise eine solche Auffassung! Kann es etwas Freies, d. h. Be-
dingungsloses, im Reiche des Bedingten, Begrenzten geben, zu dem
doch der Mensch, wie jede andere Naturerscheinung, gehört? Wie
könnte, außer der Substanz, auch ein einzelnes Akzidenz — der Mensch,
oder selbst der bewußte Mensch — nur Ursache, nicht aber Wirkung,
also frei sein? Eine solche Anschauung erklärt sich nur aus der
Unkenntnis und verworrenen Vorstellungsweise der meisten Menschen.
Weil sie, törichten Phantomen kindlich nachjagend, sich Freiheit
wünschen, — so wie sie etwa die Flugkraft der Vögel ersehnen — darum
glauben sie, sie auch schon zu besitzen. Weil sie die Ursachen nicht
sehen und erkennen, durch welche ihre Vorstellungen, wie ihre Taten,
entstehen, darum glauben sie, sie wären auch nicht da. Aber mit
demselben Recht, mit welchem sich die Menschen Freiheit zuschreiben,
könnte auch der Gießbach sagen, er stürze sich freiwillig über die
Felsen, oder könnte der Pfeil sagen, er fliege aus freiem Antriebe,
da sein Flug doch nach allen Seiten notwendig und bedingt ist,
durch die Kraft des Bogens und der Sehne, von der er abgeschnellt
wurde, durch die Muskelkraft des Jägers, der diesen Bogen spannte,
weiterhin durch die Summe von Naturerscheinungen, welche zu-
sammenwirken mußten, um diesen Jäger, mit seiner physischen Kraft,
ins Leben zu rufen, zu erhalten, und so fort.

Und prüft man nun näher, worin denn das Wesen jenes, angeblich freien, bewußten Vorstellens und Handelns der Menschen besteht, so zeigt sich aufs deutlichste, wie sehr auch hier alles durch und durch bedingt ist, und wie eben dieselbe Substanz das Vorstellen und Tun des Menschen, in gleicher Weise wie alle anderen Erscheinungen des Wirklichen, zur strengsten Einheit bindet. Denn man erkennt dann alsbald, daß jenes Vorstellen und Handeln des Menschen ganz und gar keine Sondererscheinung ist, sondern mit dem Wesen aller Modifikationen (Akzidenzen) der Substanz untrennbar verknüpft und daraus unmittelbar herzuleiten ist.

Denn was ist eine Modifikation (Akzidenz) der Substanz?

Sie ist, wie es schon der Name ausdrückt, und wie auch schon aus dem bisher Dargelegten sich ergibt, gegenüber dem Absoluten, Unendlichen, Grenzenlosen und Bestimmungslosen der Substanz, das Eingeschränkte, Begrenzte, Bestimmte, Relative, Endliche. Darin aber liegt stets ein Doppeltes, ein Positives und Negatives: jede Modifikation (Akzidenz) der Substanz, jede einzelne Naturerscheinung also, ist etwas durch ein Anderes oder durch Andere Eingeschränktes und diese wiederum Einschränkendes, etwas Begrenztes und Begrenzendes, Bestimmtes und Bestimmendes. So ist jede Meereswelle begrenzt und bestimmt durch die anderen, insbesondere die Nachbarwellen, aber auch diese wiederum mit bestimmend, so ist der Baum in seinem Wesen wie in seiner Existenz begrenzt und bestimmt durch die anderen Bäume des Waldes, aber auch diese wiederum seinerseits begrenzend und bestimmend, begrenzt und bestimmt durch das Erdreich, das ihn trägt, durch die umgebende Luftschicht usw., aber auch seinerseits diese letzteren bestimmend und modifizierend.

So ist es nun auch beim Menschen. Auch er, jeder einzelne Mensch, natürlich auch jede Gemeinschaft, ist, wie jede andere Naturerscheinung, begrenzt und bestimmt durch anderes (Menschen oder Dinge), und diese seinerseits wieder begrenzend und bestimmend. Und zwar ist es zunächst der menschliche Körper, der so allen anderen körperlichen Erscheinungen gleichgeordnet ist; weiterhin

aber, da die Seele zunächst nichts vorstellt als ihren eigenen
Körper, und erst durch diesen auch die übrigen, ihn mehr oder weniger
einschränkenden oder von ihm eingeschränkten, Körper, so sind auch
die Vorstellungen, wie alle Bestimmtheiten des Wirklichen, wechsel=
seitig bedingt, und also teils andere einschränkend, teils von ihnen
wiederum eingeschränkt.

Insoweit nun ein Körper andere einschränkt und bestimmt,
insoweit ist er disponiert in der Richtung der Tätigkeit
(Aktivität), und dem entspricht diejenige Disposition der Seele, —
denn Seele und Körper drücken ein und dasselbe Sein aus,
nur jene in der allgemeinen Seinsform des Denkens, dieser in der
allgemeinen Seinsform der Ausdehnung,*) — welche wir Lust
oder Freude nennen; und insoweit er durch andere eingeschränkt
und bestimmt ist, insoweit ist er disponiert in der Richtung des
Leidens (Passivität), und dem entspricht diejenige Disposition der
Seele, welche wir Unlust oder Trauer (Schmerz) nennen. Ebenso
verhält es sich mit der Seele: insoweit sie und je mehr sie im
Vorstellen von sich aus einschränkt, bestimmt, begrenzt, also deutlich
oder adäquat vorstellt, insoweit ist sie disponiert in der Richtung
der Tätigkeit, und dem entspricht die lustvolle Disposition der Seele
wie des Körpers, und insoweit sie und je mehr sie in ihrem Vor=
stellen eingeschränkt, begrenzt und bestimmt ist, also je mehr sie
unklare und verworrene (inadäquate) Vorstellungen hat, um so mehr
ist sie disponiert in der Richtung des Leidens, und dem entspricht

---

*) In dieser Gegenüberstellung der allgemeinen Seinsformen (auch)
Attribute genannt) Denken und Ausdehnung folgt Spinoza ganz dem Vorbilde von Descartes und überhaupt dem allgemeinen Zuge der Naturphilosophie, die er ja monistisch vollendet. Und wie, nach einem treffenden
Worte Goethes, große Menschen mit ihrer Zeit immer durch gewisse Schwächen
zusammenhängen, so Spinoza, indem er noch in dem Cartesianischen Dualismus der beiden Attribute, Denken und Ausdehnung, befangen bleibt.
Diese Lehre von den Attributen ist darum nicht nur der dunkelste und
schwierigste, sondern auch sachlich der anfechtbarste und schwächste Teil des
Spinozismus, der denn auch in der Periode der Renaissance der Spinozistischen
Lehre, vor allem bei Herder und Goethe, alsbald zu Boden fiel.

diejenige Disposition des Körpers und der Seele, die wir Unlust oder Trauer (Schmerz) nennen.

Mit diesem polaren Gegensatz von Bestimmen und Bestimmt= werden, Tätigkeit und Leiden, Lust und Unlust ist also das ganze Wesen des Menschen ausgemessen, und zwischen diesen Gegensätzen bewegt sich sein ganzes Dasein. Je mehr der Mensch selbst be= stimmend, tätig ist, um so mehr vermindert sich sein Leiden, um so größere Lust empfindet er — und umgekehrt. Alle Tätigkeit, sagt Spinoza, ist ein Schritt zur Freude, alles Leiden ist ein Schritt zum Schmerz.

Jedes Ding aber, oder jede Akzidenz (Modifikation) der Substanz, strebt darnach, in seinem Dasein zu beharren. Denn so wenig es durch sich selbst existiert, sondern nur in und mit anderen, die es einschränken und bestimmen, und natürlich durch das einheitliche Sein der Substanz, so wenig kann es durch sich selbst zerstört werden, son= dern nur durch andere Dinge, wenn die von diesen ausgehende Einschränkung die einschränkende Kraft des Dinges selbst überwiegt. Und so hat auch der Mensch, so gut wie jede andere Modifikation der Substanz, das Streben, in seinem Dasein zu beharren, oder, negativ ausgedrückt, sich gegen die anderen Modifikationen (Dinge und Menschen) in seinem Sein zu behaupten; und die Art dieses Strebens nach Selbstbehauptung ist recht eigentlich identisch mit der Existenzweise oder dem Dasein jedes Menschen, so wie man überhaupt sagen kann: die Bestimmtheit (Modifikation) der substan= tiellen Einheit alles Seins, als welche jedes einzelne Ding sich ja darstellt, ist nichts anderes als seiner Besonderung und Eigenart im Streben nach Selbstbehauptung.

Alles Streben der Menschen ist also Streben nach Selbst= behauptung; wenn wir von Tugend demnach reden wollen, so können wir es nur in dem ursprünglichen Sinne dieses Wortes (abgeleitet von tüchtig und taugen) und können sagen: der Grad der Tugend (Tüchtigkeit) eines Menschen ist identisch mit dem Grade der Kraft seines Strebens nach Selbstbehauptung. Es gibt also auch nicht irgend welche von außen kommenden Zwecke, denen wir, wie es meist von den Tugendlehrern dargestellt wird, nachstreben, irgend ein Gutes, das wir zu erreichen trachten müßten, sondern „gut" ist nur alles dasjenige, was unserem Streben nach Selbstbehauptung entspricht und sie fördert, schlecht, was ihr entgegen ist und sie hindert. Gut ist also alle Tätigkeit, alle Lust und alle Freude, schlecht alles Leiden, alle Unlust und aller Schmerz. Wir erstreben also nicht etwas, weil es gut ist, sondern weil es in der Richtung der Tätigkeit, der Freude, der Vermehrung der Lust liegt, darum erstreben wir es und nennen es gut. Nichts ist an sich weder gut noch böse, sagt Hamlet, das Denken (das individuelle Vorstellen) macht es erst dazu.

Wenn das Streben nach Selbstbehauptung, oder einfacher das Streben — denn beides ist ja, wie wir gesehen, identisch, — bewußt ist, so nennen wir es Begierde. Der Mensch begehrt also, solange er lebt, negativ die Verminderung der Einschränkung durch andere, die Aufhebung des Leidens, die Beseitigung der Unlust, positiv die Steigerung der Tätigkeit, der Lust, der Freude. Je mehr er hierbei zur Tätigkeit übergeht, desto tüchtiger (tugendhafter), desto besser und vollkommener ist er, desto mehr steigert er sein Dasein und desto mehr wird er von Lust erfüllt — in umgekehrtem Falle ist er desto untüchtiger, unvollkommener usw. Lust, könnte man also auch sagen, ist das Bewußtsein des Übergangs zu größerer Tüchtigkeit und Vollkommenheit, Unlust ist das Bewußtsein des Übergangs zu geringerer Tüchtigkeit und Vollkommenheit.

Es gibt demnach drei Grundaffekte oder drei grundlegende Seelenbewegungen: Lust und Unlust (Freude und Trauer)*) und die Begierde (Streben), welche die erstere bejaht, die letztere so viel als möglich verneint. Aus diesen drei Affekten entspringen

---

*) Lust und Unlust auf der einen, Freude und Trauer auf der anderen Seite könnte· man vielleicht dahin unterscheiden, daß die ersteren mehr die Bewegung, die letztere mehr den (stabilen) Zustand der Seele bezeichnen.

alle anderen. Wenn wir z. B. beim Affekt der Freude uns auch
die Ursache dieser Freude mit vorstellen, so entsteht der Affekt der
Liebe, stellen wir uns im Affekt der Trauer die Ursache mit vor,
so entsteht der Haß. Wenn wir uns etwas Zukünftiges vorstellen
mit dem Affekt der Freude, so entsteht Hoffnung, stellen wir es
mit dem Affekt der Trauer vor, so entsteht die Furcht; und da
das Zukünftige immer ungewiß ist, so sind Hoffnung und Furcht
beständig schwankende Seelenbewegungen, derart, daß Hoffnung
stets in Furcht, Furcht stets in Hoffnung übergehen kann, und das
eine nie ganz ohne das andere ist. Ist im Affekt der Hoffnung
die, damit verknüpfte, schwankende Unsicherheit, aufgehoben und der
Gewißheit gewichen, so entsteht die Zuversicht, ist ebendasselbe im
Affekt der Furcht der Fall, so entsteht die Verzweiflung. So ist
ferner das Mitleid nichts anderes als Unlust, verbunden mit der
Vorstellung eines Übels, das einen anderen betroffen hat, den wir
uns als Unseresgleichen vorstellen; Neid ist nur eine besondere Art
des Hasses, der in diesem Falle den Menschen so affiziert, daß er
über das Glück eines anderen Unlust empfindet, über das Unglück
eines anderen aber sich freut, in welch letzterem Falle wir den
Affekt auch, und am häufigsten, Schadenfreude nennen. Entspringt
die Lust daraus, daß der Mensch sich selbst und sein Tätigkeits-
vermögen betrachtet, so entsteht der Affekt der Selbstzufriedenheit,
und ist die Unlust so entstanden, daß der Mensch sich selbst und
sein Unvermögen betrachtet, so nennen wir diesen Affekt Niedergeschlagenheit. In ähnlicher Weise sind Reue und Gewissensbisse,
Hochmut und Kleinmut, Nacheiferung und Eifersucht, Dankbarkeit
und Undank, Wohlwollen und Zorn (Rachsucht), Kühnheit und
Ängstlichkeit und viele andere Seelenbewegungen nichts anderes als
bestimmte Arten der Lust und Unlust. So hat weiterhin auch die
Begierde zahlreiche Arten, unterschieden vor allem durch die Objekte, auf welche die Begierde sich richtet. So ist Habsucht Begierde nach (und Liebe zu) äußerem Besitz, Ehrsucht Begierde nach
Anerkennung durch die anderen Menschen, Wollust Begierde und
Liebe zur fleischlichen Vermischung usw.

Diese Grundtypen und Haupterscheinungsformen der Affekte oder Leidenschaften, deren Variationen man leicht noch weiter bis ins einzelne nachgehen kann — sie sind so zahllos, daß die Sprache nur für einen sehr kleinen Teil besondere Namen geprägt hat — beherrschen das gesamte menschliche Dasein, das also rein objektiv sich darstellt als ein stetiges Auf und Ab zwischen Begehren und Nichtbegehren (Verabscheuen), Lust und Unlust, Freude und Trauer, Liebe und Haß, Furcht und Hoffnung und all den zahllosen Arten und Modifikationen, welche diese Affekte zulassen. Niemand kann diesem ewigen Wechselspiel der Leidenschaften, das die Menschen hin und her treibt, sich entziehen, niemand sein Bewußtsein von ihnen frei machen, weil sie aus der Natur der Dinge entspringen und mit dem Wesen des Menschen untrennbar verknüpft sind. Nichts ist darum ungereimter als jene angeblich „ethischen“ Lehren und Gebote, der Mensch solle diese oder jene Leidenschaften fliehen und in sich austilgen, oder gar, er solle — wie es z. B. das Christentum lehrt — sich überhaupt von allen Leidenschaften reinigen. Das hieße nichts anderes, als, der Mensch solle sein ganzes Wesen als Mensch aufgeben, und ebensogut könnte man der einzelnen Meereswelle gebieten, sie solle eine andere Richtung einschlagen, als ihr die Stoßkraft des Windes und die Strömung des Meeres, in Verbindung mit den eigenen Widerstandskräften, vorschreiben.

Und so gibt es im Grunde überhaupt kein ethisches „Sollen“, das man dem Menschen vorschreiben, durch das man sein Handeln leiten könnte, kein Sollen wenigstens — und das versteht man doch hierbei zumeist im ethischen Sinne — das von der Gesetzmäßigkeit der Natur abwiche. Denn, so wenig wie irgend eine andere Modifikation der Substanz, kann der Mensch der Natur widerstreben und von dem einheitlichen Zusammenhang alles Seins und Wirkens auch nur im kleinsten abweichen. Wenn also ein allgemeines Sollen für den Menschen überhaupt ausgesprochen werden soll — obwohl man im Grunde nur erkennen kann, was i s t — so kann es nur ein solches sein, welches das allgemeine Grundgesetz alles menschlichen Wesens, statt naturgesetzlich, im=

perativisch formuliert. Dieses Grundgesetz alles menschlichen Wesens aber ist das, welches wir bereits kennen lernten: das Streben nach Selbstbehauptung; und so würde das einzige ethische Grundgesetz lauten: suche dein Selbst so viel als möglich zu behaupten, strebe in der Richtung auf größtmögliche Vollkommenheit, suche die stärkste Lust und die größte Freude. Darin allein besteht die Tugend des Menschen, welche um so größer ist, mit je größerer Kraft er seine Naturbestimmung zu erfüllen sucht, d. h. in der Richtung der Tätigkeit, der Lust und der Freude sich bestrebt.

Was die Menschen, und dementsprechend die menschlichen Gesinnungen und Handlungen, im Sinne Spinozas ethisch unterscheidet, ist also lediglich der Grad der Tugend, d. h. der Grad der Kraft, womit jeder seine Naturbestimmung zu erfüllen, nämlich sich selbst zu behaupten und in der Richtung der Tätigkeit, Lust und Freude zu streben weiß. Naturgemäß gibt es hierbei zahllose Abstufungen, von der niedrigsten an, wo die Tugend, die Kraft der Selbstbehauptung, die Tätigkeit, die erreichte Lust und Freude den geringsten, das Leiden, die Unlust und die Trauer aber den stärksten Grad besitzen, bis zur höchsten Stufe, wo der Mensch, mit der stärksten Selbstbehauptung und Tätigkeit, auch die höchste Lust und Freude erreicht, in welchen allein das höchste Gut und die Glückseligkeit besteht und bestehen kann. Indessen wenn auch dieser Abstufungen unendlich viele sind, so kann man doch mit Spinoza drei Hauptstufen, gewissermaßen drei deutlich zu kennzeichnende Epochen der menschlichen Kraft und Tüchtigkeit (Tugend), unterscheiden und voneinander abgrenzen — eine Unterscheidung und Abgrenzung, die sich darauf gründet, daß ja alle Arten des Strebens und der Begierde, ebenso wie die Affekte der Lust und Unlust, auf die sie sich gründen und mit denen sie in Verbindung stehen, zunächst und vor allem seelische Erscheinungen, genauer Bewußtseinsformen, Vorstellungsweisen, Erkenntnisarten sind. Denn jeder Affekt ist eine Erregung des Körpers und der Seele und zugleich die Vorstellung, oder die mehr oder weniger deutliche und klare (adäquate) Erkenntnis, davon.

Die erste und unterste Stufe der Selbstbehauptung entspricht
also der untersten Stufe der Erkenntnis, die Spinoza mit dem
Worte Imagination bezeichnet. Es ist die verworrene Erkenntnis
der rein sinnlichen Erfahrung und der, mehr oder weniger dunklen,
Empfindung, bei welcher der Seele nur undeutliche Abbilder der
Dinge entstehen, indem sie die Dinge nicht erkennt, so wie sie an
sich, ihrem Wesen nach, als Naturerscheinungen, sind, sondern, wie
es schon der Name Empfindung ausdrückt, so, wie sie sie findet,
in dem Augenblick, wo von irgend einer Seite her und in
irgend einer Weise der Körper oder die Seele durch diese Dinge
erregt wird. Auf dieser untersten Stufe der Erkenntnis, die also
im Grunde nur Nicht=Erkenntnis oder Einbildung (Imagination)
ist, bleibt die ungeheure Mehrzahl der Menschen, die blinde Menge,
ihr Leben lang stehen und vermag sich nur hier und da durch
eine gewisse Erweiterung der Erfahrung, auf Grund zahlreicher
Wiederholungen von Empfindungen und Eindrücken, ein wenig
darüber zu erheben. Auf dieser untersten Stufe der Erkenntnis
stehen die Menschen ganz und gar unter der Herrschaft der Affekte.
Denn die Dinge erkennen, wie wir sie finden (empfinden), wie sie
Eindrücke in uns erregen, uns irgendwie affizieren, darin eben besteht
das Wesen des Affekts. So ist denn in diesem Zustande der
Mensch kraftlos dem Wechselspiel der Leidenschaften preisgegeben,
von denen er hin und her getrieben wird, wie die Welle von den
Luft= und Meeresströmungen; und wenn er auch das Sausen des
Windes hört, so weiß er doch, so wenig wie die Meereswelle, wo=
her der Wind kommt und wohinnen er fährt. Er schwankt be=
ständig hin und her zwischen Lust= und Unlustempfindungen,
zwischen Freude und Schmerz, Liebe und Haß; seinem umflorten
Blick erscheinen in dunklen Umrissen immer neue wechselnde Ob=
jekte, auf die er seine Begierde richtet, und während er sie zu er=
greifen sucht und dem Glücke nachjagt, sitzt hinter ihm, wie der
Dichter sagt, die schwarze Sorge auf, Furcht und Hoffnung ver=
lassen ihn nie, Neid und Eifersucht begleiten ihn beständig, und es
ergreift ihn bald der Übermut, bald Kleinmut und Verzagtheit,

nun der Taumel der Sinnenlust und dann die nagende Reue, und
so treibt es ihn fort im Meere des Lebens, bis er, so wie die
Woge endlich zerschellt, dem Tode ermattet in die Arme sinkt.

Von dieser Herrschaft der Affekte frei werden, wenigstens in
gewissem Grade und in gewissen Beziehungen frei werden, — denn
ganz ist es nach der Gesetzmäßigkeit der Natur unmöglich — das
ist uns nur auf eine Weise möglich: wenn wir uns zur höheren,
im eigentlichen Sinne erst so zu nennenden, Erkenntnis, der Ver=
nunfterkenntnis, erheben, welche die Dinge nicht mehr erkennt
nach dem, was sie für uns, sondern nach dem, was sie an sich,
ihrem Wesen nach, sind, welche also die Dinge, die wir empfinden,
die Eindrücke in uns hervorrufen, die uns erregen, nicht vorstellen
als Ursachen dieser Eindrücke und Empfindungen, d. h. im Zustande
des Affekts, sondern unabhängig von dieser Beziehung auf uns
selbst, nach dem, was sie an sich sind, im großen Zusammenhang
der Dinge, in der Einheit alles Seins. Freilich, ein Affekt kann
nur durch einen anderen verdrängt werden, ohne Affekt können wir
nicht sein. Aber indem wir so die Betrachtung der einzelnen Dinge
loslösen von der Beziehung auf uns selbst und sie beziehen auf
den einheitlichen Zusammenhang alles Seins, so entsteht ja ein
neuer Affekt und einer, der stärker ist als alle anderen. Denn je
mehr wir erkennen, d. h. deutlich und klar vorstellen, und je mehr
Realität wir dabei vorstellen, um so vollkommener sind wir, um
so mehr sind wir disponiert in der Richtung der Tätigkeit, der
Lust und der Freude. Welche Vorstellung aber könnte klarer und
deutlicher sein, welche mehr Realität enthalten, als die der Natur,
der substantiellen Einheit alles Seins? Wo also diese Vorstellung
einmal eine gewisse Stärke gewonnen hat, da wird der Mensch
von einer Lust erregt, die jede andere, aus partikularen Ursachen
entspringende, Lust weit übertrifft; und so wird dann auch die Be=
gierde entstehen, dieser höchsten Lust immer weiter nachzustreben,
d. h. die Begierde, die Substanz oder die Natur, und die Dinge im
Zusammenhange mit ihr, immer klarer und deutlicher und um=
fassender vorzustellen und zu erkennen. So entsteht jene Dis-

position der Seele, die wir Geistesfreiheit nennen, die also allein
aus dem höchsten Affekt, der Freude an der Erkenntnis, entspringt
und auf die höchste Begierde, die Begierde nach Erkenntnis, sich
gründet.

Der Mensch nun, in dem diese Disposition der Seele, die
wir Geistesfreiheit nennen, herrschend geworden ist, in dem die
trübe Imagination vor der Vernunfterkenntnis gewichen ist oder
doch von ihr fortdauernd korrigiert wird, in dem die Begierde nach
Erkenntnis alle anderen Arten der Begierde überragt, der allein der
Leitung der Vernunft zu folgen trachtet — alles das, wie man
sieht, sind identische Ausdrücke — ein solcher Mensch allein besitzt
diejenige höhere Kraft des menschlichen Wesens oder diejenige
Geistesmacht, welche erforderlich ist, um sich von der Herrschaft
der partikularen Affekte zu befreien. Er befreit sich von ihrer
Herrschaft — nicht: er vernichtet sie oder hebt sie auf, was unmöglich ist —, indem er die Objekte, auf welche die Affekte sich
beziehen, und diese selbst, aus Ursachen unseres Empfindens und
Erregtwerdens in Gegenstände freier Erkenntnis verwandelt, indem
er sie nicht mehr vorstellt in Beziehung auf uns, auf unser kleines
Ich, sondern in Beziehung auf die Einheit des ewigen Ganzen, nicht
mehr unter dem Gesichtspunkt unserer selbst, sondern unter dem
Gesichtspunkte der Ewigkeit.

Wer solcherart die Dinge nicht mehr belacht oder beweint,
nicht mehr beklatscht oder bejammert, sondern nur noch zu erkennen
trachtet, wer also fortschreitend der Leitung der Vernunft nachfolgt
— fortschreitend: denn vollkommen ist es nicht möglich, weil nichts
Vergängliches vollkommen sein kann — der wird sein Streben vor
allem auf Ausbreitung, Erweiterung und Vertiefung der Erkenntnis richten, insbesondere aber hierbei die Erkenntnis des Menschen,
die für uns das Nächste und Wichtigste ist, im Auge haben und
hier wiederum nichts so sehr sich angelegen sein lassen als die Erkenntnis der Affekte, von denen das Leben der Menschen beherrscht
wird, ihres einheitlichen Wesens und ihrer Zusammenhänge, der
Bedingungen ihres Wachstums und ihrer Steigerung, wie ihrer

Schwäche und ihrer Zurückdrängung. Wenn er so das bunte
Wechselspiel des menschlichen Lebens betrachtet, ebenso objektiv wie
der Geometer seine Linien, Winkel und Dreiecke, mit derselben Un=
befangenheit, mit der der erfahrene und kundige Landmann die
Naturbedingungen studiert, von denen Wachstum und Gedeihen
seiner Saat abhängt, wie verblassen dann und schrumpfen zusammen
alle die zahllosen einzelnen Dinge und Erscheinungen des Lebens, die
uns vorher so groß erschienen und so leidenschaftlich erregten, daß
wir immerfort freudvoll oder leidvoll, liebend oder hassend, hoffend
oder fürchtend, auf sie hinblickten; diese einzelnen Affekte selbst aber
werden nun in ihrem Wesen klar und deutlich, indem sie zurück=
treten in den einheitlichen Zusammenhang der Dinge, hier also vor
allem des Menschenlebens, und die allgemeinen Umrisse einer ver=
nunftgemäßen Lebensführung erscheinen so dem geistigen Auge.

Der Mensch, welcher solcher Art unter der Leitung der Ver=
nunft lebt, ist ganz davon durchdrungen, daß alle Tugend nichts
ist als die Stärke und Macht der Selbstbehauptung, und daß alle
Tätigkeit und Lust gut, alles Leiden und alle Unlust schlecht ist.
Gut sind demnach auch alle Affekte, die in der Richtung der Lust
liegen: Freude, Liebe, Wohlbehagen (Lust des Körpers), Zufrieden=
heit, Wohlergehen usw.; während die Affekte der Unlust, Trauer,
Haß, Furcht und Hoffnung, Mißbehagen, Niedergeschlagenheit,
Kleinmut, Neid, Reue, Mitleid usw. immer schlecht sind. Jene
ersteren Affekte wird er also so viel als möglich zu erhalten und
zu steigern, diese letzteren so viel als möglich zu vermeiden oder
zu unterdrücken trachten. Weil er aber wohl weiß, daß ein Affekt
nur durch einen anderen stärkeren Affekt aufgehoben werden kann,
so wird er auch diese Affekte der Unlust, die schlecht sind, nur da=
durch aufheben oder doch mindestens einschränken, daß er sich
von gleichartigen, aber entgegengesetzten, positiven Affekten er=
regen läßt. Er wird also die Trauer zu beseitigen suchen durch
gesteigerte Tätigkeit, die ihn mit Freude erregt, den Haß durch
Liebe, Kleinmut und Reue durch solche Betrachtungen und Taten,
die in ihm Zufriedenheit erwecken können, er wird das Mitleid

aufheben dadurch), daß er beim Gegenstand seines Mitleids Freude erregt, indem er ihm hilft, wodurch er selbst wieder von Freude erregt wird, und so fort. Indem er Hoffnung und Furcht von sich abtut, wird er allen Gefahren mutig, doch ohne Verwegenheit, begegnen; und so wird er auch nicht von Todesfurcht geleitet, wie er denn überhaupt, da er ja eben sein Sein zu erhalten strebt, an nichts weniger als an den Tod denkt, und seine Weisheit nicht ein Nachdenken über den Tod, sondern über das Leben ist. Anderseits weiß er aber auch, wie leicht oft gewisse Affekte der Lust in solche der Unlust übergehen, dann nämlich, wenn sie allzu stark sind, ein Übermaß haben, infolgedessen die Einschränkung durch anderes, also auch Leiden, Unlust und Trauer, um so leichter hervorrufen. So kann selbst die Liebe ein Übermaß haben und dann sogar auch, da sie ́ eben leicht eingeschränkt werden kann, in Haß übergehen. Wer also unter der Leitung der Vernunft lebt, wird dem, aus solchem Übermaß der Lust entspringenden, Unlust-Affekte vorzubeugen suchen, indem er auch in aller Freude maßvoll ist und sich selbst beschränkt, damit er nicht allzuleicht durch den natürlichen Lauf der Dinge eingeschränkt und zu leiden gezwungen werde. Auf solches Maßhalten in aller Freude wird er um so mehr achten, je mehr ein Affekt der Lust sich nur auf den Körper, oder gar nur auf gewisse Teile des Körpers, bezieht, dementsprechend die Dauer und der Ablauf dieser Lusterregung am meisten von Dingen außer ihm, und am wenigsten von seiner Geistesmacht, abhängig ist — wohingegen es bei der höchsten Freude und Begierde, nämlich der Freude an der Erkenntnis und der Begierde nach ihr, ein Übermaß naturgemäß nicht geben kann. So wird der, welcher unter der Leitung der Vernunft lebt, zwar zu höchst nach der Freude der Erkenntnis streben, aber auch keine andere Art der Freude verschmähen, auch nicht die rein sinnlichen Freuden, z. B. selbst die einfachen Freuden, welche Speise und Trank, Wohlgerüche, sinnliche Schönheit usw. gewähren — nur daß er hier eben stets maßvoll sein, den Genuß des gegenwärtigen Augenblicks niemals überschätzen, sondern mit Vergangenheit und Zukunft in eine einheitliche vernunftgemäße Verknüpfung bringen wird, so wie es Goethe, der größte Spinozist, ausgesprochen hat:

> Genieße mäßig Füll' und Segen,
> Vernunft sei überall zugegen,
> Wo Leben sich des Lebens freut,
> Dann wird Vergangenheit beständig,
> Zukünftiges voraus lebendig,
> Der Augenblick wird Ewigkeit.

In derselben Art aber wird derjenige, welcher unter der Leitung der Vernunft lebt, sich zu den anderen Menschen ver= halten. Er wird sich also auf der einen Seite bestreben, niemanden zu hassen, niemanden zu beneiden, auf keinen zornig zu sein, keinen Menschen gering zu schätzen — wo ihm aber Haß, Neid, Zorn, Geringschätzung usw. der andern entgegentritt, da wird er sie durch die entgegengesetzten Affekte zu überwinden trachten. Er wird also Haß durch Liebe und Edelmut entwaffnen, dem Zorn durch Sanftmut und wohlwollende Milde begegnen usw. Er wird aber dem allen auch von vornherein vorzubeugen suchen, indem er z. B. den Neid der Menschen durch sein Tun nicht herausfordert, die Nähe der Hochmütigen, ebenso wie die der Schmeichler und Schmarotzer und Kleinmütigen, meidet, überhaupt aber den Um= gang solcher Menschen, die nicht von der Vernunft, sondern der Imagination geleitet sind, und so von den Affekten willenlos hin und her gepeitscht werden, nach Möglichkeit, d. h. so weit es geschehen kann, ohne eben dadurch wieder Haß zu erregen, meidet, selbst ihren Wohltaten auszuweichen sucht, und so fort. Er wird aber all den Übeln, die solcher Art aus dem Zusammenleben mit den Menschen und aus ihren Affekten entspringen, nicht dadurch auszuweichen suchen, daß er in die Einsamkeit sich begibt und in die Wüste flieht. Denn indem er sein Sein zu behaupten, zu er= halten und zu fördern trachtet, und so das für ihn Nützlichste auf= sucht, so weiß er, daß es für den Menschen nichts Fördernderes und Nützlicheres gibt als der Mensch. Um so nützlicher aber sind sich wechselseitig die Menschen, je weniger sie durch die einzelnen

Affekte der Unluft, Haß, Neid usw. isoliert werden, je mehr sie
zu einer Einheit verbunden sind durch das, was allen Menschen
gemeinsam ist: das Streben und die Begierde nach Selbstbehaup=
tung, zu höchst die Begierde nach der Erkenntnis. Je einheitlicher
und einträchtiger also die Menschen leben, desto mehr wird auch
das Beste des einzelnen gewahrt. Daher wird der, welcher nach
der Leitung der Vernunft lebt, alles tun, was in seinen Kräften
steht, um diese Einheit und Eintracht zu befördern. Er wird also
im Umkreise seines Wirkens Liebe und Wohlwollen und Freund=
schaft pflegen und auszubreiten suchen, die gesetzliche Ordnung des
Staates zu erhalten und zu befestigen trachten.

Und indem er so das Seinige tut, damit möglichst alle, oder
doch möglichst viele, Menschen ebenso die Selbstbehauptung und
Förderung ihres Daseins erstreben, die er selbst erstrebt, und ebenso
das Beste für sich zu gewinnen trachten, wie er selbst es für
sich erstrebt, — und darin allein, wie wiederholt betont, besteht
die Beförderung der Tugend unter den Menschen —, so wird er
vor allem das unter den Menschen auszubreiten suchen, worauf
diese Selbstbehauptung zu höchst hinzielt, wodurch sie am meisten
gewährleistet wird, worin also alle Menschen übereinstimmen
können: die vernünftige Erkenntnis. Und darin allein besteht das,
was wir Humanität, Menschenfreundlichkeit nennen, daß wir eben
dasselbe Beste, was wir für uns selbst erstreben, auch für alle
Menschen herbeiwünschen und zu gewinnen trachten: die Selbst=
behauptung und größtmögliche Förderung des Seins, zu höchst also
die reifste Erkenntnis, um dies Beste suchen und erstreben zu können,
und die Freude, welche daraus entspringt. Indem wir dann im
Geiste auf diese Freude, welche bei allen Menschen erweckt werden
könnte und sollte, hinblicken und uns hierbei wiederum die Ursache,
nämlich die ganze Menschenwelt, als Einheit gedacht, vorstellen, so
entsteht jene allumfassende Menschenliebe, welche die schönste Frucht
des Lebens bildet, das der Leitung der Vernunft unterstellt ist. —

Und doch gibt es darüber hinaus noch eine letzte und höchste
Stufe der Erkenntnis und der Selbstbehauptung. Alle wahre Er=

kenntnis besteht ja darin, daß wir die Dinge betrachten unter dem
Gesichtspunkte der Ewigkeit, d. h. bezogen nicht auf uns selbst,
sondern auf die Substanz, auf die Einheit des ewigen Seins.
Wenn wir nun auch vornehmlich der Erkenntnis der einzelnen
Dinge nachgehen werden, wenn es auch menschliche Bestimmung
ist, zuvörderst die Wahrheit der einzelnen Erscheinungen mühsam zu
ergründen, so kann es doch auch geschehen und entspricht nicht minder
dem Wesen des Menschen, daß er sich in der vernunftgemäßen Betrachtung über alle diese einzelnen Dinge erhebt, daß er alles
Vergängliche weit hinter sich läßt und sich ganz und ausschließlich
versenkt in die substantielle Einheit der Natur. Das ist die intuitive Erkenntnis der Substanz, die höchste Stufe der Erkenntnis, damit auch die höchste Steigerung des menschlichen Daseins,
die es gibt. Wer zu dieser Intuition sich erhebt, dem versinken
alle einzelnen Dinge, alles Vergängliche, also auch er selbst, ent-
schwindet ihm, so wie die letzten blassen Wölkchen am Horizonte verschwinden, wenn die Sonne mit verzehrendem Feuer in der Mittags-
höhe steht, alle Leidenschaften und Begehrungen, alle Hoffnungen und
Wünsche, alle Besonderheiten des menschlichen Daseins läßt er
ganz auf der Sandbank der Zeitlichkeit und des Irdischen zurück.
Wie mit aufgedecktem Angesichte schaut er nun die Einheit des
ewigen Ganzen und ist versenkt in seine unendliche Tiefe, und er
erkennt, daß alles, auch er selbst, nichts ist als eine vorübergehende
Modifikation des einen Seins, als eine Spreu vor dem Winde,
daß alle Dinge so verwehen und vergehen müssen, und selbst die
Menschheit im ganzen nur ein Ton ist in der unendlich melodienreichen Fülle des ewigen Seins, der Natur.

Wer zu dieser Intuition, der letzten und höchsten Stufe der
Erkenntnis, sich erhebt, dessen Dasein erfährt damit die größtmögliche Erhebung und Steigerung; und so wird er auch von der
größten und stärksten Freude erregt, die es gibt, die wir nicht mehr
Freude, sondern Seligkeit, nennen. Freude aber, verbunden mit
der Vorstellung ihrer Ursache, ist Liebe. Indem wir also die
Substanz als die Ursache dieser Seligkeit erkennen, so werden wir

von Liebe erfüllt zu dieser substantiellen Einheit der Natur, zur göttlichen Einheit des ewigen Seins. Und so wie in der intuitiven Erkenntnis jede Beziehung auf das Ich gelöst wird, so ist auch in dieser intellektuellen Liebe zur Substanz, zur Natur oder zu Gott, jeder Ich= gedanke, jede eigensüchtige Regung entschwunden — daher auch der Wunsch nach Gegenliebe hier nicht möglich ist — alle Leidenschaften und Begehrungen sind hier zum Schweigen gebracht, alle Wünsche und individuellen Regungen zur Ruhe gesungen. Von solcher in= tellektuellen Liebe zur Natur, oder zu Gott, ist Faust erfüllt, als er vom Osterspaziergang, nachdem eben erst noch die stärksten Affekte seine Brust durchtobt haben, in die Stille seines Studier= zimmers zurückkehrt:

> Entschlafen sind nun wilde Triebe,
> Mit jedem ungestümen Tun,
> Es reget sich die Menschenliebe,
> Die Liebe Gottes regt sich nun.

In dieser Ruhe und Stille des Gemüts, welche eins ist mit der, aus der intuitiven Erkenntnis entspringenden, intellektuellen Freude und Liebe zur substantiellen Einheit der Natur — darin allein besteht das höchste Gut, das die Menschen erreichen können. Aquiescentia animi, Ruhe der Seele, nennt es Spinoza — „denn ich bin stille", so formuliert Goethe darnach seine höchste Lebensdevise.

So kehrt die spinozistische Lehre bedeutsam von ihrem höch= sten Ziele zum Ausgang zurück. Jene intuitive Erkenntnis des rein Objektiven, welche ihre Grundlage und ihren Ausgangspunkt bildet, ist auch ihr höchster Begriff. Von dieser intuitiven Erkenntnis aber gelten die Worte, mit denen Spinoza seine Ethik beschließt: daß alles Vortreffliche eben so schwer als selten ist. Wenn also in jener Intuition, und der daraus entspringenden intellektuellen Liebe zur Natur, das höchste Gut des Menschen beschlossen ist, so ist es nicht zu verwundern, daß es so selten erreicht wird, ja daß selbst die geistesstärksten Menschen es nur zeitweilig und augenblicksweise besitzen können. Und so erklärt es sich auch, daß Spinoza, dessen ganzes Denken von dieser intuitiven Erkenntnis, dessen ganzes Leben von der intellektuellen Liebe zur Natur erfüllt war, diese einzigartige Stellung in der Geistesgeschichte der ganzen Menschheit einnimmt, daß er, wie Schleiermacher sagt, einsam und unerreicht dasteht, ohne Jünger und ohne Bürgerrecht.

7. Die Philosophie des reinen individuellen Subjekts: Leibniz.

Der Spinozismus bezeichnet den höchsten Punkt, den alle naturalistische (naturphilosophische) Weltbetrachtung nur je zu erreichen vermochte. Denn hier — und darauf beruht die zwingende Macht, die diese Lehre fortdauernd ausübt — hier, in der genialen Intuition der absoluten Substanz, ist, in bisher unübertroffener Weise, jenes Ziel erreicht, das aller Naturerkenntnis mehr oder weniger bewußt vorschwebt: daß alle Erscheinungsformen des objektiven Seins, auch die, welche ihm scheinbar am meisten widerstreben, das Geistige, und überhaupt die Mannigfaltigkeit des spezifisch Mensch=lichen, zur vollkommenen Einheit eben dieses objektiven Seins sich binden. Aber diese Weltbetrachtung konnte nur darum eine solche der reinen Objektivität werden, weil in ihr das Subjekt völlig verdunkelt war, und zwar verdunkelt durch sich selbst, da die Leuchtkraft, die von ihm ausging, nicht auch auf es selbst zurückfiel. Im Spinozismus ist das Subjekt der genialen Intuition ganz in die Welt des Objektiven versunken, und so ist es für sich selbst darin „verloren"; das reine Weltenauge dringt hinaus in alle unendlichen Fernen, nur zu sich selbst kehrt es nicht zurück.

Wo aber das Denken einen solchen äußersten Punkt in einer Richtung erreicht hat, da wendet es sich, nach dem ewigen Rhythmus alles geistigen Geschehens, alsbald zur polar entgegen=gesetzten Richtung zurück, sogleich mit all der Energie, welche die Schärfe des Gegensatzes erzeugt, aber auch zunächst noch gelähmt,

negativ beeinflußt durch die Abhängigkeit von eben jener Denk=
richtung, der es sich nun entgegensetzt.

In solchem Verhältnis zum Spinozismus steht Leibniz'
Monadologie. Beide bilden einen streng polaren Gegensatz: dort
die Philosophie des reinen Objekts, hier die des reinen Subjekts.
Doch sie bilden keinen kontradiktorischen Gegensatz. Denn auch
Leibniz' Monadologie bleibt noch im Bannkreis der naturphilo=
sophischen Betrachtungsweise, ja abhängig von der besonderen Frage=
stellung, mit welcher Spinoza (und Descartes) das Problem aller
Naturphilosophie gefaßt hatten. Das Subjektive ist hier, bei Leibniz,
noch nicht Ausgangspunkt sondern nur Durchgangspunkt der Welt=
betrachtung, wie Spinozas Fragestellung ist auch die seine noch
ganz naturphilosophisch: auch er fragt nach der Einheit alles objektiven
Seins, nach der Substanz, dem wahrhaft Wirklichen. Innerhalb dieser
Begrenzung aber, welche durch die Voraussetzungen der Natur=
philosophie gegeben ist, bedeutet Leibniz' Monadologie im mo=
dernen Denken den ersten Sonnenaufgang des Subjektiven und des
Geistes, den ersten Durchbruch in der Richtung idealistischer Betrach=
tungsweise, und darum, in diesem engeren Sinne, auch den eigent=
lichen Anfang der Geschichte des deutschen Idealismus.

*   *   *

An dem fortschreitend vertieften Gegensatze zur Lehre Spinozas
hat sich, wie man immer deutlicher begriffen hat, die Monadenlehre
von Leibniz entwickelt — und nur aus diesem Gegensatze heraus
kann man auch deren vielumstrittenes Wesen deutlich erkennen.

Der Spinozismus, könnte man sagen, ist eine Gleichung mit
einer Unbekannten. Diese Unbekannte ist die Subjektivität, deren
Wesen und deren Erscheinungsformen (Willensäußerungen, Affekte,
Erkenntnis usw.) bestimmt werden durch Reduktion auf das als
bekannt vorausgesetzte Glied der Gleichung: das rein Objektive in
seiner Einheit und Totalität. Alle Erscheinungen der Subjektivität,
vor allem also die Grade und Arten der Erkenntnis, die Leiden=
schaften und Begierden, überhaupt alles spezifisch Menschliche — das

ja mit jenen Erscheinungen der Subjektivität gegeben ist —, alles
dies restlos aufzulösen in der absoluten Substanz, untergehen zu
lassen im Makrokosmos, in der ewigen Einheit des objektiven Seins,
das ist das Thema der spinozistischen Lehre und der Geist, von
dem sie erfüllt ist.

Aber wie, ist es nicht ebenso nahe oder näher liegend, das
Verhältnis umzukehren, und diesen Makrokosmos, die Einheit des
Objektiven, zu bestimmen durch die reine Subjektivität? War nicht
diese letztere, nach der Entdeckung Descartes', das einzig Gewisse,
allem Zweifel Entrückte? Und nun sollte man eben dieses Ge=
wisse in der Gleichung des Wirklichen als das Unbekannte an=
sehen, und es sich wieder schenken lassen durch eben jene Welt des
Objektiven, welche erst durch diese Selbstgewißheit des Ich, durch
die reine Subjektivität, gesichert wurde!

Gegen eine solche Voraussetzung kämpften in dem Leibniz=
schen Geiste beinahe alle Erscheinungen des Lebens und alle ge=
schichtlichen Mächte der Vergangenheit, von denen allen er tief
durchdrungen, und denen allen er hingegeben war. Denn im
Gegensatze zu Spinoza tritt bei Leibniz der universalistische
Zug des Denkens, der für alle, im engeren Sinne, idealistische Ge=
dankenbildung charakteristisch und mit ihm untrennbar verknüpft ist,
in beherrschender Weise zum ersten Male wieder zu Tage. Während
Spinoza den geistigen Blick, fast könnte man sagen starr und un=
beweglich und wie festgebannt, auf die begriffliche Einheit des Seins
gerichtet hielt, war der Leibnizsche Geist rastlos, und oft ruhelos,
tätig, in dessen unendliche Mannigfaltigkeit nach allen Seiten vor=
zudringen, in jedem, selbst dem entlegensten und zunächst fremd=
artigsten, Gebiete sich heimisch zu machen, d. h. es für sich, für die
Herrschaft des Geistes, zu gewinnen, durch die Energie des Ge=
dankens zu erobern. Jedes dieser Sondergebiete hatte also für
ihn so viel „Wirklichkeit" und „Wahrheit", als es vom Geiste em=
pfing — und er hätte, dem Spinozismus folgend, dieses Ver=
hältnis umkehren und aus der objektiven Welt den Geist ableiten
sollen?

Und eben derselben universalistischen Tendenz zufolge, war der Leibnizische Geist auch heimisch in allen Gedankenbewegungen der Vergangenheit, und von der Wahrheit, welche er sich aus ihnen erwarb, tief durchdrungen. So war er nicht nur dem naturalistischen Zuge des Denkens gefolgt, sondern ebenso, und in noch stärkerem Grade, dem idealistischen, und, wie in den Grundgedanken der Lehre Demokrits und Epikurs, so lebte er in denen von Plato und Aristoteles, in den esoterischen Grundanschauungen des Christentums, von Augustinus und Thomas usw. Und eben diese Einwirkungen des griechischen und christlichen Idealismus waren es, mit deren Hilfe er selbst, auf der Höhe der naturalistischen Gedankenbewegung seiner Zeit, die neue idealistische Wendung vollzog. Denn so viel war sicher und ergab sich aus der einfachen Konsequenz des Gedankens: daß nach dem Spinozismus, der Bestimmung der Subjektivität durch die Einheit des Objektiven, nur noch der entgegengesetzte Weg übrig blieb, die Bestimmung alles Objektiven durch die reine Subjektivität. Wer die Gedankenwelt des Spinozismus durchdrungen hatte — und vor dem Ende des 18. Jahrhunderts hat sie wohl niemand so durchdrungen wie Leibniz —, der konnte ihrer zwingenden Gewalt nicht entrinnen, mußte sich ihr ganz zu eigen geben — wenn er nicht den entgegengesetzten Weg einschlug, die Spinozistische Prämisse umkehrte und die Subjektivität zur Substanz erhob.

Eben dies aber war der Weg, den Leibniz in seiner Monadologie beschritt. Er hat es wiederholt ausgesprochen, seine Monadenlehre sei der einzige Weg, auf welchem man dem Spinozismus entrinnen könne, die historische Detailforschung hat diese negative Abhängigkeit der Monadologie vom Spinozismus Zug um Zug aufgedeckt, und ihr ganzer Geist ist durchaus von dieser Abhängigkeit beherrscht. So ist es verständlich, daß Leibniz in seiner Zeit und seinem Jahrhundert, ja weit darüber hinaus, eine ebenso isolierte Erscheinung ist, wie nach der anderen, polar entgegengesetzten, Seite auch Spinoza. In jenem Zeitalter, dem Spinoza wie Leibniz angehören, waren alle vorwärtsstrebenden

Geister ganz der objektiven Welt hingegeben, berauscht von der Natur, in sie versunken und verloren, — aber erst mußte auch der Weltblick des Genies ganz eingestellt gewesen sein auf die bloße Natur, und auch die intuitive Kraft des Denkens, wie berauscht, sich ganz in sie eingesenkt haben, ehe jene große, von Leibniz herbeigeführte, Wendung eintreten konnte: die Erhebung eben derselben genialen Intuition aus der traumverlorenen Versunkenheit in die Natur zur Selbstbesinnung, die reflektierende Umkehr zur Versenkung in die reine Subjektivität.   So könnte man auch auf Leibniz das Wort anwenden, das Aristoteles einst von Anaxagoras gebrauchte: er war der einzig Nüchterne unter Trunkenen. —

Will man also die wichtige Epoche, welche Leibniz' Monadologie in der Geistesgeschichte bedeutet, recht verstehen, so muß man zunächst sich noch einmal ganz auf den spinozistischen Standpunkt stellen, um alsdann mit Leibniz die radikale Wendung so zu vollziehen, wie sie sich etwa im Geiste des Urhebers der Monadologie vollzogen haben mag.   Und man muß zu diesem Zwecke auch auf den höchsten Punkt der spinozistischen Ideenwelt sich stellen.   Denn eben hier, auf dieser äußersten Spitze, die zugleich der Gipfelpunkt aller naturalistischen Betrachtungs= und Vorstellungsweise ist, treffen sich und scheiden sich die beiden entgegengesetzten Wegrichtungen des Gedankens.

*   *   *

Dieser höchste Punkt des Spinozismus ist die, im fünften Buche der Ethik geschilderte, reine, d. h. von keiner Endlichkeit und Begrenzung mehr gehemmte und getrübte, Versenkung in die unendliche Tiefe der Einheit alles Objektiven, die reine intellektuelle Anschauung der absoluten Substanz (Natur, Gott), in welcher auch alles Höchste des Menschendaseins, Freiheit und Seligkeit, beschlossen ist.

Welcher Art und welchen Ursprungs ist diese reine intellektuelle Anschauung, die so unendlich erhaben ist über jede andere Erscheinung des endlichen Seins und Lebens?

Für Spinoza, der wie berauscht seinen Geist ganz eingesenkt hatte in die Welt des Objektiven, so daß er nichts anderes sah, konnte es auf diese Frage nur eine Antwort geben: dieses rein Objektive selbst, Gott, die Natur, die absolute Substanz, auf die sein geistiges Auge unverwandt gerichtet war, sie allein wirkt im Menschen jene höchste Erkenntnis und Seligkeit aus, wenn auch nicht in allen Menschen, sondern nur in den wenigen Erkennenden und Frommen und Tugendhaften, und auch bei diesen nicht immer, sondern nur in den seltenen Momenten höchster Erhebung des Geistes. Für Spinoza ist darum folgerichtig jene intellektuelle Anschauung des Menschen nur eine Art der Selbstanschauung Gottes, und die intellektuelle Liebe des Menschen zu Gott nur eine Art und Weise, wie Gott sich selbst liebt.

Aber wie? Kann diese Auffassung bestehen bleiben, wenn man vom Naturrausch ernüchtert wird, wenn man den geistigen Blick, der wie mit magischer Gewalt vom Objektiven gefesselt ist, auch nur einen Augenblick davon frei macht und darüber erhebt? Wie seltsam und widerspruchsvoll erscheint es dann, sich vorzustellen: in der unendlichen Fülle des objektiven Seins gibt es vereinzelte winzige Erscheinungen, die diese ganze Unendlichkeit in sich hegen können, im Ozean vereinzelte Wassertropfen, die den ganzen ungeheuren Wogenschwall in sich spiegeln, der Mensch, der doch nur wie Spreu vor dem Winde ist, vermöge dennoch zugleich der Einheit des göttlichen Seins gleichzukommen, ja sich fast darüber zu erheben.

Worauf aber diese seltsame und widerspruchsvolle Vorstellungsweise sich gründet, das wird alsbald deutlich, wenn man vom Naturrausch nicht nur ernüchtert wird, sondern, zur Selbstbesinnung gekommen, alsbald mit Entschiedenheit, wie es Leibniz tut, das Bewußtsein zur entgegengesetzten Richtung umwendet. Denn alsdann zeigt sich, daß in der spinozistischen Betrachtungsweise das Bewußtsein einer, wenn man so sagen darf, optischen Täuschung unterlag, indem es nämlich, in die Einheit des Objektiven, die absolute Substanz, versenkt, nicht wußte, daß diese Einheit ihm selbst entstammt, daß es die intellektuelle Anschauung ist, welche die Einheit in die Substanz erst hineinlegt.

Darin also ist das Wesen der großen Umwälzung ausgesprochen, welche Leibniz' Monadologie für die Geistesgeschichte bedeutet: jene höchste Einheit in der Mannigfaltigkeit alles Wirklichen, welche das ewige Thema aller Philosophie und aller Erkenntnis bildet, liegt nicht im Objektiven, sondern im Subjektiven, sie ist nicht die absolute Substanz, sondern — das intellektuell anschauende Ich.

Worin besteht das Wesen dieses Ich der genialen Intuition?

Diese Frage ist in der Leibnizschen Monadologie, nicht zum ersten Male gestellt, aber zum ersten Male unter dem Gesichtspunkte der Naturphilosophie beantwortet worden. Auch der griechische Idealismus seit Sokrates und Plato, und mehr noch die Philosophie der Erlösung, Stoizismus, Neuplatonismus und Christentum, haben jene Frage nicht nur gestellt, sondern sind ganz von ihr beherrscht. Aber alle diese idealistischen Gedankenströmungen sind wohl erfüllt von dieser Einheit des Subjektiven, dem Ich, doch ohne sie sich gegenständlich zu machen. Hier, in der Monadologie von Leibniz, geschieht dies zum ersten Male, das Ich ist ihm also eine Erscheinungsform des objektiv Gegebenen, ein Datum der Natur, wenn auch, wie sich zeigen wird, das beherrschende.

Tritt man also dieser Erscheinungsform des Gegebenen in derselben Weise wie einer anderen Naturerscheinung gegenüber, so glaubt man zunächst bemerken zu können: dieses Ich hat gewissermaßen den Charakter eines Punktes; aber es ist natürlich kein materieller Punkt (Atom), es ist aber auch kein mathematischer (räumlichzeitlicher) Punkt, denn er ist erhaben über Raum und Zeit, die ja durch ihn erst bedingt sind, und es gibt keinerlei Raum= oder Zeitverhältnisse, durch welche das Ich begrenzt und dadurch bestimmt würde. Man kann also diese Punktualität nur dadurch zum Ausdruck bringen, daß man das Ich mit Leibniz einen metaphysischen Punkt (point métaphysique) nennt.

Dieser metaphysische Punkt aber trägt in sich die ganze Fülle des Wirklichen und alles Seins. Es ist schwer, diese Tatsache begrifflich genau und eindeutig zu fassen, noch schwerer, sie für die anschauliche Erkenntnis unmißverständlich zu verdeutlichen. Ge= meinhin geschieht das in figürlicher Weise so, daß man, die Raum= anschauung und die Grundtatsachen der Optik zu Hilfe rufend, jenen metaphysischen Punkt, das Ich, als den „Blickpunkt" des Be= wußtseins, oder auch als den Focus oder „Brennpunkt" bezeichnet, in dem alle Strahlen des Seienden sich sammeln, so wie etwa die Gegenstände, welche vor das Auge oder die camera obscura des Photographen treten, im Sammelpunkt der Linse zusammen= treffen. Und weil die Welt (Kosmos) derart punktuell zusammen= gezogen erscheint, heißt sie die „kleine" Welt, Mikrokosmos, im Unterschiede von der großen Welt, dem Makrokosmos, der Natur, als der Einheit des objektiv Gegebenen.

Wie verhält sich nun dieses Ich zur Natur, der Mikro= kosmos zum Makrokosmus, das reine Subjekt zum Objektiven?

Hier, an dieser Stelle erkennt man deutlich die große geistige Wasserscheide, an welcher von der beherrschenden Strömung der Naturphilosophie die neue, aus ihr und durch sie erzeugte, idealistische Kulturströmung sich abtrennt. Alles freie Denken v o r Leibniz hatte den Weg der Naturphilosophie eingeschlagen, d. h. das Ich aus der Natur, das Subjektive aus dem Objektiven abgeleitet und ihm untergeordnet. Hier, in der Monadologie, kehrt sich, zum ersten Male wieder seit den Zeiten der griechischen Philosophie, zum ersten Male wenigstens in der Entwickelung des freien und un= abhängigen, von keinem religiösen Mythus bestimmten, Denkens, das Verhältnis völlig um, d. h. bestimmt sich die neue Denkrichtung als Idealismus. Der Naturalismus mochte die höchste Erscheinungs= form des Wirklichen — und als solche gilt auch ihm das Ich, alles Geistige — tief hinunterziehen in die primitiven Erscheinungs= formen der Natur, der Idealismus dagegen ist stets bestrebt, diese letzteren hinaufzuheben zur Höhe des Geistes. Und so verfährt auch Leibniz in seiner Monadologie. Aus dem Ich leitet er die

Natur ab, das Subjektive gibt ihm den Maßstab für die Be=
stimmung des Objektiven, und das Höchste der Wirklichkeit muß
ihm auch das Niedrigste und Geringste erleuchten. Ihm ist es
unmöglich zu denken, daß nur auf der höchsten Stufe der
Natur, als eine Anomalie, als ein völlig rätselhaftes Wunder, jene
Erscheinungsform des Ich sich zeige, welche, alles Wirkliche in sich
hegend, alle Mannigfaltigkeit erst zur Einheit bindet und dadurch
erst wahre Fülle und Reichtum und Schönheit erzeugt, daß die
übrige Natur von alledem ganz entblößt sei. Und so löst Leibniz
jenen ewigen Gegensatz des Subjektiven und Objektiven, der Natur
und des Ich, in genial=kühner Weise, durch einen neuen Monismus,
den der reinen Subjektivität: der Geist, das Ich wird ihm zum Be=
stimmungsgrund alles Wirklichen, die Beseeltheit und ihre Kraft
zum einheitlichen Maßstab auch für das scheinbar Leblose und
Tote, und aus der innersten Triebkraft des genialen Denkens er=
gießt sich für ihn eine Fülle von Licht auf das ganze Universum,
auf die ganze Mannigfaltigkeit des objektiven Seins, bis in dessen
entlegenste und dunkelste Tiefen.

Wie aber der Leibnizsche Idealismus überhaupt aus der
Naturphilosophie entspringt, so ist auch dieser sein beherrschender
Grundgedanke ganz naturphilosophisch abgeleitet und begründet,
nämlich durch die, von ihm zuerst aufgestellten, beiden Natur=
gesetze der Kontinuität und Analogie. Beide drücken im
Grunde ein und dasselbe aus, nur eben von verschiedenen Seiten
betrachtet, und besagen, daß alles Seiende eine Einheit bildet, daß
es in dieser Einheit unmöglich eine Lücke geben könne, welche
den ununterbrochenen Zusammenhang innerhalb dieser Einheit
(Kontinuität) durchbrechen könne, daß infolgedessen nichts in der
Welt völlig von allen übrigen Erscheinungen verschieden sein könne,
daß alle Dinge also ähnlich und verwandt (analog) sind, weil sie
eben alle diese unabtrennbare Einheit bilden.

Und so ergibt sich denn auf grund dieses Gesetzes der
Kontinuität und Analogie: das Ich, oder die mikrokosmische Einheit
des Seienden, kann nicht etwas Isoliertes sein, ein Wunder in der

Natur, eine zufällige und abnorme Erscheinung auf den Höhen des Daseins, sondern sie muß ihre Analogie haben in allen Daseinsformen des Wirklichen, in allen Erscheinungsformen des Objektiven.

Dieser monistische Grundgedanke, den zunächst die intuitive Weltauffassung allein gewinnen konnte, wird ja auch durchweg von der empirischen Naturwissenschaft und von der bloßen Erfahrung bestätigt. Wir grenzen zwar für die Anschauung und verstandesmäßige Betrachtung die Dinge voneinander ab, aber in der Natur steht alles mit allem in unlöslicher Verknüpfung, wir reißen zwar in der Vorstellung die Dinge voneinander los und weit von einander, aber in der Natur gibt es nirgendwo eine Lücke, eine Unterbrechung des Zusammenhanges, und alle Dinge, auch die scheinbar entferntesten, sind noch irgendwie ähnlich. Daher muß jeder Versuch, die verstandesmäßige Scheidung und Isolierung der Dinge in der Natur wiederfinden und nachweisen zu wollen, schon an der bloßen Begriffsbestimmung scheitern. Wollte man also z. B. nur dem Genie wahre mikrokosmische Einheit des Ich zuschreiben, oder das Geistige doch zum mindesten, wie es gewöhnlich geschieht, beschränken auf die Sphäre des Menschen, so würde sich sogleich die Frage erheben: wo ist denn die Grenze des Menschlichen? Es gibt auf der untersten Stufe des Menschenreiches — und ebenso auf der höchsten Stufe des Tierreiches — Wesen, welche die einen noch zur Menschenwelt, die anderen fast schon zur Tierwelt rechnen. Und wollte man nun auch noch das Tierreich mit einschließen und jenes mikrokosmische Ich gleichsetzen mit der Erscheinung des Beseelten, des Lebendigen, so würde man wieder fragen können: wo ist denn die Grenze dieses Beseelten und Lebendigen, welche angeblich mit der des Tierreiches zusammenfällt? Gibt es ja doch auch auf der untersten Stufe des Tierreiches wiederum Wesen, z. B. die Protisten und Infusorien, welche die einen dem Tierreich, die anderen dem Pflanzenreich zurechnen, und ganz dasselbe ist wiederum auf der höchsten Stufe des Pflanzenreiches der Fall.

In dieser Art kann man weiter alle Bezirke des Wirklichen durchforschen und findet alles kontinuierlich verknüpft, nirgendwo eine absolute Grenze, welche das eine von dem anderen wirklich isolierte und ausschlösse. So muß der große Grundgedanke der Leibnizischen Monadologie gelten: da alles in der Natur analog ist, so ist auch alles analog dem Ich, dem Geiste, der mikrokosmischen Einheit. Oder anders ausgedrückt: alles Seiende ist eine unend= liche Vielheit ebensolcher metaphysischer Punkte und mikrokosmischer Einheiten wie die, welche zunächst das Spezifische des Menschen auszumachen scheinen. Demokrit und Epikur und alle ihre natur= philosophischen Nachfolger haben also recht mit der Lehre, daß das Wirkliche ein Aggregat unendlich vieler Atome ist — nur sind es nicht abstrakt=mathematische Atome, sondern konkrete und wirkliche, nicht physische, sondern lebendige, auch nicht isolierte (bloß aggregierte), sondern kontinuierlich verknüpfte Atome, daher ja auch dieser Atombegriff nicht durch den formallogischen und mathematischen Verstand, sondern durch die intellektuelle Anschauung der Vernunft gewonnen wird. Der einheitliche charakterisierende Name, welchen Leibniz für alles dies geprägt hat, ist **Monade**. Dieses Wort, hergeleitet aus dem griechischen Worte monas, bedeutet zunächst nur Einheit, aber es faßt zugleich alle jene wesentlichen Be= stimmungen des Ich zusammen, welche eben schon dargelegt wurden, und zugleich erhebt es diesen Begriff zum Universalprinzip, in welchem das Wesen alles Wirklichen, das wahrhaft Seiende, ausgedrückt ist. Die Monade ist also das Ich als Substanz, oder als Grundprinzip der Natur und des Naturprozesses, gefaßt. —

Wie unterscheiden sich nun die unendlich vielen Monaden? Auch diese Frage kann nur beantwortet werden nach dem Grund= gesetze der Analogie, indem man wiederum hinblickt auf jene höchste Stufe der mikrokosmischen Einheit, welche auf der Höhe der Menschenwelt, in der Intuition des Genies, erscheint. Hier gibt es gewisse Momente, wo das Bewußtsein der mikrokosmischen Ein= heit außerordentlich stark, lebendig und intensiv ist, und wo von

dem Brennpunkt des Ich ein wunderbarer Glanz auszugehen
scheint, der mit stärkster Helligkeit das Weltbild, im ganzen wie
im einzelnen, übergießt. Aber solche intensive Leuchtkraft des Ich
ist auch beim genialsten Menschen nicht immer, und nicht gleich=
mäßig, vorhanden. Sie ist bald stärker, bald schwächer, wobei
bald diese, bald jene Sphäre des Wirklichen mit geringerer Inten=
sität erhellt, und so auch das Weltbild im ganzen dunkler wird.
Ja, selbst dem genialsten Geiste geschieht es (und vordem,
in den Anfangsstadien seiner Entwickelung, war dies ja der
habituelle Zustand), daß das Weltbild zeitweise vollends trübe und
verworren wird, nur das Nahe und Nächstliegende noch erleuchtet,
alles Fernere aber in spärliches Licht getaucht erscheint, sodaß auch
ein solcher Geist dann, wie in der Wüste, durch die dunklen Wege
des Wirklichen seinen Pfad sucht, unkundig seines Ursprunges
und seines Schicksals, und nicht wissend, woher der Wind kommt,
und wohin er fährt.

Es gibt also gewisse Grade und Stufen der Vorstellungs=
kraft des Ich, und alle Unterschiede, die wir in bezug auf das
Ich feststellen können, sind lediglich solche der Intensität oder
des Grades, niemals solche der (mathematisch bestimmbaren) Exten=
sität oder Ausdehnung. So ist die Annahme notwendig, daß
alle mikrokosmischen Einheiten oder Monaden, sowohl in sich selbst,
nach ihrer zeitlichen Entwickelung, als auch in ihrem wechselseitigen
Verhältnis, als ewige Bestimmtheiten des Seins, sich nur unter=
scheiden nach dem Grade der Vorstellungskraft und keinen Unter=
schied zulassen, als den der Intensität. Und da nach dem Gesetze
der Kontinuität nirgendwo in der Natur ein Sprung oder eine Lücke
möglich ist, so müssen alle Monaden, oder alle Grade der mikro=
kosmischen Einheit, die möglich sind, auch wirklich sein. Und sonach
muß es eine unendliche Stufenreihe von Monaden geben, unter=
schieden nur durch den Grad der Vorstellungskraft und der Inten
sität in der Formierung und Helligkeit des Weltbildes. So wie
das Licht, von der größten Helligkeit aus, allmählich abnimmt, bis
es im Dunkel der Nacht ganz erlischt, so nimmt, von der Intuition

des Genies aus gesehen, die Klarheit des mikrokosmischen Weltbildes in der Stufenreihe der Monaden allmählich ab, um schließlich völlig in Dunkel zu versinken. Aber auch die tiefste Nacht ist noch ein, wenn auch unendlich geringer, Grad von Helligkeit, und so ist auch auf den untersten Stufen des Wirklichen, die sich von der genialen Intuition am weitesten zu entfernen scheinen, immer noch ein, wenn auch unendlich kleiner, Grad von Vorstellungskraft und immer noch eine, wenn auch weit entfernte, Analogie des Geistes. So schwer es auch sein mag, sich in konkreter Weise dies vorzustellen, z. B. zu denken, daß selbst das Staubteilchen, welches unsere Füße treten, noch eine Spur des Geistes trägt, daß auch hier eine Vorstellungskraft und eine Einheit des Weltbildes vorhanden ist, so notwendig ist es doch, diese Anschauung im Denken zu vollziehen. Und das ist um so eher möglich, als ja alle diese Stufen des Bewußtseins und der Vorstellungskraft auch im Ich des Menschen gegeben sind, das auch von der höchsten Stufe herabsinken kann bis zur untersten, wo, in der dunklen Tiefe des Bewußtseins, nichts mehr übrig ist, als das Vorstellen überhaupt, jenes dumpfe Einheitsgefühl des Seins, wie es wohl auch beim unlebendigen, beim scheinbar toten, Körper vorhanden sein muß, dessen verschiedene Daseinssphären in diesem völlig dunklen Bewußtseinszustand zur Einheit sich binden.

Aber ebensowenig wie die Stufenreihe der Monaden, vom Menschen aus abwärts gerechnet, eine Lücke haben kann, so wenig kann dies auch, von ihm aufwärts gerechnet, der Fall sein. Auch das mikrokosmische Weltbild des größten Genies ist ja, bei aller leuchtenden Klarheit, noch immer dunkel und verworren. Auch über seine Vorstellungskraft hinaus muß es also noch höhere Grade und demnach höhere Monaden geben können, und also müssen sie auch wirklich sein. So reicht die Stufenreihe der Monaden weit hinaus über das Reich des Menschen, bis zu jenem Punkte der höchsten, absoluten Vorstellungskraft und Einheit, den wir abstrakt und begrifflich wohl denken, aber nicht mehr konkret uns vorstellig machen können.

Wo die größte Einheit mit der größten Mannigfaltigkeit
sich verbindet, da sprechen wir von Harmonie, und wo ist die
Anwendung dieses Wortes mehr berechtigt als gegenüber dem
Weltbilde der Leibnizschen Monadologie? Es zeigt die größte
Einheit, ja sogar Einheitlichkeit, denn alles Wirkliche ist ihm Geist,
Leben, vorstellende Kraft, Mikrokosmus, Monade, — und zugleich
doch die größte Mannigfaltigkeit, denn es gibt unendlich viele
Grade und Abstufungen der Monaden, jede in besonderer und
einzigartiger Weise ein Spiegel des Universums, jede gewissermaßen
einen einzigen metaphysischen Ort einnehmend und, gewissermaßen
unter einem besonderen Gesichtspunkte der Ewigkeit, das Wirkliche
zur mikrokosmischen Einheit verknüpfend. So heißt Leibniz' Monado=
logie mit Recht auch das System der Weltharmonie. Es ist
die in gewaltiger Melodienfülle ertönende Harmonie des Geistes,
angestimmt von dem in unendlicher Zahl und unerschöpflichem
Reichtum bestehenden Chorus des Lebendigen.

*　　*　　*

Leibniz' System der Weltharmonie gründet sich also auf ein
Doppeltes: auf die vollkommene Einheit aller Monaden, darin be=
stehend, daß jede ein Ich, ein Mikrokosmus, eine individuelle
Substanz ist, und auf die vollkommene Mannigfaltigkeit, darin be=
stehend, daß diese individuellen Substanzen ihrer Intensität, ihrem
Grade nach unendlich differenziert sind.

Will man nun das Wesen der Monade so bezeichnen, daß
ebenso die verschiedenen Seiten ihrer Einheit als auch die unendlich
vielen Grade der Abstufung dabei zum Ausdruck kommen, so würde
dieser, wenn man so sagen darf, Generalnenner alles Wirklichen
die Vorstellung, die Vorstellungseinheit oder die Vorstellungskraft,
sein. Alle Monaden also sind vorstellend, d. h. Mannigfaltiges
zur Einheit zusammenfassend, und alle sind vorstellende Kräfte
in dem Sinne, daß in dieser Zusammenfassung des Mannigfaltigen
zur Einheit jene geheimnisvolle Energie und Potenz des Daseins

verborgen liegt, welche wir nicht anders als mit dem natur=
philosophischen Ausdrucke Kraft bezeichnen können.

Offenbar muß man nun also bei jeder einzelnen Monade,
oder Vorstellungskraft, zwei Seiten unterscheiden: die eine darin
bestehend, daß es sich um diese eine Monade von ganz bestimmter
Prägung und Kraftstärke handelt, die andere darin bestehend, daß
sie nur im Zusammenhange aller Monaden, nur an dieser Stelle,
gewissermaßen an einem metaphysischen Orte und unter ganz be=
stimmten Voraussetzungen, unter einem bestimmten Gesichtspunkte
der Ewigkeit, den Zusammenhang alles Wirklichen vorstellt. Oder
mit anderen Worten: nach der einen Seite ist jede Monade
schlechthin vorstellend, energisch, kraftvoll, nach der andern in
ihrem Vorstellen beschränkt und begrenzt; sie ist aktiv oder tätig
infolge ihrer Individualität, passiv oder leidend infolge des Zu=
sammenhangs mit dem Universum. Die Weltanschauung der
Leibnizschen Monadologie darstellen, heißt also, diesen Gegensatz
der aktiven und der passiven, der tätigen und leidenden Seite der
Monade, oder den Gegensatz zwischen Individualismus und
Universalismus zum Ausdruck bringen, der, obwohl er Jahr=
hunderte und Jahrtausende vorher bereits die Kulturentwickelung
bewegt und beherrscht hat, doch zum ersten Male in der Leibniz=
schen Monadologie in das volle Licht des Kulturbewußtseins tritt
und in seiner scharf=begrifflichen Prägung erscheint.

In jeder Monade gibt es also ein doppeltes Prinzip des
Daseins: einmal das Prinzip der Schranke und der Begrenzung,
und sodann das des Unbegrenztseins oder der einheitlichen Aktivität.
Beide Prinzipien sind immerfort daseiend und immerfort wirksam,
da ja die Monade auch immerfort vorstellend ist. Betrachtet man
aber nicht diese fortdauernde Wirksamkeit der Monade, sondern
nur deren Zustand oder Resultat in irgend einem gegebenen
Momente, so kann man sagen, daß jede Monade zwei Seiten
zeigt, nämlich das Selbst, oder die vorstellende Einheit, und die
Schranke dieses Selbst. Je höher eine Monade auf der Stufen=
leiter der Weltharmonie steht, oder je höher der Grad ihrer

Vorstellungskraft ist, desto mehr Aktivität ist also bei ihr vor=
handen, desto mehr Tätigkeit, Energie des Selbst, Kraft der Einheit
in der Mannigfaltigkeit, und desto weniger Passivität, Leiden
Schranke und Begrenztheit; ebenso natürlich umgekehrt.

Wo Schranke ist und Begrenzung und Leiden, da ist auch
Undurchdringlichkeit und Widerstand und Härte, und da ist auch Raum
und Zeit, welche ja nur das Begrenzen unter verschiedenen Formen
des Bewußtseins zum Ausdruck bringen. Jenes undurchdringlich
Begrenzte und Grenzen und Schranken Bedingende nennen wir
auch Stoff oder Materie, während wir das Selbst, d. h. die
vorstellende Einheit in der Mannigfaltigkeit, auch die Form
nennen. Und sonach ist jede Monade, in jedem gegebenen Momente
betrachtet, zugleich Stoff und Form, Materie und Selbst, Schranke
und Individualität. Auch hier wieder gilt das Grundgesetz des
Monadenreiches: auf je höherer Stufe der Weltharmonie die
Monade sich befindet, desto geringer ist die Kraft der Materie,
desto stärker die Kraft der Form. Aber immer sind beide ver=
bunden, nirgendwo gibt es Materie ohne Form oder Form ohne
Materie, so wenig als es irgendwo eine Tätigkeit ohne Leiden
und ein Leiden ohne Tätigkeit gibt.

Überall da nun, wo die Kraft der Form eine verhältnis=
mäßig geringe, die Kraft der Materie aber eine besonders starke
ist, also auf den untersten Stufen des Monadenreiches, erscheint
das Wirkliche als bloße Materie, als das verdichtet Undurch=
dringliche, in Raum und Zeit sich gegenseitig Begrenzende
und Beschränkende, d. h. es erscheint als Körperlichkeit und Masse.
Körper und körperliche Masse sind also nichts anderes als lediglich
solche monadische Erscheinungen, in denen das Prinzip der Form
einen verhältnismäßig geringen oder sehr niedrigen Grad besitzt.
Das Körperliche ist also nur eine Erscheinung, — allerdings
eine in der Natur der Sache wohlbegründete Erscheinung, (phae=
nomenon bene fundatum), — welche sich aus der Stufenfolge der
Monaden, auf deren untersten Stufen, ergibt, da nämlich, wo die
Kraft des Selbst und der Form gering, die der Schranke und der

Begrenzung sehr groß ist. Aber Materie ist nicht bloß hier, wo sie uns als Masse erscheint, sondern sie ist überall; ebenso ist aber überall auch Form, Einheit des Vorstellens, Geist und Leben. Und so hat Leibniz zum ersten Male die Schranken der naturalistischen Betrachtungsweise durchbrochen, welche vor ihm zwischen dem Materiellen und dem Geistigen aufgerichtet worden waren. Ich kenne sie nicht, sagt er, die toten Massen, von denen ihr redet; mir ist alles Leben und Regsamkeit, und selbst der Tod nur dumpfer vorübergehender Schein rastlosen inneren Webens.

Und so wenig es für Leibniz eine bloße Masse, als totes, unbeseeltes caput mortuum, gibt, so wenig gibt es für ihn einen Tod, als Vernichtung des Daseins. Denn jede Monade ist Substanz, sie ist als Substanz immerfort tätige Kraft, Vorstellungskraft, also unzerstörbar und unvergänglich. Es ist unmöglich, daß die Monade jemals aufhöre, vorzustellen und tätig zu sein, und also unmöglich, daß ihr Wesen jemals vernichtet werde. Das, was wir Tod oder Untergang nennen, ist also eine Erscheinung, von welcher die Substanzen, die Monaden selbst, unberührt bleiben. Diese Erscheinung des Untergangs, des Entstehens und Vergehens, des Sterbens und Verwelkens erklärt sich vielmehr aus der Zusammensetzung und Verknüpfung der Monaden. Je höher nämlich eine Monade auf der Stufenleiter der Weltharmonie steht, desto größer ist ihre Kraft der Anziehung auf andere, desto stärker ihre Fähigkeit, die Verwandtschaft zu anderen, welche sie vorstellt, auch in der Verbindung mit ihnen in der Natur darzustellen. So wie die Alten, namentlich die Pythagoräer, von der Harmonie der Sphären sprachen, welche vorgestellt ist in gewissen rein philosophischen und mathematischen (Zahl=) Verhältnissen, und sich darstellt in dem Umlauf und den Wechselbeziehungen der Gestirne, der Sonnen und Planeten, so könnte man ähnlich, im Sinne von Leibniz, von der Harmonie der Geister in der Natur sprechen, welche vorgestellt ist durch die Gradation und Stufenordnung der Monaden, dargestellt durch die Fülle der Wechselbeziehungen zwischen ihnen, die Anziehung und Abstoßung, die Hinwendung oder Anziehung in

der Richtung der Einheit und die Abwendung oder Abstoßung in
der Richtung der Mannigfaltigkeit. So kreisen nicht nur die Ge=
stirne, sondern auch die Geister und Seelen, alle Monaden, um=
und miteinander, ziehen sich wechselseitig an, gruppieren sich so
daß eine neue Einheit entsteht, und je stärker und höherstehend
die anziehende Monade hierbei ist, desto mannigfaltiger und be=
deutsamer erscheint der Zusammenhang von Monaden, der ihr zu=
geordnet ist. Diese letzteren erscheinen alsdann als Körper, die
erstere, im Mittelpunkte stehende, Monade als Seele, oder,
könnte man auch sagen, beide verhalten sich wie Stoff und Form,
ganz ebenso wie bei der Einzelmonade.

So ist also zwar jede Monade unzerstörbar, unvergänglich
und unsterblich, aber jedes Monadensystem zeitlich begrenzt. Den
Augenblick, wo dieses Monadensystem voll in die Erscheinung tritt,
nennen wir Geburt im weitesten Sinne dieses Wortes, den Augen=
blick, wo es wieder zerfällt, nennen wir Tod; aber es zerfällt nur,
um einzugehen in eine andere höhere Ordnung auf einer höheren
Stufe der Weltharmonie.

*　　　*　　　*

Obgleich es in der Stufenordnung der Monaden keine Lücke
gibt, und alles mit allem kontinuierlich verknüpft ist, so kann man
dennoch gewisse Wendepunkte oder Epochen annehmen, durch welche
eine gewisse Höhe der Stufenordnung von anderen deutlicher unter=
schieden wird. So unterscheiden wir ja auch die Menschenwelt
vom Tierreich, Pflanzenreich usw. in einer für uns ausreichend
deutlichen Weise, obwohl die Grenzen, wie wir gesehen haben,
nirgendwo mit absoluter Sicherheit zu bestimmen sind. Demnach
kann man auch drei Hauptarten von Monaden gegeneinander ab=
grenzen, welche gekennzeichnet sind durch drei Hauptgrade der vor=
stellenden Kraft: nämlich Form (im engeren Sinne), Seele und
Geist. Man könnte den Unterschied dieser drei Hauptepochen in
der Gradation der Monaden etwa so bestimmen: bei der bloßen
Form ist die vorstellende Kraft nur expressiv, auf der Stufen=

ordnung dagegen, die wir Seele nennen, ist die vorstellende Kraft repräsentativ, und im Reiche des Geistes ist sie reflexiv; oder anders ausgedrückt: auf der untersten Stufe, der bloßen Form, sind Einheit und Mannigfaltigkeit noch wenig differenziert, die Form ist zwar ausgedrückt, aber nur undeutlich, kaum unterscheidbar, vorhanden. So ist es mit allen Erscheinungen des Unbeseelten: bei einem Mineral z. B. ist die Form vom Stoff nur wenig unterschieden, und erst durch unsere nachträgliche mühevolle Reflexion davon abzutrennen. Da aber, wo Seele vorhanden ist, ist beides, Form und Stoff, deutlich getrennt, und wir sprechen von einer doppelten Art des Seins, von dem Natur=Sein oder dem Gegeben=Sein auf der einen, und dem Bewußt=Sein auf der anderen Seite. In der Sphäre des Geistes endlich wird nicht nur beides unterschieden, sondern das Bewußt=Sein wird von sich selbst unterschieden oder reflexiv auf sich zurückbezogen.

Nimmt man das Wort Bewußt=Sein gewissermaßen als den Generalnenner für diese verschiedenen Arten der Vorstellungskraft, so kann man jene drei Hauptstufen, Form, Seele, Geist, auch gleichsetzen mit dem Unbewußten, dem Bewußtsein und dem Selbstbewußtsein.

Gilt nun das Grundgesetz der Weltharmonie, daß jede niedere Monade, d. h. jede Monade mit geringerer Vorstellungskraft, nach der höheren strebt d. h. daß sie in der mikrokosmischen Vorstellungseinheit alle höher stehende Monaden nur undeutlich und verworren vorstellt, aber darnach trachtet, sie klar und deutlich vorzustellen, so strebt also in der Natur alles Unbewußte zum Bewußten und alles Bewußte zum Selbstbewußtsein empor. Und so wie die niedere Monade die höhere unklar und verworren vorstellt, so wird sie selbst von dieser klar und deutlich vorgestellt. Auf die drei Haupt=Artunterschiede der Vorstellungskraft angewandt, bedeutet dies: da, wo Bewußtsein ist, ist auch das Unbewußte, aber nicht umgekehrt; da, wo Selbstbewußtsein ist, ist auch bloßes Bewußtsein und das Unbewußte, — nicht ebenso umgekehrt.

*   *   *

Darnach bestimmt sich denn nun auch die Stellung des Menschen in der Natur, und entscheidet sich die Lösung des Problems, welches wir mit dem Worte Mensch bezeichnen.

Der Mensch befindet sich also auf der für uns erkennbar höchsten Stufe des Stufenreiches der Monaden. Wir können, ja wir müssen, uns zwar vorstellen, daß es über ihn hinaus noch weit höhere Stufen gibt, aber wir haben davon nur eine vollständig dunkle Vorstellung, keinen wahren Begriff, keine wirkliche Anschauung, so wenig als der Kristall eine Vorstellung haben kann vom Wesen des Menschen.

Diese, für uns noch erkennbare, höchste Stufe der Vorstellungskraft, auf welcher sich der Mensch befindet, ist die des Geistes. Der Mensch, könnte man also im Sinne von Leibniz definieren, ist ein Monadensystem, dessen Zentralmonade, oder Seele, ihr Wesen hat in demjenigen Grade der Vorstellungskraft, welchen wir Geist, Reflexion, Selbstbewußtsein, Ich, oder auch, was dies alles zusammenfassend bezeichnet, Persönlichkeit nennen. Im Menschen wiederholt sich also, nur auf einer höheren Stufe, und bedingt durch die besonderen Erscheinungen des Geisteslebens, eben dasselbe, was auf den unteren Stufenordnungen der Natur sich zeigt. So wie hier überall die niedere Monade die höhere nur unklar und verworren vorstellt, diese aber jene klar und deutlich, so kann auch auf den unteren Stufen des Menschenreiches, beim Kinde oder in den Niederungen des Kulturlebens, das höhere und geistige Leben nur unklar und verworren vorgestellt werden, während die höchststehenden und am meisten durchgeistigten Menschen nicht nur sich selbst, sondern auch alles unter ihnen Stehende, klar und deutlich begreifen. So wie aber das Wesen jeder Monade in immerwährender Tätigkeit, d. h. Vorstellungstätigkeit, besteht, d. h. in immerwährendem Bestreben, den Mikrokosmus zu verdeutlichen, die Vorstellungen aufzuklären, zur höheren Stufe der Vorstellungskraft emporzustreben, so ist auch die Menschenwelt beherrscht von diesem immerwährenden Streben nach der höheren Stufe der Aufklärung und der Erkenntnis. Wie daher auch die untersten Stufen der Natur sich), wiewohl unbewußt, zum Lichte emporzuringen suchen, so, und in noch viel höherem Grade, streben in der Menschenwelt auch die untersten Kulturschichten, und selbst die in halber Bewußtlosigkeit dumpf dahin lebenden Völker und Individuen, empor zur höheren Aufklärung, Kultur und Geistesentwickelung. Die endlose Kette der Aufklärung, als welche die Natur sich darstellt, setzt sich also ohne Unterbrechung fort in der Menschenwelt, um vielleicht (das ist ein Gedanke, den wir nur unklar fassen können), ihre Fortsetzung zu finden in übermenschlichen Wesen und endlich in der Fülle des Göttlichen, welches dem Entwickelungsgange der Menschen als das letzte Ziel vorschwebt, etwa so wie es Schiller einmal, ganz im Geiste der Leibnizschen Monadologie, ausgedrückt hat:

> Arm in Arme, höher stets und höher
> Vom Mongolen bis zum griech'schen Seher,
> Der sich an den letzten Seraph reiht,
> Wallen wir, einmüt'gen Ringeltanzes,
> Bis sich dort im Meer des ew'gen Glanzes
> Sterbend untertauchen Maaß und Zeit.

Vergleicht man nun im Stufengang der Monaden die einzelnen Glieder so, daß man den Blick nach aufwärts richtet, zum höheren Grade der Vorstellungskraft und zur stärkeren Vergeistigung, so verhalten sich überall die niederen zu den höheren Monaden oder Monadensystemen, wie der Stoff zur Form, wie das Mittel zum Zweck. Unter Stoff (Materie) verstehen wir gemeinhin nur jene unterste Stufe des Seienden, auf welcher das Geistige den niedrigsten Grad hat, wo die Form nur spurenhaft vorhanden, die Formierung (Bildung) noch ganz expressiv ist. Aber alles Gebildete, wie Goethe sagt, wird seinerseits wieder zum Stoff, zum Stoff in einer höheren Ordnung. So ist das, im engeren Sinne so benannte, Stoffliche oder Materielle, z. B. das Erdreich, Luft und Wasser, bereits formiert aus den stofflichen Urelementen den chemischen Substanzen, wird aber nun seinerseits wieder zum Stoff in der höheren Ordnung der Pflanzenwelt, diese wieder dient dem Aufbau des animalischen Lebens, welches wieder den Stoff, die materielle Grundlage, des geistigen Lebens abgibt, und so fort. Und so sind selbst die einzelnen Menschen nur der Stoff für die höchsten Formen des geistigen Lebens, den Staat, die sittliche Gemeinschaft usw. Es drückt dasselbe aus, wenn man sagt, daß das chemische Leben nur Mittel sei für die Zwecke des vegetativen, dieses nur Mittel für die Zwecke des animalischen Lebens, und so fort. Überall waltet hierbei im Stufengange der Natur die Tendenz ob, daß, je höher die erreichte Stufe ist, desto mehr auch das Mittel im Zwecke aufgeht, der Stoff durch die Form, um Schillers Ausdruck zu gebrauchen, gleich=sam vernichtet wird, — nicht im Sinne des Auslöschens und Austilgens, sondern im Sinne des Vergeistigens, des Hinauf=gehobenseins zu einer höheren Ordnung, wo jede Besonderung des Mannigfaltigen im geistigen Sinne verwebt ist mit der ewigen Einheit des Ganzen.

Vergleicht man aber die einzelnen Glieder der monadischen Stufenordnung so, daß man den Blick nach abwärts richtet, zur Abnahme der Vergeistigung und zum geringeren Grade der Vorstellungskraft, so verhalten sich überall die höheren zu den niederen Monaden, oder Monadensystemen, wie das Entwickelte zu dem Unentwickelten, das Gebildete zu dem Rohen, die reife Form zum Keim und zur Anlage, das Formierte zum Präformierten. Jede Bildungsstufe, oder, was dasselbe heißt, jede Aufklärungsstufe, welche die Natur auf ihrem Stufengang erreicht hat, schwebt ihr auf den unteren Stufen noch dunkel vor, wird verworren ge=sucht, und schläft in jeder dieser unteren Bildungsstufen, wie die voll erblühte Rose, mitsamt ihrer Frucht, in der Knospe, ja selbst in den vorangehenden Bildungen von Stengel und Wurzel, schläft. Und so ist auch das bewußtlose Seelenleben die Präformation des bewußten, und beides wiederum die keimartige Anlage des rein Geistigen.

Das einheitliche Grundgesetz, das so die ganze Natur durch=waltet, wiederholt sich überall, auf jeder ihrer Stufen, bei jedem Individuum, und insbesondere also auch beim einzelnen Menschen.

Behält man auch für den einzelnen Menschen die Unter=scheidung der drei Hauptgrade der Vorstellungskraft — Form (be=wußtloses Vorstellen), Seele (bewußtes Vorstellen), Geist (selbst=

bewußtes Vorstellen) — bei, so ergibt sich also zunächst: das bewußt=
lose Vorstellen enthält präformiert, keimartig und involviert alles,
was im bewußten Seelenleben und im Geist durchgebildet, ent=
wickelt, klar vorgestellt, evolviert ist. Die unterste Stufe des Be=
wußtseins, das Bewußtlose, ist also die Grundlage und die Quelle
alles menschlichen Lebens; es ist die geheimnisvolle Werkstätte, in
der alles zubereitet wird, was später in klarer Form und Ge=
staltung aus Licht tritt: jede leiseste Regung der Seele, jeder Ge=
danke, sowohl der unbedeutende, gleichgültige als der weltumspannende
Gedanke des Genies, jede Tat, die gute und die böse, die kleinste,
wie die große von weltgeschichtlicher Wirkung. Aus unergründlichen
Tiefen des Vorstellungslebens strebt dies alles empor, um in
langsamer und stetiger Folge, ohne Unterbrechung, zu wachsen und
sich emporzuringen zur Höhe der reinsten und lichtvollsten Klar=
heit. Diese tiefverborgene Quelle der menschlichen Individualität
strömt immerfort, wenn wir auch außerstande sind, selbst nur einen
Ton von ihrem Rauschen zu vernehmen. Denn dies ganze be=
wußtlose Seelenleben gleicht dem Meere, das in purpurner Finster=
nis, im Schweigen der Tiefe unter uns liegt, dessen dunkle Ge=
heimnisse wir bloß ahnen, aber nicht für die Anschauung uns
verdeutlichen können.

Nur insoweit können wir dieses Ahnen zu einer größeren
Deutlichkeit erheben, als wir diejenige Stufe des Bewußtlosen be=
trachten, welche bereits auf dem Übergange zum bewußten Seelen=
leben sich befindet: so wie wir ja auch von der Meerestiefe
eben nur die obersten Schichten kennen lernen können, diejenigen,
in welche noch etwas vom Sonnenlichte hineindringt. Diese
zwischen dem rein Bewußtlosen und dem Bewußten gleichsam in
der Mitte schwebenden Bewußtseinsformen und Vorstellungsarten
bezeichnet Leibniz mit dem Ausdruck Halbdunkel (clair-obscur)
oder auch als kleine Vorstellungen (perceptions petites), weil
sie, von dem Blickpunkt des Bewußtseins aus betrachtet, und räum=
lich=figürlich angeschaut, in derselben Weise räumlich klein er=
scheinen, wie die Gegenstände, welche weit von unserem Gesichte

entfernt, und namentlich die, welche im Begriffe sind, am Rande
des Horizontes zu verschwinden. Aber so wenig diese Gegenstände
einer rein optischen Betrachtung, die unserem Auge am Rande des
Horizontes so außerordentlich klein erscheinen, in Wirklichkeit klein
und, wenn sie unserem Gesichtskreise entrückt sind, nun wirklich
verschwunden, d. h. vernichtet sind, so wenig ist das mit den halbdunkeln oder kleinen Vorstellungen der Fall, wenn sie aus dem
Bereiche des bewußten Seelenlebens allmählich hinabtauchen in
die dunkle Tiefe des Unbewußten. Sie sind nicht verschwunden,
nicht vernichtet, denn schon nach dem Gesetze der Einheit der
Natur und nach dem Gesetze der Kontinuität ist das von vornherein unmöglich, sie haben nur eine andere Bewußtseinsstufe erlangt, eine neue Bedeutung erhalten in dem Bildungsprozeß des
Mikrokosmos.

Es ist dieses bewußtlose und dieses halbdunkle Vorstellungsleben, oder, wie man auch sagen kann, das Gefühls- und
Empfindungsleben, welches die Grundlage des menschlichen
Lebens und die eigentliche Pointe der Individualität bildet. Was
ein Mensch ist, seiner ganzen Anlage nach, körperlich und geistig,
seinem Charakter, seinem Temperament nach, das alles wird bestimmt durch die Formation des Geistes, welche in den geheimnisvollen Tiefen des Bewußtlosen sich vollzieht. Und wäre es möglich,
diese Tiefe mit voller anschaulicher Erkenntnis zu durchdringen,
so würde man alle Möglichkeiten, die in dem einzelnen Menschen
schlummern, alle Bestimmungen seines Lebens, ebenso darin lesen
können, wie der geniale Künstler mit Hülfe der kleinsten Skizze, ja
bloß eines Teiles davon, das vollendete Kunstwerk vor Augen
sieht. In diesem Sinne, der strengen Einheit des gesamten Vorstellungslebens, ist alles im menschlichen Leben vorherbestimmt,
vollkommen determiniert, so wie es Goethe in dem orphischen Urwort
ausspricht: nach dem Gesetze, wonach du angetreten, so mußt du
sein, dir kannst du nicht entfliehen.

Wie in dieser Weise die menschliche Individualität unaufhörlich in der dunkeln Werkstatt des Bewußtlosen gestaltet wird,

das zeigt besonders deutlich die psychologische Erscheinung der Ge=
wohnheit. Denn diese bedeutet weiter nichts, als daß der Wille
des Menschen durch seelische Regungen bestimmt wird, welche in
dunkeln Tiefen des Bewußtlosen sich vollziehen, mögen es nun
Vorstellungen oder Vorstellungsreihen sein, welche nie bewußt
werden, oder solche, welche einstmals bewußt waren, aber längst
hinabgetaucht sind in das Meer des Unbewußten. Durch alles
dies, durch die zahllosen Vorstellungen des dunkeln und bewußt=
losen Seelenlebens, welche nie an die Oberfläche kommen und in
unzähligen geheimnisvollen Fäden den einzelnen Menschen mit dem
Naturprozeß und dem Weltlauf verknüpfen, und durch jene anderen,
welche, einstmals emporgetaucht in das Licht des deutlichen Vor=
stellungslebens, wieder hinabgesunken sind, wird jene Eigentümlich=
keit, jene Besonderheit, jenes unsagbare Etwas bestimmt, das wir
meinen, wenn wir von Individualität sprechen, ohne es doch
jemals anders als durch hindeutende Worte ausdrücken zu können.

Richtet man sein Augenmerk besonders stark auf diese Tat=
sache, daß die Bedeutung des bewußtlosen Seelenlebens gegenüber
dem bewußten so überragend, so unermeßlich groß ist, dann kann
man sehr wohl Calderon oder den indischen Weisen und vielen
anderen beipflichten, daß das Leben nur ein Traum sei. Denn
träumen heißt, bewußtlos oder halbbewußt vorstellen, wachen heißt,
mit Bewußtsein vorstellen. Aber auch im vollen Zustande des
Wachens sind wir wahrhaft wach, d. h. bewußt vorstellend, nur
in bezug auf wenige einzelne Objekte, alles andere aber stellen wir
gleichzeitig bewußtlos oder halbbewußt vor, d. h. wir träumen —
alles andere d. h. alle nächsten, alle ferneren Objekte, schließlich den
ganzen Zusammenhang des Wirklichen. So träumen wir in der Tat,
wie alle Dinge, den Traum des Daseins, und das Wachen des Be=
wußtseins gleicht nur dem Wechselspiel der Lichtreflexe, das auf
der Oberfläche des Meeres sich zeigt, während das Meer selbst,
unberührt vom Licht, in unermeßlicher Tiefe schweigend ruht
und träumt.

*

*   *

Was von allen Erscheinungen des menschlichen Daseins gilt, daß sie in der dunkeln Tiefe des Bewußtlosen präformiert und zubereitet werden, das gilt ebenso auch von den höchsten Betätigungen des bewußten Seelenlebens oder des Geistes, also von der Erkenntnis, dem sittlichen Handeln, der Kunst und der Religion.

Alle Erkenntnis besteht in der deutlichen Vorstellung des Zusammenhanges der Dinge, der Dinge im einzelnen und weiterhin des gesamten Weltbildes. Diese deutliche Vorstellung muß also bereits als Anlage, keimartig, in der Seele vorhanden sein, ehe sie klar-bewußt hervortritt. Es gibt also gewisse ewige Wahrheiten, aus welchen alle Erkenntnis sich gestaltet, einen ewigen Samen des Denkens, aus dem alles, selbst das große Weltbild des schöpferischen Philosophen, hervorgeht. Diese ewigen Samen der Erkenntnis sind die Kategorien und die auf sie gegründeten allgemeinsten Grundsätze des Erkennens. Solche Kategorien sind: Einheit, Vielheit, Substanz und Akzidenz, Ursache und Wirkung usw.; und die darauf gegründeten allgemeinen Grundsätze: der Satz der Identität, des Widerspruches, der Kausalität, und so fort. Weil alle Erkenntnis letzten Endes darin besteht, daß wir die Objekte durch Kategorien bestimmen, die Einzelerkenntnisse auf jene allgemeinsten Grundsätze zurückführen, so können wir die letzteren nicht von anderen Sätzen ableiten, d. h. begründen, wir können jene Kategorien nicht definieren, noch weniger uns veranschaulichen und deutlich machen, z. B. was Einheit und was Substanz usw. ist; wir wissen nur, daß, indem wir erkennen, ein seelischer Prozeß sich vollzieht, bei dem, in der Tiefe des Bewußtseins, das zu Erkennende mit jenen Kategorien gewissermaßen umklammert und in ihren Kern hineingezogen wird. Erkennen heißt also nichts anderes, als die Mannigfaltigkeit des Gegebenen bestimmen durch jene Kategorien, als den Samen der Erkenntnis, oder umgekehrt, jene Kategorien und Grundsätze durch alle Bestimmungen des Seins, durch die ganze Fülle des Gegebenen, hindurchführen und aufklären, bis zur vollendeten Klarheit des umfassenden Weltbildes.

Eben dasselbe, was vom menschlichen Erkennen gilt, gilt
auch vom menschlichen Bestreben, von dessen dunkelsten Anfängen
bis zu jener höchsten Stufe, die wir mit den Ausdrücken sittliches
Wollen und ethisches Handeln bezeichnen.

Vorstellen und Streben sind im Grunde ein und dasselbe,
nur von verschiedenen Seiten betrachtet, das erstere mehr als Zustand, das letztere mehr als Werden und Fortentwickelung aufgefaßt. Die Monade ist immerwährendes Vorstellen, d. h. sie geht
beständig von einer Vorstellung und von einem Vorstellungs-
zusammenhang zum anderen über. In diesem beständigen Übergehen besteht das Streben, oder, wenn man dabei das Ziel des
Strebens mit ins Auge faßt, das Begehren. Und so wie nun der
menschliche Mikrokosmus alle typischen Erscheinungsformen des
Vorstellens in sich hegt, ebenso auch die ihnen entsprechenden
Grundformen des Strebens. Dem bewußtlosen Vorstellen entspricht also das bewußtlose Streben, welches jeder Naturerscheinung
innewohnt, und das wir mit dem Ausdrucke Kraft, im engeren
Sinne, oder auch Naturkraft, bezeichnen, wenn wir darunter eben bloß
die blind wirkende, typische, noch gar nicht individuell hervortretende
und differenzierte Kraft verstehen. Dem halbdunkeln, dämmernden
Vorstellungsleben entspricht jene Art des Strebens, die wir Trieb
oder Instinkt nennen, der sich fortpflanzen kann bis in die höheren
Regionen des Bewußtseins. Dem geistigen Leben endlich, oder
dem selbstbewußten Vorstellen, entspricht diejenige Art des Strebens,
welche wir Willen nennen.

So wie nun alles bewußte Vorstellen angelegt ist in den
halbbewußten und dunkeln Vorstellungen und aus ihnen sich entwickelt, so ist auch alles Wollen präformiert in Instinkten und
Trieben und, noch weiter zurückliegend, in den geheimnisvollen
Naturkräften. Alles Wollen, jede Tat, die daraus entspringt,
die gute wie die böse, hat seinen Ursprung in diesen dunkelen
Abgründen des menschlichen Mikrokosmos, in jener tiefsten
Werkstätte des Geistes, welche Goethe in dem orphischen Urwort schildert:

Des Menschen Taten und Gedanken, wißt,
Sind nicht wie Meeres blind bewegte Wellen.
Der dunkle Kern, der Mikrokosmus, ist
Der tiefe Schacht, aus dem sie stets lebendig quellen.
Sie reifen nur, so wie des Baumes Frucht,
Sie kann des Zufalls Gaukeln nicht verwandeln.
Hab' ich des Menschen Kern erst untersucht,
So weiß ich auch sein Wollen und sein Handeln.

Dieser dunkle Kern, aus dem alles Wollen des Menschen entspringt, ist seine ursprüngliche Charakteranlage, deren Wurzeln also tief hinabreichen in die geheimnisvollsten Zusammenhänge des Naturprozesses. So verschieden also die Charakteranlagen sind, so verschieden ist auch das Streben und Wollen der Menschen; und da, nach dem Grundgesetze der Monadologie, alle Individualitäten dem Grade nach unendlich verschieden sind, so handeln alle Menschen in unendlich verschiedener Weise, oder, genauer ausgedrückt, sind sie durch ihre Charakteranlagen in unendlich verschiedenen Weisen zum Streben disponiert.

Dennoch gibt es auch ein Gemeinsames in dieser unendlichen Mannigfaltigkeit des Strebens. Es beruht auf der Einheit, welche die gesamte Natur beherrscht. Alle Monaden folgen ja, indem sie streben, und als strebend immerfort vorstellen, nur dem Zuge der Aufklärung, welcher das ganze Universum beherrscht. Aufklärung aber ist, da jede Monade Vorstellungskraft, überhaupt also Kraft, ist, identisch mit Kraftsteigerung, welche in den Tiefen des Bewußtseins die allgemeine Vorstellung — wir sagen: das Gemeingefühl — der Freude auslöst. Der Mensch also, wie jede Naturerscheinung, folgt in all seinem Streben dem Zuge der Aufklärung, der Kraftsteigerung, der Freude, oder, negativ ausgedrückt, er flieht die Verdunkelung des Bewußtseins, die Kraftverminderung, die Trauer und den Schmerz. Von diesem Grundgesetz ist das ganze menschliche Handeln beherrscht.

Jede Monade ist immerfort tätig und immerfort vorstellend, und so ist sie auch immerfort strebend. Ebenso auch beim Menschen:

es gibt keine Pause im menschlichen Streben und im menschlichen
Handeln; nur daß die Übergänge von dem einen Zustand zum
anderen, von der einen Vorstellung, die das Handeln im gegebenen
Momente bestimmte, zu anderen, die es im nächstfolgenden Mo=
mente bestimmte, oft so unendlich klein und unmerklich sind, daß
sie nur ganz dunkel, oder überhaupt nicht, d. h. bewußtlos, vor=
gestellt werden.   Wir wollen also immerfort, kontinuierlich, aber
nicht immer bewußt, und nicht immer so, daß der eine Willens=
zustand vom andern sich deutlich unterscheidet.   Wo diese bewußte
und klare Unterscheidung eintritt, da geht ihr immer ein Zustand
der gährenden, prickelnden Unruhe voraus, der nichts anderes be=
deutet, als den Durchbruch einer bestimmten Willensdisposition,
welche, in den dunklen Tiefen der Seele gebildet, und als Trieb
oder Instinkt präformiert, in unendlich kleinen, unendlich vielen
Übergängen den Weg bis zur Höhe bewußter Willensklarheit zu=
rückgelegt hat.   Jede klar bewußte Willensentscheidung ist also nichts
anderes als die, auf Grund deutlicher Vorstellung erfolgende, Wahl
der Strebensrichtung, welcher vorher, in dunkler Neigung, der
bewußtlose oder halbbewußte Wille oder Instinkt nachgefolgt war.

Da nun alle Menschen, wie alle Monaden, nur der Richtung
der Aufklärung, der Kraft, der Freude nachstreben, so können sie
sich nur unterscheiden durch den Grad der Vorstellungskraft, mit
dem sie dies tun.   Bezeichnet man den höchsten Grad der Freude
mit dem Wort Glückseligkeit, so ist also alles menschliche Bestreben
auf Glückseligkeit gerichtet, darauf, die eigene Glückseligkeit immer
mehr zu steigern, das heißt aber, sie immer klarer zu erkennen, ihr
Wesen immer mehr aufzuklären, um sie immer besser wollen zu
können — die Menschen unterscheiden sich also nur durch den Grad
der Aufklärung, der Kraft oder Vorstellungskraft, mit dem sie das,
im ganzen oder im einzelnen, tun und vermögen.   Da wo dieses Glück=
seligkeitsstreben, das jedem Menschen angeboren und tief eingepflanzt
ist, noch unentwickelt blieb, da ist es wiederum nur ein blinder Trieb,
ein dunkler Instinkt, der die Menschen antreibt, ihr eigenes Bestes
zu wollen und in ihrem Streben und Vorstellen dem Zuge der

Freude zu folgen. Indem sie aber dabei nur dunkle und ver=
worrene Vorstellungen hegen, gehen sie immerfort in die Irre und
verfehlen stets von neuem den Weg der Glückseligkeit, den sie suchen.
Erst allmählich werden sie darüber aufgeklärt, daß nicht dieses oder
jenes, was sie haben oder besitzen, und auch nicht dies oder das,
was sie tun, dieses Glück ausmacht, sondern daß es allein beruht
auf der Kraft der mikrokosmischen Einheit, welche wieder darin
besteht, daß alle Vorstellungen in dem hellsten Erleuchtungskreis
des Bewußtseins gesammelt und in all ihrer Mannigfaltigkeit zu
einer harmonischen Einheit verknüpft sind. Und wo das der Fall
ist, da erkennen sie endlich auch, daß die Glückseligkeit unvoll=
kommen, begrenzt und beschränkt, also überhaupt durch das Leiden
zum großen Teile aufgehoben, ist, wenn sich das Streben darnach
nur bezieht auf den Mittelpunkt der eigenen Individualität, oder
auf das eigene Ich. Denn der wahrhaft Aufgeklärte erkennt, daß
dieses eigene Ich nur ein Glied ist in der Einheit des ewigen
Ganzen, vor allen Dingen in den großen Zusammenhängen der
Menschenwelt, mit denen es unzertrennlich verknüpft ist; er erkennt
also, daß die größte Steigerung der Kraft und die höchste Freude
darin besteht, das eigene Ich über sich selbst hinaus immer mehr
zu erweitern, bis zu jenem Punkte, wo es eins wird mit dem Ge=
meinbewußtsein der ganzen Menschheit. Diese Erweiterung des
eigenen Ich, über die Grenzen des engen Selbst hinaus, nennen
wir Liebe, deren Wesen, nach der schönen Definition von Leibniz,
also darin besteht, die Glückseligkeit anderer zu erstreben, wie die
eigene, und sich daran zu erfreuen. Wo diese Liebe am umfassend=
sten wirkt, in der Erweiterung zum Gemeinbewußtsein der ganzen
Menschheit, da wird sie zur Philanthropie oder Menschenliebe.
In ihr also besteht das Ziel aller ethischen Bildung, oder aller
sittlichen Aufklärung. Derjenige Mensch also würde den höchsten
Grad der sittlichen Entwicklung erreicht haben, der, indem er die
Höhe der Aufklärung erstiegen, und eben damit in seinem ganzen
Vorstellungsleben zur vollsten mikrokosmischen Einheit, in sich selbst
zur geschlossenen Persönlichkeit sich entwickelt hat, das eigene Glück

nur erstrebt im Zusammenhange mit dem der anderen und mit dem der gesamten Menschheit. Das ist es, was Leibniz als die schöne Individualität bezeichnete, und was die nachfolgenden Geschlechter auch wohl die schöne Seele genannt haben.

Eines bleibt noch hinzuzufügen um diese schöne Individualität im Geist der Leibnizschen Monadologie zu vollenden: nämlich die Erweiterung des Ich, nicht nur bis zu den Grenzen der Menschheit, sondern, darüber hinaus, bis zu den Grenzen der Natur und des Universums, oder mit anderen Worten, die Steigerung der Menschenliebe zur Gottesliebe, der Ethik zur Religion.

Die Ethik mündet also da in die Religion, wo das Vorstellen, genauer das bewußte Vorstellen und Streben, seinen höchsten Grad erreicht und zum Streben nach dem Göttlichen wird. Das bedeutet also: die höchste der Monaden, nämlich Gott, in sein Vorstellen und sein Wollen als letzte Bestimmung aufnehmen.

Zu eben demselben höchsten Punkte gelangt man auch noch von einer anderen Seite her. Gott ist die höchste der Monaden, oder die (geistige) Einheit in der Mannigfaltigkeit alles Wirklichen, oder, könnte man auch sagen, Gott ist das Ich der Welt, die Form des Universums. Überall da also, wo das Vorstellen sich nicht auf ein bloß Mannigfaltiges richtet, sondern auf die Einheit in dieser Mannigfaltigkeit oder auf die Form, da erfaßt das Bewußtsein unmittelbar eine Analogie des Göttlichen, und darin besteht das Auszeichnende, Besondere, Bedeutsame, das in jedem Vorstellen der Form liegt.

Dieses Vorstellen der Form aber durchläuft, wie jede Art des Vorstellens, alle Grade und Stufen des Bewußtseins. Wird die Form bloß halbdunkel vorgestellt, oder, wie wir zu sagen pflegen, bloß empfunden und gefühlt, so sprechen wir vom ästhetischen Vorstellen und vom Empfinden des Schönen und der Kunst. Alle ästhetische Empfindung ist also die dunkle oder halbdunkle Perzeption der Form, oder der Einheit in der Mannigfaltigkeit, und der darauf sich gründenden Harmonie. Und je tiefer diese ästhetische Vorstellung ist, einen je größeren Zusammenhang

des Wirklichen sie umfaßt, desto mehr ahnen wir darin das Gött=
liche und die göttliche Harmonie des Weltganzen.

Und so wie jedem Vorstellen ein Streben entspricht, so ent=
spricht auch dem ästhetischen Vorstellen das ästhetische oder künst=
lerische Streben. Jeder Mensch hat ästhetisches Empfinden, wenn
auch oft nur in außerordentlich geringem Grade, und jeder Mensch
hat infolgedessen auch ästhetisches Streben, d. h. das Streben, die
Form, die er vorgestellt hat, auch zu verwirklichen oder bloß ver=
wirklicht zu sehen, die Einheit in der Mannigfaltigkeit, die er ge=
schaut hat, irgendwie zu gestalten, sei es auch nur, um sie festhalten
und reiner entwickeln zu können. Da, wo jenes ästhetische Em=
pfinden und dieses ästhetische Streben einen besonders hohen Grad
erreicht, haben wir die Erscheinung des künstlerischen Genies, wel=
ches beherrscht ist von dem Formtrieb, der in ähnlicher Weise wirkt
wie der sittliche Trieb, und auch alle Begleiterscheinungen hat, die
diesem eigen sind, so die gährende Unruhe, die aus den dunkelen
Tiefen des Bewußtseins sich erzeugt, das oft so unsichere
Schwanken zwischen den einzelnen Vorstellungen, die instinktive
Richtung auf die eindrucksvollste und bedeutendste dieser Vorstel=
lungen, deren schließliche Wahl usw. Aber darin unterscheidet sich
die Betätigung dieses Formtriebes von der des sittlichen Triebes,
daß die letztere immer nur vereinzelte und beschränkte Wirkungen
im Endlichen und Begrenzten auslöst, während beim ersteren
etwas Neues hervorgerufen, weil etwas Lebendiges gestaltet wird.
Der Künstler ist schöpferisch, und erscheint insofern wie ein mit un=
mittelbarster Naturkraft Begabter, in dem ein Hauch der göttlichen
Wirksamkeit selbst lebendig ist. Denn alles Wirkliche ist Form,
Einheit in der Mannigfaltigkeit, hat hierin sein Dasein und sein
Wesen. Formen bilden heißt also: Wirkliches hervorrufen, oder,
wie die Natur, oder wie Gott, schöpferisch begabt sein. Daher nennt
Leibniz auch alle mit dem schöpferischen Formtrieb begabten Indivi=
duen kleine Gottheiten. Sie sind in Wahrheit Götter, weil sie das
im Begrenzten tun, wovon wir uns vorstellen, daß es Gott im Un=
endlichen und im einheitlichen Zusammenhang des Wirklichen tut.

Wie jede Vorstellung und Vorstellungsreihe, so zielt nun auch die dunkle Perzeption der Form auf die fortschreitende Aufklärung. Diese aufgeklärte Vorstellung der Form ist die höchste Erkenntnis, oder die Philosophie, die, nicht damit zufrieden, nur das Einzelne und Begrenzte vorzustellen und zu sammeln, stets die Einheit in der Mannigfaltigkeit verfolgt, bis zu deren letztem Punkte, wo alles Wirkliche im Göttlichen zur Einheit gebunden ist. So wie also die Kunst die Richtung auf das Göttliche im dunklen Ahnen verfolgt, so die höchste Erkenntnis, die Philosophie, in klar bewußtem deutlichen Vorstellen.

Und so haben also alle besonderen Strömungen des Bewußtseins, die dunkeln wie die hellen, die niedrigen wie die höchsten, vor allem aber die drei großen Hauptströmungen Ethik, Ästhetik und Philosophie, ein letztes und höchstes Ziel: nämlich Gott, als den Einheitspunkt alles Wirklichen. Auf ihrer höchsten Stufe wird so das Sittliche, das Künstlerische und Poetische, ebenso wie das Philosophische, zur Religion. Religion haben heißt also im Grunde nichts anderes, als alle Strahlen des Bewußtseins in gesteigerter Kraft und Aufklärung zur vollen Einheit sammeln und hinwenden zur göttlichen Einheit alles Seins und Wirkens. So wie alle Arten des Bewußtseins und des Vorstellens, so durchläuft auch dieses religiöse Vorstellen unendlich viele Grade und Stufen, von der dunkelsten Perzeption, durch das Halbdunkle hin, bis zur höchsten Religiosität des erleuchteten Genies. Es gibt also im Grunde ebensoviele Religionen, als es Menschen gibt, ja, kann man hinzufügen, als es monadische Wesen gibt. Und auch in dieser unendlichen Fülle von Religionsstufen wirkt das Grundgesetz der kontinuierlich fortschreitenden Aufklärung, die das ganze Universum erfüllt. In dieser stufenweisen religiösen Aufklärung finden auch die verschiedenartigen Religionssysteme, welche einen großen Einfluß in der geschichtlichen Entwicklung ausgeübt haben, also auch Judentum, Christentum, Muhammedanismus, ihre entsprechende Stellung. Es sind verschiedenartige Versuche, dem religiösen Bewußtsein, auf gewissen Entwickelungsstufen der Kultur, systematisch Aus-

druck und Gestalt zu geben, diese Gestalt dann weiter zu entwickeln und
aufzuklären. Aber sie sind nichts mehr als Versuche, in jedem Falle
also unendlich weit entfernt von jener einen wahren Religion,
welche alle Hauptrichtungen des Bewußtseins, vor allem Sittlich=
keit, Kunst und Philosophie, zur vollen und erleuchteten Einheit
zusammenfaßt, von jener natürlichen Religion, welche das in
weiter Ferne liegende Ziel der Entwicklung für das gesamte Men=
schengeschlecht bildet. Diese natürliche Religion, welche weit er=
haben ist über die sogenannten positiven Religionen mit ihrem
Widerstreit gegen die Wahrheit, ist das, was die größten Geister
aller Zeiten als Religion erstrebt oder bekannt haben, sie, die
alle frei waren von der Religion im gewöhnlichen Sinne — —
aus Religion.

8. Die deutsche Verstandesaufklärung.

Wenn ein neuer Tag anbricht, so sind es zunächst immer die höchsten Bergesspitzen, die von der Sonne vergoldet werden: lange Zeit stehen sie zunächst einsam da in ihrer schimmernden Pracht, während in der Tiefe noch das Dunkel herrscht und in den Tälern die Nebel wallen, zwar der Sonne entgegen, aber noch nicht von ihr durchdrungen und zur Klarheit aufgelöst.

Etwas Ähnliches zeigt sich auch in den großen Entwickelungs= prozessen der Geistesgeschichte. Und so bedeutet auch die ideali= stische Wendung, welche Descartes, Spinoza und Leibniz auf der Höhe der naturalistischen Betrachtungsweise vollzogen haben, ein solches erstes Aufflammen des neuen Lichtes auf den höchsten Spitzen, wo es lange Zeit einsam strahlte, bis es imstande war, auch die Täler zu füllen und selbst in den tiefsten Niederungen das Dunkel zu durchdringen.

Dieses Bewußtsein der Einsamkeit und der Isoliertheit nun war, wenngleich in verschiedenartiger Form und Stärke, auch bei jedem der drei großen naturalistischen Vorläufer des Idealismus selbst aufs deutlichste ausgeprägt, und es hat deren Leben und Charakter, die innere Struktur wie die äußere Form ihrer Ge= dankenentwickelung, das Verhältnis zu den Zeitgenossen wie zur Nachwelt, in entscheidender Weise mit bestimmt und beeinflußt.

In der Tat war ja das Eigentümliche und Originale, das in der Ideenrichtung von Descartes, Spinoza und Leibniz

entscheidend hervortritt, von allen den Gedankenströmungen, welche
im siebzehnten Jahrhundert wahrhaft lebendig waren, außerordent=
lich weit entfernt. Vom Christentum und aller auf christlichem
Boden erwachsenen Ideenbildung entfernten sie sich schon durch
den Ausgangspunkt und den Grundcharakter ihres Philosophierens,
den sie mit der Naturphilosophie gemeinsam hatten: dadurch daß
die Grundlage ihrer Ideenbildung nicht ein vom religiösen Mythus
gebundenes, sondern freies Denken war und, mehr noch, nicht das
reine Subjekt, sondern das reine Objekt, zum eigentlichen Gegen=
stande hatte. Aber auch von dem Naturalismus ihrer Zeit hatten
sich die drei Metaphysiker weit genug entfernt. Denn hatten sie
mit ihnen auch den eigentlichen Gegenstand ihres Denkens, das
reine Objekt, die Natur, gemeinsam, so nehmen sie doch nicht,
wie die Naturphilosophen (z. B. Galilei, Hobbes, Gassendi usw.)
ihren Ausgangspunkt von eben diesem Objekt, sondern vom Subjekt,
und sie suchten das erstere nicht als Aggregat, nicht in seiner
Begrenzung und Isolierung, seiner Vielheit und Mannigfaltigkeit,
sondern in seiner Einheit und Totalität, die sie zu gewinnen suchten,
nicht auf dem Wege der formal=logischen und mathematischen Ver=
knüpfung, sondern vermittelst der genialen Intuition.

So ist es erklärlich genug, daß die drei großen Denker des
siebzehnten Jahrhunderts bei ihren Zeitgenossen in gleicher Weise
auf die nämlichen Schwierigkeiten und Mißverständnisse treffen —
die nämlichen der Art, wenn auch nicht dem Grade nach —
und oft in übereinstimmender, oder doch vielfach ähnlicher, Weise
ihnen entgegenzutreten und vorzubeugen oder, im Vertrauen auf
die besser verstehende Nachwelt, auszuweichen suchen.

Und in der Tat, für die Vertreter der rein naturphilo=
sophischen Betrachtungsweise mochte jener idealistische Geist der drei
großen Metaphysiker, wo und wie er auch immer sich bemerkbar
machte, nicht weniger ein Anstoß und Ärgernis sein, als es die
voraussetzungslose Durchforschung der Natur, der Welt des Objek=
tiven, nur immer für die Vertreter der christlichen Glaubenswelt
war. Wenn die letzteren das Morgenrot der neuen unabhängigen

Naturerkenntnis nur im Lichte der Blasphemie, des Atheismus, des kirchlichen Umsturzes zu erblicken vermochten, so konnten auch die Vertreter der bloßen Naturphilosophie das auf deren Höhen entzündete und sich ausbreitende Licht der ideellen Einheit nur als ein Irrlicht, ja ein gefährliches Irrlicht, ansehen, ihnen, welche im Endlichen und Begrenzten der objektiven Welt heimisch waren, konnte es im besten Falle nur als ungeheuerliche Paradoxie erscheinen, wenn beispielsweise Descartes einmal in platonisierender Art einem seiner gelehrten Korrespondenten bemerkte, „es ist leichter, alle Wissenschaften auf einmal zu lernen, als eine einzige davon loszulösen", oder wenn Spinoza die Fülle der Erscheinungen in der absoluten Substanz auflöste und gleichsam vernichtete, Leibniz gar das Geistige zur Substanz machte und den Körper zu einer bloßen Erscheinung degradierte.

Aus alledem erklärt sich leicht die eigentümliche Doppelrolle, welche Descartes, Spinoza und Leibniz in ihrem Zeitalter, und, weit darüber hinaus, in der geistigen Entwickelung gespielt haben: als Naturphilosophen fanden sie in dem naturalistisch gestimmten siebzehnten Jahrhundert Beifall und Anerkennung, Nachfolge und teilnehmendes Verständnis, selbst da noch, wo sie auf Widerspruch stießen — insoweit sie aber ihren idealistischen Grundideen oder deren Konsequenzen Ausdruck gaben, trafen sie nur auf Zurückhaltung, oder auf das Staunen und Schweigen der Verlegenheit, und auf grobes Mißverstehen, selbst da, wo der Wille zum Verständnis nicht fehlte. So wurde das „Ich", welches Descartes zum Ausgangspunkt seines Philosophierens genommen, selbst von seinen gelehrten Korrespondenten gleichgesetzt mit der zufälligen, zeitlich bestimmten, Subjektivität des einzelnen Menschen, zu der auch Empfindungen, Triebe, Instinkte usw. gehören; so wurde die Substanz Spinozas nicht nur im siebzehnten, sondern auch noch bis zum letzten Drittel des achtzehnten Jahrhunderts, fast durchweg aufgefaßt als das Aggregat aller natürlichen Dinge, als ein gewaltiges Receptakulum des Seienden, woraus dann der Beweis für das Widernatürliche, Unsinnige und vor allem Gotteslästerliche, dieser Lehre mühelos hergeleitet wurde; und Leibniz' Monade wurde bald mit dem rohesten und oberflächlichsten Seelenbegriff identifiziert, bald wie eine occulte, geheimnisvolle Naturerscheinung angesehen usw. Es ist kaum möglich, aber auch unnötig, alle diese zahlreichen und endlos variierten Mißverständnisse näher zu be= leuchten.*)

Der Aufklärung, oder der vorbeugenden Abwehr, solcher grö= beren oder feineren Mißverständnisse haben alle drei großen Meta= physiker des siebzehnten Jahrhunderts einen nicht geringen Teil ihrer Gedankenarbeit gewidmet, und übereinstimmend beobachtet man namentlich in ihren gelehrten Korrespondenzen ein immer wieder erneutes, angestrengtes, oft fast verzweifeltes Bemühen, jene idealistischen Grundideen, die ihrer eigenen Intuition so deutlich waren, denen nahe zu bringen, welche sie, nach ihrer gelehrten, logisch=mathematischen Bildung und nach ihrer naturalistischen Be= trachtungsweise, für dieses Verständnis hinreichend vorbereitet glaubten — ohne schon zu erkennen, wie weit der Weg noch ist, der vom bloßen Naturalismus zum Idealismus, von der logisch=mathema= tischen Verknüpfung zum Fassen der Idee hinführt.

Ob es nun mehr diese immer wieder erneuten, und fast stets fruchtlosen, Versuche, bei den Zeitgenossen Verständnis zu finden, gewesen sind, die das Bewußtsein der geistigen Isolierung und Ein= samkeit allmählich erzeugten, oder ob dieses Bewußtsein schon von vornherein lebendig war und mit der Hingabe an die idealistischen Gedanken wuchs und sich vertiefte: jedenfalls hat beides dazu mit=

*) Sie sind bis auf den heutigen Tag noch nicht ausgestorben und namentlich in der jüngstvergangenen zweiten Hälfte des neunzehnten Jahr= hunderts, das ja ähnlich naturalistisch gestimmt war wie das siebzehnte Jahrhundert — und sich ihm auch verwandt fühlte — von neuem stark hervorgetreten. Es ist charakteristisch, aber unter solchen Umständen zeit= geschichtlich eben leicht erklärlich, daß viele dieser groben Mißverständnisse selbst in Langes „Geschichte des Materialismus" Eingang gefunden haben, obwohl doch gerade Lange zu denen gehörte, die sich, im Anschluß an die Kantische Erkenntniskritik, der Grenzen der naturalistischen Betrachtungsweise bewußt zu werden suchten.

gewirkt, daß Descartes, Spinoza und Leibniz übereinstimmend den
eigentlichen idealistischen Kern ihrer Lehren zu ihren Lebzeiten nicht
rein, nicht unzweideutig und unverhüllt, offenbarten, sondern ihn
erst der Nachwelt überlieferten. Von Descartes' Metaphysik sind
gerade die in idealistischer Richtung wichtigsten und entscheidenden
Partien erst lange nach seinem Tode erschienen; Spinoza hatte sein
Hauptwerk, die Ethik, von vornherein erst zur Veröffentlichung nach
seinem Tode bestimmt, und war während seines Lebens ängstlich
bemüht, nicht nur das Werk selbst, sondern sogar die Kenntnis
davon, daß es existiere, verborgen zu halten; und Leibniz' Hauptwerk, die „Neuen Versuche über den menschlichen Verstand", das,
ebenso wie die Ethik Spinozas, den reinen Ausdruck des naturalistischen Monismus, die geschlossenste und reifste, die einheitlichste,
unzweideutigste und am meisten esoterische Darstellung der Monadenlehre bildet, ist erst zwei Menschenalter nach Leibniz' Tode
zum Vorschein gekommen. Das alles ist weder aus bloßen Zufällen noch aus äußerlichem Opportunismus zu erklären, sondern
allein aus dem Bewußtsein, das dem philosophischen ebenso wie
jedem anderen echten Genie immer wieder sich aufdrängt, und das
seine innere Tragik, sein Glück und sein Leiden, bedingt: aus dem
Bewußtsein, der eigenen Zeit weit vorangeschritten zu sein, und zu
wirken für die, welche da kommen werden.

So erklärt sich auch leicht jenes eigentümlich zwiespältige,
und oft als Zweideutigkeit aufgefaßte, Verhalten, das sie ihrer Zeit
gegenüber beobachtet haben: da sie daran verzweifelten, ihren idealistischen Grundideen unmittelbar Eingang zu verschaffen, versuchten
sie oft, sie wenigstens mittelbar, durch Zwischen- und Übergangs-
stufen der Erkenntnis, den Zeitgenossen näher zu bringen. Von
der Höhe idealistischer Vorstellungsweise, welche, wie sie wohl erkannten, immer nur durch einen eigentümlichen Schwung des Geistes
zu erreichen ist, versuchten sie Brücken zu schlagen, ebensowohl nach
der Seite des religiösen Mythus und des christlichen Glaubens,
als auch, und mehr noch, nach der Seite des reinen Naturalismus. So entstand jener Gegensatz der exoterischen und eso-

terischen Philosophie, der fast keinem der großen Vertreter des philosophischen Idealismus, weder im Altertum noch in der Neuzeit, fremd gewesen ist.

Doch verhielten sich hierbei die drei großen Metaphysiker des siebzehnten Jahrhunderts natürlich in verschiedener Weise, entsprechend nicht nur ihrer individuellen Geistesart, sondern auch dem Stärkegrad des idealistischen Grundtones, der ihre Gedankenwelt durchdrang und erfüllte.

Am wenigsten ausgeprägt ist dieser Gegensatz bei Descartes. Denn die Vertiefung in die idealistischen Grundgedanken spielt bei ihm doch nur an einigen gewissen Wendepunkten der geistigen Entwicklung eine Rolle, und sein Hauptinteresse war im übrigen allzu sehr der reinen Naturphilosophie zugewandt, als daß er den Gegensatz beider allzu stark hätte empfinden können. Dennoch bemerkt man auch bei ihm, — und namentlich tritt das in seinen philosophischen Meditationen hervor, — wie er bemüht ist, Verbindungslinien zu ziehen zwischen seinen idealistischen Grundgedanken und der herrschenden naturphilosophischen Auffassungsweise seines Zeitalters, zwischen der Einheit der Idee und der Vielheit des objektiv Gegebenen, zwischen der intellektuellen Anschauung, von welcher er selbst ausging, und der bloßen logisch-mathematischen Verknüpfung des Endlich-Begrenzten, welche ihm z. B. in allen Einwendungen der Hobbes, Gassendi, Arnauld und anderer entgegentrat.

Weit deutlicher tritt der Gegensatz des Esoterischen und Exoterischen schon bei Spinoza zu Tage. Zwischen der „Ethik", in welcher seine gesamte esoterische Lehre vollkommen ausgeprägt ist, auf der einen Seite, und den übrigen Schriften Spinozas auf der anderen Seite ist eine tiefe Kluft befestigt. Das erkennt man schon an beider Schicksalen: während die „Ethik" bis zum Tode Spinozas verborgen blieb, aber auch dann, als sie bekannt geworden war, fast von niemandem verstanden wurde und die Menschen bald zur Verachtung, zum Spott und zur Lästerung herausforderte, bald diejenigen, welche einen tieferen Einblick in den innersten Zusammenhang dieser Schrift gewonnen hatten, erschreckte wie ein

Medusenhaupt —, so machten die übrigen Schriften Spinozas in der zeitgenössischen Literatur ihren Weg wie alle anderen, wurden objektiv gewürdigt und beurteilt, mit guten Gründen angegriffen und verteidigt usw. Und so sehr war ja auch Spinoza von diesem Gegensatz durchdrungen, daß er bis zu seinem Tode ängst= lich bemüht blieb, nicht nur die Handschrift der „Ethik" vor pro=. fanen Blicken verborgen zu halten, sondern selbst die Grund= gedanken dieses Werkes mit einer Art von geheimnisvollem Schleier zu umgeben, den er nur einigen geistigen Vertrauten gegenüber ein wenig lüftete. So sehr war er davon durchdrungen, daß sein Zeitalter noch nicht reif sei für die Ideen der „Ethik", daß er es unmittelbar nur zu belehren suchte durch eine Darstellung der Cartesianischen Philosophie, — so wie einst Plato dem Zeit= alter, welches seiner „Republik" noch nicht reif zu sein schien, die Schrift über die Gesetze gab. Und als der bekannte Albert Burgh ihn bat, daß er ihn in die Grundgedanken seiner Philosophie ein= weihen möge, lehnte Spinoza dies rundweg ab, erklärte sich aber auch ihm gegenüber wohl bereit, ihn die Prinzipien der Carte= sianischen Philosophie zu lehren. Daß der Gegensatz der esoterischen und exoterischen Ideenwelt hier, bei Spinoza, so schroff hervortritt, und einer pädagogischen Vermittelung so wenig Raum läßt, ent= spricht ganz dem geistigen Grundcharakter dieses Denkers, der so ganz übereinstimmt mit dem Grundzug seiner Philosophie. Ein Geist, der, so wie es bei Spinoza der Fall ist, ganz versenkt war in die Einheit der Substanz, so daß alles Endliche und Begrenzte verschwunden, zurückgeblieben war auf der Sandbank der Zeitlich= keit, — einem solchen Geiste konnte nichts ferner liegen, als der Versuch, zwischen beiden eine Vermittelung herzustellen und einen Weg ausfindig zu machen, auf dem man leicht hinübergelangen könne von der Vorstellung der chaotischen Vielheit begrenzter Er= scheinungen zur Idee der Einheit und der unendlichen Tiefe des ewigen Seins.

Ganz im Gegensatz zu Spinoza, ist diese Neigung zu einer pädagogischen Vermittlung bei Leibniz außerordentlich stark ent=

wickelt — auch hier wiederum im Einklang mit der besonderen
Geistesart dieses Denkers und dem Grundcharakter seiner reinen
Lehre, der Monadologie. Denn so wie die Monade, jede Monade,
ein feinster Auszug und ein Spiegel des Universums ist, so daß
es schlechterdings nichts geben kann, was ihrer Vorstellungskraft
fremdartig wäre, so war auch Leibniz selbst ein Geist von ganz
universellem Charakter, der keiner Sphäre des Wirklichen jemals
ganz verschlossen und abgewandt bleiben konnte; und so wie jede
Monade mit besonderer Kraft, Deutlichkeit und Stärke die nächst=
benachbarten Sphären der Weltharmonie repräsentiert, so blieb der
Leibnizsche Geist in wunderbarer Beweglichkeit und Versatilität immer=
fort bemüht, alle mannigfaltigen Anschauungen der Menschen
irgendwie in sich selbst zu reproduzieren und nachzuerleben, so daß
es für Leibniz keinerlei Erscheinung des menschlichen Geisteslebens
gab, der er sich nicht irgendwie zu nähern, die er nicht zu durch=
dringen und seinem Geiste zu assimilieren versuchte, und gerade
dann mit besonderem Eifer, wenn sie seiner eigenen Grund=
anschauung am meisten zu widersprechen schien. Und so wie es in
der Stufenreihe der Monaden keinerlei kontradiktorische und aus=
schließende Gegensätze gibt, sondern alles mit allem in unendlich
kleinen und unmerklichen Übergängen verknüpft ist, so konnte es für
Leibniz auch keinen ausschließenden Gegensatz geben zwischen Irrtum
und Wahrheit, so konnte auch jede scheinbar irrige Anschauung nichts
anderes sein, als eine sich entwickelnde, vorerst noch präformierte,
Wahrheit, welche ihrer vollen Ausbildung entgegenreife. So, in
diesem Sinne, war Leibniz überall bemüht, das in der Erkenntnis
seiner Zeitgenossen vorerst noch Präformierte zu evolvieren, d. h.
es den eigenen gereiften und esoterischen Anschauungen anzunähern,
indem er zugleich zeigte, wie diese letzteren keimartig, aber deutlich
ausgeprägt, schon in jenen enthalten wären. Es hat wohl keinen
Denker gegeben, der es so sehr liebte, und der so sehr seiner ganzen
Geistesanlage nach dazu befähigt und disponiert war, mit seinem
ganzen Zeitalter pädagogisch zu verkehren. Darin besteht, wie der
hervorragendste Leibnizianer, Lessing, es einmal ausspricht, Leib=

nizens große Art zu denken, von der er treffend sagt: „Leibniz
nahm bei seiner Untersuchung der Wahrheit nie Rücksicht auf an-
genommene Meinungen; aber in der festen Überzeugung, daß keine
Meinung angenommen sein könne, die nicht von einer gewissen
Seite, in einem gewissen Verstande wahr sei, hatte er wohl oft
die Gefälligkeit, diese Meinung so lange zu wenden und zu drehen,
bis es ihm gelang, diese gewisse Seite sichtbar, diesen gewissen
Verstand begreiflich zu machen. Er schlug aus Kiesel Feuer, aber
er verbarg sein Feuer nicht in Kiesel."

      In dieser Art hat Leibniz seine esoterische, idealistische Philo-
sophie, die Monadenlehre, nach einer doppelten Seite hin mit den
herrschenden Anschauungen seiner Zeit zu vermitteln gesucht: nämlich ebensowohl nach der Seite der Naturphilosophie, wie des
religiösen Mythus und der christlichen Ideenwelt.

      So war im Geiste der Leibnizschen Monadologie der
Mensch ein Monadensystem, beherrscht von einer Zentralmonade,
welche man als Seele im engeren Sinne, oder als Geist, bezeichnet,
wenngleich auch bei der menschlichen Seele wiederum das Verhältnis von Stoff und Form zu unterscheiden ist. Der naturphilosophischen Anschauung des 17. Jahrhunderts, mit ihrer mechanistischen Auffassungsweise, welche auch die Seele des Menschen
nicht anders zu begreifen vermochte, wie irgend eine andere räum-
lich-zeitliche Naturerscheinung, ihr Verhältnis zum Körper nicht
anders als im Sinne einer räumlich-zeitlichen Verknüpfung und
Aggregierung, dieser naturphilosophischen Anschauungsweise des
siebzehnten Jahrhunderts war die monadologische von Leibniz völlig
fremdartig und unverständlich. Und so suchte Leibniz oftmals im
Sinne jener Naturphilosophie zu sprechen, um sie seiner eigenen
Lehre annähern zu können. So ist es zu verstehen, wenn auch er
das Verhältnis von Seele und Körper vielfach äußerlich-mechanistisch
faßt, wenn er von dem substanziellen Bande (vinculum sub-
stantiale) spricht, das beide verbindet, oder den Körper als eine
besondere Substanz faßt, welche die Seelensubstanz „ergänze",
(substantia completa), ähnlich wie sich zwei Winkel zu einem

rechten ergänzen; oder wenn er in zahlreichen Fällen aus der
mechanistischen Auffassungsweise metaphorische Ausdrücke heranzieht,
(z. B. die Erläuterung der substantiellen Unabhängigkeit der Mo=
nade durch den Vergleich mit einer Wohnung ohne Fenster) um
seine esoterischen Anschauungen mehr zu verdeutlichen und der rein
naturphilosophischen Betrachtungsweise nahe zu bringen.

Und in ähnlicher Weise verhält er sich zum religiösen
Mythus und zu den herrschenden Anschauungen der christlichen
Ideenwelt. Die Vorstellung der rein aus sich selbst zu erklä=
renden Natur, des in sich selbst gegründeten Kosmos, war der
christlichen Glaubensanschauung ebenso unfaßbar, wie der Natur=
philosophie die rein ideelle geistige Einheit der Natur. Und so
redete Leibniz auch die Sprache des religiösen Mythus und der
christlichen Glaubensvorstellungen, um von hier aus Verbindungs=
linien zu ziehen zu seiner eigenen esoterischen Gedankenwelt. So
wie er, in Anpassung an die naturphilosophische Betrachtungsweise,
die in der Monadologie gegebene Einheit von Seele und Körper
auflöste in ein bloßes Aggregat, so akkomodierte er sich der
Vorstellungsart des christlichen Glaubens, indem er die in der
Monadologie gegebene Einheit von Gott und Welt — Gott =
monas monadum, d. h. die höchste und zugleich zentrale Sub=
stanz, welche zur Fülle des Seienden, oder zu allen Monaden,
sich verhält, wie etwa die menschliche Seele, als Zentralmonade, zu
ihrem Monadensystem — auflöste in ein bloßes Aggregat, dessen
beide Glieder ebenso räumlich und zeitlich wie kausal verknüpft
wären. In diesem Sinne faßte er die Welt, den natürlichen Zu=
sammenhang der Dinge, auch als eine göttliche Schöpfung, und die
natürliche Weltharmonie als eine von Gott ursprünglich gesetzte
(prästabilierte). In demselben Sinne hob er auch die Einheit der
Natur, d. h. die Einheit von Natur und Menschenwelt, wieder auf,
setzte sie, in Anpassung an theologische Darstellungen, zu einem
Aggregat wieder herab, indem er die Menschenwelt, als das Natur=
reich der höheren geistigen Ordnung, als den Gottesstaat (cité
de Dieu), in einen gewissen Gegensatz zur übrigen, außermensch=

lichen Natur brachte und scharf von ihr abgrenzte. Und nachdem
er einmal einen außerweltlichen Gott angenommen hatte, als den
einigen Ursprung und Quell der monadologischen Naturordnung,
gelang es ihm leicht, die verschiedenartigsten metaphysischen Bestimmungen seiner Monadologie exoterisch auch in theologischem
Sinne darzustellen: z. B. die Eigenschaften der Monaden und deren
natürliche Ordnung zurückzuführen, nicht mehr auf die metaphysische
Entwickelung des Substanzbegriffs, sondern auf den Willen, die
Allmacht oder Weisheit und Güte Gottes. Ja, er ging in der
Anpassung, nicht nur an die Glaubensvorstellungen, sondern selbst
an theologische Lehren, so weit, daß er nur die widervernünftigen,
d. h. die den elementaren Gesetzen des Denkens und Erkennens
widersprechenden, Anschauungen verwarf, alle übrigen aber, als
„über=vernünftig", nicht nur gleich, sondern höher stellte als die
Ergebnisse des freien Denkens, und dem letzteren die Aufgabe zuwies,
sie nach Möglichkeit zu begreifen, mit eigener Kraft zu durchdringen,
nicht aber sie kritisch aufzulösen.

Sicherlich ist durch dies alles die Entwickelung des Geistes=
lebens, und damit aller Kultur, nicht wenig gehemmt und verwirrt
worden. Aber es wäre unrecht, hierbei der Schwäche des Charakters von Leibniz zur Last legen zu wollen, was doch, wenig=
stens in ganz überwiegendem Maße, durch die Schwäche des philo=
sophischen Standpunktes verschuldet war. Das Einheitsbewußtsein
war freilich in den drei großen Metaphysikern des siebzehnten
Jahrhunderts lebendig geworden, in keinem mächtiger als in Leibniz,
und es war auf der Höhe der naturphilosophischen Denkweise
jenes idealistische Licht entzündet, aus dem jenes Einheitsbewußtsein
hervorbricht: aber noch leuchtete dieses Licht mit zu geringer
Stärke und in zu geringer Ausdehnung, um weithin auch das
Entfernteste, auch die Vorstellungswelt der reinen Naturphilosophie,
und vor allem die der Glaubenswelt, mehr als notdürftig zu
erhellen und zu durchdringen. Ist es nicht erklärlich genug, daß
Leibniz, so tief erfüllt von jener idealistischen Einheitstendenz, die
Klüfte, welche jenes Dämmerlicht ahnen ließ, wenigstens durch Not=

stege, in das Dunkel hineingelegt, zu überbrücken suchte, da er die sichern Wege der Erkenntnis noch nicht sehen konnte?

*   *   *

Wenn aber hier, in der Tiefe des Denkens, die neue Epoche des vollen Durchbruchs idealistischer Denkweise sich wenigstens bereits vorbereitet hatte, so blieb der große Strom der Kulturentwickelung noch fast ganz unberührt von jenem idealistischen Licht, das durch die geniale Intuition von Descartes, Spinoza und Leibniz auf den Höhen des naturalistischen Denkens entzündet worden. Dieses Licht war vorerst nur in verborgene Tiefen gefallen, in denen es lange eingeschlossen blieb, und selbst da, wo einzelne Strahlen in die Breite des Kulturlebens sich Bahn brachen, wirkten sie zunächst nicht erwärmend und Leben erzeugend, sondern erkältend und Leben hemmend, ja, es oft direkt zur Erstarrung bringend — man denke daran, wie medusenhaft die reine spinozistische Lehre noch im achtzehnten Jahrhundert erschien, und wie abschreckend und zu fanatischer Verfolgung aufrufend die esoterischen Lehren von Descartes und Leibniz. Auch hier mußten erst „die Zeiten erfüllet sein", ehe sie vorbereitet waren zur Aufnahme dieses neuen Idealismus. Man kann sagen, es dauerte etwa ein Jahrhundert bis zu dieser „Erfüllung", d. h. bis zu jener vollen Renaissance des naturalistischen Idealismus, welche repräsentiert ist durch die Namen Herder und Goethe.

Vorerst also beherrschte noch der Gegensatz, der religiös= mythischen (christlichen) Weltanschauung auf der einen Seite, und der reinen Naturphilosophie, d. h. der auf das bloße Objekt, in seiner räumlich=zeitlichen Begrenzung und Endlichkeit, gerichteten freien Gedankenrichtung auf der anderen Seite, auch fernerhin das gesamte Kulturleben. Oder vielmehr, es war die Naturphilosophie, welche die Kulturentwickelung auch weiterhin vorwärts trieb, indem sie dem religiösen Mythus immer mehr Boden abgewann. Diesen geistigen Entwickelungsprozeß ist man übereingekommen, im rein geschichtlichen Sinne als die Aufklärung zu bezeichnen.

Nimmt man diesen Begriff in jenem tiefen und allumfassenden

Sinne, in dem er, aus dem Geist des philosophischen Idealismus heraus, zuerst von Leibniz aufgestellt wurde, so ist Aufklärung identisch mit dem Weltprozeß überhaupt, das Wort bezeichnet dann das ewige Thema alles Seins und Wirkens, d. h. da die Substanz alles Seienden, der Natur wie der Menschenwelt, Geist ist, so ist auch alles Dasein ein bestimmter Grad des Aufgeklärtseins, alles Werden ist Erleuchtung, und Entwickelung nur ein stetiger Fortgang von geringerer zu deutlicher Helligkeit, — kurz, der ganze Inhalt des Wirklichen ein einziger ewiger Hochgesang des ewigen Strebens zum Licht. Weit entfernt aber von solch universeller Bedeutung, bezeichnet das Wort Aufklärung im engeren, auf geschichtlicher Tradition und Konvention beruhenden, Sinne nur einen bestimmten, eng umgrenzten, historischen Entwickelungsprozeß im modernen Geistesleben: nämlich den — im Ganzen siegreichen — Kampf des modernen Naturalismus gegen den religiösen Mythus, die Überwindung des durch Überlieferung und Autorität gebundenen und gefesselten durch das voraussetzungslose und freie Denken, welches, wie einst bei den Griechen, zuerst als Naturphilosophie zum Durchbruch gekommen war.

Diese letztere Art der Aufklärung müßte also genauer als naturphilosophische oder naturalistische bezeichnet werden; man kann sie aber auch, wie es oft geschehen, als Verstandesaufklärung bezeichnen, weil es nicht die, nach der ideellen Einheit strebende, Vernunft, sondern der, am Endlichen und Begrenzten haftende, Verstand ist, der in dieser wie in aller naturalistischen Betrachtungsweise die Erkenntnisrichtung entscheidend bestimmt.

Die naturalistische Aufklärung setzt ein mit dem Beginn der neueren Geschichtsperiode, aber man kann den Beginn ohne Schwierigkeit auch in die Zeit der Renaissance, oder selbst des ausgehenden Mittelalters, zurückverlegen. Innerhalb dieser mehrhundertjährigen Periode aber ist es wieder ein deutlich abgegrenzter Kulturabschnitt, den man im engsten Sinne mit dem Namen „Periode der Aufklärung" zu bezeichnen pflegt: das ist jene Zeitspanne zwischen der Mitte des siebzehnten und achtzehnten Jahrhunderts, die

charakterisiert ist dadurch, daß in ihr die naturphilosophische Er=
kenntnisweise mit immer größerer Entschiedenheit das Problem des
Menschen ergreift und schließlich ganz in den Mittelpunkt ihrer
Betrachtung und ihres Interesses rückt. Es geschieht mit gutem
Grunde, daß man diese Periode als das Aufklärungszeitalter par
excellence ansieht. Denn da der religiös=mythische Vorstellungs=
kreis, den die Naturphilosophie allmählich aufzuklären und auf=
zulösen unternahm, ein solcher der reinen Subjektivität war, so
mußte dieser Auflösungs= und Aufklärungsprozeß an Ausdehnung,
Intensität und geschichtlicher Bedeutung um so mehr gewinnen,
je mehr sich die Naturphilosophie dem Problem der Erscheinung
des Subjektiven in der Natur, d. h. dem Problem des Menschen,
näherte und infolgedessen sich mit der christlichen Vorstellungswelt
auf deren eigenem Boden gegensätzlich berührte. So lange die
Naturphilosophie sich der außermenschlichen Natur, ganz oder doch
überwiegend, zugewandt hielt, und dabei gern bis in die fernsten
Bezirke des räumlich und zeitlich Unendlichen sich verlor, die Gesetze
des Makrokosmos aufzustellen suchte, die Bewegungen der Gestirne
verfolgte, die Mechanik der Körperwelt prüfte: so lange blieb die
Auflösung des Glaubens noch an dessen Außenwerken stehen, war
die Erschütterung desselben, so stark sie auch sein mochte, nur eine
mittelbare, und durften selbst die kühnsten Denker, wie Copernikus,
Kepler, Galilei, Newton u. a. glauben, sie seien ebenso fromme und
strenggläubige Christen als freidenkende Naturphilosophen, und von
ihren Naturentdeckungen bleibe der Vorstellungskreis des Glaubens
gänzlich unberührt;*) als aber die naturphilosophische Betrachtung
mehr und mehr das Wesen des Menschen zu untersuchen unter=
nahm, als das von Autorität und Überlieferung unabhängige
Denken dieses Wesen des Menschen, als einer bloßen Naturerscheinung,

---

*) Auch das Martyrium eines Galilei, Bruno, Cardanus u. a. ist in
diesem Sinne zu bewerten. Sie hatten nicht das Bewußtsein des Gegen=
satzes zum Glauben, das ihrer naturalistischen Denkrichtung entsprach, —
und so waren sie auch in geringerem Grade Märtyrer ihrer Überzeugung,
als man gemeinhin annimmt.

sich objektiv zu machen suchte, und dabei auch die Fragen nach
dem Wesen der Seele und ihrem Verhältnis zum Körper, nach
dem Woher und Wohin des menschlichen Daseins, nach dem Wesen
und Dasein Gottes, nach dem Begriff von gut und böse, kurz alle
die Fragen von neuem stellte und beantwortete, die zum eigensten
Vorstellungskreise des Christentums, als des Mythus der reinen
Subjektivität, gehörten, da mußte der Gegensatz je mehr und
mehr verschärfte Formen annehmen und der Prozeß der Aufklärung, d. i. Auflösung, des Glaubens immer weiter um sich greifen.

Soweit innerhalb der christlichen Kulturwelt das freie Denken
in seiner zunächst naturphilosophischen Richtung zum Durchbruch
gekommen war, ebenso weit erstreckte sich auch der Einfluß und
der Geltungsbereich der Aufklärung, d. h. der Naturphilosophie mit
überwiegender Richtung auf das Problem des Menschen. Daher
die Gleichartigkeit und Übereinstimmung im Grundcharakter des
geistigen Lebens, welche die Aufklärungsperiode überall hervortreten läßt, ungeachtet der besonderen Färbung, welche die Auf-
klärungsideen in den einzelnen Ländern, nach deren nationaler
Eigenart, erfahren mußten. Doch unterscheidet sich die deutsche
Aufklärung von vornherein in einem wichtigen Punkte von der aller
übrigen Kulturreiche, nämlich vermöge ihrer ganz überwiegend
individualistischen Richtung. Während in den hauptsächlichsten
Aufklärungsländern, namentlich bei den romanischen Völkern,*)
der Mensch als soziales und politisches Wesen im Vorder-
grunde der Aufklärungsphilosophie stand, so war es in Deutschland das Individuum, welches ganz überwiegend die Aufmerksamkeit für sich in Anspruch nahm. Daher auf der einen Seite in
Frankreich die Aufklärung schließlich hinführte zu der größten
politischen Revolution, die deutsche Aufklärung zu der größten
geistigen und philosophischen Revolution, welche die Weltgeschichte

---

*) England nimmt fast durchweg eine Art von Mittelstellung ein.
Diese Mittelstellung auf dem Gebiete des Geisteslebens entspricht der ethno-
graphischen, da ja die britische Nation aus germanischen und romanischen
Elementen gemischt ist.

kennt. Selbst der Kampf gegen den religiösen Mythus, gegen
Autorität und Überlieferung des christlichen Glaubens, unterschied
sich in derselben Weise: In Frankreich handelte es sich ganz über=
wiegend um einen Kampf gegen die Kirche, als politisch=soziale
Macht, in Deutschland dagegen um einen Kampf gegen religiöse
Vorstellungen, als Hindernisse einer freien Seelenentwickelung. Die
deutsche Kultur blieb infolgedessen in ihrer politisch=sozialen Ent=
wickelung freilich weit zurück hinter den anderen Aufklärungsländern,
dafür aber gewann sie eine Tiefe und Kraft des Geisteslebens,
welche Deutschland zum praeceptor mundi, zum Lehrmeister der
ganzen Kulturwelt, machten. Und auch die deutsche Aufklärung
hat hierbei schon mitgewirkt, und vor allem durch den ihr eigen=
tümlichen individualistischen Zug, der dem deutschen National=
charakter so ganz entspricht. Indem die deutsche Aufklärung das
Interesse, welches sie dem Problem des Menschen zuwandte, immer
wieder zur Geltung brachte, hat sie schon dazu beigetragen, die
deutsche Kultur hinaus zu heben über das Kulturniveau aller anderen
Nationen, und indem sie die naturphilosophische Betrachtung immer
mehr konzentrierte auf das individuelle Dasein, auf das Selbst
des einzelnen Menschen und seine geistige Einheit, so bereitete auch
sie schon jene Verinnerlichung und Vertiefung vor, welche die
Vorbedingung waren für die der Aufklärungsperiode nachfolgende
große idealistische Gedankenrevolution.

Sieht man indessen ab von diesem unterscheidenden Zuge,
bei dem es sich ja auch nur um ein bevorzugtes Objekt, nicht aber
um Art und Tendenz der Geistesrichtung handelt, so ist die
deutsche Aufklärung ihrem inneren Gehalt nach der aller anderen
Kulturländer durchaus gleichartig. Insbesondere ist es durchaus
unberechtigt, den Gegensatz von Rationalismus und Empirismus,
Denken und Wahrnehmung, Vernunft und Erfahrung in Bezug
auf den Unterschied der deutschen und der französisch=englischen
Aufklärung für entscheidend und „klassisch“ zu halten. Denn dieser
Gegensatz ist nicht charakteristisch für die Aufklärungsphilosophie,
sondern er durchzieht die ganze Entwickelung der Naturphilosophie

überhaupt, — nur daß er ihr erst ganz allmählich deutlich zum
Bewußtsein kommt und objektiv wird, bis er dann freilich, auf
der Höhe und am Schlußpunkt der Aufklärung, in seiner ganzen
dialektischen Schärfe enthüllt wird. Denn eben dies ist ja das
Charakteristische aller naturphilosophischen Betrachtung, daß sie, noch
ohne wesentliche Aufmerksamkeit auf den dialektischen Gegensatz von
Subjekt und Objekt, auf das letztere allein ihre Aufmerksamkeit
richtet, in ihrem Erkennen also sich dogmatisch verhält, d. h. von
dem gläubigen Vertrauen erfüllt ist, daß das Objekt restlos und
adäquat in das Subjekt aufgehen, also vorgestellt und erkannt
werden könne. Dieser Dogmatismus wurde freilich gerade im
Gefolge der Aufklärung immer mehr erschüttert, jener dialektische
Gegensatz von Denken und Wahrnehmung, von Vernunft und Erfahrung immer klarer und schärfer herausgearbeitet, — aber dies
war eben das Ergebnis der Aufklärungsperiode, nicht deren Voraussetzung. Und so ist die englisch-französische Aufklärung zwar
überwiegend empiristisch, aber nicht viel weniger stark rationalistisch gerichtet, und innerhalb der deutschen Aufklärung, der man gemeinhin
einen ganz rationalistischen Charakter zuschreibt, ist die empiristische
Tendenz so stark, daß sie zeitweise fast allein herrschend war.

Dies alles gilt insbesondere auch von dem Begründer der
deutschen Verstandesaufklärung, von Christian Wolff. Er ist
so wenig ein Vertreter des reinen Rationalismus, als der er fast
immer hingestellt wird, daß der Gegensatz von Denken und Wahrnehmung, von Verstand und Erfahrung seine gesamte Philosophie
in beherrschender Weise durchzieht. Überall setzt Wolff der rationalen die empirische Wissenschaft zur Seite, und ebenso umgekehrt,
und er betont ebenso oft, alle Erkenntnis müsse auf Erfahrung sich
gründen, wie er die Notwendigkeit hervorhebt, alles aus reiner
Vernunft abzuleiten. Freilich vermischt er beides immer wieder in
der naiven Weise des echten Dogmatikers, ohne auch nur den Versuch zu machen, diesen ganzen dialektischen Gegensatz von Verstand
und Erfahrung, Denken und Wahrnehmung aufzuklären und damit
aufzulösen.

Schon in diesem Punkte unterscheidet sich Wolff durchaus
von seinem großen Vorgänger Leibniz, in dessen unmittelbare Nähe
man ihn oft ohne Berechtigung gestellt hat. Von einer Leibniz=
Wolffischen Philosophie zu sprechen, hat man erst dann einige Ver=
anlassung, wenn man bei Leibniz die Unterscheidung getroffen
hat zwischen exoterischer und esoterischer, rein naturphilosophischer
und idealistischer Gedankenrichtung. Denn es ist nicht der idea=
listisch gerichtete Urheber der Monadologie, sondern der rein
naturphilosophisch gerichtete Leibniz, dessen Gedanken die Wolffsche
Philosophie mitgestaltet und beeinflußt haben, obwohl selbst die
Naturphilosophie von Leibniz nicht viel größeren Einfluß gewonnen
hat, als etwa die von Descartes und Locke, und mancher anderer.
Von der Monadologie dagegen blieb Wolff ebenso unberührt, und
er hat sie ebensowenig begriffen, wie sein gesamtes Zeitalter. Er
hat es auch selbst deutlich ausgesprochen, daß er Leibnizens eigent=
liche Meinung über das Wesen der Monade nie recht begriffen
habe. Ja, es ist charakteristisch für ihn, daß er sogar den natur=
philosophischen Begriff der Kraft, welchen er mit Leibniz teilte, —
wiewohl er ja auch schon der älteren Schulphilosophie angehört,
— erst in einer, der Leibnizschen Auffassung entgegengesetzten, Rich=
tung umbiegen und der älteren Naturphilosophie annähern mußte,
um ihn verwenden zu können. Auch Leibniz selbst hat wiederholt
erklärt, daß er Wolff als seinen unmittelbaren Schüler nur in der
Mathematik und den auf die Mathematik unmittelbar gegründeten
Teilen der Physik betrachte, daß er ihn dagegen in der Philosophie
überhaupt nicht zu seinen eigentlichen Schülern, d. h. zu denen
rechne, welche Zugang zu seiner Ideenwelt gewonnen hätten. „Herr
Wolff", schreibt er einmal an einen Freund, „ist in einige meiner
Lehrmeinungen eingetreten, aber da er hauptsächlich damit beschäf=
tigt ist, Mathematik zu lehren, und da wir nicht vielen Gedanken=
austausch über Philosophie miteinander gehabt haben, so kann er
von meinen Anschauungen kaum etwas anderes kennen als das,
was ich selbst ausdrücklich publiziert habe." Ebenso geht aus dem
Briefwechsel, den Leibniz und Wolff miteinander geführt haben,

deutlich hervor, daß dem letzteren die Monadenlehre vollständig
fremd war, und nicht weniger die ganze Ideeneinheit der Leibnizschen
Philosophie, — daher ja auch schließlich dieser ganze Briefwechsel
infolge seiner Unfruchtbarkeit vorzeitig eingestellt wurde.

Und so wie von der Leibnizschen Monadologie, so blieb
Wolff, und mit ihm die ganze Aufklärung, auch ebenso gänzlich unberührt von der esoterischen Lehre von Spinoza und Descartes.
Denn, wie schon gesagt, die Betrachtungsweise der Aufklärung ist
die ausschließlich naturphilosophische, nur mit bevorzugter Anwendung auf das Problem des Menschen. Und von diesem Einheitspunkte aus lassen sich alle so außerordentlich mannigfaltigen
charakteristischen Erscheinungen der deutschen Aufklärungsperiode ableiten und entwickeln.

*   *   *

Alle ursprüngliche, d. h. von idealistischer Gedankenrichtung
noch unbeeinflußte, Naturphilosophie ist charakterisiert durch die ausschließliche Richtung auf die Fülle des Objektiven, die sie aber nicht
als organische Einheit, sondern als Aggregat begreift, nicht in
ideeller Tiefe, sondern nur in seiner räumlich-zeitlichen Mannigfaltigkeit, im Zusammenhange des Endlichen und Begrenzten. So
konnte die Aufklärungsphilosophie auch den Menschen und die
Menschenwelt nicht anders begreifen, denn als ein Neben- und
Nacheinander mannigfaltiger endlicher und begrenzter Einzelerscheinungen, d. h. als ein Aggregat von Individuen, das analog ist
der Vielheit materieller Atome. Und ganz ebenso wie die Atomistik
alle Erscheinungen des Objektiven zurückzuführen sucht auf die
materiellen Atome, so die Aufklärung auf die atomisiert vorgestellte
Menschenwelt, auf die Fülle der menschlichen Individualitäten.
Geschah dies auch nicht von Anfang an und mit aller Konsequenz,
so ist dies doch die beherrschende Tendenz, welche in der Aufklärungsperiode je mehr und mehr hervortritt, d. h. indem die Aufklärung dem Menschen ihr eigentliches Interesse zuwandte, stellte
sie ihn, je mehr dies geschah, auch immer entschiedener und be-

wußter in den Mittelpunkt alles Seienden, und versuchte immer
mehr, alle Erscheinungen des Objektiven darauf zurückzubeziehen
und, wenn möglich, daraus herzuleiten. Für die Aufklärung gilt
also eben derselbe Grundsatz, den einst der große Sophist Prota=
goras mit den Worten ausgesprochen hat: Der Mensch ist das
Maß aller Dinge; — der Mensch, d. h. nicht der Mensch, als
ideelle oder auch nur abstrakte Einheit gedacht, sondern der ein=
zelne, in seinem Dasein endliche und begrenzte Mensch, das In=
dividuum mit aller unterscheidenden Besonderung seines Wesens.

Wer oder was ist aber dieser Mensch in der unterscheidenden
Besonderung seiner Individualität? Offenbar ist dies nicht, oder
doch wenigstens nicht von vornherein, sondern höchstens mittelbar,
die sinnliche Erscheinung des Menschen, vor allem auch nicht das
rein Körperliche, welch' beides er ja mit der Fülle der außer=
menschlichen Objekte gemeinsam hat, — sondern das spezifisch
Menschliche, das was ihm vor allem andern eigen ist, was sein
Wesen ausmacht und ihn über alle Naturerscheinungen hinaus=
hebt, ist das, was wir die Seele nennen, und innerhalb des See=
lischen, — denn auch dieses teilt er ja mit mancherlei Naturerschei=
nungen —, ganz besonders jener Einheitspunkt des Geistes, in dem
alle Strahlen des Vorstellens zusammentreffen, und von dem sie
alle wieder ausgehen. Meint man also, der Mensch sei das Maß
aller Dinge, so bedeutet dies genauer, das Spezifische des Menschen,
d. h. die menschliche Seele, ist vor allem dieses Maß, oder, noch
genauer, es ist das unsagbar Eigentümliche in der Einheit dieses
Seelischen, das Individuelle im geistigen Sinne, wodurch das
Wesen der menschlichen Individualität überhaupt allererst be=
stimmt wird. Daher kann man sagen: wie die ursprüngliche
atomistische Naturphilosophie alle Erscheinungen zurückbezieht auf
die unteilbaren körperlichen Atome, so die Aufklärungsphilosophie
auf die Fülle der unmittelbar nebeneinander bestehenden mensch=
lichen Seelenatome. Infolgedessen ist ja auch das Interesse,
das die Aufklärungsphilosophie daran nimmt, das Substantielle,
Ewige, Unzerstörbare ihrer Seelenatome gegen alle Anfechtungen

sicher zu stellen, nicht geringer, als das der atomistischen Natur=
philosophie, wenn sie die Substantialität und Unzerstörbarkeit ihrer
körperlichen Atome zu beweisen ˉunternimmt. Daher die außer=
ordentliche und entscheidende Bedeutung, welche für die ganze Auf=
klärung die Frage nach der Unsterblichkeit der Seele gewann: die
Lösung dieser Frage war für sie keineswegs bloß ein moralisches
und theologisches, sondern ebenso sehr, ja in erster Linie, ein im
naturphilosophischen Sinne metaphysisches Postulat.

Von der ursprünglichen Naturphilosophie unterscheidet sich
demnach die Aufklärung, d. h. die dem Problem des Menschen zu=
gewandte Naturphilosophie, so wie sich die materiellen Atome unter=
scheiden von den Seelenatomen. So entfalten jene ersteren ihr
Wesen in den beiden korrespondierenden Attributen der Anziehung
und Abstoßung, diese letzteren in den Attributen Vorstellen und
Streben. Wo das Streben ein vorgestelltes ist, da gibt es nicht
nur einen Ausgangspunkt, sondern auch einen Zielpunkt, nicht bloß
Ursachen, sondern auch Zwecke, da ist die Verknüpfung der be=
grenzten Erscheinungen nicht bloß mechanisch, sondern auch teleo=
logisch. Wo aber Zwecke sind, da gibt es auch einen letzten, höch=
sten oder Endzweck. Für die Aufklärung kann dieser letzte Zweck
alles Seienden natürlich nur im Menschen, genauer gesprochen, in
der menschlichen Individualität, dem Seelenatom liegen. Da nun
die menschlichen Individualitäten unendlich verschieden sind, so kann
jener Endzweck alles Seienden nur ein solcher sein, der von allen
gemeinsam als höchster Zweck des individuellen Daseins vorgestellt
wird: das ist die erreichte Vollkommenheit dieses Daseins selbst,
oder die Glückseligkeit. Diese ist darum in letzter Instanz der
Maßstab alles Wirklichen, weil die Einheit in der unendlichen
Differenzierung der Seelenatome dadurch ebenso genau und spezi=
fisch bestimmt wird, wie die Einheit in der Differenzierung der
materiellen Atome durch das spezifische Gewicht. —

Unter diesem Gesichtspunkte der anthropologischen Teleologie,
der das Wesen der Aufklärung so wesentlich beherrscht und den
mechanistischen zuletzt vollends verdrängte, bestimmt sich zunächst

schon die Auffassung von der Totalität alles Wirklichen, und die Frage nach dem Verhältnis von Gott und Welt. Für die Aufklärung ist der Begriff Gott ein ebenso unentbehrliches naturphilosophisches Postulat wie der Begriff der unsterblichen Seele; und wie sehr sie auch mit den Mitteln des freien Denkens die überlieferten religiösen Vorstellungen auflöste und zerstörte, so eifrig hat sie doch die Notwendigkeit des Daseins Gottes festzuhalten gesucht und überall verfochten. Das Wort Voltaires, wenn es keinen Gott gäbe, so müßte man ihn erfinden, hätte daher ebenso gut als Devise der deutschen Aufklärung gelten können. Sie bedurfte eines Gottes, als der notwendigen komplementären Ergänzung zu der Vorstellung von der Vielheit menschlicher Seelenatome. Denn wenn die Menschenwelt aus solchen isolierten, nebeneinanderbestehenden Seelenatomen bestand, — wo war die Kraft und Macht, welche dieses menschliche Chaos zur Einheit aneinanderband? Vor allem aber: wenn der Endzweck des Seienden in der Glückseligkeit der Individuen bestand, wo war die Kraft und Macht, welche das Erreichen dieses Zieles hoffen ließ, und alles Abweichende zum Ausgleich brachte? Unter dem rein metaphysischen Gesichtspunkte mochte also Gott kein so zwingend notwendiges Postulat sein — wie er es ja auch für die materialistische Atomistik nicht war — aber unbedingt war er es unter dem Gesichtspunkte der anthropologischen Teleologie, die beherrscht ist von dem Begriffe der menschlichen Glückseligkeit. Gott war hier gewissermaßen die Versicherungsanstalt, welche unentbehrlich war, um das gewaltige Defizit an Glückseligkeit zu decken, welches das menschliche Dasein aufwies. Die Menschen, so ist die Tendenz dieser Vorstellungsweise, sind ursprünglich atomistisch isoliert, ein unentwirrbares Chaos einzelner Seelenatome — Gott, als der jenseitige Schöpfer und Erhalter der Welt, ordnet dieses Chaos und schafft Einheit und Stetigkeit auch da, wo sie dem beschränkten menschlichen Auge verborgen bleibt; das menschliche Bestreben nach Vollkommenheit, sowohl im Vorstellen (Aufklärung), als im Wollen (Sittlichkeit), ist begrenzt und beständig gehemmt, denn zumeist wandelt er, unkundig

des Wegs, im Dunkeln — Gott ergänzt diese menschlichen Mängel,
er, in dem höchstes Vorstellen (Weisheit) und höchstes Wollen
(Macht und Güte) ist; und des Menschen Streben nach Glückseligkeit erscheint vollends als chimärisch, da zahllose Übel das menschliche Leben bedrohen — Gott gleicht alles dieses aus, er führt die
Menschen auf verborgenen Wegen zur Glückseligkeit, sei es schon
im irdischen Leben oder erst im Jenseits.

Es dient unmittelbar zur Unterstützung und als Hilfsmittel
dieser Betrachtungsweise, wenn die Aufklärung allen Scharfsinn
aufwendet, um zu zeigen, wie Gott alles in der Welt zum Besten
der Menschen, letzten Endes also zum Zwecke ihrer Glückseligkeit,
wohl eingerichtet hat, auch da, wo dies auf den ersten Blick nicht
der Fall zu sein scheint, d. h. da, wo unsere beschränkte Einsicht
es noch nicht zu erkennen vermag. Unter diesem Gesichtspunkte
wurden nicht nur einzelne, sondern alle Naturerscheinungen, die gesamte Natur in allen ihren Gebieten, und nicht nur sporadisch und
zufällig, sondern systematisch und methodisch, mit aller Pünktlich-
keit wissenschaftlicher Begriffsbestimmung, und auch mit aller Um-
ständlichkeit und Weitschweifigkeit logischer Kasuistik, betrachtet.

So wurden beispielsweise in der Botanik die Pflanzen nicht
nur darnach untersucht, was sie an sich im kausalen Zusammenhang sind, sondern — und dies erschien als weit bedeutsamer und
wertvoller — auch nach dem, was sie, nach den Absichten Gottes,
für den Menschen und seine Glückseligkeit bedeuten; ebenso die Tierwelt, die Mineralien, die geographische Beschaffenheit der Erde usw.
So zeigt Sulzer z. B., wie die göttliche Güte gegenüber dem Menschen sich unter anderem darin äußere, daß die Kirschen nicht zur
Zeit der Winterkälte reif würden, da sie uns dann lange nicht so
gut schmecken würden wie im Sommer, und daß umgekehrt die
Trauben nicht während der Sommerhitze reif würden, weil diese
den jungen Wein ja sofort in Essig verwandeln würde. Selbst
ein so entschiedener und weitsichtiger Denker wie Reimarus müht
sich z. B. ab, nachzuweisen, daß das Vorhandensein der hohen
Berge, mit ihren nackten und kahlen Felswänden, die bei allen

Menschen als nutzlos oder direkt schädlich verschrien wären, doch
der menschenfreundlichen Güte Gottes nicht widerspräche, daß auch
sie in gewisser Weise ebenfalls dem Menschen zum Nutzen bestimmt
seien, Gott also auch in diesem Falle durchaus gerechtfertigt wäre.

Nur die negative Ergänzung dieser Art von Naturauffassung
ist das Bemühen der Aufklärung, die in keiner Weise zu leugnenden
Übel in der Welt doch auf irgend eine Art zu rechtfertigen. Die
Aufklärung hat, nach dem Muster von Leibniz, der hier bereits den
Ton angegeben, zahllose Versuche der Theodizee, d. h. der Recht=
fertigung Gottes gegenüber den Übeln der Welt, hervorgebracht,
obwohl keine auch nur entfernt das Leibnizsche Vorbild zu erreichen
vermochte. In allen tritt der sophistische Grundcharakter dieser
Aufklärungsphilosophie deutlich zutage: das Denken ist scheinbar
frei, und es ist doch ganz gebunden, und zwar gebunden durch die
schlimmste Fessel, das eitle menschliche Glücksverlangen; das Ziel
der Erkenntnis ist von vornherein gegeben, während man den An=
schein erweckt, daß es nur infolge sachlicher Notwendigkeit und logi=
scher Konsequenz erreicht wurde; der Einsicht schiebt sich so überall
die Absicht, dem objektiven Erkennen das subjektive Wünschen und
Begehren unter. Auch ohne unmittelbare theologische Beziehung
wurden so die Dinge, die einzelnen Naturerscheinungen, ganz dem
Gesichtspunkte der Beziehung auf den Menschen unterstellt. Die
rein erkenntnismäßige, um ihrer selbst willen betriebene, Erforschung
der Naturerscheinungen trat dabei unter der Herrschaft der Auf=
klärung schrittweise immer mehr zurück, namentlich Physik, Astro=
nomie, Mechanik, die im siebzehnten Jahrhundert auch in Deutsch=
land geblüht hatten, machten nur geringe Fortschritte. Denn den
Vorrang behauptete immer mehr diejenige Art der Naturbetrach=
tung, welche allein den Gesichtspunkt der Beziehung auf den
Menschen gelten ließ. Man untersuchte dabei die Naturerscheinungen
bald in Bezug auf den unmittelbaren, praktischen Nutzen, welchen
sie für den Menschen hätten, oder welchen sie doch unter gewissen
Umständen für den Menschen gewinnen könnten, bald in Bezug
auf ihre allgemeine Bedeutung für den höchsten Zweck, die mensch=

liche Glückseligkeit. In dieser Art betrachtete man die rein körper=
lichen Erscheinungen, auch die des Menschen, die tellurischen Er=
scheinungen, die Gestaltung der Erde, die Berge und Flüsse, Luft
und Wasser, die Tierwelt und die Pflanzenwelt usw. So unter=
suchte man, welchen Nutzen die Überschwemmungen für den Men=
schen hätten (durch Absetzen fruchtbaren Schlammes), welchen die
Behaarung gewisser Tiere; und die Bedeutung des Korkbaumes
konnte sonach unzweifelhaft nur darin liegen, daß er den Menschen
die nötigen Stöpsel für ihre Flaschen lieferte, wie es Schiller in
seinem bekannten satirischen Distichon ausspricht:

> Wie gnädig vom Weltenschöpfer, der,
> Als er den Korkbaum erschuf, gleich auch den Stöpsel erfand.

Aber auch das Ganze der Natur, als Einheit und Totalität
gefaßt, betrachtete die Aufklärung in eben dieser Weise, unter be=
sonderer Beziehung auf den Menschen. Daß der Mensch über=
haupt zur Natur, d. h. der außermenschlichen Welt des Objektiven,
auch in ihrer Gesamtheit in ein bestimmtes Verhältnis tritt, ist eine
Erscheinung der modernen Kultur, welche erst möglich war mit
dem Beginn der Naturphilosophie, mit dem Augenblick, wo der
frei gewordene Gedanke sich losgerissen hatte vom religiösen My=
thus, von dem christlichen Glauben und der mit ihm verknüpften
Philosophie der reinen Subjektivität, für welche die Natur nur als
das Bedeutungslose und Nichtige, oder als das Verderbliche und
Gefährliche erschien. Aber während die beginnende Naturphilo=
sophie, verloren in das Objekt und berauscht von ihm, der Natur
in ihrer Einheit, die sie zum ersten Male mit Überraschung und
Begeisterung wiedererkannte, entgegentrat wie ein Bacchant, wie ein
stürmischer Liebhaber, der seine Braut umfangen will, und um so
stürmischer, je rätselvoller sie ihm erschien, und je mehr sie ihn
mit den verborgensten Geheimnissen lockte — so war der Auf=
klärungsphilosophie, die alles auf den Menschen und seine Zwecke
zurückbezog, die Natur, auch in ihrer Einheit, nichts als die er=
gänzende Außenseite des menschlichen Daseins, die unmittelbar dazu

gehörte, etwa wie die Kleidung zum Körper, dem sie sich an=
schmiegen, wie die Wohnung zu den Insassen, deren Bedürfnissen sie
genügen muß, und nur dazu bestimmt, dem höchsten Zweck, dem
man alles unterordnete, dem menschlichen Nutzen und vor allem der
menschlichen Glückseligkeit, zu dienen. Dies alles kam nicht nur in
verstandesmäßigen Reflexionen zum Ausdruck, sondern auch in dem
Gemeingefühl und der allgemeinen Stimmung, welche die Menschen
der Aufklärung gegenüber der Natur beseelte. Der optimistischen
Lebenshoffnung und dem Glückseligkeitsverlangen dieser Zeit ent=
sprach es, die Natur vorzugsweise als die freundlich=friedliche
Außenseite des menschlichen Daseins zu betrachten, welche es er=
möglichte, die vielseitigen Stimmungen, welche aus diesem Glücks=
verlangen sich erzeugten, gewissermaßen nach außen zu projizieren.
Die Natur war hier nur das bereitwillige Echo dieser optimistisch=
eudämonistisch gerichteten Zeitstimmung. Daher ist die ganze Natur=
auffassung der Aufklärung ganz überwiegend idyllisch. Selbst
die zerstörenden und vernichtenden Naturkräfte betrachtete man als
Folie der fördernden, heilsamen und den menschlichen Zwecken ent=
sprechenden Naturerscheinungen. Und wo die Herstellung dieser Be=
ziehung nicht gleich gelingen wollte, da rief man, wie immer, den
Deus ex machina zu Hilfe, die Güte Gottes, welche auch das,
was den menschlichen Zwecken scheinbar widersprach, auf eine irgend=
wie verborgene Weise doch ihnen dienstbar mache. Diese durchweg
aufs Idyllische gerichtete Naturauffassung der Aufklärung prägt
sich aus in den zahlreichen Naturschilderungen und Naturgedichten
dieser Epoche, von denen die von Haller, Hagedorn und Brockes
die bedeutendsten sind, sie tritt auch zutage in der Schäferpoesie,
selbst in der anakreontischen Dichtung dieser Periode. Die gesamte
Natur ist hier zu einem bloßen Milieu des menschlichen Kultur=
daseins geworden, zu einem freundlichen Echo, welches menschliche
Stimmungen, Gefühle und Bestrebungen zurückwirft, oder, könnte
man auch sagen, sie ist die genau auf den menschlichen Lebens=
inhalt abgestimmte Begleitmusik, welche im harmonischen Wechsel=
spiel das wieder ertönen läßt, was von dort her zuerst erklungen.

Unendlich bedeutsamer aber als die Natur mußte dieser Auf=
klärungsperiode der Mensch selbst erscheinen. Das Wort des
Römers: homo homini deus, der Mensch ist dem Menschen ein
Gott, ist selten so zur Geltung gekommen, wie in dieser Periode
der Aufklärung. Vor allem war es natürlich das Spezifische des
Menschen, alles ihn gegenüber dem bloßen Naturdasein Auszeich=
nende, Charakterisierende, was die Aufmerksamkeit der Zeit fesselte,
in erster Linie also das Seelenleben des einzelnen Menschen. Daher
ist die Seelenkunde oder Psychologie im weitesten Umfange, als
ein systematisch und mit Ausdauer bearbeitetes Erkenntnisgebiet,
überhaupt erst in dieser Aufklärungsperiode begründet worden. Sie
ist natürlich, wie die ganze Aufklärungsphilosophie, durchaus vom
naturphilosophischen Gesichtspunkte beherrscht. Ebenso wie die
Naturphilosophie überhaupt die Objekte isoliert und nur in ihrer
Begrenzung und Endlichkeit zusammenordnet, so auch im besondern
die Psychologie mit ihren Sonderobjekten, den Vorstellungen,
Trieben, Gefühlen, Instinkten, Willensregungen usw. Und der
atomistischen Betrachtung der Körperwelt, als eines Aggregats
materieller Atome, und der Menschenwelt, als eines Aggregats
von Seelenatomen oder Individualitäten, entsprach in dieser
Seelenlehre die psychische Atomistik — die Atome waren hier die
einfachen Vorstellungselemente, auf deren Sonderung und Ver=
knüpfung man alle seelischen Erscheinungen ebenso zurückzuführen
suchte, wie in der Naturwissenschaft die körperlichen Erscheinungen
auf die Bewegung materieller Atome. Und wie hier, so gab es
auch dort eine Statik und Mechanik des Vorstellens und der
Vorstellungsverknüpfung. Diese Psychologie der Aufklärung ist
auch ganz überwiegend empirisch, sie sucht bereits vereinzelt das
Experiment in die Seelenlehre einzuführen — kurz, sie ist in allen
wesentlichen Zügen ein genaues Seitenstück zur reinen Körperlehre
der empirischen Naturwissenschaft.

Auch in der Psychologie trat indessen die um ihrer selbst
willen betriebene wissenschaftliche Erkenntnis allmählich immer
weiter zurück hinter derjenigen Seelenkunde, welche nur durch die

unmittelbare Beziehung auf menschliche Interessen und Zwecke
Geltung und Bedeutung hatte. Man untersuchte auch die psychi=
schen Erscheinungen immer weniger unter dem Gesichtspunkte: was
bedeuten sie an sich, in ihrer Gesamtheit und in ihren auf sich
selbst gestellten Beziehungen, sondern: was bedeuten sie für den
einzelnen Menschen mit seinen Interessen und Wünschen, Hoff=
nungen und Forderungen; welchen persönlichen Nutzen und Gewinn
kann der einzelne ziehen aus der Erkenntnis der psychischen Er=
scheinungen, welche er bei sich selbst oder bei anderen bemerkt und
beobachtet hat; oder auch umgekehrt, wie kann man dies alles dem
Nächsten, dem Freunde usw. irgendwie nutzbar machen; endlich, und
vor allem, inwieweit kann es dem höchsten Zwecke, nämlich der
menschlichen Glückseligkeit, dienen? Unter diesen Gesichtspunkten
wurde die Selbstbeobachtung, ebenso wie die Seelenanalyse anderer,
von Freunden und Vertrauten usw., nicht gelegentlich und zufällig,
sondern systematisch und ausdauernd, betrieben, mit jener Hingebung
und jenem neugierigen Eifer, der doppelt erklärlich erscheint, da
dieses ganze Gebiet des inneren Seelenlebens ein solches war,
welches der Verstand zum ersten Male ernsthaft betrat. Daher
ist diese ganze Aufklärungsperiode die Zeit der Tagebücher, der
Memoiren, der auf Seelenanalyse gestimmten Briefwechsel usw.
Man konnte sich in jener Zeit kaum genug tun in dem Durch=
wühlen und Durchforschen des menschlichen Inneren, des eigenen
wie des fremden, und schwelgte in der Entdeckung seelischer In=
timitäten, selbst der kleinsten Züge solcher Art. Es hängt damit
zusammen, daß man sich auch indirekt der Seelenerscheinungen zu
bemächtigen suchte, wie in der von Lavater, aber zeitweise auch
von Goethe und anderen, betriebenen Physiognomik, welche aus
der äußeren Konfiguration und den Linien des Gesichtes den Seelen=
inhalt abzulesen unternahm. Und indem man so, bald in das
Innere der eigenen Seele sich zurückzog, bald in die der anderen
sich vertiefte, die Schriftzüge der eigenen Seelennatur, auch in ihren
verborgenen Geheimnissen, ebenso zu entziffern suchte wie die nahe=
stehender Menschen, vor allem der Freunde und geliebter Per=

sonen, so entwickelte sich daraus jener Seelenkultus, der einen so
markanten Zug in jener ganzen Periode bildet. Seine höchste
Steigerung — und auch Entartung — hat dieser Seelenkultus in
jener krankhaften Empfindsamkeit erfahren, welche in Goethes
„Werther" ihren bedeutendsten Ausdruck gefunden, welche Goethe
dann im „Wilhelm Meister", in den Bekenntnissen einer schönen
Seele, als ein überwundenes Entwickelungsstadium, sich objektiv
gemacht und dargestellt hat, die aber noch lange sich fortgepflanzt
hat bis in die Zeit der Romantik, und weiter darüber hinaus.

Ihren Abschluß nach der metaphysischen Seite hin erhielt diese
empirische Seelenlehre der Aufklärung, die rein wissenschaftliche, wie
die teleologische, durch den Begriff der einheitlichen und unteilbaren
Seelensubstanz. Die aus diesem Begriffe entwickelte metaphy=
sische Psychologie — dieser Ausdruck ist eigentlich zutreffender,
als der seit Kant geläufige „rationale Psychologie" — schloß sich
mehr noch an den Dualismus von Cartesius an, als an die exo=
terische Lehre von Leibniz, so aber, daß die Aufklärungsphilosophie
diesen Begriff der Seelensubstanz nicht nur nicht fortentwickelte,
sondern lediglich einseitig verengte und vergröberte. Denn während
die frühere Naturphilosophie, — selbst die Okkasionalisten, so weit
sie an dieser Naturphilosophie Anteil nahmen — dem Gegensatz
der Körper= und Seelensubstanz eine universelle Bedeutung gegeben
hatte, beschränkte die Aufklärung ihn auf den Menschen und das
Individuum. Und sie ließ dieses Individuum aus Körper und
Seele, als zwei Substanzen, zusammengesetzt sein, ohne dem „Wie"
dieser „Zusammensetzung" irgend welche wesentliche Aufmerksamkeit
zu schenken. Bestimmend war auch hierfür der entscheidende Ge=
sichtspunkt, der die ganze Aufklärungsphilosophie beherrscht: die Be=
ziehung auf den Menschen, auf die Zwecke seines Daseins, und ins=
besondere seine Glückseligkeit. Und so war es vor allen Dingen
die Frage nach der Unsterblichkeit der menschlichen Seele, welche,
unmittelbar und bewußt, oder mittelbar und weniger bewußt, den
eigentlichen Zweck dieser metaphysischen Philosophie bildete, das
Endziel, auf welches sie in allen ihren Argumenten und Deduktionen

hinstrebte, und das ihre ganze Begriffsentwicklung von vornherein
bestimmte. Denn aus dem Begriffe der einheitlichen Seelensubstanz
glaubte man diese Unsterblichkeit mit der unumstößlichen Sicherheit
mathematischer Beweise demonstrieren zu können: Körper und Seele
sind, als Substanzen, entgegengesetzt, jener ist teilbar, diese un=
teilbar; nur das Teilbare kann zerstört werden, ist also vergäng=
lich, die Seele dagegen, welche unteilbar, ist damit auch der Zer=
störung und Vergänglichkeit entrückt, oder unsterblich. Das ist der
Nerv des Beweises, welchen Mendelssohn in seinem „Phaedon"
geführt hat, und der mit gutem Grunde als eine Art von Höhe=
punkt der ganzen Aufklärungsperiode erscheint. Die Zeitgenossen
empfanden es geradezu als den größten Triumph ihrer Kultur=
epoche, daß hier, in einer, wie es schien, unanfechtbaren, absolut
sicheren Weise, für jedermann einleuchtend und verständlich, die
Unsterblichkeit der menschlichen Seele erwiesen worden sei.

Denn diese Unsterblichkeit war, ebenso wie die Gottesvor=
stellung, die notwendige und unentbehrliche Ergänzung zu der Vor=
stellung von der Vollkommenheit und Glückseligkeit des Menschen,
auf welche alle Erscheinungen des Wirklichen bezogen wurden. Wie
könnte man denn von Glückseligkeit sprechen, wenn diese zeitlich be=
grenzt wäre und schon im Bewußtsein unaufhörlich bedroht würde
durch die Schrecknisse des Todes und der Vernichtung? Die
Schranke von Raum und Zeit, die stärkste, welche der menschlichen
Glückseligkeit entgegensteht, hier, im Unsterblichkeitsbeweise, glaubte
die Aufklärung sie siegreich durchbrochen zu haben. Doch war diese
logische Beweisführung und metaphysische Begründung nicht die
Ursache, sondern die Wirkung eines viel stärkeren Glaubens an
die Unsterblichkeit, der in der ganzen geistigen Struktur des Auf=
klärungszeitalters wurzelte. Ja, es war ein Favoritglaube, und
alle damit zusammenhängenden Vorstellungen waren Lieblings=
gedanken oder Lieblingsgefühle, denen man immer wieder gerne
nachhing. In unzähligen Variationen wurde das Leben nach dem
Tode geschildert und ausgemalt, als eine Fortsetzung der Seelen=
beziehungen, welche schon auf Erden und im Diesseits bestanden,

als eine Vollendung des irdiſchen Glückes und beſonders der
Seelenharmonie, welche man im Diesſeits erſtrebt hatte, deren Ver=
wirklichung man aber bei allem Optimismus doch immer nur als
unvollkommen anſehen mußte. Auch dieſe Zuſtandsſchilderungen
des jenſeitigen Lebens zeigen den Charakter des Idylliſchen, welcher
der Aufklärung ihrem ganzen Charakter nach ſo nahe lag. Das
Jenſeits und das ewige Leben der unſterblichen Seele waren ihr
die Vollendung des Arkadiens, das ſie ſchon im Diesſeits zu er=
blicken glaubte.

*   *   *

Die Pſychologie der Aufklärung hat zuerſt jene Scheidung
des menſchlichen Seelenvermögens vorgenommen, welche ſeitdem
klaſſiſche Geltung erlangt hat: nämlich die Dreiteilung von Ver=
ſtand, Gefühl und Willen, oder des Erkenntnis=, Empfindungs=
und Begehrungsvermögens. Es iſt dabei charakteriſtiſch, daß die
Aufklärung mit keinem dieſer drei pſychiſchen Vermögen ſich ſo
eingehend beſchäftigt als mit dem ſubjektivſten, dem Gefühl, und
mit keinem weniger als mit dem Willen. Was hier entſcheidend
war, iſt wiederum die in der ganzen Aufklärung hervortretende
Beziehung aller Dinge auf den Menſchen, auf ſeinen Nutzen und
ſeine Glückſeligkeit. Denn unter dieſem Geſichtspunkte iſt es
von geringer Bedeutung, die pſychiſchen Grundlagen der Willens=
regung und des menſchlichen Handelns kennen zu lernen, ſon=
dern von Wichtigkeit iſt nur dies, zu wiſſen, wie beſchaffen das
konkrete Handeln, das praktiſche Verhalten des einzelnen Menſchen
ſein müſſe, um ſeine Wohlfahrt und ſein Glück zu ſichern.

Dieſem Geſichtspunkt iſt denn alſo auch die Ethik der Auf=
klärung ganz und gar unterſtellt. Auch ſie iſt natürlich ganz und
gar naturaliſtiſch: aus den gegebenen Zuſammenhängen der Natur,
insbeſondere alſo den Bedingniſſen des menſchlichen Daſeins, ſoll
alles das hergeleitet werden, was das Handeln des Menſchen be=
ſtimmt oder beſtimmen ſollte. Und wenn man auch durch die
Zurückführung der ethiſchen Motive und der ſittlichen Forderungen

auf die Weisheit, die Allmacht oder die Güte Gottes, den so ge=
wonnenen ethischen Erkenntnissen eine höhere Sanktion zu geben,
ja in letzter Instanz erst wirkliche Festigkeit und unbedingten An=
spruch auf Geltung zu sichern glaubt, so hält man doch die Ab=
leitung der Ethik aus solchen religiösen oder theologischen Voraus=
setzungen mindestens für entbehrlich.

Und auch hier macht sich, innerhalb der naturphilosophischen
Betrachtungsweise, wieder der atomistische Gesichtspunkt geltend.
Das objektiv Gegebene sind zahllose nebeneinander sich bewegende,
isolierte menschliche Individualitäten, nur auf die letzteren also
— nicht auf Vaterland, Staat, Menschheit — konnten sich die
Fragen der Ethik beziehen, die also ganz und gar individualistisch
war. Und auch hier war alles dem entscheidenden Gesichtspunkte
des Nutzens, und zu höchst dem der Glückseligkeit für den einzelnen
Menschen, unterstellt: die Aufklärungsethik ist also durchaus utili=
tarisch und eudämonistisch. Und unter ebendemselben Gesichts=
punkte war es nur von geringem Interesse zu wissen, woher die
ethischen Begriffe und Anschauungen stammen, welchen Zusammen=
hang sie haben mit den allgemeinen Gesetzen des Menschenlebens,
mit den kosmischen Gesetzen usw. — entscheidend war nur die
Frage: was muß man tun, wie ist das Handeln des einzelnen
Menschen zu bestimmen, um es in der Richtung seines Nutzens
und seiner Glückseligkeit zu leiten? Es handelt sich also in der
Aufklärung gar nicht um theoretische, sondern nur um praktische,
angewandte Ethik.

Wenn es hierbei einen obersten leitenden Grundsatz des
ethischen Verhaltens geben sollte, so konnte es also nur der sein:
Handele so, daß du dadurch deinen Zustand vollkommener machst,
dein Dasein erhöhst und steigerst, deinen Nutzen und deine Glück=
seligkeit beförderst, und unterlasse das, was diesem allen entgegen=
wirkt. Auch die Beförderung des Wohles der anderen kann also
nur unter diesem einen Gesichtspunkte ethische Geltung und Be=
deutung erhalten, daß eine tiefer gehende Betrachtung erkennen
läßt, wie sehr sie dazu dienlich, ja sogar notwendig sei, um die

eigene Glückseligkeit zu fördern. Und nur in diesem Sinne galt
der Begriff der ethischen Forderung und der Tugend, als des ihr
entsprechenden Verhaltens: beides war nicht Selbstzweck, sondern
lediglich Mittel zum Zweck, nämlich zum Zweck des Nutzens für den
einzelnen Menschen, und zu höchst der menschlichen Glückseligkeit.

Wie aber ist die Richtungsweise des Verhaltens zu erkennen,
welches, in diesem ethischen Sinne, geeignet erscheint, das Glück des
einzelnen zu sichern? Die Grundlage hierfür kann nur die Erkenntnis der menschlichen Natur, die Beobachtung des menschlichen
Daseins nach allen seinen Richtungen, sein. Man muß das menschliche Leben kennen, und man muß auch die eigenen Daseinsbedingungen kennen, um zu wissen, welche Richtung nach dem
Ziele des eigenen Glückes man einzuschlagen hat. Diese Aufklärungsethik ist also ganz empiristisch, ihre einzige theoretische
Grundlage bilden Beobachtung und Erfahrung. Von der bloßen
Erfahrung aus zu allgemeineren Grundsätzen zu gelangen —
wie es das Interesse der praktischen Vernunft, noch dringender als
das der theoretischen, erfordert — ist oft unmöglich und immer
schwierig, doppelt schwierig auf dem umfassendsten und undurch-
dringlichsten Erfahrungsgebiet, der ungeheuren, unentwirrbaren
Fülle menschlicher Lebensbeziehungen. Unter allen Umständen war
jedenfalls die strengste Allgemeingültigkeit sittlicher Forderungen
hier in der Ethik der Aufklärung von vornherein ausgeschlossen.
Denn da die menschlichen Individualitäten ebenso verschieden sind
wie die Daseinsbedingungen, in die sie hineingestellt werden, so
müssen ebenso auch die Grundsätze verschieden sein, welche geeignet
erscheinen, das Handeln des einzelnen zu leiten, damit es dem er-
wünschten Ziele der Glückseligkeit zustrebe. Alle ethischen Grundsätze, welche die Aufklärung aufstellte, konnten also nur für gewisse
Individuen und unter gewissen Umständen gelten, sie waren nicht
allgemeingültig; daher haben alle diese Grundsätze niemals den
strengen Charakter einer Forderung durch das Gesetz, sondern
immer nur den lässigeren und weichlicheren einer Aufforderung
durch die Regel.

Daraus ergibt sich der opportunistische, oder, wie der moralphilosophische Ausdruck lautet, latitudinarische Charakter der Aufklärungsethik. Ein Gesetz gilt mit strenger Notwendigkeit, nicht bloß hier und dort, sondern überall, nicht bloß unter gewissen Bedingungen und Voraussetzungen, sondern schlechtweg, kategorisch, — eine Regel dagegen gilt nur unter gewissen Voraussetzungen und Einschränkungen, also hypothetisch; ein Gesetz ist aufgehoben, wenn irgend eine Ausnahme stattfindet, während die Geltung einer Regel durch die Ausnahme, wie es schon ein bekanntes Sprichwort sagt, nicht nur nicht aufgehoben, sondern geradezu bestätigt wird. Die Aufklärungsmoral also, welche, ihrer ganzen Grundvoraussetzung nach, den rigoristischen Begriff des ethischen Gesetzes nicht gewinnen und fassen, und ihn, selbst wenn von außen herangebracht (z. B. durch die religiöse Überlieferung), doch nicht festhalten konnte, hielt sich an Regeln des sittlichen Verhaltens, und folgte der dadurch gegebenen opportunistischen Tendenz um so mehr, je stärker der ganze Geist der Aufklärung sich ausbreitete.

Regeln des sittlichen Verhaltens aufstellen, das bedeutet: bestimmt abgegrenzte Erscheinungen des menschlichen Lebens gewissermaßen auf einen Generalnenner bringen, sie in die Sphäre der Allgemeinheit erheben und das so gewonnene Allgemeine zum Bestimmungsgrund des menschlichen Handelns machen. Eine solche Regel des sittlichen Verhaltens gilt also nur auf solchem bestimmten Lebensgebiet, und auch da nur unter gewissen Voraussetzungen und einschränkenden Bedingungen, welche sich aus dem jeweiligen Standpunkte der Betrachtung ergeben. Wechselt also die Sphäre des menschlichen Daseins, welche man ins Auge faßt, oder der individuelle Gesichtspunkt, unter welchem man sie betrachtet, so wechselt dementsprechend auch die Regel des sittlichen Verhaltens. Es ist also nicht die Lebenspraxis, welche der Moral, sondern die Moral, welche der Lebenspraxis untergeordnet wird, und da die letztere beständig sich ändert und ändern muß, so wechseln damit auch die aufgestellten Regeln des sittlichen Verhaltens.

So wurde schließlich alle Ethik ihrem Wesen nach vollständig aufgelöst; denn selbst diejenige eingeschränkte Allgemeingültigkeit,

welche der bloßen Regel des sittlichen Verhaltens doch immer noch an=
haftet, mußte allmählich immer mehr eingeengt werden, in dem Maße,
als immer neue Gebiete und Bestrebungen der Lebenspraxis für sich
moralische Anerkennung forderten; und zuletzt blieb nichts mehr übrig
als der schrankenlose Individualismus, der das Individuum gewisser=
maßen zur Gottheit erhob, das eigene Selbst und die Regungen der
Willkür zum Maßstab des menschlichen Handelns machte und der
Forderung nach Allgemeingültigkeit, welche mit allem Ethischen un=
trennbar verknüpft ist, nur dadurch noch einen gewissen Ausdruck
gab, daß er eben dieses Streben nach dem individuellen Glück als
allgemeines Gesetz des menschlichen Handelns hinstellte. In dieser
Unterschiebung des Allgemeinen und Ethischen unter die Forderung
schrankenloser individueller Willkür, in dieser Drapierung subjek=
tiver Forderungen und egoistischen Begehrens mit dem stolzen
Mantel objektiver, d. h. ethischer Notwendigkeit, besteht der sophi=
stische Charakter, welcher der Aufklärungsmoral ebenso eigentüm=
lich ist wie der Parallelerscheinung in der griechischen Sophistik.
Hier wie dort sind die Wortführer dieser individualistischen
Moral weit entfernt davon, erfüllt zu sein von der Ehrfurcht vor
der Majestät eines Gesetzes, sie sind nur erfüllt von dem vor=
übergehenden Interesse für gewisse vermeintlich sittliche Regeln,
welche geeignet erscheinen, ihren individuellen Wünschen und Be=
dürfnissen allgemeinen Ausdruck zu geben.   Auch da, wo es sich
nicht um Individuen im strengsten Sinne des Wortes, also um
einzelne Menschen, sondern um bestimmte Gruppen von Individuen
handelt, die durch bestimmte Interessen zur Einheit verbunden sind,
auch da sind die Wortführer dieser individualistischen Moral, die
Vertreter dieser Gruppen und Parteien, Klassen und Koterien usw.
nicht Richter, welche streng den Zusammenhang des Allgemeinen
im Auge haben, sondern Advokaten, welche nur ihre individuelle
Sache vertreten und mit allen Mitteln, auch denen der Sophistik
— im engeren, üblen Sinne dieses Wortes — und Rabulistik,
deren Sieg zu sichern versuchen.   Daher die Bedeutung, welche
auch in diesem Aufklärungszeitalter, ganz so wie in der antiken

Sophistik, die Rhetorik erhielt, die Rhetorik sowohl des geschriebenen als des gesprochenen Wortes, d. h. die Kunst, mit äußeren Mitteln nicht sowohl zu überzeugen als zu überreden, zu dem Standpunkte einer bestimmten Partei hinüberzuziehen.

Je mehr so in der Entwickelung der Aufklärung die Ethik individualistisch sich auflöste, die Vorstellung einer allgemeinen Ver= bindlichkeit durch das Gesetz immer mehr verdunkelt wurde, und selbst der Begriff der sittlichen Regel sich erweichte, desto mehr gab es schließlich gar keinen anderen Kompaß des angeblich noch moralischen Verhaltens, als den, die Forderung der eigenen Per= sönlichkeit und deren letztes Endziel, das eigene Glück, schlechtweg zum höchsten Maßstab alles Handelns zu machen. Alle Moral reduzierte sich also schließlich auf eine Art von Technik des in= dividuellen Menschenlebens. Sowie die Gartenbaukunde Anleitung gab, einen Garten zweckentsprechend anzulegen und zu unterhalten, die Architektur, Häuser unter verschiedenen Gesichtspunkten zu bauen usw., so gab die Moral Anweisung, das Leben, nicht unter be= sonderen Gesichtspunkten, — etwa hygienisch, politisch, intellektuell usw. — sondern schlechtweg als Mensch, zweckentsprechend zu führen, zweckentsprechend, das hieß vor allem: im Hinblick auf den letzten Endzweck, die Glückseligkeit. Das Höchste, was so auf moralischem Gebiete zu erreichen war, konnte also nur größtmögliche Lebens= klugheit sein, oder größtmögliche Geschicklichkeit in der praktischen Verwertung und Ausnutzung der allgemeinen Lebensregeln, welche man aus der Lebenskunde gewonnen und nun für die Lebens= praxis aufgestellt hatte. In diesem Sinne gewann die Klugheits= lehre immer mehr an Bedeutung innerhalb der Aufklärungsmoral, je weiter die letztere sich entwickelte. Schon Christian Wolff hatte ihr einen sehr breiten Raum eingeräumt; hervorragende Vertreter der Aufklärungsphilosopie, wie Crusius, Buddeus, Gundling for= derten sogar ausdrücklich, daß sie, als ein vor allem wichtiger Zweig der Moralphilosopie, auch besonders eingehend behandelt würde; und schließlich deckte sich beides, Moral und Klugheitslehre, fast vollständig, und namentlich in der späteren Popularphilosophie

ist der größte Teil der Moralliteratur lediglich erfüllt mit Be=
trachtungen aus dem Gebiete der Klugheitslehre und mit mehr
oder weniger geschickten und geistreichen Anweisungen, wie man es
anzufangen habe, um seinen Lebensweg unter den jeweiligen Um=
ständen mit Klugheit zu beschreiten, und in jedem Falle das
größtmögliche Glück sich zu sichern.

Das höchste Ideal also, zu dem die Moralphilosophie der
Aufklärung gelangen konnte, war die Vorstellung eines Zustandes
individueller menschlicher Glückseligkeit, welcher erreicht wird, wenn=
gleich auch unter der Beihilfe Gottes, so doch vor allem durch die
praktische Lebensklugheit oder, wie man es euphemistisch nannte,
die Tugendhaftigkeit des einzelnen Menschen. In diesem Ideal des
wahrhaft tugendhaften und eben damit auch wahrhaft glückseligen
Menschen, der nicht nur das Glück und die Tugend besitzt, sondern
auch um beides weiß und in ihnen mit frohem Behagen sich
spiegelt, in diesem Ideal der sich selbst genießenden, selbstzufrie=
denen Individualität hat die Aufklärung vielleicht den höchsten
Ausdruck ihrer Denkweise erreicht. Jedenfalls ist es charakteristisch,
daß sie das Bedürfnis empfunden hat, dieses Ideal in zwei her=
vorragende Individualitäten der geschichtlichen Vergangenheit hinein=
zuinterpretieren, nämlich in Christus und Sokrates. Soweit die
Aufklärung sich mit Christus als Persönlichkeit beschäftigte, tat sie
es fast ausschließlich in diesem Sinne, daß sie in ihm den Moral=
philosophen sah, der die Menschen dazu anleiten wollte, auf dem
Wege der Tugend, d. h. der praktischen Lebensklugheit, welche
wiederum die Aufklärung zur notwendigen Voraussetzung habe,
zur Glückseligkeit zu gelangen und in heiterer Zufriedenheit und
Behaglichkeit das eigene Dasein zu genießen; zugleich sah sie in
ihm den Menschen, der durch wahre Tugend dieses Glück selbst
erreicht habe. Noch näher aber stand ihr die Figur des Sokrates.
Es hängt ja mit dem Parallelismus und der inneren Überein=
stimmung des griechischen und deutschen Idealismus eng zusammen,
daß, in dem Maße, als sich der letztere weiter entwickelt, die be=
deutendsten Vertreter des griechischen Idealismus, vor allem also

auch die drei großen Heldengestalten des antiken Denkens, Sokrates, Plato, Aristoteles, nach und nach, und immer deutlicher, in den Lichtkreis des Zeitbewußtseins treten. So ist es zunächst Sokrates, dessen Persönlichkeit und Vorstellungskreis das Aufklärungszeitalter bereits lebhaft beschäftigt. Die Übereinstimmung lag ja schon in der anthropozentrischen Betrachtungsweise: für die Aufklärung, welche mit dem freien Denken sich ganz auf das Problem des Menschen richtete, konnten wenige Persönlichkeiten der Vergangenheit mehr Interesse haben als der Denker, welcher die Philosophie von den Sternen zur Erde herabgeführt und das Problem des Menschen ganz und gar zu ihrem Mittelpunkte gemacht hatte. Aber es ist charakteristisch, daß ihn die Aufklärung nicht anders zu erblicken vermochte, als im Lichte der Sophistik, und ihn von den Vertretern dieser griechischen Sophistik nicht unterschied. Ganz besonders unter dem moralphilosophischen Gesichtspunkte, der ja freilich der wichtigste ist, erschien Sokrates der Aufklärung nur als der Moralprediger, welcher durch Lehre und Beispiel die Athenienser unterwies, wie sie, auf dem Wege der praktischen Lebensklugheit oder der Tugend, ihr individuelles Glück zu sichern vermöchten, — ganz wie die Aufklärer es ja auch taten, nur daß Sokrates in persönlichen Unterredungen und auf den Straßen und Marktplätzen von Athen, die Aufklärer des achtzehnten Jahrhunderts aber in Hörsälen, in Büchern und Zeitschriften als Moralprediger tätig waren. In dieser Art ist das Bild des Sokrates namentlich von Mendelssohn in seinem „Phaedon" gezeichnet worden, und die Aufklärung hat mit ganz ehrlicher Überraschung festgestellt, wie ähnlich doch das Bild des athenensischen dem des preußischen Weisen (nämlich Mendelssohn) wäre. Man nannte ebenso ehrlich Mendelssohn den modernen Sokrates, weil man eben den letzteren nur mit dem Auge des ersteren sehen konnte. Die Aufklärung hätte über sich selbst hinausschreiten müssen, um die wahre geschichtliche Gestalt des Sokrates, um das vom Dämonium beherrschte Genie, erkennen zu können.

* * *

Demselben Gesichtspunkt der naturalistischen Betrachtungs= weise, modifiziert durch die vorherrschende Beziehung auf das Pro= blem des Menschen, wurde in der Aufklärung auch die Ästhetik, das Gebiet des Schönen und der Kunst, untergeordnet.

Das Ästhetische im engeren Sinne ist zunächst eine Erschei= nung des menschlichen Lebens, und zwar genauer des seelischen Lebens. Als solche war es für die Aufklärungsphilosophie nichts als ein Datum der Natur, gleichgeordnet jenen vielen anderen Naturdaten, welche von ihr in der Psychologie, der allgemeinen Seelenlehre, untersucht wurden. Ästhetik als Wissenschaft, als ein besonderes Gebiet der Erkenntnis, war also nur eine besondere Disziplin der Psychologie, und zwar überwiegend der empirischen Psychologie, so daß auch die Ästhetik, ebenso wie die Psychologie überhaupt, von dem englischen Empirismus sehr bald ganz be= herrscht wurde. Man untersuchte hierbei vor allen Dingen die Empfindungen, um unter ihnen diejenigen anzutreffen und nach ihren Kennzeichen zu bestimmen, welche wir ästhetisch nennen. Man glaubte schließlich dieser ästhetischen Empfindung des Schönen — das wurde sehr bald die vorherrschende Theorie — eine Art Mittel= stellung anweisen zu müssen zwischen der rein sinnlichen Empfin= dung des Angenehmen und der moralischen Empfindung des Guten. Die ästhetische Empfindung ist rein sinnliche Empfindung, wie die des Angenehmen, aber sie ist Vorstellung der Vollkommenheit eines Gegenstandes, wie bei der moralischen Empfindung des Guten; nur daß diese Vorstellung nicht, wie im letzteren Falle, klar und deutlich, d. h. begrifflich, sondern undeutlich, verworren, d. h. sinnlich, vorgestellt wird. Demnach bedarf es nur der „Aufklärung" unserer Empfindungen, um die ästhetische in die moralische Empfindung zu verwandeln, aus dem Gebiet des Schönen in das des Guten zu gelangen. Das Schöne ist also schon nach dieser subjektiven Seite hin nur eine Vorstufe, und zwar eine erheblich niedrigere Vorstufe, des Moralischen.

Noch deutlicher tritt das in der Betrachtung der objektiven Seite des Ästhetischen hervor, beim Schönen der Natur und der Kunst.

Die Natur ist, nach der Anschauung der Aufklärung, angelegt auf moralische Vollkommenheit, d. h. das Gute, weil sie angelegt ist auf menschliche Vollkommenheit, d. h. Glückseligkeit — sie ist daher auch angelegt auf sinnliche Vollkommenheit, d. h. das Schöne. Um das Moralische hervorzubringen im menschlichen Handeln, bedarf es der Beobachtung und Erfahrung — der außermenschlichen wie besonders der menschlichen Natur —, worauf dann Regeln des Verhaltens sich gründen, d. h. verstandesmäßige, logisch geordnete und begründete, allgemeine Normen von mehr oder weniger eingeschränkter Geltung. Um das sinnlich Vollkommene oder Schöne hervorzubringen, also Kunstwerke zu schaffen, bedarf es ebenfalls dieser beiden Bedingnisse: Beobachtung und Erfahrung des Naturschönen, und Aufstellung von Regeln zu seiner Nachahmung. Daher zeigt sich auch in der Kunst der, aller rein naturphilosophischen Betrachtungsweise eigentümliche, Dualismus und scharfe dialektische Gegensatz von Denken und Wahrnehmung, Verstand und Erfahrung, von rein empirischer Auffassung (der Data der Natur) und dem Streben nach logischer Disziplinierung. So zeigt es sich schon in der sogenannten Naturdichtung jener Zeit. Auf der einen Seite gab es zahlreiche Epen, die gar nichts anderes waren als bloße Naturbeschreibungen, und die ihr höchstes Ziel darein setzten, mit größter Genauigkeit, gewissermaßen protokollarisch, Naturerscheinungen in der Schilderung festzuhalten, sie ohne Zusatz abzuschreiben. Es gab eine ganze Gattung solcher Dichtungen, welche, nach dem Vorbilde der Engländer Thomson, Young und anderer, in endlosen Schilderungen nichts anderes als solche Naturbeschreibungen lieferten. Das rationalistische Gegenstück zu dieser Empirie der Kunst tritt beispielsweise in der Gartenbaukunst jener Zeit zutage, die, hier in Übereinstimmung mit den Franzosen, sich bemühte, nach einem verstandesmäßig erdachten und logisch gegliederten Schema z. B. die Wege, die man anlegte, die Umzäunungen, welche man den einzelnen Teilen oder dem Ganzen gab, das gegenseitige Verhältnis der Rasenflächen, Boskets usw. so zu ordnen, daß alle diese Details gewissermaßen einheitlich diszipliniert erschienen, wie

die einzelnen Begriffe und logischen Übergänge in einer wohl-
gegliederten Kette von Schlüssen.

Eben derselbe Gegensatz zeigt sich natürlich auch auf dem
Gebiet der höheren Künste, namentlich in der Dichtkunst. Der
bekannte Diktator der deutschen Literatur im Aufklärungszeitalter,
Gottsched, vertritt ebensosehr die Forderung sklavischer Nachahmung
der Natur — so verwirft er ·die Oper schlechtweg, weil es kein
Vorbild in der Natur gebe, das sie nachahme —, wie er die
logische Disziplinierung der Kunst fordert und selbst betreibt,
d. h. sich bemüht, Regeln aufzustellen, welche den Geschmack, und
vor allen Dingen die künstlerische Produktion, ebenso sicher in der
Richtung der Hervorbringung des Schönen zu leiten vermöchten,
wie moralische Regeln das Handeln der Menschen in der Richtung
der Hervorbringung des Guten. Das Entstehen schlechter oder
minderwertiger Kunstwerke war also nach dieser Meinung lediglich
zurückzuführen auf eine unvollständige oder gänzlich mangelnde
Kenntnis jener Regeln des Kunstgebrauches, so wie das unmoralische
Handeln auf eine mangelhafte Kenntnis der Regeln des sittlichen
Verhaltens.

Da, wo die Kunst das Leben des Menschen, vor allen Dingen
auch das moralische, darzustellen suchte — und es handelte sich
hier natürlich um die wichtigsten und bevorzugtesten Kunstgebiete,
daher auch die Bedeutung, welche gerade das Drama in jener Zeit
zuerst gewann — traten zu den allgemeinen Kunstregeln, welche
für alle Gebiete der Kunst notwendig waren, noch die moralischen
Regeln, als Bedingnisse für das Erzeugen wahrer Kunstwerke,
hinzu. Denn so gut wie alles Wirkliche, so war auch die Kunst
selbstverständlich untergeordnet dem höchsten Zwecke des Daseins,
nämlich der Vervollkommnung und der Glückseligkeit des Menschen,
für welche die Moral wiederum nur das höchste und wichtigste
Mittel bildete. Von dieser Seite her wurden die künstlerischen
Produkte nicht nur einer verstärkten logischen Disziplinierung unterworfen, sondern es wurde darnach auch ein Endzweck für die Kunst,
wie für alle einzelnen Kunstgattungen, festgesetzt: sie sollten entweder

der menschlichen Glückseligkeit im allgemeinen oder der Moralität im besonderen dienen. So hat z. B. Sulzer aus dem allgemeinen Gesichtspunkte der menschlichen Vervollkommnung und Glückseligkeit das Wesen und den Zweck der Landschaftsmalerei dahin bestimmt, sie solle den Menschen Gelegenheit geben, sich mit solchen fremden Gegenden bekannt zu machen und sich an ihnen zu ergötzen, welche, aus eigenem Anschauen kennen zu lernen, es ihnen vielleicht an Zeit oder an Mitteln oder Gelegenheiten fehle. Solchen Erzeugnissen der Malerei dagegen, die eine unmittelbare Beziehung zum Menschen haben, gibt er auch einen unmittelbar moralischen Zweck. So verlangt er, daß man in einem Gemälde den Damokles darstelle, wie er bei einem schwelgerischen Mahle sitzt, während über seinem Haupte an einem dünnen Faden das scharfe Schwert hängt, — damit aus dieser Darstellung die Menschen moralische Belehrung schöpfen könnten und in der Tugend befestigt würden. Und noch schärfer tritt diese moralisierende Tendenz in der Dichtung hervor. Nichts ist in der Aufklärungspoesie gewöhnlicher, als daß der Dichter sein Vorhaben ausdrücklich damit einleitet: er wolle diese oder jene moralische Tendenz befördern, und weiterhin dadurch auch beitragen zur menschlichen Glückseligkeit. Zu keiner Zeit hat daher die didaktische Poesie, welche die Kunst als Mittel der Belehrung, und ganz besonders der moralischen Belehrung, benutzt, eine so einflußreiche, ja teilweise beherrschende Rolle gespielt, wie im Zeitalter der Aufklärung.

In alledem dokumentiert sich aufs deutlichste die Auflösung und der Verfall des Kunstlebens, so weit es vom Geiste der Aufklärung beherrscht wurde: die Kunst hatte hier ihren Zweck nicht in sich selbst, sondern außerhalb ihrer, sie wurde mit Gesichtspunkten vermengt, die ihrem Wesen fremd sind, mit Forderungen der Moral, der Glückseligkeit, der empirischen und der logischen „Wahrheit" — und die allgemeine Verflachung des geistigen Lebens, die mit alledem zusammenhing, tat das Übrige, um die Kunst, die auf solchem Boden erwuchs, vollends zum Verwelken und Verdorren zu bringen.

*   *
*

Ebenso aber wie die Kunst mußte auch das religiöse
Leben, soweit es in dem geistigen Boden der Aufklärung wurzelte,
verkümmern und verdorren. Gab es doch in diesem geistigen Boden
keine Säfte, welche wirklich geeignet waren, das spezifisch religiöse
Leben dauernd zu nähren.

Das gilt zunächst, und vor allem, von dem geschichtlich ge=
gebenen religiösen und kirchlichen System, dem Christentum. Seinem
rein ideellen Inhalt nach ist dieses zugleich Mythus und Philo=
sophie der reinen Subjektivität — der naturphilosophischen Be=
trachtungsweise der Aufklärung gegenüber bildete es also den fast
kontradiktorischen Gegensatz. Wie also hätte die letztere einen
Zugang gewinnen können zum innersten Kern und Wesen jener
Vorstellungen von der Erlösung, mit all der Sehnsucht, dem Bangen
und der Verzweiflung, das sie in sich schließt; von der reinen Sub=
jektivität, die, ganz in sich selbst zurückgezogen, die Welt des Ob=
jektiven aufgegeben und verworfen hat; vom Selbst, das sich hinein=
zusenken sucht in das absolute Subjekt, aufzugehen strebt in ihm und
seiner unendlichen Einheit; von der Wiedergeburt und der religiösen
Neugeburt des Ich; vom stellvertretenden Leiden — kurz zu all
den Vorstellungsreihen, welche den eigentlichen Kern des ursprüng=
lichen christlichen Mythus und der christlichen Erlösungsphilosophie
bilden? Das war ebensowenig möglich, als überhaupt der opti=
mistische Geist der Aufklärung, der „die Welt" begeistert bejahte,
den Geist der Erlösung begreifen konnte, der diese „Welt" verneint.

Selbst die Form des Mythus als solche war für die Auf=
klärung etwas Fremdartiges und Undurchdringliches. Ist doch die
naturphilosophische Betrachtungsweise, welche in der Aufklärung zur
Geltung kam und ihr letztes Ziel erreichte, von vornherein ent=
standen im Gegensatz gegen den religiösen Mythus, als Opposition
des Verstandes gegen die Phantasie, welche ersterer das Objektive
für sich abzusondern strebte, in das die letztere das Subjektive hin=
eingebildet hatte. Indem also die Aufklärung es unternahm, den
vielgestaltigen religiösen Mythus, gleich anderen endlichen und be=
grenzten Erscheinungen des Objektiven, verstandesmäßig zu durch=

bringen oder „aufzuklären", so befreite sie die geistige Entwickelung zwar von vielen Resten einer toten Überlieferung und von zahl= reichen Vorurteilen, welche der Kulturentwicklung hinderlich und verderblich geworden, — aber auf diesen Mythus selbst wirkte sie dabei zunächst nur zerstörend, sie behielt von ihm nichts zurück als ein seelenloses caput mortuum, und der reiche Blütenhain der religiösen Phantasie war zuletzt ganz entlaubt, vertrocknet und verdorrt.

Aber auch zur Religion im freiesten und umfassendsten Sinne dieses Worts, unabhängig vom christlichen Religionssystem und von jeder anderen geschichtlichen Form des religiösen Mythus genommen, vermochte die Aufklärung keinerlei Zugang zu gewinnen, und, nach Zerstörung des christlichen Mythus, vermochte sie aus eigener Kraft keine neue Religiosität zu erzeugen, keine Blüte eigenkräftigen reli= giösen Lebens anzusetzen. Daran hinderte sie der auf naturphilo= sophischem Boden erwachsene extreme Individualismus. Denn wie man auch das Wesen der Religion näher bestimmen mag, so viel ist sicher, daß ihr kernhaftes Wesen besteht in einer Erweiterung des persönlichen Lebens, des Ich oder der reinen Subjektivität, über die Schranken des individuellen Selbst hinaus, in einem Leben jenseits dieser Schranken, im Einswerden mit der Einheit des Un= endlichen, mag dieses nun subjektiv oder objektiv, oder wie immer, näher bestimmt werden. Zu alledem aber gibt es kaum einen größeren Gegensatz als den extremen Individualismus der Auf= klärung, diese Betrachtungsweise, welche die Menschenwelt nur als ein Nebeneinander von Seelenatomen kennt, nur auf die egoistischen Interessen des einzelnen, die Erhaltung und Förderung seines Daseins, seinen Nutzen, und zu höchst seine Glückseligkeit, alle Auf= merksamkeit richtet! Man kann darum wohl sagen, daß gerade dieser extreme Individualismus, wie ihn die Aufklärung ausgeprägt hat, die größte Sonnenferne zur Religion darstellt.

Je weniger aber die Aufklärung so zum eigentlichen Inhalt und Kern des religiösen Lebens Zugang gewinnen konnte, desto mehr suchte sie sich seiner Außenseite zu bemächtigen, all des

Äußerlichen einer geschichtlich gegebenen Religion — hier insbesondere
des Christentums — wodurch diese selbst in die Welt des Objek=
tiven eintritt und der Aufnahmefähigkeit des Verstandes vielseitige
Handhabe und die breiteste Fläche darbietet. Dazu gehörten vor
allem Dogmatik und Moral.

Die christliche Dogmatik ist, ebenso wie das damit eng ver=
knüpfte Kirchenwesen, von vorneherein, schon ihrem ganzen Ursprung
nach, eine Anpassung des religiösen Mythus an die Aufnahmefähig=
keit des Verstandes, der, in die Welt des Objektiven versenkt, nur
an das Begrenzte und Endliche sich heftet, es zu ordnen und zu
verknüpfen sucht, und darum ein Interesse daran hat und be=
ständig bemüht bleibt, Ideen in Begriffe, das Alogische in das
Logische umzuwandeln, und die Ein=Bildung des Subjektiven in das
Objektive so viel als möglich auszuschalten. Diese Dogmatik ent=
sprach also ganz der geistigen Grundrichtung der Aufklärung, ja
man kann sagen, die letztere entstamme nur in gerader Abfolge
eben derselben Tendenz der Kulturentwicklung, welche, schon in den
Anfängen des Mittelalters, zur Umwandlung des religiösen Mythus
in ein dogmatisch=kirchliches Lehrsystem geführt hatte. Diese Dog=
matik wurde daher auch ein besonders beliebter Tummelplatz für
die Verstandesübungen der Aufklärung. Sie bot hierfür ein reiches,
weit ausgedehntes Feld, auch innerhalb des Protestantismus, um
den es sich hier vornehmlich handelte. Denn wenn hier auch nach
der Seite der kirchlichen Glaubensnormen die Dogmatik eingeengt
worden war, so war sie um so mehr dafür erweitert worden durch die
dogmatische Aufnahme des Lehrinhalts der heiligen Schriften. Daher
ist die Bibelexegese, die kritische Prüfung, Auslegung und Um=
deutung des Inhalts der heiligen Schriften, das eigentliche Kern=
stück dieser „aufgeklärten“ protestantischen Dogmatik, und das Seiten=
stück zur katholischen Scholastik des Mittelalters, welche die kirch=
liche Dogmatik „aufzuklären“ gesucht hatte. Wie schon hier, so wurde
auch dort, nach dem Vorbilde, das schon Leibniz gegeben, bei dieser
kritischen Exegese der dogmatischen Überlieferung vorsichtig unter=
schieden zwischen dem Widervernünftigen, d. h. dem, was allen

logischen Gesetzen widerspräche, und dem Übervernünftigen, d. h. dem, was nur jenseits der Erfahrung läge (eigentlich müßte man sagen: Wider-Verständigen und Über-Verständigen). Aber wenn so auch manches Überlieferte ausgeschieden, kritisch zersetzt und aufgelöst wurde, so blieb doch noch bei weitem das meiste übrig, um nun desto fester stabiliert zu werden, durch verstandesmäßige Begründung und logische Disziplinierung, wobei natürlich der soziale Einfluß der Kirche, auch die Furcht vor der Kirchenmacht und die Anpassung an sie durch schwächliche Vermittelungsversuche, eine große Rolle spielten. Die theologische Aufklärungsliteratur hat durch alle diese Züge geradezu den Charakter der protestantischen Scholastik erhalten; und so wie Thomas Aquinas der größte Vertreter der katholischen Scholastik war, so stand bei vielen Christian Wolff als der größte Vertreter der protestantischen Scholastik im Ansehen, als der größte jedenfalls seit Melanchthon, der die eigentliche protestantische Scholastik begründet hat.

Neben der Dogmatik, und innerhalb derselben, war es dann ganz besonders die Moral, welcher die Aufklärung auch nach der religiösen Seite hin ihr Interesse zuwandte. Und die hohe Wertschätzung, deren sich, in dem schon oben erörterten Sinne, die Moral erfreute, brachte es mit sich, daß nach den aus ihr entnommenen Maßstäben, wie die Kunst, so auch die Religion, und alles, was zu ihr gehörte oder zu gehören schien — vor allem also auch alles Dogmatische — gemessen wurde. Ebenso wie Mendelssohn und andere jüdische Aufklärer darauf hinarbeiteten, das Judentum in reine Morallehre aufzulösen, so war auch dem Christentum gegenüber das Bemühen der Aufklärung darauf gerichtet, nachzuweisen, daß die christliche Lehre im wesentlichen bloße Morallehre im Sinne der Aufklärung sei, da aber, wo sich diese Annahme, trotz aller Interpretierungskunst, doch nicht aufrechterhalten ließ, die christliche Lehre im Sinne der Aufklärungsmoral zu revidieren und zu reformieren. Und so wie man die Persönlichkeit Christi auf das höchste Piedestal zu stellen glaubte, wenn man ihn als den bedeutendsten Moralphilosophen, oder den gemütvollsten

Moralprediger, oder den moralisch am höchsten stehenden Menschen
hinstellte, so glaubte man das Christentum nicht höher erheben zu
können, als indem man es für die beste und vollkommenste Moral=
lehre erklärte. Wenn man dem Christentum hierbei doch noch ein
gewisses Übergewicht gegenüber der rein naturalistisch abgeleiteten,
natürlich=menschlichen Moral zugestand, so war es deshalb, weil
dort die natürlich=menschliche Moral verknüpft war mit dem, was
man die natürliche Religion nannte, d. h. dem Glauben an
Gott und an die Unsterblichkeit der Seele. Von dieser natürlichen
Religion glaubte man, daß sie untrennbar zum Wesen der mensch=
lichen Individualität gehöre und ihr ebenso eingepflanzt sei, wie
irgend welche „natürlichen" Triebe und Instinkte. Wie vieles man
also auch in den überlieferten Religionsvorstellungen beseitigte,
kritisch auflöste, als widervernünftigen Aberglauben oder Priester=
betrug verwarf — an jenen beiden Bestandstücken hielt man un=
verbrüchlich fest. Ja, man war geneigt, demjenigen, der diese
„natürliche Religion" verleugnete, selbst das Menschentum und die
Menschenwürde abzusprechen und ihn außerhalb der sozialen Ge=
meinschaft zu stellen, und dies um so mehr, je mehr man überzeugt
war, daß gerade in der natürlichen Religion auch die Moral ihren
festesten Ankergrund hätte. In dieser außerordentlichen Autorität,
welche die natürliche Religion bei der Aufklärung gewann, liegt
einer der bezeichnendsten Züge des ganzen Zeitalters. Es sah
nicht, und konnte nicht sehen, daß diese natürliche Religion ihr
deshalb so „natürlich" war, weil der Individualismus, die utili=
tarische und eudämonistische Betrachtungsweise, auf die jene sich
gründete, ihr so überaus natürlich und selbstverständlich waren, daß
alle logischen Schlußketten, die man zum Beweise dieser natürlichen
Religion aufbot, nur deshalb ihr Ziel so sicher erreichten, weil es
vom Glückseligkeitsverlangen schon vorher souffliert worden war,
und noch niemand von der naturalistischen Denkweise aus erkennen
konnte, daß im Bereiche des Transzendenten weder ein Beweisen
noch ein Widerlegen möglich ist. Die anscheinende Unerschütter=
lichkeit der natürlichen Religion gründete sich also zuletzt darauf,

daß sie ein unentbehrliches Glied im Zusammenhang der wichtigsten und unentbehrlichsten Vorstellungen der Aufklärung bildete: ohne Gott und unsterbliche Seele kein Ausgleich des Defizits im menschlichen Leben, keine Sicherung der menschlichen Glückseligkeit, keine Möglichkeit der Moral, als der Regeln des Handelns, welche zu diesem Endzweck hinführen, — das war der notwendige Kreislauf der Vorstellungen, in welchen sich die Aufklärung bewegte.

*　　*　　*

In ähnlicher Weise wie Ethik, Kunst und Religion in der Aufklärung sich immer weiter von ihrem Ursprung und Wesen entfernten und schließlich fast ganz auflösten, geschah dies auch mit der letzten unter den höchsten Betätigungen des menschlichen Geistes, nämlich der Philosophie.

Die Philosophie mußte sich schon deshalb von dem innersten Kern ihres Wesens entfernen, weil es auf dem Boden der naturphilosophischen Betrachtungsweise, welcher die Aufklärung nachfolgte, kein System, sondern im besten Falle immer nur eine Enzyklopädie, der philosophischen Erkenntnis geben kann. Denn ein System, als ein lebendiger Organismus von Begriffen und als eine Gedankeneinheit, in der alle Glieder sich wechselseitig bedingen, ist nur da möglich, wo die Einheit der Subjektivität Geltung gewonnen hat und beherrschende Ideen aus sich entläßt. Der naturphilosophischen Betrachtungsweise dagegen, welche in die Fülle des Objektiven, als einer Vielheit endlicher und begrenzter Dinge, versenkt ist, ist dieses Streben nach der Einheit der Idee überhaupt fremd, sie hat im äußersten Falle nur das Interesse enzyklopädischer Ordnung, d. h. der größtmöglichen Vollständigkeit und Übersichtlichkeit in der Erkenntnis jener Vielheit der Erscheinungen. Solche Vollständigkeit kann schon erreicht werden auf dem rein empirischen Wege, durch bloß lemmatisches Aufnehmen und Aneinanderreihen des Tatsächlichen, in einer mehr oder weniger willkürlich gewählten Ordnung, — so wie es bei Christian Wolff und vielen seiner Nachfolger in der Darstellung der empirischen Wissenschaften der Fall war. Die Ordnung kann natürlich beliebig, unter den verschiedensten Gesichtspunkten, erfolgen, die willkürlich gewählt sind und alle nur das eine gemeinsam haben, daß sie aus dem Wesen der Sache selbst nicht entnommen sind — daher es auch kein Zufall ist, daß auf dem Boden der Aufklärung, besonders in Frankreich, die ersten Enzyklopädien im engeren Sinne entstanden, d. h. Bücher, in denen die Erkenntnisse bloß nach dem Alphabet geordnet sind. Wenigstens der Schein dieser Willkür ward beseitigt und eine gewisse Sicherheit, und damit größere Stärke, ward dieser Ordnung aber alsdann gewährleistet durch die im Verstand vollzogene innere, d. h. logische, Verknüpfung: daher die bei so vielen Enzyklopädisten der Aufklärung, und ganz besonders bei den hervorragendsten unter ihnen, hervortretende Erscheinung des Logizismus, oder der Logodädalie, wie Lichtenberg es nannte, d. h. die Sucht, alles mit allem in der Welt des Objektiven streng logisch zu verknüpfen, alles zu beweisen, und so nach Möglichkeit in streng logischer Abfolge eine ununterbrochene Begriffskette herzustellen, welche auch noch die entferntesten Glieder miteinander verbände. Diese Sucht, die schon bei Christian Wolff oft einen karikaturmäßigen Charakter hat, artete noch stärker bei vielen seiner Schüler aus, in der Weise, wie es von Goethe, der ja selbst die Schule der Verstandesaufklärung durchlaufen hatte, in seinem „Faust" geschildert wird:

> Der Philosoph, der tritt herein
> Und beweist Euch, es müßt so sein:
> Das erst' wär so, das zweite so,
> Und drum das dritt' und vierte so.
> Und wenn das erst' und zweit' nicht wär,
> Das dritt' und viert' wär' nimmermehr.

Aber selbst dieses enzyklopädistische Interesse der Philosophie, das bei Wolff noch eine so beherrschende Rolle spielt, mußte allmählich immer mehr dahinschwinden in dem Maße, als der entscheidende Zug der Aufklärungsphilosophie, nämlich die Beziehung auf den Menschen, und vor allen Dingen auf seine Glückseligkeit, immer schärfer hervortrat. Und diesem Gesichtspunkt wurde eben auch die Philosophie selbst ganz und gar untergeordnet. Schon Wolff leitete seine Ontologie mit den Worten ein: der einzige Zweck seines Philosophierens sei, die Menschen glücklicher zu machen, was eben nur dadurch geschehen könne, daß man sie weiser mache, oder aufkläre. Noch mehr aber tritt dieser Gesichtspunkt bei seinen Nachfolgern in den Vordergrund. So konnte es denn schließlich für diese Aufklärungsphilosophen nur noch geringes Interesse haben, die Gesamtheit der menschlichen Erkenntnis in enzyklopädischer Vollständigkeit zu besitzen, so wenig als sie geneigt sein konnten, der philosophischen Erkenntnis um ihrer selbst willen nachzugehen. Man beschäftigte sich vielmehr allmählich nur noch mit solchen Erkenntnisgebieten, welche zum Problem des Menschen, und insbesondere zur menschlichen Glückseligkeit, in möglichst naher Beziehung standen. Und so wie man unter den gegebenen Erkenntnisgebieten auswählte, so wählte man auch unter den bereits gegebenen Anschauungen, und zwar wiederum nach denselben Gesichtspunkten, der Beziehung auf den Menschen, seinen Nutzen, seine Glückseligkeit, so daß man im Zweifelfalle sogar, wie es z. B. auch Mendelssohn ausspricht, nicht diejenige Anschauung bevorzugte, welche die stärkeren Gründe für sich zu haben schien, sondern die, bei deren Geltung auf eine größere Glückseligkeit der Menschen zu rechnen wäre. So wurde die Philosophie ganz und gar eklektisch, jede Einheit der Erkenntnis ging zuletzt ganz verloren, und die vielfältigsten Anschauungen, die oft bloß individuelle Meinungen waren, standen widereinander auf.

Bei diesem chaotischen Zustande war es nur zu natürlich, daß viele aus der Not eine Tugend machten, und, da ihnen in dem Streite der Meinungen, bei der eklektischen Auflösung aller wirklichen philosophischen Erkenntnis, jede Möglichkeit einer sicheren und zuverlässigen Führung fehlte, die Philosophie selbst, wenigstens als geschlossene Einheit sicherer Erkenntnisse, für entbehrlich erklärten, oder gar mit dem Stigma der Verwerfung versahen, sie nicht nur für überflüssig, sondern auch für schädlich erklärten. In der Tat,

wenn es sich nur darum handelte, menschliche Interessen zu fördern
und menschliches Glück nach Möglichkeit zu sichern, so schien es
das ratsamste zu sein, daß man dieses Ziel auf dem kürzesten Wege
zu erreichen suchte, nicht auf dem längsten. Der längste und um-
ständlichste Weg aber war es offenbar, in weit ausgedehnte theoretische Untersuchungen sich einzulassen, und tiefgründigen philosophischen Ideen nachzufolgen, statt daß jeder einzelne Mensch, auf
den es ja allein ankam, mit Hilfe seines eigenen Verstandes, der
nur ein wenig aufgehellt und aufgeklärt zu werden brauchte, unmittelbar den Weg sich absteckte und beschritt, der ihn zu seiner
Glückseligkeit hinführen sollte. Daher setzte man, zum Teil in Übereinstimmung mit der schottischen Philosophie des common sense,
der universellen Vernunft, welche in aller Erkenntnis zum Ausdruck kommt, den individuellen Verstand, unter dem Namen des
„gesunden Menschenverstandes", entgegen, und meinte, daß der
letztere ausreichend sei, um alle dem Menschen wirklich notwendige
Erkenntnis zu leisten. Dieser sogenannte gesunde Menschenverstand
ist natürlich bei allen Menschen gleichartig, nur dem Grade der
Aufklärung nach verschieden, ganz ebenso wie das Streben nach
Glück, dem er recht eigentlich als das natürliche geistige Komplement
entspricht. Daher wurden nunmehr alle philosophischen Betrachtungen auf den Ton der großen Menge, wenigstens der großen
Menge der Gebildeten, gestimmt, die Philosophie wurde zur Popularphilosophie im weitesten Sinne dieses Wortes. So wie man
die unentbehrliche Erkenntnis in der leichtesten Weise gewinnen zu
können glaubte, so meinte man sie auch in möglichst harmloser
und einfacher Weise, gewissermaßen im Plauderton, allen Menschen, die darnach Verlangen trugen, übermitteln zu müssen, alle
gleichmäßig aufklären und ihnen zeigen zu können, wie leicht es sei,
mit Hilfe des gesunden Menschenverstandes über die Schwierigkeiten des Daseins hinwegzukommen, und das Lebensziel, nämlich
die Glückseligkeit, zu erreichen. Dieser Philosophie des gesunden
Menschenverstandes war natürlich alles mindestens verdächtig oder
direkt verwerflich, was von dieser breiten Linie populärer Mei-

nungen sich erheblich entfernte, was der gewöhnlichen Ansicht, den
feststehenden Anschauungen über die menschlichen Dinge, wider=
sprach. Daher blühte jene Lebensphilosophie der mittleren Linie,
wie sie z. B. in den weit verbreiteten Schriften von Johann Jacob
Engel zur Darstellung kam: das Kompromiß wurde als höchste
Lebensmaxime gepriesen und jede extreme Ansicht schon als solche,
um ihrer selbst willen, diskreditiert.

Diese Popularphilosophie hat sicherlich das Verdienst, das
Streben nach Gemeinverständlichkeit der Darstellung befördert, da=
durch die literarische Entwickelung in Deutschland, vor allem nach
der Seite der Klarheit und Eleganz der Schreibweise, der Stil=
bildung überhaupt, ein gutes Stück weitergeführt zu haben. Aber
das sind Verdienste, die nicht der Philosophie als solcher zugute
kamen. Für diese selbst bedeutete die Popularphilosophie nur das
letzte Entwickelungsstadium einer vollständigen Ermattung, Des=
organisation und Auflösung. An die Stelle der Erkenntnis trat
das willkürliche Meinen und Raisonnieren, an die Stelle des
interesselosen Wahrheitsdienstes die schöngeistige Rhetorik, die oft
genug nur persönlichen Zwecken, namentlich solchen der Eitelkeit,
diente, die rührselige Erbauung ersetzte die Erhebung durch die
Kraft des reinen Gedankens, die Lehrer der Weltweisheit lehrten,
d. h. führten und leiteten, zuletzt nicht mehr, sondern ließen sich
führen und leiten, durch vulgäre Meinungen, wechselnde Moden
und Tagesströmungen, und die Philosophie als solche versank so
zuletzt in ein Meer von Seichtheit, breiter Oberflächlichkeit und
Trivialität.

Dritter Teil

Die idealistische Gedankenrevolution.

9. Die deutsche Mystik.

Kein anderes Zeitalter hat wohl mit so viel Selbstgerechtig=
keit über sich geurteilt, als das der Aufklärung. Es waren keineswegs
untergeordnete Köpfe, sondern ihre hervorragendsten Vertreter
— beispielsweise auch Mendelssohn und Friedrich der Große —
die sich glücklich priesen, einem so erleuchteten Zeitalter anzugehören,
nicht früheren Perioden einer dunklen Barbarei. Und als ein
solches Zeitalter der Barbarei wurde nicht etwa bloß das Mittel=
alter angesehen, sondern selbst die Blüteperiode griechischer Kultur.

Diese Selbstzufriedenheit ist nicht bloß, wie man häufig
meint, eine Folge des Mangels an historischem Sinn, welcher der
ganzen Aufklärung eigentümlich ist, sondern sie ergiebt sich un=
mittelbar aus ihrer ganzen geistigen Grundlage. Sie war ja
auch deshalb in einer gewissen Hinsicht wohl berechtigt, weil sie
aus einem außergewöhnlich gesteigerten geistigen Krafgefühl und
Energiebewußtsein entsprang. Denn hatte nicht hier, in der Auf=
klärung, die naturphilosophische Erkenntnisrichtung ihren höchsten
Punkt erreicht, ja gewissermaßen sich selbst übertroffen und weit
mehr errungen, als in früheren Stadien der Entwickelung nur je
als möglich erschien? Vordem, als das naturphilosophisch gerichtete
freie Denken nur auf dem Gebiete der eigentlichen Naturerkenntnis,
d. h. auf dem Boden der außermenschlichen Natur, seine Schwingen
frei entfaltete, konnte das Gefühl der siegreichen Selbstgewißheit
noch nicht recht aufkommen, da dieses freie Denken ja doch immer

noch an den Grenzen des spezifisch Menschlichen — wozu auch
die religiösen Vorstellungen gehören — demütig stille stand und
sich diese Grenzen sogar von den doch so entschieden bekämpften
Mächten des Glaubens, der Überlieferung und Autorität bestimmen
ließ. Nun aber, in der Aufklärung, waren diese Grenzen sieg=
reich überschritten worden, das ganze Problem des Menschen, alles
Menschliche und selbst alles Göttliche, war dem Verstande unter=
worfen und in die naturphilosophische Erkenntnisweise einbezogen
worden, und es gab nun nichts mehr, was sich der schrankenlosen
Erweiterung der Macht dieses freien Denkens hätte in den Weg
stellen können, nichts, das nicht erst vor seinem Richterstuhl sich
hätte rechtfertigen müssen.

Und daß gerade das spezifisch Menschliche, die Erscheinungen
der reinen Subjektivität, solcher Rechtfertigung unterlagen, daß
Moral und Kunst, Religion und Philosophie der naturphilosophi=
schen Erkenntnis unterworfen wurden, schien erst ihren Sieg zu
vollenden und ihren Triumph vollständig zu machen. Denn was
schien so fernab von ihr zu liegen, sich so spröde vor ihr zu ver=
schließen, und was war so lange ihrem Geltungsbereich ganz ent=
rückt gewesen und schien für immer den geistigen Mächten der
Vergangenheit, vor allem der Kirche, vorbehalten zu sein?

Indessen es war ein Sieg, der schon den Keim der völligen
Niederlage in sich trug, ein Triumph und eine Selbstgewißheit
von der Art, wie sie so oft gerade solcher Niederlage unmittelbar
vorauszugehen pflegen. Nach dem Rhythmus aller geistigen Ent=
wickelung mußte gerade das scheinbar siegreiche Ergreifen des Ent=
gegengesetzten, das ja immer auch ein Anpassen an dies Ent=
gegengesetzte, also auch zum mindesten eine Herabminderung der
eigenen Art bedeutet, diese Niederlage erst recht herbeiführen und
besiegeln. So wie das Christentum, der Mythus und die Philo=
sophie der reinen Subjektivität, vormals immer tiefer in die Welt
des Objektiven sich einsenkte und eben an ihr und durch sie doch
scheitern mußte, so mußte auch die Naturphilosophie scheitern an
der Welt des Geistes, der reinen Subjektivität, des spezifisch Mensch=

lichen, in die sie sich — und dies eben bedeutet der Name „Auf=
klärung" — immer mehr eingesenkt hatte. Und, so wie dort, ist
auch hier dieses Scheitern ein doppeltes: auf der einen Seite wird
die Ohnmacht der alten herrschenden Geistesrichtung offenbar, auf
der anderen eben dadurch der Anstoß gegeben, daß eine neue, ent=
gegengesetzte an ihre Stelle tritt, und aus dem ewigen kastalischen
Quell des Geistes die Kräfte hervorsteigen, welche die Menschen=
welt verjüngen und einen neuen Tag in der Kulturentwickelung
heraufführen.

Die Ohnmacht der naturphilosophischen Erkenntnisweise war
allmählich offenbar geworden im Verlaufe der Aufklärung, diese
war· am Problem des Menschen, genauer dem der reinen Sub=
jektivität, in dem das spezifisch Menschliche schlossen ist, fortschreitend
in um so stärkerem Grade gescheitert, je mehr sie in das Innerste
dieser Welt des Subjektiven einzudringen und es sich und dem Ver=
stande zu unterwerfen, der Welt des Objektiven einzugliedern ver=
sucht hatte. Mochte ihr auf dem Gebiete der Subjektivität, welches
der Natur noch näher liegt, in der Psychologie, der Lehre von den
gegebenen Seelenerscheinungen, das „Begreifen" noch einigermaßen
gelingen —, so scheiterte sie schon im Erfassen des sittlichen Lebens,
von dem sie kaum die Außenseite begriff, so wie ihr die wichtigsten
Manifestationen dieses sittlichen Lebens, Recht und Staat, das Leben
in der Geschichte, fremdartig oder ganz unverständlich blieben, —
während die höchsten Erscheinungsformen des menschlichen Geistes,
Kunst, Religion und Philosophie, unter der Herrschaft dieser Ver=
standesaufklärung vollends verkümmerten und verdorrten.

Eben dadurch aber wurden nun auch die geistigen Kräfte
geweckt, welche den Umschwung herbeiführten. Die von der Ver=
standesaufklärung mißhandelten positiven Lebensmächte, Sittlich=
keit, Recht, Moral usw. standen auf gegen die Unterdrückung durch
den Verstand und die naturalistische Denkweise, vor allem erhob
sich der ursprüngliche Geist der Kunst, Religion und Philosophie
in leidenschaftlicher Empörung, und ein neuer Geist wurde lebendig,
um wie mit Sturmesgewalt den alten gänzlich hinweg zu fegen —

daher der Name dieses Zeitalters, das der Verstandesaufklärung
auf dem Fuße nachfolgte, „Sturm= und Drangperiode", wohl be=
gründet ist. Es handelte sich nicht um ein bloßes Umbilden ge=
gebener Voraussetzungen, sondern um eine völlige Neubildung des
geistigen Lebens, nicht, wie Hamann einmal sagt, um „ein Petzen
und Flicken an subordinierten Grundsätzen", sondern um ein Um=
werten aller geistigen Werte, nicht um eine Reformation sondern
um eine Revolution: es ist die Revolution des Subjektiven gegen
das Objektive, des Idealismus gegen den Naturalismus.

*   *   *

Ungefähr um die Mitte des achtzehnten Jahrhunderts be=
merkt man die ersten starken Wellenbewegungen dieser geistigen
Revolution, welche die Blüteperiode des deutschen Idealismus ein=
leitet. Ihren Höhepunkt erreicht diese, im eigentlichen Sinne so zu
nennende, geistige Revolutionsepoche etwa in dem Jahrzehnt von
1770—80. In dieser Zeit scheint es, als ob das Resultat des
vollzogenen geistigen Umschwungs das Chaos sei: so gründlich und
allseitig sind alle vorher für fest gehaltenen Worte umgewertet,
daß nichts mehr für sicher und unzweifelhaft beständig gilt. Und
doch ist diese ganze, scheinbar nur niederreißende, revolutionäre
Epoche von einem durchaus einheitlichen Geiste erfüllt — nur daß
dieser zum Geiste der Aufklärung eben die direkte Antithese bildet
und so schroff und scharf entgegengesetzt, wie es nur selten in der
Geschichte zu finden ist.

Charakteristisch ist, daß dieser Gegensatz selbst da schon in
schärfster Weise hervortritt, wo beide Perioden sich ganz nahe zu
berühren scheinen. Auch die Genieperiode ist ja in ihrer Art
sicher eine Zeit fortschreitender Aufklärung, auch die Stürmer
und Dränger der Literatur und Philosophie möchten Licht ver=
breiten und die Fackeln der Erkenntnis vor allem gerade da an=
zünden, wo die Verstandesaufklärung dies zu tun verabsäumt oder
gar verschmäht hatte. Ja, der faustische Drang, zu erkennen,
„was die Welt im Innersten zusammenhält", hat selten so wie in

dieser Periode gerade die besten Geister in ihren innersten Tiefen aufgewühlt. Aber, seltsam erscheinender Widerspruch, diese Sturm= und Drangperiode geht dabei nicht, wie die Verstandesaufklärung, dem Hellen, sondern dem Dunkeln nach, sie sucht nicht das Licht, sondern die Finsternis, um jenes an diesem zu messen, nicht um= gekehrt; das Rätselvollste des Lebens ist dieser Zeit das Deutlichste und Vertrauteste, die mystischen, geheimnisvollen Tiefen des Da= seins das, was ihr am meisten offen liegt, die lichtlosen, nächt= lichen Vorgänge des Bewußtseins sind diejenigen Regionen der Seele, in denen sie sich am meisten heimisch fühlt, in die sie sich am liebsten verliert, und die dunkelsten Seelenkräfte diejenigen, welche ihr am meisten Licht zu verbreiten scheinen.

Gemeinsam aber ist beiden Perioden auch die Hinwendung des geistigen Interesses auf das Problem des Menschen. Und doch auch hier die größte Verschiedenheit. Die Aufklärung war weit genug eingedrungen in das Problem des Menschen — nur nicht vorgedrungen bis zu dessen Mittelpunkt, der Einheit der Subjektivität und des Geistes, bis zum Begriff der Persönlichkeit, der für die Sturm= und Drangzeit eins und alles war; dort fand man innerhalb der Natur den Menschen, hier dagegen im Menschen eine neue Welt, eine zweite Natur; die Verstandesaufklärung hatte wohl den Weg mit gebahnt, der zur freien Betrachtung des menschlichen Wesens den Zugang eröffnen konnte, sie hatte vor allem vieles vom Schutt der Vergangenheit hinweggeräumt, den Autorität und Überlieferung ringsum angehäuft, und durch den das Bild des Menschen ganz entstellt und verhüllt, fast unsichtbar geworden war — aber erst durch den werdenden Idealismus wurde dieses Bild gereinigt von all den hierbei angesetzten Inkrustationen, und gewissermaßen neu enthüllt, so daß nun erst die reinen Linien menschlichen Seins und Wesens hervortraten, in die sich der idealistische Geist mit Liebe und Andacht, mit aller Begeisterung, ja oft auch Schwärmerei, versenkte. Wenn also Herder mit den Worten „dem Menschen singt mein Lied" das Leitmotiv dieses werdenden Idealismus angibt, so ist dies in einem viel umfassenderen

und tieferen Sinne zu nehmen, als nur je in den vorangehenden
Zeiten.

Noch schroffer tritt der Gegensatz dieser beiden Perioden,
der Aufklärungszeit und Genie-Epoche, zutage, wenn man vorzugsweise auf die höchsten Sondergebiete des Geisteslebens hinblickt.

So ist es zunächst in der Philosophie und Metaphysik, in der
grundlegenden Auffassung vom Wesen der Erkenntnis, selbst in den
seelischen Grundstimmungen, welche diese verschiedenen Auffassungen
begleiten. Es kennzeichnet die Verstandesaufklärung, daß sie gern
auf der breiten Heeresstraße des allgemeinen Denkens blieb und
namentlich dort in großen Trupps einherzog, wo der Weg durch
die Regeln der formalen Logik deutlich abgegrenzt war — die
Genieperiode vermied nichts sorgfältiger als diesen breiten Heeresweg
des Denkens, sie suchte gern die Seitenpfade der Erkenntnis auf,
und um so lieber, je mehr sie weitab lagen oder ganz im Dunkel
sich verloren. Die Erkenntnisweise der Aufklärung war dialektisch
oder, wie Kant es später nannte, diskursiv, und richtete sich auf
die Bestimmung oder Verknüpfung von Begriffen oder deren Zusammenhang in Urteilen, Beweisen, Definitionen — die Erkenntnis-
und Betrachtungsweise der Genieperiode aber war intuitiv, war
im platonischen Sinne ein Schauen von Ideen, deren Zusammenhänge höchstens nachträglich dialektisch entwickelt wurden. Logische
Begriffe, Definitionen usw. sind, als relativ, immer eindeutig
bestimmbar und eng zu umgrenzen — Ideen aber sind stets unendlich und weisen in eine, niemals völlig zu bestimmende, endlose
Ferne. Daher das Helle, Klare, Bestimmte, das, bei aller Enge
und oft Beschränktheit, für die Verstandesaufklärung so charakteristisch
ist, während umgekehrt das Dunkle, Rätselvolle, oft das Verworrene
und mystisch Geheimnisvolle, bei aller Weite des Horizonts, der
Genieperiode eigentümlich ist. Daher auch dort eine gewisse Geschlossenheit in den wichtigsten Schriften — während gerade die
Klassiker der Genieperiode nur Fragmente und selbst innerhalb
dieser nur Aphorismen, Gedankenfragmente, verfaßt haben. Man
könnte so zusammenfassend sagen: beide, so nahe aneinander grenzende

und so entgegengesetzte, Epochen verhalten sich wie das Logische zu dem Alogischen, wie Dialektik (diskursive Erkenntnis) und Intuition, wie Begriff und Idee, wie Breiten= und Tiefendimension des geistigen Lebens, wie das Endliche und Bestimmte zum Unendlichen und in bestimmungslose Fernen sich Verlierenden. In der Auf= klärungsepoche hatte man alles vereinzelt, um es neu wieder zu= sammenzusetzen, und nun, in der Genieepoche, wurde die Einheit alles geistigen Lebens, ja alles Seins und Wirkens, von neuem erfaßt und gefühlt, geglaubt und erfahren und versucht, sie in allem Konkreten wiederzufinden, auch das einzelne darnach zu bestimmen. Dort war das Endliche und Begrenzte zum Maßstab auch für das Unendliche und Ewige geworden, — nun sollte von dem letzteren aus alle Erleuchtung und aller Glanz selbst auf die engsten und unscheinbarsten Bezirke des Endlichen fallen.

Nicht weniger schroff entgegengesetzt waren die Anschauungen beider Perioden in der Ethik, als der Philosophie des Menschen= lebens, und der Kunst, insbesondere der Dichtkunst, deren fast aus= schließlichen Inhalt jene bildete. Die Verstandesaufklärung fragte in erster Linie nach dem Glück des Menschen und machte es zum obersten Maßstab des Handelns, die Genieperiode fragte nach der menschlichen Bestimmung und suchte sie zu treffen, indem sie die tiefsten Quellen des menschlichen Wesens und Daseins, nicht bloß des einzelnen, sondern der ganzen Menschheit, aufsuchte. Die Aufklärung suchte, wie die Wegrichtung des Denkens durch logische Regeln, so die Wegrichtung des Handelns durch moralische Regeln, zu markieren und fest zu umgrenzen — die Genieperiode verachtete alle Regeln, oft sogar alle Gesetzmäßigkeit überhaupt, und zuletzt alle Moral, wenn sie als ein Inbegriff derartiger Regeln aufgefaßt wird. Die erstere strebte nach der engsten, ruhigsten Umgrenzung des menschlichen Lebens, daher war ihr Ideal, im Leben wie im künstlerischen Schaffen, das Idyllische, die letztere dagegen nach der Projizierung alles Lebens ins Grenzenlose und Unendliche — daher war ihr Ideal, im Leben wie in der Kunst, das Heroische. Und wie man dort alles in Schranken der Form einschließen mochte, so wollte man hier jede solche Schranke durchbrechen. Und so hielt die Aufklärung auch überhaupt die Kraft des Menschen, vor allem die Kraft des Geistes, für eingeengt durch tausend Schranken des Seins und zahllose Bedingnisse der Natur — die Genieperiode aber hielt sie der Naturkraft für gleichwertig, ja überlegen, sie glaubte an das Genie, die dämonische Urkraft des menschlichen Wesens, als an die höchste göttliche Offenbarung der Natur, und huldigte dem Kultus dieses Genies nicht nur im Geist und Gemüt, in Gedanken und Gefühlen, sondern selbst an sicht= baren Altären, wie nur je einer weltfernen Gottheit.

Und auch das rein religiöse Gefühl, die Vorstellung vom Wesen Gottes, war ganz entgegengesetzt in der Aufklärungs= und Genieperiode. Der ersteren war Gott nur ein mit allen Qualitäten der Endlichkeit und Begrenzung behaftetes, ins Menschliche herunter= gezogenes, Wesen, das menschliche Absichten erwog und zu erfüllen suchte, das vor allem die Moral der Menschen gnädig beaufsichtigte und ihr Streben nach Glückseligkeit freundlich protegierte — in der Genieperiode aber ein Wesen, eingehüllt in die tiefsten Ge= heimnisse, an die selbst der verwegenste Fürwitz nicht rühren durfte und sollte, von denen selbst die tiefste Erkenntnis der Natur und des Menschen nur einige entfernte Ahnungen verstatten mochte, die mit den Schauern der Ehrfurcht und Andacht unsere Seele füllen.

*   *   *

Eine geistige Bewegung so revolutionären Charakters, ein Zusammenstoß so schroff entgegengesetzter geistiger Strömungen muß in der geschichtlichen Vergangenheit tiefer gehende und weiter zu= rückreichende Quellen haben, als solche von bloß zeitlicher und natio= näler Begrenzung und Bedingtheit. Eine so durchgreifende Wen= dung im Geistesleben hat notwendig einen allgemeineren welt= und kulturhistorischen Charakter. Daß dies auch hier der Fall ist, dar= auf könnte schon die Tatsache hindeuten, daß diese idealistische Ge= dankenrevolution nicht nur dem deutschen, sondern dem gesamten Kulturleben eine neue Wendung gibt, und daß die ganze Periode des deutschen Idealismus für die geistige Kultur, bis herab auf die Gegenwart und deren brennendste Fragen, eine ebensolche Wasser= scheide bildet, wie für die politische Entwickelung die parallel gehende große französische Revolution.

Diese weitgreifende, alle nationalen und zeitgeschichtlichen Schranken hinter sich lassende, Bedeutung ergibt sich auch schon aus einer, wenn auch nur oberflächlichen, Prüfung der Grundelemente des geistigen Lebens in dieser Epoche. Denn überall handelt es sich nicht um zeitlich bedingte Fragestellungen, sondern um die ewigen zeitlosen Probleme aller Kulturentwickelung, um die höchsten Fragen nach dem Wesen der Natur, des Menschen, nach dem Sinn des Lebens und dem Ursprung aller Kultur, im ganzen wie in seinen wichtigsten Betätigungen. Alle Elemente der Überlieferung werden in diesem durchgreifenden historischen Umwertungsprozeß in Frage gestellt, daher ist diese ganze Blüteepoche des deutschen Idealismus auch eine fortdauernde und in die Tiefe gehende Auseinandersetzung mit den beiden größten Mächten der geschichtlichen Vergangenheit: Christentum und Hellenismus.

So wird denn der Zusammenstoß und der schroffe Gegen= satz von Verstandesaufklärung und idealistischer Gedankenrevolution erst wahrhaft verständlich unter dem allgemeinen welt= und kultur= historischen Gesichtspunkte, wenn man diesen Gegensatz zurückver= folgt durch die Jahrhunderte bis an die Anfänge der christlichen, ja überhaupt der abendländischen Kulturentwickelung. Und dann erkennt man, daß jener zeitlich und national scheinbar eng be= grenzte Gegensatz in kontinuierlicher Abfolge zurückgeht auf den Widerstreit, der, schon im griechischen Geistesleben wurzelnd, die ganze Entwickelung der christlichen Kulturwelt durchzieht, der den eigentlich klassischen Gegensatz dieser ganzen christlichen Kultur= entwickelung bildet: den der Aufklärung und der Mystik oder Ro= mantik.

Von der Entwickelung der christlichen Aufklärung ist auf diesen Blättern schon eingehend gesprochen worden, und es bedarf an dieser Stelle nur eines rekapitulierenden kurzen Rückblicks. Das

Christentum ist seinem Ursprunge nach Mythus und Philosophie
der reinen Subjektivität, d. h. des ganz in sich — und sein ad=
äquates Gegenbild, die Gottheit — zurückgezogenen Subjekts, das
„die Welt", genauer: die Welt des Objektiven, negiert und ver=
worfen hat. Aber von Anfang an konnte es dies nicht bleiben,
und so geht die ganze Entwickelung des Christentums dahin, immer
mehr „Welt" in sich aufzunehmen, immer mehr in die Welt des
Objektiven sich einzusenken, sie so weit als möglich für den christ=
lichen Standpunkt zu erobern oder, erkenntnismäßig ausgedrückt, sie
aufzuklären. Als dann diese christliche Aufklärung ihren Höhepunkt
erreicht hatte — auf der Höhe der Scholastik, die mit dem Be=
ginn der Renaissance zusammenfällt — war die Aufklärung, die
Hinwendung auf das Objektive, so stark geworden, daß sie vom
Mythus wie von der Philosophie der reinen Subjektivität sich los=
löste und nun, auf dem Wege des unabhängigen, freien Denkens,
als Philosophie des Objektiven oder als Naturphilosophie, sich
weiterentwickelte, zuerst nur die außermenschliche Welt des Objektiven,
die Natur im engeren Sinne, dann, in der Periode der Verstandes=
aufklärung oder der Aufklärung im engeren Sinne, auch das Pro=
blem des Menschen in eigener Weise erkenntnismäßig zu durch=
dringen suchte.

Fast von Anfang an aber hatte sich in der Entwickelung
des Christentums auch die Gegenströmung gegen diese Aufklärung
geltend gemacht, die christliche Mystik, welche in demselben
Maße von der „Welt" wieder frei werden, von der Versenkung
in die Welt des Objektiven wieder loszukommen suchte, als die
Aufklärung sich darein verstrickte, und ihr ein immer stärker wer=
dendes Interesse zuwandte; welche mit um so größerer Energie zum
Standpunkt der reinen, in sich selbst ruhenden, Subjektivität des
ursprünglichen Christentums zurückzukehren suchte, je weiter das
aufgeklärte, realistisch=kirchliche Christentum sich davon entfernt hatte.

Die christliche Mystik begleitet die Aufklärung von Anfang
an wie ihr Schatten, sie wird stärker, einflußreicher und bedeutungs=
voller in dem Maße, als die Aufklärung weiterschreitet und sich

ausdehnt, und umgekehrt, ſo daß die Blütezeiten der Myſtik zu=
ſammenfallen mit den Blüteperioden der chriſtlichen Aufklärung.
Wenn auch zuweilen der Verſuch gemacht wird, beides zu „ver=
ſöhnen" und in einer, immer oberflächlichen, Weiſe zu verbinden,
ſo verleugnet ſich doch nie ihr ſchroffer Widerſtreit. Es iſt der
Gegenſatz von Subjekt und Objekt, jene Gigantomachie, von der
Plato ſpricht, der ſich hier offenbart, und vielleicht deutlicher und
unverhüllter als irgendwo ſonſt in einer ſo langen Kulturperiode.
Überall zeigt ſich die Schärfe dieſes Gegenſatzes: die Aufklärung,
hingegeben an die Breite des Daſeins und die Fülle des Objek=
tiven, ſucht auch im Denken die Vielheit — die Myſtik, ganz in
die Innerlichkeit des Subjektiven zurückgezogen, ſtrebt überall nach
der Einheit; jene fördert die Wiſſenſchaft und lebt ganz beſonders
in Elemente der Dialektik (Logik) und Rhetorik, — dieſe verachtet die
Wiſſenſchaft, als das eminent „Weltliche", das von der Innerlichkeit
abzieht, und ſie ſucht die Ekſtaſe, die myſtiſche Erhebung über die
bunte Vielheit des Objektiven, oder die Intuition, das myſtiſche
Schauen ihrer Einheit in der Idee; die Aufklärer ſind mehr oder
weniger Weltkinder, ſie ſind hingegeben an die Kirche, die Myſtiker
meiſt Weltflüchtlinge, ſei es nun im Geiſte oder in der Wirklich=
keit, als Anachoreten, dem Kirchenweſen feindlich und oft als Ketzer
verfolgt; und ſelbſt darin unterſcheiden ſie ſich, daß jene den großen
Realiſten des Altertums, Ariſtoteles, als ihren vornehmſten Patron
unter den Heiden verehrten, während die Myſtiker niemanden höher
ſtellten als Plato — und natürlich auch die Neuplatoniker —
daher ſchon einer der Kirchenväter ſich äußerte, Plato ſei die Haupt=
quelle, aus der die Ketzer, d. i. Myſtiker, zu ſchöpfen pflegten. Vor
allem aber: die Aufklärung ſuchte das Weſen der Religion, wie im
Kirchenweſen überhaupt, ſo in dem, was zu ihm gehört: in Dog=
men und Lehrſätzen, Zeremonien und Symbolen, in geſchichtlicher
Überlieferung und Glaubensſatzung uſw. — die Myſtik aber ſuchte
es nur im Erleben der Einheit des Bewußtſeins, in der Tiefe
des Gefühls, in der Innigkeit und Beſeligung, die der Geiſt durch
ſich ſelbſt erfährt, wenn er — und das iſt nur in ſeltenen Mo=

menten möglich — sich mit sich selbst, in allen Sphären des Be=
wußtseins, zur vollen Harmonie zusammenschließt, und derart auch
zusammenschließt mit der Einheit alles Seins und alles Wirkens.
So ist die Aufklärung, hingegeben an die Fülle des Objektiven,
auch hingegeben an die unmittelbare Gegenwart — während die
Mystik, von der „Welt" entfernt, auch der Gegenwart abgewandt
ist und jene Einheit des Bewußtseins, öfter noch als in die Zu=
kunft, in eine ferne verklärte Vergangenheit zurückverlegt, als etwas,
das die Menschen einst besaßen und nun verloren haben.*) — —

Die christliche Mystik hat schon in der Begründung der ersten
Mönchsorden — bei denen sie ja auch späterhin am meisten blühte
— ihre ersten Triebe entwickelt, aber zur vollen Bedeutung erhob
sie sich doch erst, als auf der Höhe des Mittelalters auch die Auf=
klärung sich zur vollen Reife entwickelt hatte. Nun trat auch die
Mystik als Reflexion, als Zusammenhang durchdachter Über=
zeugungen, der Aufklärung gegenüber, nicht ohne deren eigene
Waffen mitzubenutzen; das, was vorher bloß empfunden und erlebt
war, wurde nun mit Bewußtsein geltend gemacht und mit allen
Waffen der Dialektik und begrifflichen Unterscheidung, auch denen,
welche die Aufklärung darbot, als Einheit darzustellen, zu erklären
und zu rechtfertigen gesucht.

Innerhalb dieser, im engeren Sinne so zu nennenden, Mystik
aber, deren Entwickelung etwa im elften Jahrhundert einsetzt, hatten
die Deutschen von vornherein, und gewannen mit der Zeit immer
mehr, das Übergewicht und die Führung. Zwar gab es auch eine

---

*) In diesem Sinne kann man auch statt des Wortes Mystik ganz
allgemein und unterschiedslos den Namen Romantik gebrauchen, unabhängig
natürlich von der engeren Bedeutung, die dieses Wort um die Wende des
achtzehnten und neunzehnten Jahrhunderts erhielt. Der Name Mystik be=
zeichnet dann an dieser Geistesrichtung überwiegend das Dunkle, Unbestimmte,
in geheimnisvolle Tiefen sich Verlierende (Mysterium), während der Name
Romantik mehr ein Zeitverhältnis im Auge hat, mehr die Abwendung von
der Gegenwart und die Sehnsucht nach einer fernen Zeit (meist Vergangenheit,
zuweilen aber auch Zukunft), in der jenes mystisch Geheimnisvolle und Tiefe
lebendige Gegenwart war oder sein wird.

Mystik bei den romanischen Völkern, insbesondere den Franzosen und Italienern. Aber teils war sie in unklarer Weise mit Elementen der Verstandesaufklärung gemischt, wie bei Gerson, oder auch bei Thomas Aquinas, teils hatte sie, wie bei Bernhard von Clairvaux, einen rein individualistischen, über die persönliche Wirkung wenig hinausgreifenden, überdies weichlich-sentimentalen und zerflossenen Charakter. Wo sie aber zu größerer Bedeutung sich erhob, da steht die romanische Mystik ganz unter dem deutschen Einfluß, wie es bei dem hervorragendsten der romanischen Mystiker, Bonaventura, der Fall ist, der ganz unter dem Einfluß der Victoriner, namentlich Hugo's von St. Victor, steht, welch' letzterer zwar in einem französischen Kloster gelebt und gelehrt hat, aber ein deutscher Edelmann aus dem Schwabenlande war.

Auf der anderen Seite aber — wie reich und tief erscheint die christliche Mystik in ihrer geschichtlichen Entwickelung auf germanischem Boden! Vom elften und zwölften bis zum siebzehnten und achtzehnten Jahrhundert durchzieht sie hier wie eine vollstimmige, immer wieder neu und kraftvoll aufgenommene, Melodie das gesamte geistige Leben, das durch sie am stärksten in Schwingungen versetzt wird. Und eine ganze Reihe von bedeutenden Persönlichkeiten, von denen viele, durch die tiefe Prägung und die herbe Geschlossenheit ihres Wesens, noch heute eine eigentümliche Anziehungskraft auf nachdenkliche Naturen ausüben, bezeichnen den Weg dieser langen Entwickelung: die Victoriner, unter denen wieder Hugo von St. Victor der bedeutendste und tiefsinnigste ist, dann vor allem Meister Eckhart, Tauler, Suso, Gert de Groot, Ruysbroeck, der unbekannte Verfasser der „Deutschen Theologie", die auf Luther so mächtig wirkte, auch Luther selbst kann ja hierher gerechnet werden, dann im sechzehnten und siebzehnten Jahrhundert die protestantischen Mystiker Jakob Böhme, Sebastian Frank, Spener, Zinzendorf u. a.

Die Grundprinzipien dieser deutschen Mystik sind wohl von niemandem tiefer durchdacht, klarer und kraftvoller entwickelt, hinreißender und mit größerer Innigkeit dargestellt werden als von

Meister Eckhart, dem größten Mystiker aller Zeiten. Wenn der
bedeutendste unter den romanischen Mystikern, Bonaventura, es
schon durch den Titel einer seiner Hauptschriften „Die Reise der
Seele zu Gott" (itinerarium mentis ad Deum) zum Ausdruck
bringt, daß und wie sehr auch er noch, bei allem Hinstreben auf
die Einheit und Ungeteiltheit des Selbst, des individuellen wie des
absoluten Subjekts (Gott), doch der Mannigfaltigkeit des Objek=
tiven, vor allem der Vielheit, Verendlichung und Vereinzelung des
menschlichen Tuns, sei es des profanen oder des kirchlich=sakramen=
talen, zugewandt ist, als der Vorstufe zur Annäherung an die
absolute Einheit des Selbst und Gottes — so ist Eckhart ganz
und ausschließlich in diese letztere versenkt, all sein Denken richtet
sich darauf, das Wesen der reinen Subjektivität zu durchdringen,
und, zurückgezogen in die tiefste Innerlichkeit, die Einheit des Lebens,
damit auch die Einheit alles Seins und Wirkens, nicht so sehr zu
erkennen, begreiflich zu machen, — was höchstens annäherungs=
weise möglich ist —, sondern ekstatisch zu schauen, zu fühlen, zu
erleben.   Die Vielheit des Objektiven ist ihm also nicht, wie bei
Bonaventura, eine Vorstufe zu diesem Ziele, sondern sie ist das
schlechthin Nichtige, zu Negierende: nur die absolute Einheit ist
Wahrheit, Vielheit bloß täuschender Schein — alles Vereinzelte ist
verwerflich.

In diesem Sinne entwickelt Eckhart zunächst und vor allem
die Grundanschauung von der reinen Subjektivität in ihrer un=
geteilten, unteilbaren, alle Besonderung von sich ausschließenden,
Einheit. Wohl gibt es eine Mannigfaltigkeit und Vielheit seelischer
Funktionen und ihnen entsprechender leiblicher Organe, — aber
das alles sind nur Helfer, Kräfte des einen Seelen=Zentrums,
der einen Grundkraft der Seele, der reinen Subjektivität oder, wie
Eckhart sie nennt, des Funken. Er ist das seelische Eins und
Alles, unterschieden von allen besonderen Seelenkräften und einzelnen
Seelenprozessen, und dennoch deren Totalität, sie alle, in sich
schließend und in sich hegend. — Aber freilich ist auch dieses Seelen=
Zentrum, als ein Individuelles, auch noch ein Einzelnes, Endliches,

Begrenztes — darum strebt es zum absoluten Subjekt, zum Eins=
werden mit dem Göttlichen. Wo das geschieht, wo die göttliche
Persönlichkeit, oder „der Sohn Gottes“, in uns geboren wird, da
erst, beim Aufgehen im schlechthin Absoluten, dem Göttlichen, sind
alle Unterschiede getilgt, ist alle Begrenzung und Besonderung
völlig ausgelöscht, und die wahre Seele, der Funke, ist dann
ebenso nur noch eine Erscheinungsform der Gottheit, wie die be=
sonderen Seelen=Funktionen nur endliche und begrenzte Erscheinungs=
formen der wahren Seele und ihrer reinen ungeteilten Einheit.

Es gibt nur eine Art und Weise solcher Versenkung in das
Absolute, solchen Einswerdens der reinen Subjektivität mit dem
Göttlichen — und auch hier ist es wieder nur täuschender Schein,
wenn wir glauben, durch verschiedene Weisen der Betätigung des
Funkens jene Einheit vollziehen zu können, z. B. durch Erkenntnis,
Sittlichkeit, durch Liebe, Religiosität. Vielmehr ist in alledem nur
soweit Wahrheit, als sie das Göttliche, d. h. das Einswerden der
reinen Subjektivität mit dem Absoluten, zum Ausdruck bringen.
So gibt es zwar mannigfaltige Grade und Stufen der Er=
kenntnis, auch der Erkenntnis endlicher und begrenzter Objekte, —
aber die wahre Erkenntnis, die unterschieden ist von jeder be=
sonderen, und sie doch alle in sich schließt, ist erst da vorhanden,
wo wir das Göttliche schauen, wo die Grundkraft der Seele, der
Funke, sich einsenkt in das Absolute. Und so gibt es auch mannig=
faltige Arten des menschlichen Handelns, aber unter ihnen kann
man das Sittliche nicht finden, dieses ist weder ein einzelnes Tun,
noch auch nur ein einzelnes Wollen, sondern wieder nur die Ein=
heit und Totalität des Willens, die im tiefsten Grunde der Seele
beschlossen ist. Sittlichkeit, wie Eckhart sagt, ist also kein Tun und
Wollen, sondern ein Sein, oder, wie Spätere es ausdrückten, sie
ist Seelen=Harmonie oder Seelen=Schönheit, und dies wiederum
nur insoweit vollkommen, als die reine Subjektivität sich einsenkt
in das Absolute, das Göttliche. Eine andere Funktion dieser reinen
Subjektivität, oder des Funkens, ist auch die Liebe. Auch sie kennt
keine Begrenzung und Besonderung, ja, durch nichts werden wir

so befreit von allen Hindernissen, die uns Zeit, Vielheit und Materie bereiten. „Der Tod scheidet die Seele vom Leibe, aber die Liebe scheidet alle Dinge von der Seele. Was nicht Gott oder göttlich ist, das duldet sie um keinen Preis." In diesem Sinne aber ist die Liebe auch erst Wahrheit, d. h. wenn sie Funktion der reinen, in sich selbst ruhenden Seelen-Einheit, des Funken, ist, und wenn dieser eins wurde mit dem Göttlichen, Gott in ihm geboren wurde, so daß jene reine Seelen-Einheit nun auch das Einzelne und Begrenzte, auch z. B. einen anderen Menschen, nur im einheitlichen Zusammenhange alles göttlichen Seins erkennt und umschließt. Und endlich ist auch das Religiöse, der Glaube, nichts anderes als dieses in der Tiefe des Bewußtseins, vor allem im Gefühl, vollzogene Einswerden der reinen Subjektivität mit dem Absoluten und Göttlichen: wahrer Glaube und Religion haben es also auch in keiner Weise zu tun mit Endlichem, Begrenztem, mit der Vielheit und Besonderung, nicht zu tun also mit irgendwelchen einzelnen Handlungen (z. B. Zeremonien, Kulthandlungen u. dergl.) oder den Vorstellungen darüber, nicht mit irgendwelcher Werkheiligkeit, auch nicht mit dem einzelnen Menschen (Propheten), etwa Jesus, seinen Taten oder seinen Leiden, auch nicht mit dem Gebet,*) soweit es irgendwie der Worte bedarf. Alle für uns getrennten Funktionen der reinen Subjektivität, oder des Funken, sind in Wahrheit also nur eins, Erkenntnis, Sittlichkeit, Liebe, Religion und Glaube, da wo sie vollkommen sind, nur ein einziges Leben der reinen ungeteilten Seelen-Einheit in der absoluten Einheit des göttlichen Seins. Hier, im absoluten Subjekt, in Gott, ist alle Besonderung des Endlichen ausgelöscht, alle Fülle und Mannigfaltigkeit des Objektiven aufgelöst, und doch alles wieder darin enthalten. „Wiltu Liebe oder Treue oder Wahrheit", so spricht Eckharts Schüler Tauler, „oder Trost oder stäte Gegenwärtigkeit,

---

*) Nur den Geist des Gebets, der ohne Worte, der nur eine Bewußtseinserscheinung ist, läßt Eckhart gelten — ganz in Übereinstimmung mit Kant, mit dem er sich ja auch sonst, oft sogar in fast wörtlich übereinstimmenden Wendungen, berührt.

diß ist an ihm überall ohne Maß und Weise. Begehrestu Schönheit, er ist der allerschönste. Begehrestu Reichtum, er ist der allerreichste. Begehrestu Gewalt, er ist der gewaltigste, oder was dein Herz je möchte begehren, das findt man tausendfalt an ihm, an dem einfältigen, allerbesten Gut, das Gott ist."

*   *   *

Aus dem Geist der deutschen Mystik ist der Protestantismus entsprungen. Lange vorher schon war die Mystik nicht bloß esoterische Gedankenbildung geblieben, sondern auch Inhalt ausgedehnter Volksaufklärung und auch Grundlage mannigfaltiger Gemeinschaftsbildungen geworden. Eckhart selbst, ebenso wie seine unmittelbaren Schüler und Nachfolger, namentlich Tauler und Suso, gehören zu den größten Kanzelrednern aller Zeiten und haben durch ihr an die Tausende des Volkes gerichtetes lebendiges Wort ebenso, und vielleicht noch stärker, gewirkt als durch ihre Schriften. Und daneben wurde schon damals, namentlich aber im fünfzehnten Jahrhundert, der Geist dieser christlichen Mystik in Gemeinschaftsbildungen gepflegt und lebendig erhalten, von denen besonders die Gemeinschaft der Brüder vom heiligen Leben, die im ganzen Stromgebiet des Mittel- und Niederrheins ausgebreitet war, große Bedeutung gewann.

Jedenfalls also ist diese Mystik, die esoterische wie die volkstümliche, die eigentliche innere Triebkraft des Protestantismus, sie tritt hier nur in besonderer Weise, nämlich als kirchlich-religiöse Reformbewegung, zutage. Es geschieht ganz im Geiste der Mystik, — deren Schüler ja auch Luther selbst war, — daß im Protestantismus der religiöse Glaube sich aller Aufklärung, aller Hinwendung zur Mannigfaltigkeit des Objektiven, entgegensetzt, wie sie ausgeprägt war im Weltleben der alten Kirche, in dem bunten Gewebe von Dogmen und Satzungen, Zeremonien und Symbolen; daß er überhaupt sich abkehrte von allem Endlichen und Begrenzten und Besonderten des Seins und des Tuns, des Lebens und des Denkens, des Fühlens und des Erkennens — um den

Glauben zurückzuverlegen in seinen Ursprung, die reine Subjek=
tivität, die Seelen=Einheit, das Seelen=Zentrum, oder den Funken,
wie Meister Eckhart sagt. Daher ist dem Protestantismus die
Seligkeit nicht beschlossen in den Werken, sondern lediglich im
Glauben, der aus der Tiefe des Gemütes quillt, und dieser Glaube
dokumentiert sich nicht nach außen, nicht in einzelnen Handlungen,
auch nicht in einzelnen Sätzen, sondern ist ein rein Innerliches:
er ist zu höchst, ganz wie bei den älteren deutschen Mystikern, das
Einswerden der reinen Subjektivität mit dem Absoluten, das
Geborenwerden des Sohnes Gottes im Seelen=Zentrum, wodurch
Gott selbst erst wahrhaft ist und wird. Daß Gott, um mit
Sebastian Franck, einem Mystiker des siebzehnten Jahrhunderts, zu
sprechen, nur ein tiefster Seufzer ist, auf dem Grunde der Seele
gelegen — das ist das erste und höchste Grundprinzip, wie der
deutschen Mystik, so des deutschen Protestantismus.

Es war ein Widerspruch gegen dieses Grundprinzip und ein
Abfall von ihm — wiewohl eine geschichtliche Notwendigkeit —,
daß auch der Protestantismus schon im Anfang seiner Entwicke=
lung sich ebenfalls kirchlich organisierte, daß er, ganz wie die alte
Kirche, zur Dogmenbildung überging, sich Lehrverfassungen gab,
Symbole und Kultordnungen usw. teils neu schuf, teils doch wenig=
stens umwandelte, so daß sie nicht mehr für den Glauben gleich=
gültig, auch nicht bloße Adiaphora, blieben, sondern immer mehr
mit ihm identifiziert wurden, daß endlich, zur Stütze und einheit=
lichen Ordnung aller dieser kirchlichen Dogmen, Lehrsätze usw.,
Logik und Dialektik aufgeboten wurden, und eine neue protestan=
tische Aufklärung und protestantische Scholastik daraus sich ent=
wickelten, die in ihrem geistigen Grundcharakter nicht anders geartet
waren wie die katholische Aufklärung und Scholastik des Mittel=
alters.

Aber gegen diese Abkehr vom ursprünglichen protestantischen
Prinzip reagierte auch schon frühzeitig der Geist der Mystik von
neuem, und um so heftiger, als ja aus ihm der Protestantismus
selbst erst entsprungen war. War die Mystik anfänglich in die

protestantischen Kirchen eingegangen, so trat sie nun, schon wenige
Jahrzehnte nach deren Begründung, wieder aus ihnen heraus und
neben sie, um als selbständige und abgesonderte Erscheinung des
religiösen Lebens — wiewohl nicht so sehr abgesondert, wie die
ältere Mystik vom katholischen Kirchenwesen — sich weiter zu entwickeln. Die Richtung dieser Entwickelung aber ist die einer weiteren Vertiefung des mystischen Geistes. Nie ist die Verinnerlichung, welche der Geist des Christentums der Kultur gebracht
hat, vollkommener gewesen, nie in so schönen Weisen und mit
solcher Kraft zutage getreten, wie in dieser deutschen Mystik des
ausgehenden sechzehnten und des siebzehnten Jahrhunderts. In
ihr trieb der Geist des Protestantismus seine letzte und schönste
Frucht hervor, ehe er kraftlos wurde und allmählich sich auflöste
in der emporblühenden allgemein-menschlichen Kultur — ganz
ebenso wie der Geist des katholischen Christentums unmittelbar, ehe
er in der Renaissance sich aufzulösen begann, seine höchste Blüte
entfaltete.

Im einen wie im anderen Falle vollzieht sich diese Auflösung
zunächst und vor allem im Elemente der Kunst und des künstlerischen Bildens, noch ehe sie sich im Elemente des Denkens und
in der Philosophie vollzog. Denn bevor durch das Denken Sub-
jektives und Objektives geschieden und von neuem in freie Beziehungen
gesetzt werden, nachdem sie im religiösen Mythus regellos sich
mischten, muß der letztere seines spezifisch mythischen Inhalts entkleidet, aus der transzendenten Ferne, in die ihn die mythenbildende
Phantasie projizierte, in die Wirklichkeit herabgeholt oder, was
dasselbe besagt, das Göttliche muß zunächst in das allgemein Menschliche aufgelöst werden. Eben dies leistet die Kunst, welche das
Subjektive in das Objektive einbildet, wie die mythenbildende religiöse Phantasie, aber, ungleich dieser, dieses Ein-Bilden begrenzt,
es bestimmt und bedingt sein läßt durch das Objektive selbst,
durch die Natur, und beides ebenso sondert wie das freie Denken.

Solche Auflösung des Mythisch-Religiösen in das Allgemein-
Menschliche durch die Kunst vollzieht sich nur ganz allmählich, in

langdauernder Entwickelung. In der Malerei des ausgehenden
Mittelalters und der Frührenaissance ist dieser fortschreitende Über=
gang geradezu symbolisiert durch die schrittweise Veränderung und
Reduktion des Goldgrundes, der die Gestalten, und des Heiligen=
scheines, der die Häupter der heiligen Personen umgibt: anfäng=
lich, z. B. auch noch bei Cimabue, breit und massig und domi=
nierend in Rahmen des Bildes hervortretend, tritt beides immer
mehr zurück, wird der Heiligenschein immer dünner und blasser,
bis er schließlich, in der Hochrenaissance, ganz verschwindet. Auch
jetzt noch, in der künstlerischen Blütezeit der Renaissance, waren die
Künstler überwiegend religiös gestimmt und vertiefte sich ihre
Phantasie nach wie vor in den Christus=Mythus, den Marien=
kultus und die zahlreichen Legenden der Heiligen — aber nur so,
daß alles Göttliche ihnen identisch war mit allem Menschlichen.
In Maria stellten sie nicht mehr die Gottesmutter dar, sondern
die einfach menschliche Frauenschönheit und Frauenhoheit — es
war ja auch nur ein Schritt von ihr bis zur Venus oder Juno —,
in der Madonna mit dem Jesusknaben nur das einfach=menschliche
Verhältnis der Mutter zu ihrem Kinde mit all seinen unerschöpf=
lichen Variationen, für die Heiligen suchte und fand man die
Modelle in der allernächsten Umgebung, — kurz, die christlichen
Götter und Heiligen wurden, wie einst die olympischen Götter, durch
die Kunst aus dem Himmel auf die Erde herabgeholt, und waren
nun nichts anderes mehr als idealisch ausgezeichnete Bruderwesen
der Menschen.

Nicht anders war es mit der künstlerischen Auflösung der
deutschen Mystik ins Allgemein=Menschliche. Nur unterscheidet sie
sich von dem auf der Höhe des Mittelalters vollzogenen Auflösungs=
prozeß des christlichen Mythus ebensowohl durch ihren Inhalt wie
durch die ihm angepaßten besonderen künstlerischen Darstellungs=
formen. Dem Inhalte nach: das katholische Christentum der Ita=
liener und der romanischen Völker überhaupt, dessen Auflösung
durch die Kunst mit der Frührenaissance einsetzte, ist auf seiner
mittelalterlichen Höhe charakterisiert durch die Verknüpfung der

reinen Subjektivität mit der Hingabe an das objektiv Wirkliche, durch die Einführung der Innerlichkeit in die Breite des Welt= lebens und des Menschendaseins — die deutsche Mystik aber, welche identisch ist mit dem reinen Geist des Protestantismus wie des ursprünglichen Christentums überhaupt, lebt nur in der reinen Innerlichkeit, in der ganz auf sich selbst gestellten, allem Objektiven fernabgewandten, weltverlorenen reinen Subjektivität. Daher ja auch dort die starke Hinneigung zum heidnischen Geist der Antike, von dem die deutsche Mystik so weit als möglich entfernt war.

Auf diese Verschiedenheit des Inhalts und der vorherrschen= den geistigen Richtung gründet sich dann auch der Unterschied in den künstlerischen Darstellungsformen. Für die italienische Früh= renaissance sind die eigentlich charakteristischen und durchaus vor= herrschenden Kunstarten, auf der einen Seite die Malerei mit epi= scher Tendenz, auf der anderen Seite die epische Dichtung mit aus= geprägt malerischer Tendenz, während für die deutsche Frührenais= sance, wie man die Zeit der zweiten Hälfte des siebzehnten bis zum Anfang des achtzehnten Jahrhunderts wohl nennen kann, fast nur die Kunstformen der reinen Innerlichkeit, lyrische Dichtung (Hym= nus) und Musik, und die Mischformen beider, in Betracht kommen. Und es ist charakteristisch, daß, während in Italien die größten Meisterwerke religiöser Epik hervorgebracht wurden — vor allem Dantes „Göttliche Komödie", deren malerische Tendenz wiederum die bildende Kunst befruchtete — in Deutschland selbst ein so bedeu= tender Versuch religiöser Epik, wie Klopstocks Messias, mißlang, weil er in Lyrik endigte. Und kein größerer Unterschied als bei= spielsweise die Art, wie dort und hier der Christus=Mythus zur künstlerischen Darstellung gebracht wird: in der italienischen Früh= renaissance gewinnt daraus selbst ein so großer Maler religiöser Innigkeit, wie Fra Angelico, Motive zur Darstellung der bunten Mannigfaltigkeit des objektiven Menschendaseins, er führt Christus bald als menschlich Leidenden, bald als fröhlichen Genossen, nun als Lehrer oder Bußprediger, und dann wieder als mitleidsvollen Helfer, ja in S. Marco sogar als sorglosen Wandersmann, mit dem Stecken

in der Hand, vor Augen — während er für die deutschen Hym-
niker und religiösen Komponisten nur das idealische Gegenbild der
reinen Subjektivität ist, in dem der Mensch, in seiner innerlichen
Abgeschlossenheit und Abgeschiedenheit, mit der ganzen Innigkeit
seines Vorstellens und Empfindens, sich wiederzufinden sucht.

Vor allem ist es daher die Musik, die recht eigentlich den
vollen künstlerischen Ausdruck der deutschen Frührenaissance bildet
— daher die unübertroffene Blüte, die sie von da an auf dem
Boden deutscher Kultur erreichte. Welche Kunst wäre auch ihrer
Natur nach besser imstande, die reine, für sich seiende Subjektivität,
in der ganzen Tiefe und dem Reichtum ihres Wesens, zur Darstellung zu bringen? In keiner Kunst bedeutet ja der Stoff so sehr
fast nichts, die Form so sehr fast alles, keine ist so sehr der Breite
des objektiven Seins weit abgewandt und der „Welt" entrückt.
Denn wenn die übrigen Künste durch ihre stoffliche Grundlage —
der Stein, die Farben, die Begriffe und Worte usw. — mehr oder
weniger eng und dauerhaft mit dem objektiven Dasein verknüpft
sind, so ist diese stoffliche Grundlage in der Musik nur ein Un-
sichtbares, ein Hauch, eine kurze Wellenbewegung der Luft, die
aber auch nur momentweise Existenz gewinnt, nämlich durch das
Gehör und die aufnehmende Seele, und selbst dann im objektiven
Sinne nicht mehr „wirklich" bleibt, sondern verweht, als wäre
dergleichen nie gewesen.

So ist es natürlich, daß die deutsche Mystik, in welcher der
ursprüngliche Geist des Christentums am reinsten erhalten geblieben,
zunächst und vor allem in den Kunstformen der Musik, sowie der
Dichtung mit musikalischer Tendenz (Chorlied, Hymnus usw.) die
Schranken des Mythus durchbrach und sich auflöste ins allgemein
Menschliche, — in das allgemein Menschliche, welches in jeder
mythischen Vorstellungsweise, wenn auch noch so eingehüllt, verborgen liegt, sie durchdringt und beseelt. Was also im Liede
„O Haupt voll Blut und Wunden", oder was im Agnus dei
der Bach'schen Passionsmusik zum Ausdruck kommt, ist nichts als
die Unendlichkeit des menschlichen Schmerzes und Leides, in dem

die reine Subjektivität ganz in sich selbst zusammengezogen ist; Paul Gerhards „Befiehl du deine Wege“ bringt nur jene stoische Autarkie zur Darstellung, welche die ganze Welt, alles Objektive, durch die Kraft, welche der innersten Einheit der Subjektivität entstammt, überwindet; und Bachs Matthäus-Passion könnte man so auffassen als die große Epopöe der reinen Subjektivität, vergleichbar Dantes Göttlicher Komödie, und von ihr ebenso unterschieden wie deutsche und italienische Frührenaissance, protestantischer und katholischer Geist, Mystik und Weltchristentum.

Und wie bei Dante und bei den Quattrocentisten nicht nur das Religiös-Mythische in die allgemein menschliche Formensprache der Kunst übersetzt wurde, sondern auch, umgekehrt, alle Kunst überwiegend, oft ausschließlich, noch ganz im Elemente des religiösen Mythus lebte, — so auch bei den großen deutschen Tondichtern und Hymnikern am Ende des siebzehnten und Anfang des achtzehnten Jahrhunderts. Alles „Weltliche“ lag ihnen noch recht fern, sie waren ebenso religiös als Künstler, wie sie in künstlerischer Weise den Inhalt des religiösen Mythus sich zu eigen machten und darzustellen suchten. Es ist charakteristisch, daß Bach und selbst Händel vom Musikdrama, das, wie in Italien, auch auf deutschem Boden bereits eine hohe Stufe erreicht hatte, schon frühzeitig sich abwenden, um Choral und Motette, Requiem und Oratorium zu pflegen, und daß der größte Meister der religiösen Musik, Joh. Seb. Bach, selbst die, damals vielen schon geläufige, kunstvollere Art der Tonführung verschmäht und sich der schlichtesten wieder zuwendet: in den einfachsten Akkorden sollte die reine Innerlichkeit sich darstellen und von der Erde zum Himmel schweben.

In eben dieser Begrenzung aber durch den religiösen Mythus, der ihr seine ganze Phantasiestärke mit verlieh, gewann die Kunst der deutschen Frührenaissance erst ihre ganze Kraft und Größe. Sie überschritt sehr bald, schon in der ersten Hälfte des achtzehnten Jahrhunderts, auf der einen Seite die Grenzen der religiösen Musik, auf der anderen die Grenzen der religiösen Dichtung — deren letzter hervorragender Vertreter Klopstock war — und ge-

wann die Ausdrucksformen für alles menschliche Sein und Leben,
das sie fortschreitend in ihren Kreis zog. So wie auf den Fresken
der italienischen Hochrenaissance der letzte blasse Heiligenschein, als
die letzte Hindeutung auf einen Zusammenhang mit etwas Außer-
Menschlichem und Außer-Wirklichem, entschwunden war, so ist auch
in der Kunst der geistigen Hochkultur Deutschlands der unmittelbare Zusammenhang mit dem Mythus ganz gelöst: die unsterblichen Tonwerke von Gluck und Haydn, Mozart und Beethoven,
die großen Dichtungen Lessings und Herders, Schillers und Goethes
sind Wirklichkeits-Kunst auf der Grundlage des Allgemein-Menschlichen.

10. Renaissance des christlichen Idealismus: Hamann und Fr. Heinr. Jacobi.

Die Auflösung der deutschen Mystik erfolgte nicht nur im Elemente der Phantasiegestaltung, durch die Kunst, sondern ebenso im Elemente der Begriffsbildung, durch das philosophische Denken. Denn jede Art mythisch=religiösen Vorstellens ist, ihrer Natur nach, beiden, der Kunst wie der Philosophie, zugewandt, von einer ge= wissen Seite her mit beiden in Übereinstimmung: mit der letzteren dadurch, daß sie ein Erkennen des Allgemeinen, ein Herstellen von Beziehungen des Subjektiven und Objektiven, ist, mit der ersteren dadurch, daß sie das Subjektive in das Objektive ein—bildet, daß ihr Element die Phantasie ist. Der religiöse Mythus ist aber beides, künstlerisches Ein—bilden und philosophisches Erkennen, ohne Begrenzung, wie sie das eine Mal, in der Kunst, durch die Natur der Sinnlichkeit, das andere Mal, in der Philosophie, durch die Natur des Denkens und der Vernunft gegeben ist. Man könnte also sagen, die — zunächst überwiegend religiöse — Kunst, durch welche der religiöse Mythus aufgenommen und ins allgemein Menschliche aufgelöst wird, ist anfänglich nur Mythus inner= halb der Grenzen der Sinnlichkeit, und ebenso die Philo= sophie ursprünglich nur Mythus innerhalb der Grenzen des Denkens und der Vernunft. Und es liegt in der Natur der Sache, daß dabei die Auflösung durch die Kunst der durch das philosophische Denken immer vorausgeht, da die erstere dem religiösen Mythus immer wesentlich näher steht — daher sie auch nie in so feindliche Spannung mit ihm geraten kann — und, nach dem Worte

17*

Schillers, immer erſt als Schönheit empfunden wird, was nachher als reine, für ſich ſeiende, begriffliche Wahrheit uns entgegen geht.

So folgte denn auch der Auflöſung der deutſchen Myſtik durch die Kunſt die durch das philoſophiſche Denken auf dem Fuße nach. Und in dieſer Richtung zum erſten Male entſcheidend die Bahn gebrochen zu haben, das war die bedeutungsvolle, an weittragenden Wirkungen ſo reiche, hiſtoriſche Miſſion, und das unſterbliche Verdienſt des viel verkannten und wenig gekannten Magus im Norden, Joh. Georg Hamann.

Nicht als ob er ganz ohne Vorgänger geweſen wäre; auch ſein Werk iſt, wie alles hiſtoriſch Bedeutungsvolle, langſam vorbereitet worden. Dieſe Vorbereitung war ſchon dadurch einigermaßen gegeben, daß die deutſche Myſtik, ſo ſehr ſie auch ihrer Natur nach, und ganz beſonders im ſiebzehnten Jahrhundert, aller Verſtandeskultur abgewandt war und feindlich gegenüber ſtand, doch mit einer ſtarken philoſophiſchen Tradition (Meiſter Eckhart, Jacob Böhme u. a.) immerfort verknüpft blieb, und deshalb ſchon die apologetiſche Tendenz die Überſetzung des myſtiſchen Erlebens und ſeines Glaubensinhalts in das begriffliche Erkennen, natürlich überwiegend im Sinne einer Philoſophie des NichtErkennens, immer wieder unentbehrlich machte. So darf beiſpielsweiſe Bengel, der geiſtvolle und tiefſinnige ſchwäbiſche Vertreter des Pietismus — ſo hieß die myſtiſche Glaubensrichtung namentlich im achtzehnten Jahrhundert — als unmittelbarer Vorläufer Hamanns gelten, auf den er namentlich durch ſeinen „Gnomon" tiefgehenden Einfluß übte. Er hat ſich dabei nicht mit dem Apologetiſchen begnügt, ſondern iſt bereits zum Angriff auf die herrſchende Verſtandesaufklärung übergegangen und hat ihr einen ſyſtematiſchen Zuſammenhang von allgemeinen Erkenntnisprinzipien entgegenzuſetzen geſucht. Er iſt namentlich einer der erſten, welcher der Überſchätzung der Mathematik, als Prototyp der Erkenntnis, und der ſogenannten mathematiſchen Methode, als einzig ſicherer Norm der Erkenntnis, mit großer Schärfe entgegengetreten iſt. Er hat dabei den ſpringenden Punkt bereits mit großer

Klarheit bezeichnet. „Die Mathematik", sagt er, „gibt in gewissen Stücken eine gute Beihilfe, aber in solchen Wahrheiten, die ihrem Forum fremd sind, verliert man durch sie die Auffassungskraft. Indem man lauter bestimmte Vorstellungen haben will, verliert man die lebendigen."

Aber alle derartigen Äußerungen sind doch nur vereinzelte Zeugnisse, und alle solche Vorgänger Hamanns, wie Bengel, treten geschichtlich außerordentlich weit hinter der Persönlichkeit des nordischen Magus zurück. Denn dessen Bedeutung beruht nicht darauf, daß er da und dort, vereinzelt und zusammenhanglos, vom mystischen Glauben Verbindungsbrücken nach der Seite unabhängiger philosophischer Erkenntnis schlagen wollte, sondern darin, daß er, stetig auf der Grenze beider sich bewegend, den ersteren ganz in das Gebiet der letzteren hinüberzuleiten suchte, dadurch aber nicht nur dem Denken sondern der ganzen geistigen Kultur neue, oder vielmehr jahrhundertelang verschüttete, Quellen wieder eröffnete und den ersten und wichtigsten Anstoß gab zur idealistischen Gedankenrevolution in der zweiten Hälfte des achtzehnten Jahrhunderts.

*   *   *

In „Wahrheit und Dichtung" hat Goethe das tiefste Wesen Hamanns mit den Worten bezeichnen zu können geglaubt: „alles, was der Mensch zu leisten unternimmt, muß aus seinen vereinigten Kräften entspringen, alles Vereinzelte ist verwerflich".

Diese Charakteristik ist zweifellos richtig, aber dennoch zu eng gefaßt. Denn das Verwerfen aller Vereinzelung, das tiefe Durchdrungensein von der Einheit der reinen Subjektivität in ihrer allumfassenden Kraft, ist für Hamann kein Prinzip, welches beschränkt wäre auf die Tätigkeit des Menschen; es ist nicht einmal beschränkt auf den Menschen überhaupt, sondern erstreckt sich auf alles Sein und alles Leben.

Die Quelle und der Ausgangspunkt hierfür ist die deutsche (protestantische) Mystik. Nur daß Hamann zum ersten Male die Schranke dieser Mystik durchbricht, von der Bindung des Denkens durch die Überlieferung des religiösen Mythus sich befreit, und die mystischen Grundgedanken hinausträgt in das ganze weite Gebiet der reinen, d. i. begrifflich=philosophischen, Erkenntnis. Von dem innersten Einheitspunkt jener religiös=mystischen Grundgedanken aus läßt er ein neues Licht, das ganz und gar verschieden war von dem Licht der Aufklärung, auf den Umkreis alles Wirklichen fallen — und, siehe da, alles erscheint in überraschend neuer Beleuchtung und in eigentümlichem Glanze, der oftmals so groß ist, daß er mehr blendet als erhellt.

Zu dieser Übertragung der Grundanschauung religiöser Mystik auf den gesamten Umkreis alles Wirklichen war Hamann durch seine Geistesart und durch seinen Bildungs= und Entwicke=lungsgang besonders disponiert. Hamann ist zunächst in seiner Jugend ganz und gar eingehüllt gewesen in den Vorstellungskreis der religiösen Mystik, welche in Königsberg eins ihrer Haupt=zentren hatte. Sein Leben ist erfüllt von jener Glut des Glaubens und jener schlichten Frömmigkeit, die um so tiefer ist, je einfacher, wie es bei dieser deutschen Mystik der Fall war, die Vorstellungen sind, an die sie sich heftet. Das Streben nach Überwindung der Zwiespältigkeit von Schuld und Sünde und Reue, die ständige Sehn=sucht darnach, hinabzutauchen in die Tiefe der eigenen Subjektivi=tät, in der diese Zwiespältigkeit gelöst ist, und hier das absolute Gegenbild des Selbst, die Gottheit, zu empfangen oder mit ihr eins zu werden — das sind die einfachen Grundgedanken, in welchen diese mystische Frömmigkeit sich bewegt. Am reinsten und tiefsten aber prägte sich diese bei Hamann, wie bei so vielen anderen, in der künstlerischen Form aus, welche ihr am meisten gemäß ist, in der religiösen Musik, namentlich deren einfachen kunstlosen Arten, dem Kirchengesang, dem Hymnus usw., denen er zeitlebens auch theoretisch ein starkes Interesse widmete, die aber vor allem immer die mächtigste persönliche Wirkung auf ihn übten, ihn bis in die größten Tiefen seines Selbst bewegten und erschütterten.

Aber der Geist Hamanns blieb nicht beschränkt auf diese religiöse Verinnerlichung, sondern, durch eine ausgebreitete und sorgfältige Erziehung, fand er Gelegenheit, sich nach allen Seiten hin auszudehnen. Alle Wissensgebiete wurden ihm schon in früher Jugend nach und nach vertraut, und seine eigene universalistisch angelegte Geistesrichtung kam dieser Tendenz seiner Erziehung entgegen. Hamann war schon in früher Jugend ein Bücher= verschlinger, der ungeheuere Mengen Wissensstoff in sich aufnahm, oft wahllos, und ohne die Möglichkeit, ihn verarbeiten zu können. So wurde er ein Polyhistor von einer erstaunlichen, stupenden Gelehrsamkeit, und lange Zeit war dieses polyhistorische Interesse und die Neigung zur Ausbreitung auf allen Gebieten der Profan= erkenntnis ganz und gar vorherrschend. Dann aber trat, mit= veranlaßt durch äußere Erlebnisse, eine Übersättigung und ein Rückschlag ein; schwere Heimsuchungen des Schicksals trieben ihn, wie so viele andere, in das innerste Sensorium des eigenen Geistes zurück, und nun erst, da er eine Neugeburt seines ganzen Wesens erlebte, wurde auch die mystische Grundrichtung seines Geistes neugeboren, und behielt von da an jene Kraft und siegreiche Gel= tung, welche ihn fähig machte, sie in gleichbleibender Stärke zu hegen, und dieses Licht, das von der religiösen Mystik ausging, hinauszutragen in die Fülle und Mannigfaltigkeit alles objektiven Seins.

Dieser Versuch, das innere Licht der religiösen Mystik nach außen zu wenden, von den einfachen Grunderlebnissen und Grund= vorstellungen dieser Mystik aus neue Deutungen des Zusammen= hangs auf den verschiedensten Gebieten des Wirklichen zu versuchen, konnte bei Hamann natürlich nur teilweise und nur sehr unvoll= kommen gelingen. Denn obwohl er gewissermaßen sich mitten inne befand zwischen der religiösen Mystik und der Profanerkenntnis, so war ihm doch jene erstere noch zu wenig objektiv, sein ganzes Wesen war mit ihr noch zu eng verknüpft, als daß jene Freiheit der Betrachtung möglich gewesen wäre, welche die Anwendung des einen auf das andere erfordert. Die Grundfrage, welche er stellte, war eigentlich ein Widerspruch in sich. Denn diese Frage war: Wie kann die Mystik Erkenntnisprinzip sein, wie kann das mystische

Dunkel Klarheit bringen und zur Klarheit verhelfen, wo ist die Einheit zu finden zwischen diesen dunklen Tiefen des mystischen Erlebens und der Klarheit verstandesmäßiger Erkenntnis?

Die innere Gegensätzlichkeit, die sich aus diesem grundlegenden Widerspruch ergibt, charakterisiert die ganze Denkweise Hamanns und fast alles, was er geschrieben. Den „Pan aller Widersprüche" nennt ihn darum Jacobi, und er selbst spricht mit einer gewissen Selbstironie von dem Heuschreckenstil, der ihm eigentümlich sei. Aber es handelte sich nicht nur um das Heuschreckenmäßige des Stils, sondern, wie ganz selbstverständlich, um eine ebensolche Denkart. So wie die Heuschrecke planlos umherspringt, nach kurzem Anlauf schon am Ziel ist, und nur ein kleines Gebiet immer überspringen kann, — so ist die Denkweise Hamanns. Er sucht aus dem mystischen Dunkel, das als Prinzipium seines Geistes tief in ihm wohnt, beständig nach allen Richtungen hinauszudringen in die Breite des objektiven Seins. Oft gelingt es ihm dabei, ans Licht zu kommen, oft aber ist auch sein Gedankensprung zu kurz, und er bleibt im Halbdunkel, wo dann nicht selten sogar die einfachsten Begriffe sich verwirren. Hamann ist sich stets klar gewesen über diese Unklarheit und das Mangelhafte seines Denkens wie seiner Darstellungsweise, und darauf beruht es, daß er so oft verzagt war, während die Besten seiner Nation ihm zujauchzten und ihn als ihren Führer feierten, daß er beständig erfüllt war von Mißtrauen gegen sich selbst, und nur zeitweise gehoben wurde durch die Zuversicht, daß seine Schüler die Knoten entwirren und die Rätsel auflösen würden, die er zurückgelassen, und auf die er selbst nur hingedeutet hatte. Er wußte genau, daß er selbst nur ein Anfang war auf einem völlig neuen, noch unbetretenen Wege, daß er einem Lichte nachging, dessen Richtung er wohl kannte, ohne ihm doch weiter als über die nächsten Schritte hinaus nachgehen zu können. Er hätte mit dem Apostel sprechen können: Nicht, daß ich es schon ergriffen habe, aber ich jage ihm nach, ob ich es wohl ergreifen möchte, nachdem ich davon ergriffen worden bin.

Gerade dieses jugendlich Unfertige, unklar Gährende, dunkel Fragmentarische seiner ganzen Denk- und Darstellungsweise war es aber nicht zum wenigsten, was die große Wirkung, die Hamann auf die Besten seiner Zeitgenossen ausübte, hervorrief, was einen Jacobi nicht weniger wie Herder, einen Lavater nicht weniger wie Goethe in seinen Bannkreis zog. Es war ein neuer Geistesfrühling, der in diesen zahlreichen Gedankenfragmenten Hamanns zum ersten Male ans Licht trat. Und so wie in der Natur die ersten Keime der neuen Saat noch schüchtern, noch eingehüllt, hervorbrechen, als wollten sie jeden Augenblick von neuem ins Dunkel der Erde sich wieder zurückziehen, gerade dadurch aber einen um so größeren Reiz ausüben auf den Empfänglichen, der da ahnt, welcher Reichtum in dieser Hülle verborgen liegt, und der das eigentümlich Schwüle und doch Klare, Milde empfindet, das so charakteristisch ist für die erste Frühlingszeit: so wirkte auch Hamann im Beginn der Blütezeit des deutschen Idealismus.

*　　*　　*

Der Grundgedanke, aus dem die ganze Fülle der Gedanken Hamanns entspringt, könnte etwa so ausgedrückt werden: Wenn es sicher ist, daß nicht im Endlichen und Begrenzten, sondern im Unendlichen und Unbegrenzten, nicht in der Vereinzelung des Objektiven, sondern in der Einheit der reinen Subjektivität, des Seelenzentrums oder des Funken, um mit Meister Eckhart zu sprechen, nicht in der relativistischen Erkenntnis und der Verstandesaufklärung, sondern in der intellektuellen Anschauung und der mystischen Intuition die Wahrheit zu suchen und das Wirkliche zu ergreifen ist: was bedeutet dies, nicht bloß für den Glauben und das Religiöse, sondern für alles menschliche Leben, für alle Sphären des Wirklichen überhaupt? Wie habe ich mir alsdann das Wesen des Menschen, der Religion und der Kunst, des Staates und der Geschichte, der Natur und Gottes, wie den Zusammenhang von alledem, zu denken und zu erklären?

Oder, könnte man ebendasselbe auch kurz unter rein histori=
schem Gesichtswinkel aussprechen: wie entfaltet sich der Geist der
deutschen Mystik, wenn er, der Enge des rein mythisch=religiösen
Vorstellens entrückt, hineingeführt wird in alle Sphären des
Wirklichen?

Der Geist der deutschen Mystik aber, das ist diejenige Vor=
stellungsweise, für welche alle Wahrheit und alle Wirklichkeit, alles
Sein und alles Leben, beschlossen ist in der reinen Subjektivität,
und zwar in der reinen Subjektivität in ihren beiden polaren
Daseinsformen: dem Ich, dem reinen Selbst, des Menschen und
dem absoluten, aller individuellen Begrenzung entrückten, Selbst
oder Gott.   Das individuelle (menschliche) Selbst und sein ab=
solutes Gegenbild, Gott, — das sind die beiden Pole, um welche
alles Vorstellen der deutschen Mystik kreist, wie verschiedene Formen
es auch sonst annehmen mag.

Das individuelle und das absolute Selbst ist auch der Aus=
gangspunkt wie der Inbegriff des Hamannschen Denkens, und
(menschliche) Selbsterkenntnis und Gotteserkenntnis das Fundament
nicht nur, sondern oberstes Prinzip seiner Philosophie.   Beide, das
individuelle und das absolute Selbst, der Mensch (als reine Sub=
jektivität) und Gott gehören, wie in der Vorstellungsweise der
Mystik, auch bei Hamann eng zusammen, als die beiden Pole alles
Seins, als die analogen Ausdrucksformen des Wirklichen, dergestalt
analog, daß die eine immer auf die andere hinweist und das Wesen
des Menschen aus dem Wesen Gottes, wie umgekehrt dieses aus
jenem, vornehmlich zu erkennen ist.   So wie das Wesen Gottes
am reinsten und vollkommensten sich offenbart im Menschen, so
erteilt umgekehrt die Analogie des Menschen zum Schöpfer allen
Kreaturen überhaupt ihr Gehalt und ihr Gepräge, von dem Treue
und Glauben in der ganzen Natur abhängt.   Je lebhafter diese
Idee, das Ebenbild des unsichtbaren Gottes, in unserem Gemüt
ist, desto fähiger sind wir, seine Leutseligkeit in den Geschöpfen
zu sehen und zu schmecken, zu beschauen und mit Händen zu
greifen.

Darnach ist bereits das Wesen der Natur, d. h. des außer=
menschlichen Daseins, im Geiste Hamanns deutlich zu bestimmen.
In ihr ist so viel Wahrheit und Wirklichkeit, als in ihr Sub=
jektivität, Selbstheit oder, was dasselbe ist, als in ihr Analogie
zum Menschen oder, was wieder dasselbe bedeutet, als in ihr Ana=
logie zum Göttlichen ist. Und da in der (außermenschlichen) Natur
nirgends die Erscheinungs= und Ausdrucksform des Selbst, der
reinen Subjektivität, erreicht wird, so ist sie überall nur Andeutung,
Hinweis, Symbol oder Gleichnis dieses wahrhaft Wirklichen: näm=
lich der reinen Subjektivität. Auch hier gibt uns die Erscheinung
des Menschen wiederum den Fingerzeig zur Erkenntnis des Ab=
soluten. Das Wesen des Menschen ist sein Selbst, die reine Sub=
jektivität — und sein Leib, der Mensch als Naturerscheinung, was
ist er anderes als die bloße Symbolisierung eben dieses Selbst
im Zusammenhang des Objektiven? „Die verhüllte Figur des
Leibes," sagt Hamann, „das Antlitz des Hauptes, und das Äußerste
der Arme sind das sichtbare Schema, in dem wir einhergehen;
doch eigentlich nichts als ein Zeigefinger des verborgenen Men=
schen in uns." Und so ist die ganze körperliche Natur nur gewisser=
maßen ein Gleichnis der Geisterwelt, und die Natur als absolutes
Ganze, in ihrer Totalität gefaßt, ebenso nichts anderes als ein
Gleichnis des verborgenen absoluten Selbst oder Gottes. Und
so wie der Mensch in seinem Wesen — als reines Selbst — ver=
hüllt und unsichtbar ist, so ist auch Gott in der Natur unsichtbar
und eingehüllt, und alle seine Werke, die Naturerscheinungen, sind
nichts als bloße Andeutungen, Zeichen oder Ausdrücke seiner Eigen=
schaften und bloße Symbole oder Gleichnisse seines Wesens. Es
gehört also mehr als Physik dazu, schreibt Hamann einmal an
Kant, um die Natur wirklich auszulegen. Man muß vom Äußern
ins Innere vordringen, von der bunten Mannigfaltigkeit des Ob=
jektiven in die Tiefen und Geheimnisse der Subjektivität. „Die
ganze Natur", sagt er einmal gleichnisweise, „ist nichts als das
Zifferblatt und der Zeiger; das ganze Räderwerk und das rechte
Gewicht sind Seine Winde und Feuerflammen."

So ist die Natur Offenbarung, — Offenbarung nicht ihrer selbst, sondern eines verborgenen Geistes. Und das ewige Weben und lebendige Drängen und Treiben der Natur ist gewisser= maßen eine Rede des Geistes, der in ihr verborgen ist, — eine Rede für alle die, welche sie vernehmen können, und für die sie darum auch bestimmt ist, nämlich die beseelten Geschöpfe. „Rede, daß ich dich sehe! ... Dieser Wunsch wurde durch die Schöpfung erfüllt, die eine Rede an die Kreatur durch die Kreatur ist; denn ein Tag sagt's dem anderen und eine Nacht tut's kund der anderen. Ihre Losung läuft über jedes Klima bis an der Welt Ende, und in jeder Mundart hört man ihre Stimme."

Deutlicher aber und mit größerer Wahrheit, reicher und tiefer, klarer und inniger als in der Natur offenbart sich das absolute Selbst (Gott) im Menschen. Er ist das Meisterstück der Schöp= fung, durch welches die sinnliche Offenbarung der Herrlichkeit Gottes sich vollendete.

Worin aber besteht das Wesen des Menschen? Es besteht zunächst nicht in der äußeren Erscheinung, der Körperlichkeit. Denn diese ist, wie wir schon sahen, nur ein Symbol, ein Gleichnis seines Wesens, so wie die Natur nur ein Gleichnis des in ihr und durch sie verhüllten absoluten Geistes oder Gottes.

Dieses Wesen des Menschen besteht aber ebensowenig in jener Vielheit und bunten Mannigfaltigkeit seelischer Data, zu welcher die bis dahin herrschende „Wissenschaft" und Weltweisheit den Geist zerrissen und zerstückelt hatte. Diese Betrachtungsweise — die Verstandesaufklärung, deren Prinzipien der Naturphilosophie entstammten — hatte das Wesen des Menschen zwar im Seelischen erfassen wollen, dieses aber, nur nach Analogie der Natur, als ein Gegebenes unter vielen, nur als ein Glied und einen Einzelfall im Zusammenhang der objektiven Erscheinungswelt, begreifen können. So war das achtzehnte Jahrhundert in den Geist der Sophistik zurückgefallen, aus dem Sokrates vor zweitausend Jahren die Kulturentwickelung befreit hatte. Und wie Sokrates, so will auch Hamann diese moderne Sophistik, d. h. die aus naturphilo=

sophischen Prinzipien entsprungene Verstandesaufklärung, zu bannen suchen; und leidenschaftlich und stürmisch mit ihr zu ringen, gegen sie zu kämpfen mit allen Waffen des Geistes, mit wissenschaftlichem Nachdruck und Ernst, wie mit prophetischem Eifer und der Begeisterung des Sehers, mit den Waffen des Spottes und der Satire und allen Hilfsmitteln der Gelehrsamkeit, — das ist, von der negativen Seite her betrachtet, recht eigentlich das Ziel und der Inhalt der Lebensarbeit des nordischen Magus.

Worin besteht das Wesen dieser Sophistik? Sie ist, könnte man sagen, eine Art der Stellungnahme zum Wirklichen, welche, indem sie, naturphilosophisch, nur auf die räumlich und zeitlich gegebene Vielheit des Objektiven hinblickte, daraus eine einseitige und gänzlich unzureichende Betrachtungsweise und vorgebliche „Erkenntnis" abzog, die das Wesen des Menschen durchaus verfehlen mußte, und nicht nur dieses, sondern auch das Wesen Gottes und der Natur, obwohl das erstere früher und deutlicher erkannt werden mußte. Diese Sophistik ist also zunächst Gelehrsamkeit, d. h. eine Vervielfältigung und Zersplitterung des Vorstellens, das sich auf die Dinge erkenntnismäßig zu richten sucht, entsprechend der bunten Mannigfaltigkeit und Vielgestaltigkeit des Objektiven. Nun ist Gelehrsamkeit nicht gänzlich wertlos, wenn sie Mittel zum Zweck ist, d. h. sich in der Aufgabe beschränkt, die disjecta membra, die zerstreuten Glieder des Wirklichen allererst zu sammeln, um daraus wahre Erkenntnis zuzubereiten. Wie aber, wenn sie Selbstzweck, wenn sie für Erkenntnis als solche genommen wird? Dann entsteht jene Zerrissenheit und Zerfahrenheit des Denkens, welche nicht nur keine wahre Erkenntnis, sondern deren direktes Widerspiel ist, ein buntes Vielerlei, geeignet, um damit zu glänzen und seinen Witz daran zu üben, nicht aber, um in das Wesenhafte der Sache einzudringen. „Das Salz der Gelehrsamkeit", sagt Hamann, „ist ein gut Ding; wo aber das Salz dumm wird, womit wird man würzen?" Und ein anderes Mal in den „Kreuzzügen des Philologen": „Der Zorn benimmt mir alle Überlegung, wenn ich daran gedenke, wie so eine edle Gabe Gottes, als die Wissenschaften sind, verwüstet, — von starken Geistern in Coffeeschenken zerrissen, von faulen Mönchen in akademischen Messen zertreten werden; und wie es möglich, daß junge Leute in die alte Fee, Gelehrsamkeit, ohne Zähne und Haare, — etwa falsche — verliebt sein können."

Aber diese gelehrte Sophistik hat noch nach anderen Richtungen dem Zweck der Erkenntnis das bloße Mittel unterschoben, und dadurch aller wahren Einsicht den Weg verlegt: nämlich durch den Mißbrauch und das Mißverständnis der Mathematik und Logik. Beide sind nichts als Abstraktionen, es sind Beziehungen, die nur wir, das eine Mal zwischen den räumlich und zeitlich gegebenen Dingen, das andere Mal sogar nur zwischen unseren eigenen Vorstellungen hergestellt, die wir nur vom Wesen der Dinge „abgezogen" haben. Sie enthüllen uns also im besten Falle nur eine, und zwar gerade die am meisten wesenlose, Seite des Wirklichen. Glaubt man aber, wie es durch die naturphilosophische Aufklärung geschehen ist, in ihnen das Wesen der Dinge selbst erfassen zu können und, verführt durch den Augenschein und die gewissermaßen unfehlbare Sicherheit der mathematisch-logischen Erkenntnis- und Lehrart, gleichsam mit unbekümmerter Sorglosigkeit und automatisch in die Geheimnisse des Wirklichen eindringen zu können, dann verfällt man einem doppelten Verhängnis: man erreicht nicht nur keine Erkenntnis, sondern, indem man alles Wirkliche, die Natur selbst, in der man nur noch die logisch-mathematischen Beziehungen erblickt, mit der man sie übersponnen hat, zu einem Schattenspiel leerer Abstraktionen degradiert, läßt man die Organe aller wahren Erkenntnis verkümmern, man macht sich selbst gleichsam blind, indem man die Natur blind macht, und verlegt sich selbst so den Weg zu einer künftigen wahren Erkenntnis der Dinge. In diesem Sinne spottet Hamann über die „gekrönten Philosophen, die das ptolemäische System mit der Ordnung des Weltbaus verwechseln und alles lästern, was den Mechanismum ihrer Begriffe irre macht". „Sind einmal die Impromptüs eines Galilei zu ewigen Gesetzen der Natur verklärt, so muten wir ihrem Schöpfer selbst zu, sich in den Schranken dieses Sandufers zu halten." „Ihr macht die Natur blind," ruft er aus, „damit sie nämlich eure Wegweiserin sein soll! Oder ihr habt euch selbst durch euren Epikurismum*) die Augen ausgestochen, damit man euch ja für Propheten halten möge, welche Eingebung und Aus= legung aus ihren fünf Fingern saugen." Noch schattenhafter und widernatürlicher aber wurde dieses Schattenspiel, das die sophistische Aufklärung mit der Natur für eins hielt, durch den Mißbrauch und das Mißverstehen des Wesens der Sprache. Begriffe, die wir uns bilden und logische Beziehungen, die wir zwischen ihnen herstellen, sind schon Abstraktionen, die weit entfernt sind von allem Wesen und der Wahrheit des Wirklichen — wie aber, wenn wir uns nun gar bloß an die W o r t e halten, welche auf jene Begriffe bloß hindeuten, an die sprachlichen Ausdrücke, welche nur ihre Symbole sind? Dann entsteht jene leere Wortweisheit, in welcher aller G e i s t durch die Herrschaft des W o r t e s und selbst des B u c h = s t a b e n s erdrückt, alle Erkenntnis durch die Abstraktionen der Sprache schon im Keime erstickt, und die Natur selbst, um mit Bacon zu reden, vollends „geschunden", alle ihre Schönheit und all ihr Reichtum wie in einer ungeheuren Sündflut ertränkt wird.

Welches ist nun der Weg der wahren Erkenntnis an Stelle jener trügerischen und leeren Weisheit der sophistischen Aufklärung, die, wie Hamann sie summarisch charakterisiert, nichts ist als „eine gewalttätige Entkleidung wirklicher Gegenstände zu nackten Begriffen und bloß denkbaren Merkmalen, zu reinen Erscheinungen und Phänomenen; eine willkürliche eigenmächtige Transsubstantiation abstrakter Zeichen und Formeln, ätherischer Theorien und Visionen durch die Verklärung eines neuen künstlichen Sensoriums, die den genium seculi derart organisiert haben, daß er seiner zehn inneren Sinne und äußeren Werkzeuge nicht mehr mächtig ist".

---

*) Vgl. oben Kap. 4, S. 82 ff. Es verdient angemerkt zu werden, daß schon Hamann unter diesem Gesichtspunkte, in einem Briefe an Herder, diesem zu seinem „anti=newton'schen Geschmack" in der Optik und Farbenlehre Beifall spendet und so Goethes Anschauung bereits antizipiert.

Von dieſer ſophiſtiſchen Aufklärung iſt die echte Erkenntnis
nicht nur durchaus verſchieden, ſondern ſie iſt deren kontradiktoriſches
Gegenteil, ſo daß ihr Weſen aus dieſer Entgegenſetzung geradezu
erkannt zu werden vermag.

Die echte Erkenntnis iſt alſo zunächſt nicht Wortweisheit
ſondern Sachweisheit, ſie zielt nicht auf den Buchſtaben ſondern
auf den Geiſt der Sache. Und dieſer Sache ſucht ſie ſich ganz
und allſeitig, in ihrer Totalität, zu bemächtigen: ſie ſucht alſo das
Konkrete und bleibt nicht am Abſtrakten haften, wie es die
dem Leitfaden der formalen Logik und Mathematik folgende natur=
philoſophiſche Aufklärung tut. Die abſtrakte Logik — welche in
der Mathematik ihre beſtechendſte Anwendung findet — ſtellt an
ihre Spitze den Satz der abſtrakten Identität, das principium
contradictionis, d. h. den Satz, daß von einem Dinge nie Ent=
gegengeſetztes ausgeſagt werden dürfe — die echte, auf das Kon=
krete zielende, Erkenntnis, ſtellt dagegen an die Spitze den Satz der
konkreten Identität, das principium coincidentiae oppositorum,
wie Giordano Bruno es bezeichnet und Hamann aufgenommen
hat, d. h. den Satz, daß von einem Dinge immer Entgegengeſetztes
ausgeſagt werden müſſe, weil es immer in der Wirklichkeit zu=
ſammenfällt. Während die Weisheit der Sophiſtik alſo darin be=
ſteht, den Widerſpruch zu vermeiden, beſteht die echte Erkenntnis
gerade darin, ihn recht zu erfaſſen und zu durchdenken. Durch
jene Sophiſtik, welche nur die formale, der Wirklichkeit fremde,
Einheit der logiſch=mathematiſchen Beziehungen kennt, wird die
vorgebliche Erkenntnis zur Gelehrſamkeit, d. h. ſie wird aufgelöſt
in ein buntes Vielerlei des Wiſſens, des gedächtnismäßigen Feſt=
haltens einer Mannigfaltigkeit ſolcher Beziehungen — die echte
Erkenntnis aber zielt immer auf Einheit, und ſie wird durch nichts
mehr verdorben als durch jenes, meiſt noch mit Eitelkeit ver=
knüpfte, Vielerlei der Gelehrſamkeit. Daher ja auch Individuen
wie ganze Zeitalter dann wahrhaft groß ſind, wenn ſie von einer
Wahrheit ganz beherrſcht werden, in der alle andern enthalten ſind.
„Wenn eine einzige Wahrheit gleich der Sonne herrſcht, das iſt

der Tag. Seht ihr anstatt dieser einzigen so viel als Sand am
Ufer des Meeres, hiernächst ein klein Licht, das jenes ganze
Sonnenheer an Glanz übertrifft, — das ist eine Nacht, in die sich
Poeten und Diebe verlieben."

Alles Wissen jener sophistischen Gelehrsamkeit ist nicht nur
ein Mannigfaltiges, sondern, eben vermöge dieser Mannigfaltigkeit
und bunten Vielheit, auch ein Vermitteltes, etwas, das nur durch
andere Glieder mit besteht — jede echte Erkenntnis aber kann nur
ein unmittelbares Erfassen und Durchdringen des Objektes sein.
Das gilt insbesondere von jener Art des Wissens, bei der die
Syllogistik die verschiedenen Glieder vermittelnd verknüpft — sie ist
diametral entgegengesetzt jener echten Erkenntnis, die sich unmittel=
bar mit dem Gegenstand in Beziehung setzt und mit ihm eins zu
werden trachtet. Sonach ist die echte Erkenntnis überhaupt kein
Wissen, sondern dessen Gegenteil, ein Nichtwissen oder Unwissen=
heit. Solcher Art war die tiefe Weisheit des Sokrates, der den
Sophisten, den Gelehrten seiner Zeit, sagte: Ich weiß nichts —
ein Wort, „das ein Dorn in ihren Augen und eine Geißel auf
ihren Rücken war".

Was aber ist diese Sokratische Unwissenheit, positiv betrachtet?
Ist sie Skepsis, Zweifel am Wissen und an der Erkenntnis?
Keineswegs; denn diese Skepsis, die ja mit der gelehrten Sophistik
eng verknüpft ist und sie wie ihr Schatten ständig begleitet, ist
selbst nur eine Art des gelehrten Wissens, operiert mit all seinen
Abstraktionen, logischen Formeln und gelehrten Beweisen, und hat
nur dies Besondere an sich, daß ihr Inhalt ein negativer ist und
der Schlußsatz sich immer summarisch gegen alle andern Glieder der
Schlußkette richtet. Mit berechtigtem Spott wendet sich Hamann
dagegen, daß diese Art des Bekenntnisses der Unwissenheit, diese,
wie wir heute sagen würden, dogmatische Skepsis, den Namen und
die Würde jener Sokratischen Unwissenheit usurpiere, die identisch
ist mit wahrer Erkenntnis. „Die alten und neuen Skeptiker",
sagt er, „mögen sich noch so sehr in die Löwenhaut der Sokratischen
Unwissenheit einwickeln, so verraten sie sich durch ihre Stimmen

und Ohren. Wissen Sie nichts, was braucht die Welt einen ge=
lehrten Beweis davon? Ihr Heuchelbetrug ist lächerlich und un=
verschämt. Wer aber soviel Scharfsinn und Beredsamkeit nötig
hat, sich selbst von seiner Unwissenheit zu überführen, muß in
seinem Herzen einen mächtigen Widerwillen gegen die Wahrheit
derselben hegen."

Worin besteht nun, positiv betrachtet, diese echte Erkenntnis,
diese Sokratische Unwissenheit, wenn sie weder Wissen noch deren
Negativität, also Skepsis, ist? Hamann hat darüber keine restlose
Klarheit erlangen und verbreiten können, er nähert sich diesem
Punkte immer von neuem und von verschiedenen Seiten und sucht
in immer neuen Aperçus und aphoristischen Wendungen Licht dar=
über zu verbreiten, ohne daß ihm doch zumeist mehr gelingt, als
nur eben diese eine Seite der Sache sichtbar werden zu lassen.
Und dennoch — alle diese verschiedenartigen Hindeutungen und
Beleuchtungsversuche stehen in genauester Übereinstimmung, und so
unsicher und flackernd jedes einzelne Licht erscheint, mit dem
Hamann sich diesem dunkelsten und schwersten Punkte alles Geistes=
lebens und aller Kultur zu nähern versucht, so stark ist doch ihre
vereinigte Leuchtkraft, und so viel Helligkeit hat das Genie Hamanns
gerade an diesem dunklen Ort ausgebreitet.   .

Am häufigsten gebraucht Hamann für die echte Erkenntnis,
die der Unwissenheit, die Bezeichnung Glaube. Und in der Tat
kann das Wesen aller wahren Erkenntnis durch nichts deutlicher
erfaßt werden als durch die Analogie mit dem religiösen Glauben,
mit dem sie wesensverwandt ist. So wie der religiöse Glaube
— im Sinne Hamanns, also im Geiste der Mystik, genommen —
ein inniges Einswerden oder vielmehr Einssein mit seinem Ob=
jekte, kein unruhiges Vielerlei, und so wie er ein Naturprozeß,
keine mit Hilfe logischer Gerüste zustande gebrachte Kunstfertigkeit
ist — ganz ebenso ist es auch mit dem Erkenntnisglauben. Nur
daß dort der Geist eins wird mit sich selbst, der reinen Subjek=
tivität und deren absolutem Gegenbilde, Gott, hier mit dem Ob=
jektiven, das der Subjektivität entgegengesetzt ist. Überall und an

jedem Punkte kann man es deutlich machen, daß alle Erkenntnis Glaube ist — besonders deutlich aber wird dies da, wo das syllogistische Wissen, das sich so gern der Unmittelbarkeit des Glaubens vorschiebt und es verdeckt, von vornherein ausgeschlossen ist. So weist Hamann treffend darauf hin: „Unser eigen Dasein und die Existenz aller Dinge außer uns muß geglaubt und kann auf keine andere Art ausgemacht werden. Was ist gewisser als des Menschen Ende, und von welcher Wahrheit gibt es eine allgemeinere und bewährtere Erkenntnis?" Daher begrüßte er es denn auch mit besonders lebhafter Zustimmung, als der scharfsinnige schottische Philosoph David Hume, sein Zeitgenosse, zeigte, daß auch die Verknüpfung von Ursache und Wirkung nur auf einem Glauben beruhe und das Kausalgesetz, auf das die naturphilosophische Aufklärung so stolz ist, lediglich dem Glauben entsprungen sei.

Nicht selten bezeichnet Hamann die echte Erkenntnis, die der Unwissenheit, auch mit dem Wort Empfindung. Dadurch soll sie vor allem nach jenen beiden Seiten hin charakterisiert werden, auf die dieses Wort vornehmlich hindeutet, nach der Seite der Unmittelbarkeit: jede Erkenntnis ist ein Finden, wie es schon in dem Wort Empfindung liegt; und nach der Seite der Dunkelheit und Tiefe: alle echte Erkenntnis ist nicht an der Oberfläche des Geistes zu schöpfen, sondern entspringt aus dessen geheimnisvoll dunkler Tiefe. So wie die Pflanzen aus dem dunkelen Schoß der Erde emporkeimen und erst allmählich dem Lichte zuwachsen, so formiert sich alle Erkenntnis in dem dunklen Abgrund der reinen Subjektivität, den wir das Reich des Unbewußten und des Empfindens nennen. Nicht die Klarheit und Helligkeit also ist das Kriterium echter Erkenntnis, sondern die Dunkelheit — je dunkler, desto inniger, desto wahrer; und man muß in die Tiefe graben, um auch nur die Hoffnung zu haben, die Wahrheit finden zu können. „Die Wahrheit" sagt Hamann, „muß aus der Erde herausgegraben werden und nicht aus der Luft geschöpft, nicht aus Kunstwörtern, sondern aus irdischen und unterirdischen Gegenständen aus Licht gebracht werden."

18*

Und man kann hinzufügen: je näher eine Erscheinungsform der Subjektivität dieser dunklen Tiefe ist, je unmittelbarer sie daraus aufzusteigen scheint, in desto stärkerem Maße ist sie ein Medium der Wahrheit, und je weiter ihr Abstand davon ist, desto weniger leistet sie auch für die echte Erkenntnis. Darum sind die sinnlichen Funktionen, sind Instinkte und Empfindungen, Leiden= schaften und alle dunklen Naturtriebe, als Erkenntnisfunktionen, der Vernunft außerordentlich überlegen. Wie sehr ist es also eine Verkehrung aller menschlichen Verhältnisse, wenn man von der angeblichen „Höhe" des überlegenen Verstandes herab mit Ver= achtung auf die Niedrigkeit der fünf Sinne blickt, da doch, wie Hamann sagt, das ganze Warenhaus der Vernunft auf dem Stock der fünf Sinne beruht; und wenn man ebenso die Leidenschaften nicht nur verachtet, sondern sogar schmäht, ja, wie in der christ= lichen Askese, ihre Lähmung oder Abtötung fordert, weil sie, die das Grundelement alles tätigen Geisteslebens und aller leben= digen Erkenntnis sind, den Menschen nicht nur zum Guten, son= dern, wie natürlich, auch zum Bösen führen können. „Wenn die Leidenschaften Glieder der Unehre sind, hören sie deswegen auf, Waffen der Mannheit zu sein? Leidenschaft allein gibt Abstrak= tionen sowohl als Hypothesen Hände, Füße und Flügel, — Bil= dern und Zeichen Geist, Leben und Zunge! — Wo sind schnellere Schlüsse? Wo wird der rollende Donner der Beredsamkeit er= zeugt und sein Geselle, der einsilbige Blitz?" „Die Natur wirkt durch Sinne und Leidenschaften. Wer ihre Werkzeuge verstümmelt, wie mag der empfinden? Sind auch gelähmte Sennadern zur Bewegung aufgelegt?"

Alle diese von Hamann gegebenen Bestimmungen der echten Erkenntnis faßt man zusammen in dem einen Wort Genie — das damit zuerst seine, uns heute geläufige, Prägung erfahren hat. Genie ist das direkte Widerspiel jener Verstandeskultur und Ver= standesaufklärung, jener wissensstolzen Gelehrsamkeit und gelehrten Sophistik, gegen welche Hamann immerfort die ganze Schärfe seines Angriffs richtet.

Das Genie ist Natur, oder das Natürliche im Menschen. Wie in der Natur alle Erscheinungen des Lebens aus dunklem Keime hervorbrechen, so alle Emanationen des Genies aus dem dunklen Sensorium des Geistes, aus der geheimnisvollen Tiefe der Subjektivität. Die Natur schafft und wirkt bewußtlos, von unbekannten Quellen her zu unbekannten Zielen, — das Sausen des Windes hört man wohl, ohne daß man aber weiß, woher er kommt und wohin er führt; ganz ebenso schafft und wirkt und erkennt das Genie, dessen Kennzeichen eben darum die „göttliche" Unwissenheit ist. Die Natur ist überall, im kleinen wie im großen, widerspruchsvoll in der Einheit und einheitlich im Widerspruch — „es sind nicht dieselben Früchte und sind doch dieselben, die jeder Frühling hervorbringt; es ist nicht derselbe Leib, den wir aus Mutterleibe bringen und in den Schoß der Erde säen; es ist nicht derselbe Fluß und doch derselbe, der sich selbst zu verschlingen scheint"; ganz ebenso ist es mit dem Genie, für das darum das einheitliche Verknüpfen des Widersprechenden ebenso charak= teristisch ist wie die Unwissenheit, so wie auch umgekehrt nur das Genie diese Merkmale aufweisen kann. Daher sagt Hamann: „In diesem Göttlichen der Unwissenheit, in diesem Menschlichen des Genies scheinet vermutlich die Weisheit des Widerspruchs verborgen zu sein, woran der Adept scheitert, und worüber ein Ontologist die Zähne blöſt." Die Natur schafft und wirkt und lebt nicht nach Gesetzen, nicht nach Regeln, — sondern sie selbst ist Gesetz und nach ihr gewinnt man Regeln; ganz ebenso ist es mit dem Genie, dessen Schaffen und Wirken eben darum exemplarisch ist und zur Formulierung aller jener abstrakten Regeln Anlaß gibt, an denen das nicht=genialische Leben des Geistes, wie an Krücken, weiter vorwärts zu schleichen sucht; wie es Hamann in einem geist= vollen Gleichnis erläutert: Ein Engel fuhr herab zu seiner Zeit und bewegte den Teich Bethesda, in dessen fünf Hallen viele Kranke, Blinde, Lahme, Dürre lagen und warteten, wann sich das Wasser bewegte, ebenso muß ein Genie sich herablassen, zur Bildung neuer Regeln, Regeln zu erschüttern, sonst bleiben sie unbewegtes

Wasser, und — man muß der erste sein hineinzusteigen, nachdem das Wasser bewegt worden, wenn man die Wirkung und Kraft dieser Regeln selbst erleben will.

Indem aber das Genie Natur ist, so ist es auch eine Er= scheinung des Göttlichen, eine Offenbarung Gottes im Menschen, ja die höchste und bedeutungsvollste, die es geben kann. Deutlich spricht Gott in der Natur und durch sie, und „seine Einheit spiegelt sich bis in dem Dialekte seiner Werke, in allen Ein Ton von un= ermeßlicher Höhe und Tiefe, ein Beweis der herrlichsten Majestät und leersten Entäußerung"; deutlicher aber noch redet er durch das Genie, das vollkommenste Ebenbild seiner selbst, als reine Sub= jektivität, als Geist vom Geiste: so in den Genies der Kunst und der Philosophie, der Religion und des sittlichen und des heiligen Lebens. „Es ist nicht Moses, nicht Jesaias, die ihre Gedanken und die Begebenheiten ihrer Zeit in der Absicht irdischer Bücher= schreiber der Nachwelt hinterlassen haben. Es ist der Geist Gottes, der durch den Mund und den Griffel dieser heiligen Männer sich offenbarte, der Geist, der über dem Wasser der ungebildeten jungen Erde schwebte, der Maria überschattete, daß ein Heiliger geboren wurde."

Indem aber das Genie die Offenbarung des Göttlichsten ist, ist es eben damit zugleich das Menschlichste, ja der höchste In= begriff alles wahrhaft Menschlichen. Denn was könnte dieses anders sein, als eben der Geist, d. h. jene, in ihrer höchsten Blüte und Stärke erscheinende, reine Subjektivität, durch die der Mensch von allen Naturwesen und Naturerscheinungen geschieden ist? Nur durch die Selbstentfaltung dieser reinen Subjektivität wird und wächst das Göttliche des Genies — nur „die Höllenfahrt der Selbsterkenntnis", sagt Hamann, „bahnt uns den Weg zur Ver= götterung". Und weil das Genie so alles Menschliche, wenigstens der Anlage nach, in sich hegen muß, so empfindet es auch un= zählige Leiden mit, von denen andere nichts wissen, leidet tiefer und schwerer als andere und wächst und gebiert unter großen Schmerzen wie die Natur. Darum vergleicht Hamann das Genie

einer Dornenkrone und einem Purpurmantel, der einen zerfleischten
Rücken deckt, und er stimmt dem Weltweisen bei, der allen gesunden, heiteren, schmerzlosen Dichtern den Zutritt zum Helikon
versagte. „Sucht keine Blonde also unter den Gespielinnen des
Apollo. . . . Jede von ihnen kann sagen: seht mich nicht an, daß
ich so schwarz bin; denn das Genie hat mich so verbrannt."

Das Genie, könnte man also zusammenfassend sagen, ist die
Manifestation des rein Menschlichen, d. h. der reinen Subjektivität;
und ebenso umgekehrt: wo das menschliche Wesen in seiner reinen
Form, in seinem eigensten Wesen sich offenbart und enthüllt, da
geschieht es durch das Genie, die Erscheinungsform der reinen
Subjektivität. Man könnte also in einer Gleichung diese drei Ausdrücke geradezu als identisch setzen: Genie, reine Subjektivität, das
rein Menschliche. Daher gilt für jedes echte Genie auch der Satz
des Römers, den Hamann selbst sich zum Lieblingsspruch erkoren:
homo sum, et nil humani a me alienum puto, ich bin ein
Mensch und halte nichts Menschliches für etwas, das meinem Wesen
fremdartig wäre. „Sie wissen nicht," schreibt Hamann darüber
an Herder, „was in diesen Worten für eine Welt von Ergos nach
meinem Geschmack liegt."

In diesem Sinne können natürlich auch die höchsten Erscheinungen des menschlichen Kulturlebens, wie Philosophie und
Kunst, Religion und Sittlichkeit, nur Manifestationen des Genies
sein, nicht aber, wie die sophistische Aufklärung hatte glauben
machen wollen, Produkte einer in der bunten Mannigfaltigkeit des
Objektiven sich bewegenden abstrakten Verstandeserkenntnis.

So ist es zunächst mit der, am weitesten von der abstrakten
Verstandeserkenntnis abliegenden, Kulturerscheinung, der Religion.
„Der Glaube", sagt Hamann, „ist kein Werk der Vernunft*) und
kann daher auch keinem Angriff derselben unterliegen; weil Glauben
so wenig durch Gründe geschieht, als Schmecken und Sehen."
Daher „läßt Gott sich schmecken von dem einfältigsten und tief

---

*) Hamann gebraucht dieses Wort meist, nicht immer, im Sinne
von „Verstand".

innigsten Verstande mit gleicher Wollust, mit gleichem Maße, mit
gleichem Reichtum himmlischer Wahrheit und übernatürlicher Gnade".
Ja, noch mehr, die Unwissenheit nicht nur, sondern vielfach selbst
der Gegensatz zur Vernunft ist ein Kriterium der Religion. „Alles,
was der irdischen Vernunft unwahrscheinlich und lächerlich (in der
Bibel) vorkommt, ist dem Christen unumgänglich und unwiderleg=
lich gewiß und tröstlich. Was die Vernunft unterdrückt und ver=
zagt macht, richtet uns auf und macht uns stark in Gott." Daher
hat die echte Religion auch nichts zu tun mit jenen pseudoreligiösen
Erscheinungen, die, wie Dogmen und Zeremonien und Kulthand=
lungen, überhaupt äußeren religiösen Werken, erst da entspringen,
wo der Verstand sich des religiösen Lebens bemächtigt hat.   Die
Probe des Christentums ist für Hamann, ganz im Geiste der
deutschen Mystik, ein verborgenes Leben in Gott, und „eine
Kraft, die weder in Worten, noch Gebräuchen, noch Dogmen und
sichtbaren Werken besteht, folglich auch nicht nach dialektischem und
ethischem Augenmaß geschätzt werden kann." Dieses verborgene
Leben in Gott ist natürlich, wie bei allen Mystikern, ein Leben
im Elemente der reinen, für sich seienden, Subjektivität, im Ele=
mente des rein Menschlichen. Dieses Leben in Gott des, in
genialischem Sinne, echt Religiösen, ist also erst das wahrhaft
menschliche Leben, das, welches das menschliche Dasein, nämlich
die in sich gesammelte reine Subjektivität, wahrhaft zum Ausdruck
bringt, so daß man geradezu sagen kann, es verhalte sich zu dem
Leben der anderen, Nicht=Religiösen, wie sich der Wachende ver=
hält zum Schlafenden, zum Träumenden, zum Mondsüchtigen.   Da
dieses Leben in Gott also eine Manifestation des rein Menschlichen
ist, so kann es gar keinen anderen als menschlichen Inhalt haben,
oder, wie Hamann, im Anschluß an ein Wort von Hippokrates,
es ausspricht: Πάντα θεῖα καὶ ἀνθρώπινα πάντα, alles Gött=
liche ist auch alles Menschliche. Darum ist nichts törichter,
als das Göttliche jenseits des Menschlichen, oder gar „jenseits"
und hinter der Natur zu suchen, wie es die sophistische Verstandes=
aufklärung mit Vorliebe getan hatte. „Je älter ich werde," sagt

Hamann einmal, „desto weiser kommt mir der Spruch vor: Quae supra nos, nihil ad nos (Was über unseren Horizont hinaus= geht, ist nichts für uns). Sich über Dinge einer anderen Welt ängstigen, ist nicht die ursprüngliche Gemütsart eines Kindes. Die Morgenröte unseres Lebens ist mit Leichtsinn und Vorwitz ausgestattet. Ein Kind, das sich mit Dingen einer anderen Welt beschäftigt, würde blödsinnig für die Elemente der sichtbaren und gegenwärtigen." — „Was sind die Dinge einer anderen Welt? Entweder solche, die kein Auge gesehen, kein Ohr gehört und folglich auch in keines Menschen Herz und Sinn fallen können — oder vielleicht alle sonderbaren Ansichten dieser sinnlichen Welt, deren Begriffe ihrem Gegenstande nicht angemessen, willkürlich verstümmelt oder zusammengesetzt sind, daß sie dem natürlichen Zusammenhange widersprechen, dergleichen sich die Maler, Kupfer= stecher und Holzschneider erlauben oder die „Ammenmährchen", Hexenmärchen und Geistererzählungen." — In diesem Sinne ist das verborgene Leben in Gott, als das wahrhaft menschliche, auch das dem Menschen allein angemessene und darum „natürliche" Leben, so daß nichts seltsamer erscheinen muß, als dafür oder dagegen sich zu ereifern und für oder gegen das „Dasein Gottes", wie es die Aufklärung liebte, Gründe und Beweise ins Feld zu führen. „Wenn die Narren sind," schreibt Hamann an Jacobi, „die in ihrem Herzen das Dasein Gottes leugnen, so kommen mir die noch unsinniger vor, die selbiges erst beweisen wollen. Wenn das Vernunft und Philosophie heißt, so ist es kaum eine Sünde, selbige zu lästern." —

Diese Manifestation des rein Menschlichen oder der reinen Subjektivität, welche Religion ist, kann in doppelter Richtung er= folgen, im Handeln und im vorstellenden Erkennen. Im ersteren Falle sprechen wir vom göttlichen, heiligen oder auch sittlichen Leben des einzelnen Menschen. Auch solche Heiligkeit oder Sitt= lichkeit ist keine Sache der Vernunft, nichts, was von Argumenten und Beweisen oder irgend welcher Gelehrsamkeit abhängig wäre, also weit entfernt von der sogenannten „Moral". Wie für Meister

Eckhart gibt es auch für Hamann niemals ein einzelnes sittliches Tun, sondern immer nur ein sittliches Sein. Daher sollte „eine Erklärung der christlichen Sittenlehre nicht die Sittlichkeit der Handlungen, sondern die Heiligkeit des Lebens zum Gegenstande haben"; und er hält „den Eifer für die Ausbreitung der Moral" für „eine ebenso große Lüge und freche Heuchelei als den Selbst= ruhm gesunder Vernunft". Er verspottet daher besonders die Verleugnung und Vergewaltigung des rein Menschlichen, der reinen Subjektivität, die unter dem Namen „Großmut" gepriesen wird, diese „Leier der Moralisten", wie er sagt. Denn „so wie alle unsere Erkenntniskräfte die Selbsterkenntnis zum Gegenstande haben, so unsere Neigungen und Begierden die Selbstliebe. Das erstere ist unsere Weisheit, das letztere unsere Tugend. . . . Selbst= erkenntnis und Selbstliebe ist das wahre Maß unserer Menschen= kenntnis und Menschenliebe."

Die Manifestation des Genies im Elemente des Vorstellens und der vorstellenden Erkenntnis ist die Erscheinung des Sehertums, der Prophetie und Weissagung. Diese verschiedenen Formen unter= scheiden sich vor allem dadurch, daß das Genie einmal dem Gegen= wärtigen, dann der Vergangenheit und Zukunft, nun dem An= wesenden, dann dem Abwesenden sich zuwendet. Es begründet dabei keinen wesentlichen Unterschied, ob der Geist des Sehertums, der Prophetie oder Weissagung sich unmittelbar auf das Religiöse, das verborgene Leben in Gott, richtet, oder nur mittelbar, indem er sich richtet auf das sogenannte Profane, die Erscheinungen der Natur und Geschichte, in denen das Göttliche verhüllt sich darstellt. In letzterem Falle sprechen wir auf der einen Seite von Beobachtung (Erfahrung) und Philosophie, auf der anderen Seite von Poesie (Kunst) und Geschichtsschreibung. In diesem Sinne sagt Hamann: „Der Geist der Beobachtung und der Geist der Weissagung sind die Fittige des menschlichen Genies. Zum Gebiet des ersteren gehört alles Gegenwärtige; zum Gebiet des letzteren alles Abwesende der Vergangenheit und Zukunst. Das philosophische Genie äußert seine Macht dadurch, daß es ver=

mittelst der Abstraktion das Gegenwärtige abwesend zu machen sich bemüht, wirkliche Gegenstände zu nackten Begriffen und bloß denkbaren Merkmalen, zu reinen Erscheinungen und Phänomenen entkleidet. Das poetische Genie äußert seine Macht dadurch, daß es vermittelst der Fiktion die Visionen abwesender Vergangenheit und Zukunft zu gegenwärtigen verklärt." Nun aber ist „das Gegenwärtige ein unteilbarer einfacher Punkt, in dem sich der Geist der Beobachtung konzentriert, und auf ihn, auf die ganze Sphäre des gemeinen Erkenntnisvermögens wirkt. Das Abwesende hat eine zweifache Dimension, ist in Vergangenheit und Zukunft teilbar, dem ebenso zweideutigen der Weissagung angemessen. . . . Da also die Summe des Gegenwärtigen unendlich klein ist gegen das mehrfache Aggregat des Abwesenden, und der Geist der Weissagung unendlich überlegen dem einfältigen Geiste der Beobachtung: so hängt unser Erkenntnisvermögen von den vielköpfigen Modifikationen der innigsten, dunkelsten und tiefsten Billigungs- und Begehrungstriebe ab, denen es untertan sein muß."

Man sieht also daraus, wie, mehr als die Naturwissenschaft (Naturbeobachtung), die Historie (als Erfahrungswissenschaft) wahres Wissen vermittelt, die Hamann ein versiegelt Buch, ein verdecktes Zeugnis — halb Mythologie — nennt, „ein Rätsel, das sich nicht auflösen läßt, ohne mit einem anderen Kalbe als unserer Vernunft zu pflügen." Beiden aber sind Philosophie und Poesie überlegen — Philosophie und Poesie natürlich nicht im Sinne der Aufklärung, durch die, ebenso wie „aus Rednern Schwätzer, so aus Philosophen Sophisten und aus Poeten witzige Köpfe wurden", sondern Philosophie und Poesie als Manifestationen des Genies, darstellend das rein Menschliche, damit auch das Göttliche, und entspringend aus den dunkel-geheimnisvollen Tiefen der reinen Subjektivität. Daher sagt Hamann von dem Genie der echten Poesie, die er „eine natürliche Art der Prophezeiung" nennt, bei ihm habe die Einbildungskraft einen Faden, der dem gemeinen Auge unsichtbar ist und den Kennern ein Meisterstück zu sein

scheint. Alle verborgene Kunst ist bei ihm Natur." Und den
Ästhetikern seiner Zeit ruft er zu, sie sollten sich nicht in die
Metaphysik der schönen Künste wagen, ohne in den Orgien und
eleusinischen Geheimnissen vollendet zu sein. Und so weiß er
auf der anderen Seite auch Sokrates, das echte philosophische
Genie, nicht besser zu charakterisieren, als indem er von ihm sagt:
„Sokrates lockte seine Mitbürger aus den Labyrinthen ihrer ge=
lehrten Sophisten zu einer Weisheit, die im Verborgenen liegt,
zu einer heimlichen Weisheit, und von den Götzenaltären ihrer
andächtigen und staatsklugen Priester zum Dienst eines un=
bekannten Gottes." Und es sind dieselben Kennzeichen des
Genies, die er bei Homer und Shakespeare wie bei Sokrates ent=
deckt. „Was ersetzt bei Homer die Unwissenheit der Kunstregeln,
die ein Aristoteles nach ihm erdachte, und was bei einem Shake=
speare die Unwissenheit oder Übertretung jener kritischen Gesetze?
Das Genie, ist die einmütige Antwort. Sokrates hatte also freilich
gut unwissend sein; er hatte einen Genius, auf dessen Wissenschaft
er sich verlassen konnte, den er liebte und fürchtete als seinen
Gott, an dessen Frieden ihm mehr gelegen war als an aller
Vernunft der Ägypter und Griechen, dessen Stimme er glaubte,
und durch dessen Wind, wie der erfahrene Wurmdoktor Hill uns
bewiesen, der leere Verstand eines Sokrates, so gut als der Schoß
einer reinen Jungfrau, fruchtbar werden kann." —

Alle diese Manifestationen des Genies aber, Religion und
Sittlichkeit, Historie und Philosophie und Dichtkunst, wie ver=
schieden sie auch ihrem Inhalt und ihrer Ausdrucksmittel nach sein
mögen, sind dem Wesen nach und in der Wurzel identisch. Denn
alle entspringen in gleicher Weise der dunklen Tiefe der reinen
Subjektivität, alle sind gleich weit entfernt von einseitiger Verstandes=
kultur und gelehrter Sophistik, und alle sind im Grunde nur
eine, wenn auch vielstimmig=symphonische Offenbarung des Gött=
lichen. Daher betont Hamann immer wieder von neuem, daß
Schönheit und Wahrheit, Güte und Größe untrennbar ebenso
zusammengehören, wie Religion und Poesie, und Philosophie und

Sittlichkeit. Und darum ist er unermüdlich darin, diese Jdentität, im einzelnen wie im ganzen, immer wieder hervorzuheben. So ist ihm die Geschichte „die letzte und einzige Philosophie", so stellt er die Übereinstimmung von Philosophie und Poesie mit den Worten fest: „Um das Gegenwärtige zu verstehen, ist uns die Poesie be= hilflich auf eine synthetische, und die Philosophie auf eine ana= lytische Weise." Den innigen Zusammenhang von Natur und Kunst, und Sittlichkeit und Religion charakterisiert er mit den Worten: „Eben das Göttliche, das die Wunder der Natur und die Originalwerke der Kunst zu Zeichen macht, unterscheidet die Sitten und Taten berufener Heiliger." Und ein anderes Mal parallelisiert er Naturerkenntnis, Philosophie und Poesie mit den Worten: „Wir haben an der Natur nichts als Turbatverse und disjecta membra poetae zu unserem Gebrauch übrig. Diese zu sammeln ist des Gelehrten, sie auszulegen, des Philosophen, sie nachzuahmen, oder — noch kühner! — sie in Geschick zu bringen, des Poeten bescheiden Teil."

Will man die innerste Einheit aller dieser Manifestationen des Genies recht erkennen, dann muß man von unserer, durch die gelehrte Sophistik beherrschten, Zeit sich ab= und zurückwenden zur ältesten Vergangenheit, wo jenes Genialische, rein Menschliche, das uns jetzt nur noch in Ausnahmenaturen hervorzutreten scheint, in der ganzen Einheit des menschlichen Seins und Lebens sich offen= barte. Damals hatte die Vernunft sich noch nicht losgerissen von der Einheit des Geistes und so das menschliche Wesen entstellt; alles Menschliche war noch etwas Unmittelbares, Natürliches, Ursprüng= liches, es trat hervor als Offenbarung des Göttlichen, gleich den Erscheinungen der leblosen Natur. Wie die Pflanzen lange im dunklen Erdenschoß verweilen, ehe sie im Sonnenlichte ihre Gestalt enthüllen und entfalten, so blieb die Manifestation des Mensch= lichen lange in der dunklen Tiefe des Geistes, ehe sie in sprach= lichen Lauten und Werken hervorbrach aus dem Munde der Seher und Weissager und Propheten. „Sieben Tage im Stillschweigen des Nachsinnens oder Erstaunens saßen sie — — und taten ihren

Mund auf . . . zu geflügelten Sprüchen." Und sie redeten in
Bildern und Gleichnissen, nicht in abstrakten Worten und Schlüssen.
Denn der ursprüngliche Mensch, dessen Natur noch ungeteilt wirkt,
in dem also auch Sinne und Leidenschaften noch urkräftig sich
regen, er redet und versteht nichts als Bilder und Gleichnisse, in
denen der ganze Schatz menschlicher Erkenntnis und Glückseligkeit
besteht. So ist hier alles Erkennen, ja alles Vorstellen und
Sagen, ursprüngliche Poesie. „Poesie ist die Muttersprache des
menschlichen Geschlechts; wie der Gartenbau älter als der Acker:
Malerei — als Schrift: Gesang — als Deklamation: Gleichnisse —
als Schlüsse: Tausch — als Handel. Ein tieferer Schlaf war
die Ruhe unserer Urahnen und ihre Bewegung ein taumelnder
Tanz."

  So zeigt es ja auch die menschliche Sprache, diese all=
umfassende Erscheinungsform des Geistes — der Logos, wie sie
Hamann darum gern nennt —, die nichts zu tun hat mit Ab=
straktionen und Kunstwörtern, zu denen sie jetzt herabgewürdigt
ist, sondern die entstanden ist aus lauter Bildern und Gleichnissen
von urkräftiger sinnlicher Prägung.

  Wie in alten Zeiten die ungeteilte Einheit des Menschen
wirkte, das ersehen wir noch heute durch die älteste Urkunde des
Menschengeschlechts, die Bibel. Hier ist Geschichtschreibung und
Philosophie, Kunst und Sittlichkeit und alle Erkenntnis in eins
verwoben, als die unmittelbarste, und eben darum, wegen dieser
vollendeten Einheit, Unmittelbarkeit und Ursprünglichkeit des rein
Menschlichen, auch als die höchste Offenbarung des Göttlichen. Und
alles Sagen ist hier ein Reden in Feuerzungen, voll Sinnlichkeit
und Leidenschaft, die tiefste und gewaltigste Poesie, die es geben
kann. „Nächst dem Reichtum Gottes in der Natur, der aus nichts
entstand, ist keine größere Schöpfung als diese der menschlichen
Begriffe und Empfindungen zu himmlischen und göttlichen Geheim=
nissen; diese Allmacht der menschlichen Sprache zu den Gedanken
der Cherubim und Seraphim. Wie schwellen, wie glühen, wie
rauschen die sinnlichen Eindrücke zum Gefühl und Augenschein des

Glaubens und des Geistes! Jede einzelne Traube des göttlichen Worts ist eine ganze Weinernte für einen Christen."

Und so muß man denn in diesem Sinne zur Natur, zur Ursprünglichkeit und Einheit des Lebens ursprünglicher Völker und Menschen und Zeiten zurückkehren, um es von neuem zu lernen, das tief verborgene rein Menschliche zu enthüllen.

*　　*　　*
*

Nächst dem Magus des Nordens hat keiner so viel getan, um den Geist der deutschen Mystik ins allgemein Menschliche zu übersetzen und in die deutsche Bildung und Kultur überzuführen als Friedrich Heinrich Jacobi. Auch bei ihm war, ebenso wie bei Hamann, jener Geist der deutschen Mystik das beherrschende Element seiner geistigen Konstitution, und so gilt von ihm selbst, was er vom Helden seines Romans „Allwill" sagt: „Schon als Knabe war dieser Mann ein Schwärmer, ein Phantast, ein Mystiker, oder welchen Namen man hier auch anwenden mag. . . . Alle seine wichtigsten Überzeugungen beruhten auf unmittelbarer Anschauung . . . ohne Liebe schien es ihm unerträglich zu leben, auch nur einen Tag . . . diese Liebe zu rechtfertigen, darauf ging all sein Dichten und Trachten; und so war es auch allein der Wunsch, mehr Licht über ihren Gegenstand zu erhalten, was ihn zur Wissenschaft und Kunst mit ·einem Eifer trieb, der von keinem Hindernis ermattete." Wie bei Hamann, wie bei allen Vertretern der deutschen Mystik, so kreist auch bei Jacobi alles Denken beständig um die Erscheinung der reinen Subjektivität, mit all ihrem leuchtenden Glanze und ihrer Dunkelheit, ihren Rätseln und abgrundtiefen Geheimnissen; und wie jene, so ist auch er immerfort bewegt von dem hierin enthaltenen polaren Gegensatze: individuelles und absolutes Ich, beschränkter und vollkommener Geist, Mensch und Gott. „Nur das höchste Wesen im Menschen", sagt er, „zeugt von einem allerhöchsten außer ihm; der Geist in ihm allein von einem Gott." „Ich bin nicht und mag nicht sein, wenn Er nicht

ist. . . . Mit unwiderstehlicher Gewalt weiset das Höchste in mir
auf ein Allerhöchstes über und außer mir."

Diese einfachen Grundelemente des Geistes deutscher Mystik
nun in den ganzen Umkreis allgemein menschlicher Bildung und
Geisteskultur einzuführen, und sie dort so weit als möglich frucht=
bar werden zu lassen — das war nicht weniger für Jacobi als
für Hamann der eigentliche Inhalt seiner Lebensarbeit. Der letztere
ist dabei freilich weit originaler; urkräftig und urwüchsig bringt
er den neuen Ton, das neue Pathos geistigen Lebens im viel=
stimmigen Chorus seiner Zeit zur Geltung, während Jacobis neuer
Ton oftmals blaß und dünn erscheint, bei ihm selbst schon be=
einträchtigt durch verfeinerte Bildung. Auch ist Jacobi kein Poly=
histor, kein Vielwisser wie Hamann, und der universalistische Zug
bei ihm weit weniger stark ausgeprägt als beim Magus des Nor=
dens. Dennoch ist die Grundtendenz der Geistesarbeit bei beiden
die gleiche: wie Hamann, so ist und bleibt auch Jacobi zeitlebens
bemüht, von allen Seiten Licht heranzubringen, um das Dunkel
der reinen Subjektivität aufzuhellen, die Rätsel, welche sie aufgibt,
zu lösen, ihr Geheimnis offenbar werden zu lassen. Ja, Jacobi
sucht dieses Ziel mit noch größerer Energie, Konsequenz und, möchte
man sagen, Hartnäckigkeit zu erreichen als Hamann. Aber es ge=
lingt ihm so wenig wie diesem. Er vermochte wohl den Umkreis
jenes dunkel=geheimnisvollen Punktes da und dort aufzuhellen, nicht
aber diesen selbst, er gelangte wohl dazu, auf jenes Rätsel der
Subjektivität immer wieder hinzudeuten, es den Menschen nahe zu
bringen durch Vergleiche und Gleichnisse, durch Bilder und Alle=
gorien und eine poetisch gehobene, vom Pathos des Herzens viel=
fach durchglühte, Sprache — aber das Rätsel selbst aufzulösen ge=
lang ihm nicht, weil er selbst noch zu sehr von ihm beherrscht und
sein Geist noch zu stark von dessen geheimnisvollem Dunkel über=
schattet war. Daher hat ihn Hegel vortrefflich charakterisiert, wenn
er sagt: „Jacobi ist gleich einem einsamen Denker, der am Morgen
des Tages ein uraltes Rätsel fand, in einen ewigen Felsen ge=
hauen. Er glaubt an das Rätsel, aber er bemüht sich vergeblich,

es aufzulösen. Er trägt es den ganzen Tag mit sich umher, lockt wichtigen Sinn heraus, prägt ihn aus zu Lehren und Bildern, welche die Hörer erfreuen, mit edlen Wünschen und Ahndungen beleben; aber die Auflösung mißlingt, und er legt am Abend sich nieder mit der Hoffnung, daß ein göttlicher Traum oder das nächste Erwachen ihm das Wort seiner Sehnsucht nennen werde, an das er so fest geglaubt hat." —

Aber wenn Jacobi das Wort seiner eigentlichen Sehnsucht auch nicht zu finden vermochte, so hat er doch etwas vollbracht, was ihm eine bedeutsame Stellung in der deutschen Geistesgeschichte, als eines ihrer wichtigsten Glieder, sichert, etwas, was ihn auch über Hamann weit hinaushebt: er hat die mystische Grundanschauung nicht nur ausgeprägt in Bildern und Gleichnissen, auch nicht nur in aphoristischen Orakelsprüchen wie Hamann, sondern ebensosehr, wenigstens sich bemüht, sie auszuprägen in klaren Begriffen, in geordneter philosophischer Gedankenverknüpfung. Jacobi spricht die Sprache des Verstandes, ebendesselben Verstandes, dem er im Herzen so gram war, und dessen Bedeutung so stark herabzumindern, er zeitlebens bemüht blieb. Was aber am wichtigsten ist: Jacobi hat zum erstenmal diese beiden entgegengesetzten Typen der Welt- und Lebensanschauung, Idealismus und Naturphilosophie, und zunächst den Geist der Mystik und den Geist der Verstandesaufklärung, scharf und klar gegenübergestellt,*) sie gleichsam konfrontiert und so jenen großen geistigen Prozeß mit an erster Stelle einleiten helfen, dessen dramatischen Höhepunkt eben die kurze klassische Periode des deutschen Idealismus bildet. Und so sehr Jacobi dabei auch Partei war und blieb und der Verstandesaufklärung gegenüber immer wieder als Ankläger auftrat, so sehr

---

*) Zu dieser Rolle war Jacobi schon durch seine individuelle geistige Entwicklung aufs glücklichste disponiert. Aufgewachsen im Lebenskreise der deutschen Mystik, die am Niederrhein, der Heimat Jacobis, eine ihrer Hauptpflegestätten hatte, verlebte er einige seiner wichtigsten Jugendjahre in Genf, einem der Zentren der Verstandesaufklärung, vor allem der sensualistischen, die ihm sein Lehrer Le Sage vermittelte.

war er doch auch um unparteiliche Würdigung auch dieses Geg=
ners wenigstens bemüht. So wurde Jacobi aus dem Geiste der
Mystik heraus der, zugleich kritische und apologetische, Vertreter des
werdenden neuen Idealismus, dem kein Geschäft wichtiger war,
als immer wieder an der eigenen festen Anschauungsweise die ent=
gegengesetzte, die Verstandesaufklärung, kritisch zu prüfen, und ebenso,
umgekehrt, die erstere, eben auf Grund dieses Gegensatzes, immer
neu zu befestigen, zu verteidigen und zu sichern.

*   *   *

Die reine Subjektivität, sowohl deren. individuelle, mensch=
liche Erscheinungsform, — Selbst, Ich, individueller Geist — als
auch deren absolutes Gegenbild, — absoluter Geist oder Gott, —
das ist für Jacobi wie für Hamann Mittelpunkt und Ausgangs=
punkt alles Denkens. Das Bewußtwerden dieser reinen Subjekti=
vität nennt Jacobi, ebenso wie Hamann, am häufigsten Gefühl
— zuweilen symbolisiert durch das körperliche Organ, dem man
das Fühlen vornehmlich zuschreibt, das Herz — und setzt es ebenso
dem Verstande schroff entgegen, dem Verstande, dem die Mannig=
faltigkeit des Objektiven bewußt wird.

Das Gefühl vermittelt uns eine unmittelbare, der Verstand
nur eine mittelbare Erkenntnis, jenes ist ein Bewußt= d. h. Inne=
werden des Einfachen, dieser ein Bewußtwerden, durch das Stiften
von Beziehungen, des Zusammengesetzten; daher offenbart uns auch
nur das Gefühl ein Absolutes, Substantielles, ein für sich und
durch sich selbst bestehendes und in sich ruhendes Sein, während
der Verstand nur Relatives, Begrenztes und Beschränktes aufweisen
kann. „Das Ist des überall nur reflektierenden Verstandes", sagt
Jacobi, „ist überall auch nur ein relatives Ist und sagt mehr
nicht aus als das bloße einem anderen gleich sein im Begriffe;
nicht das substantielle Ist oder Sein. Dieses, das Sein schlecht=
hin, das reale Sein, gibt sich im Gefühl allein zu erkennen."

Die relativistische Verstandeserkenntnis ist eine doppelte: sie
ist sinnliche Anschauung oder begrifflicher Verstand (in engerem

Sinne). Beide sind immer eng verknüpft, wenn auch die sinnliche Anschauung das Primäre ist, und beide haben den gleichen Zug des Hindeutens und Hinweisens auf ein Relatives, Begrenztes, durch ein anderes Relatives, Begrenztes und Beschränktes. Das eine Mal, in der sinnlichen Anschauung, wird beides verknüpft, ohne daß die begriffliche, das andere Mal, in der begrifflichen (logischen) Verknüpfung, ohne daß die sinnliche Synthese zum deutlichen Bewußtsein kommt. Dem ganz entgegengesetzt ist die Gefühlserkenntnis. Auch sie ist Anschauung, aber nicht sinnliche, sondern geistige Anschauung, und auch sie ist ein Begreifen, aber nicht ein logisches, sondern ein alogisches, nicht durch ein anderes, sondern durch sich selbst, unmittelbar. Diese in der Gefühlserkenntnis vorliegende Einheit des Anschauens und Begreifens nennen wir auch Intuition, die einzelnen Vorstellungen, auf die hierbei gewiesen wird, nennen wir auch Ideen, und sofern wir hierbei ein besonderes, dem Verstande entgegengesetztes, Vermögen im Menschen annehmen, so sprechen wir von Vernunft. Statt von „Intuition" könnte man also in diesem Sinne auch von Vernunftanschauung oder, wie Jacobi vorschlägt, auch von „Geistesgefühl" sprechen.

Fassen wir die Vernunftanschauung oder Gefühlserkenntnis als Resultat, als stabilen Zustand, so sprechen wir von Glauben — entgegengesetzt dem Wissen der Verstandeserkenntnis. Auch der Glaube ist gewissermaßen ein Wissen, aber ein innerliches, inwendiges, kein auswendiges wie das des Verstandes; und so ist es besser, diesen Gegensatz dadurch zu markieren, daß man, wie es ja auch Hamann tat, die Unwissenheit zum Kriterium jenes inwendigen, innerlichen und darum echten Wissens, nämlich des Glaubens, macht. Diese Unwissenheit, die dem Menschen unüberwindlich ist, muß natürlich wohl unterschieden werden von jener, „deren Reich und Herrschaft immer mehr einzuschränken die Vernunft den Beruf hat; auf dessen gänzliche Eroberung sie, um es Fuß vor Fuß der Wissenschaft zu unterwerfen, notwendig ausgeht — aber weinen würde wie Alexander, wenn sie, bei ihrem Ziele anzukommen, jemals Gefahr liefe." Jene Unwissenheit ist nur das

Bewußtsein von einem der Wissenschaft unzugänglichen Ort des Wahren, des Wahren, d. h. dessen, was vor und außer dem Wissen ist, was dem Wissen und dem Vermögen des Wissens, der Vernunft, erst einen Wert gibt; und es ist das Bewußtsein, daß der Weg der Erkenntnis, der zu dieser Wahrheit hinführt, ein dunkeler, „ein geheimnisvoller Weg" ist, kein hell erleuchteter wie bei der Aufklärung, also „kein syllogistischer, noch weit minder ein mechanischer", daß mit der Vernunft dem Menschen nicht das Vermögen einer Wissenschaft des Wahren, sondern nur einer Ahndung desselben gegeben ist. Es handelt sich also hier, könnte man sagen, um ein wissendes Nichtwissen, aus dem der Glaube unmittelbar hervorgeht, oder mit dem er vielmehr identisch ist.

So sehr nun aber auch Jacobi auf der Seite der Vernunftanschauung und der Intuition gegenüber dem Verstande, des nichtwissenden Glaubens gegen das Wissen steht, so wenig verkennt er doch die große Bedeutung, ja die relative Überlegenheit des letzteren. „Licht ist in meinem Herzen", sagt er einmal, „aber so wie ich es in den Verstand bringe, erlischt es. Welche von beiden Klarheiten ist die wahre? Die des Verstandes, die zwar feste Gestalten, aber hinter ihnen nur einen bodenlosen Abgrund zeigt? oder die des Herzens, welche zwar verheißend aufwärts leuchtet, aber bestimmtes Erkennen vermissen läßt? Kann der menschliche Geist Wahrheit ergreifen, wenn nicht in ihm jene beiden Klarheiten zu einem Lichte sich vereinigen? Und ist diese Vereinigung anders als durch ein Wunder möglich?"

Ist aber dieses letztere Ziel auch vielleicht unerreichbar, so handelt es sich doch darum, die Alleinherrschaft des Verstandes zu brechen, die Menschen zu lehren, daß der Weg der naturphilosophischen „Aufklärung" nicht zur Wahrheit führe, zu der hohen und höheren Wahrheit, die auch dem Menschen, bei aller Begrenzung seines geistigen Vermögens, erreichbar ist. Der Weg der Vernunftanschauung, des nichtwissenden Glaubens, den Jacobi, ebenso wie Hamann, hierzu weisen will, ist kein neu angelegter Weg — im Gegenteil; er ist der dem Menschen nächste und natürlichste

Weg, darum auch schon längst vordem beschritten und nur all=
mählich verdeckt und ganz verschüttet durch das Gestrüpp der weit=
ausgesponnenen rationalen und empirischen Wissenschaft, das wie
Unkraut wucherte, durch die Usurpationen eines selbstsicheren, eitlen
Verstandes, die in allen wissenschaftlichen Lagern und in allen
philosophischen Schulen gepflegt und allmählich immer mehr zur
grundlegenden dogmatischen Voraussetzung alles Wissenschaftsbetriebes
erhoben wurden. „Es war seit Aristoteles", sagt Jacobi, „ein
zunehmendes Bestreben in den philosophischen Schulen entstanden,
die unmittelbare Erkenntnis überhaupt der mittelbaren, das ur=
sprünglich alles begründende Wahrnehmungsvermögen dem durch
Abstraktion bedingten Reflexionsvermögen, das Urbild dem Ab=
bilde, das Wesen dem Worte, die Vernunft dem Verstande unter=
zuordnen, ja in diesem jene ganz verschwinden zu lassen. Nichts
sollte fortan mehr für wahr gelten, als was sich beweisen, zweimal
weisen ließe: wechselsweise in der Anschauung und im Begriff, in
der Sache und in ihrem Bilde oder Worte; und in diesem nur,
dem Worte, sollte wahrhaft die Sache liegen und wirklich zu er=
kennen sein. Da sich nun ein solches zweimal weisen, mit Er=
hebung des letzteren über das erstere, als dem Verstand angemessen,
der Vernunft aber nicht angemessen zeigte: so wurde diese für un=
tüchtig erklärt, im Reiche der wahren Wissenschaft den Szepter zu
führen; man übergab ihn dem Verstande, ließ aber dennoch, was
höchst merkwürdig ist, der Vernunft den königlichen Titel und den
Schmuck der Krone."

Die Folgen dieser Entartung des geistigen Lebens traten so
lange und in dem Maße weniger hervor, als es sich um bloße
Naturerkenntnis handelte; um so stärker aber, je mehr man sich,
wie es in dem Zeitalter Jacobis und vor allem auch bei diesem
selbst der Fall war, dem Problem des Menschen zuwandte, dem
wichtigsten Problem, das wir kennen. Denn nun zeigte sich, auf
welche schlimmen Abwege die Philosophie geraten war, „da sie
über dem Erklären der Dinge die Dinge selbst zurückläßt, wodurch
die Wissenschaft allerdings sehr deutlich und die Köpfe sehr hell,

aber auch in demselben Maße jene leer und diese seicht werden."
Und so war vor allem jede Unmittelbarkeit, wie des Erkennens so
auch des menschlichen Lebens, verloren gegangen, und dieses selbst
verarmt und vertrocknet, in seinem spezifisch menschlichen Inhalt
entleert.   Denn dieses spezifisch Menschliche ist beschlossen in dem
Erleben, auf welches wir hindeuten mit den Worten Glaube und
Liebe, Religion und Sittlichkeit, Freiheit und Unsterblichkeit, Vor=
sehung und Gott.   Alle diese konstituierenden Erscheinungsformen
der reinen Subjektivität, des spezifisch menschlichen Lebens, sind der
naturphilosophischen Aufklärung, der relativistischen Verstandes=
erkenntnis, oder, wie Jacobi einmal sagt, der in Armut geratenen,
spekulativ gewordenen, verkommenen Vernunft, etwas gänzlich
Fremdes, Unerreichbares, zugänglich bloß der Intuition, der un=
mittelbaren Vernunftanschauung, der Innigkeit und Innerlichkeit
des nicht=wissenden Glaubens.

Es ist zunächst und vor allem der Begriff und das Be=
wußtsein der Freiheit — und der damit eng verknüpften Vor=
sehung — durch welche die Überlegenheit der Vernunftanschauung
über die Verstandesreflexion deutlich wird.   Denn an der Freiheit
scheitert jede Art von Verstandeserkenntnis, sie sei empirisch oder
rational, auf sinnliche Anschauung oder logische Demonstration ge=
gründet.   Denn da es sich im einen wie im anderen Falle immer
nur darum handelt, daß ein Endliches, Begrenztes, Eingeschränktes,
durch ein anderes ebenso Begrenztes und Eingeschränktes „gewiesen"
wird, so giebt es hier überall nur ein Bedingtes oder — was eben
dasselbe ausdrückt — Unfreies, und nirgendwo können wir in
dieser Kette des Endlichen und Bedingten auf das Unbedingte oder
Freie treffen, so lange wir dem Zuge der Verstandeserkenntnis
folgen.   Würde diese nun hierbei sich bescheiden, Halt machen an
dieser Grenze und bekennen, daß ihr die Freiheit etwas schlechthin
Unbegreifliches sei, so würde die menschliche Kultur noch nichts
verlieren, eher gewinnen, wie überall, wo Grenzen des Erkennens
deutlich gezogen werden; aber sie geht nun eben weiter und erklärt
diesen Begriff für erschlichen und erdichtet, das Bewußtsein der

Freiheit für etwas Chimärisches, für eine Selbsttäuschung, und sie kann ja dieser Leugnung der Freiheit, dieser Proklamierung der Unfreiheit und — der Vorsehung gegenüber — des Fatalismus, in keiner Weise entgehen, so laut auch das tiefere Bewußtsein da= gegen streitet. „So sehr auch", sagt Jacobi, „ein unüberwindlich Gefühl — das Zeugnis der Wahrnehmung durch Vernunft — uns nötigt, Freiheit und Vorsehung dem Menschen beizumessen, vermeiden wir dennoch schwer, sie in der Reflexion ihm später wieder abzusprechen, ja sie überall zu leugnen. Beide sind nämlich dem Verstande durchaus unbegreiflich, scheinen sonach unmöglich. Begreiflich ist nur ein Vorhersehen aus Erfahrung, nicht wesentlich verschieden von einer, auch bei Tieren anzutreffenden, Erwartung ähnlicher Fälle, keine Vorsehung im eigentlichen Verstande. Be= greiflich ist nur eine Freiheit, welche das Weltgesetz der Kausalität über sich hat, eine mechanisch nachbildende, einem allgemeinen (gleichviel ob dynamischen oder atomistischen) Triebwerk folgende Tätigkeit, keine selbst und mit Absicht hervorbringende, ursprünglich Werke und Taten beginnende, sonach einzig des Namens würdige Freiheit."

Ohne Freiheit im allgemeinen gibt es natürlich auch keine Freiheit des menschlichen Willens im besondern, ohne diese aber keine Sittlichkeit. So gut wie die Freiheit muß also auch die Sittlich= keit dem Verstande unbegreiflich sein, und, wenn er konsequent ist, muß er diese ebenso entschieden leugnen wie jene. Das ist auch tatsächlich bei allen Vertretern der Verstandesaufklärung, so ver= schieden auch sonst ihre Stellung ist, der Fall, und nicht zum wenigsten da, wo man es nicht zugeben will, indem man der echten Sittlichkeit ihr minderwertiges Surrogat, die sogenannte Moral und das moralische Handeln, unterschiebt. Denn Sittlich= keit ist unzertrennlich verbunden mit dem Bewußtsein der Freiheit, Moral aber ebenso unzertrennlich verbunden mit dem Bewußtsein der Unfreiheit, des Zwanges durch Gesetze und Regeln, die unserem Wesen fremd sind; jede rein sittliche, wahrhaft tugendhafte Hand= lung ist, in Beziehung auf die Natur, ein Wunder, jede moralische

Handlung aber soll den „Regeln" entsprechen, die wir aus der
Natur mühsam abzuleiten versuchen; echte Sittlichkeit ist, wie
Eckhart sagt, nur eine Art des Seins und des Lebens, sie ist darum
ganz in Einklang mit dem tiefsten Selbst, aus dem sie mit Frei=
heit sich naturgemäß entwickelt, wie die Gestalt der Pflanze aus
ihrem Keime, wie der Duft aus der Blüte, — während die Moral
dem Menschen, d. h. seinem Selbst, seiner reinen Subjektivität, von
außen her aufgepfropft, in diesem Sinne also seiner Natur wider=
sprechend, unnatürlich ist und ebenso wirkt. Und darum tritt die
Moral auch nur da hervor, wo die ursprüngliche, lebendige Sitt=
lichkeit verloren ging, die, von freien Neigungen geführt, der Weg=
richtung des Guten nachzufolgen vermochte. „Wie dumpfen Sinnes,"
sagt Jacobi, „wie erstorben muß der sein, der seine Neigungen sich
aus lauter Moral bilden, der mit lauter Moral sie nach Ge=
fallen unterdrücken kann."

Wenn Freiheit und Vorsehung und Sittlichkeit der bloßen
Verstandeserkenntnis unzugänglich und unfaßbar sind, so erst recht
das Höchste der Vernunftanschauung, in dem jene drei erst ihren
Ursprung haben, auf das sie immer zurückweisen: Gott. Keine
Verstandeserkenntnis, keine Art naturphilosophischer Aufklärung
kann Gott finden, fassen und begreifen, jede endet notgedrungen
im Atheismus. Denn Gott ist Geist, reine Subjektivität in ihrer
Vollkommenheit — wie könnte diese in der bunten Mannigfaltig=
keit des Objektiven, der Natur, aufgewiesen werden, der doch die
Verstandesaufklärung allein zugewandt ist? Nur der Geist des
Menschen kann Gott offenbaren, nur die Intuition, die Vernunft=
anschauung ihn fassen. Mit aller Schärfe formuliert Jacobi diesen
Gegensatz: „Die Natur verbirgt Gott — weil sie überall nur
Schicksal, eine ununterbrochene Kette von lauter wirkenden Ur=
sachen ohne Anfang und Ende offenbart. Der Mensch offen=
bart Gott, indem er mit dem Geist sich über die Natur erhebt
und, kraft seines Geistes, sich als eine von ihr unabhängige, ihr
unüberwindliche Macht entgegenstellt, sie bekämpft, überwältigt,
beherrscht." Die Natur ist, wie es ja auch Hamann schon aus=

gesprochen, nur eine Art von Gleichnis des Göttlichen, ein äußer=
licher Hinweis darauf, so wie der menschliche Körper, vor allem
das Antlitz, ein hinweisendes Gleichnis der verborgenen Seele ist.
„Wie auf dem Angesicht des Menschen die verborgene unsichtbare
Seele sichtbar sich ausdrückt, . . . so drückt auf dem Angesicht der
Natur Gott unmittelbar sich aus." (Eben darum gibt es auch
kein Wissen von Gott, — „ein Gott, der gewußt werden könnte,
wäre gar kein Gott" —, weil das Wissen, der Natur zugewandt,
zuletzt immer auf ein sinnlich Sichtbares, Anschauliches zurückgeht.
Gott ist nur faßbar der reinen Vernunftanschauung, wir werden
seiner nur inne durch den wissend unwissenden Glauben. Und
diese höchste Stufe des Glaubens, die Gottes selbst inne wird,
nennen wir Religion. Wir können sie auch eins setzen mit der
Liebe. Denn Liebe ist das Aufgehen des eigenen Selbst in einem
anderen, höheren, besseren Selbst, das Streben, immer inniger
eins zu werden mit diesem Höheren, in dem man sich, wie in
einem reinen Spiegel, immer von neuem wiederfindet. So ist
es in der Liebe des einen Menschen zum anderen, so ist es zu
höchst in der Liebe des Menschen zu Gott, dem höchsten, absoluten,
vollkommenen Selbst, in dem jedes andere begrenzte Selbst seinen
Ursprung hat, und zu dem es daher ewig zurückstrebt. „Geist
meiner Religion", sagt Jacobi, „ist also das: der Mensch wird,
durch ein göttliches Leben, Gottes inne; und es gibt einen Frieden
Gottes, der höher ist denn alle Vernunft; in ihm wohnt der Genuß
und das Anschauen einer unbegreiflichen Liebe." — „Liebe ist
Leben; sie ist das Leben selbst; und nur die Art der Liebe unter=
scheidet jede Art lebendiger Naturen. Er, der Lebendige, kann in
Lebendigen allein sich darstellen, Lebendigen sich zu erkennen geben,
nur — durch erregte Liebe."

Dieses wahrhafte Leben, das beschlossen ist im Glauben, in
der Religion und Liebe, ist nur deshalb erfüllt von Gott, weil in
ihm selbst das Göttliche sich darstellt. Denn wir könnten von Gott
nichts wissen, wenn unser Geist nicht göttlichen Ursprungs wäre,
so wenig wie wir vom Lichte etwas wissen könnten, wäre unser

Auge nicht selbst sonnenhaft und lichtartig gebildet, wie es Goethe ausspricht:

> Wär' nicht das Auge sonnenhaft,
> Die Sonne könnt' es nie erblicken;
> Läg' nicht in uns des Gottes Kraft,
> Wie könnt' uns Göttliches entzücken?

Eben dies Göttliche in uns ist das spezifisch Menschliche, ist dasjenige, was uns, nicht nur dem Grade, sondern der Art nach, über das Tier und über alle anderen Erscheinungen des Wirklichen weit hinaushebt. So ist auch für Jacobi, wie für Hamann, alles Göttliche identisch mit allem Menschlichen; immer kann man daher das eine für das andere setzen: der göttliche Funke in uns, das ist die reine Subjektivität, das Ich oder Selbst, der Geist, — und eben dieser ist auch das spezifisch Menschliche, das was ihn von allen andern Wesen trennt, das was den Menschen, diese besondere Erscheinung in der Natur, erst zum Menschen macht. Und alle Erscheinungsformen dieses Selbst, dieser reinen Subjektivität, sind auch die Erscheinungsformen des rein Menschlichen, indem und weil sie die Erscheinungsformen des Göttlichen sind: so Vernunft und Vernunftanschauung, Gefühl und Glaube, Liebe und Religion, Freiheit und Sittlichkeit, der Glaube an Gott wie an das Gute und Wahre, jede Geistesschöpfung des Genies wie jede wahre sittliche Tat. Alles dies sind Wunder, Wunder in der Natur und für die Naturerkenntnis, Offenbarungen nur des Göttlichen oder des spezifisch Menschlichen. Ein Mensch sein, das heißt also im eigentlichen Sinne, Freiheitsbewußtsein und Glaube, Liebe und Religion haben, heißt, seines eigenen Geistes, und damit auch Gottes, in der Vernunftanschauung oder im Geistesgefühl bewußt sein — so wie umgekehrt von Gott, vom Geist, von Vernunft und Freiheit nichts wissen, so viel heißt, als kein Mensch, untermenschlich, ein Tier sein. Und ebenso werden wir durch Vernunft und Glauben und Freiheit ebenso Gottes inne, wie umgekehrt Glaube und Vernunft und Freiheit nur Abschattungen des göttlichen Wesens in endlichem Geiste des Menschen sind.

*   *   *

So gibt es denn für Jacobi zwei grundverschiedene, ja ent=
gegengesetzte Typen der Welt= und Lebensanschauung: die Philo=
sophie des bloßen Verstandes und die der Vernunft. Jene ist der
Mannigfaltigkeit des Objektiven zugewandt und haftet am End=
lichen und Begrenzten, diese ist in die Tiefe der Subjektivität ver=
senkt und sucht das Unendliche zu ergreifen. Man kann sagen:
„Philosophie erhält ihre Form allein vom Verstande, als dem
Vermögen überhaupt der Begriffe . . . den Inhalt hingegen der
Philosophie, den ihr eigentümlichen, gibt allein die Vernunft, das
Vermögen nämlich einer von der Sinnlichkeit unabhängigen, ihr
unerreichbaren Erkenntnis. Die Vernunft schafft keine Begriffe,
erbaut keine Systeme, urteilt auch nicht, sondern ist, gleich den
äußeren Sinnen, bloß offenbarend, positiv verkündend.“ Die
höchsten Vorstellungen der Vernunft=Philosophie — Geist und Gott,
Glaube und Liebe, Religion und Freiheit, Sittlichkeit, Genie, das
Schöne, das Wahre, Gefühlserkenntnis und Vernunftanschauung
(Intuition), das Absolute und die Idee — das alles ist unerreich=
bar und unfaßbar für die Verstandesphilosophie. Ist diese kon=
sequent, so wird sie infolgedessen jene höchsten Vorstellungen der
Vernunftphilosophie immer leugnen, für Chimären, Erdichtungen,
Produkte phantastischer Willkür erklären, welche von der fort=
schreitenden „Aufklärung“ zu beseitigen sind. Und es ist wahr,
daß diese „Aufklärung“, d. h. die der Natur allein zugewandte
Verstandeserkenntnis, wenn sie auf das Problem des Menschen
übertragen wird, aus eigenen Mitteln es wohl vermag, und am
besten imstande ist, den Aberglauben, welcher nur Afterglaube ist,
zu vertilgen, — daher der Vernunftphilosophie die ständige Begleitung
und gleichsam Kontrolle durch jene überaus wohltätig, ja unent=
behrlich ist. Aber der Glaube selbst in seinem Kern und aller
wesenhafte Inhalt der Vernunftphilosophie, der damit zusammen=
hängt, bleibt von diesem Einfluß der Verstandesphilosophie un=
berührt. Versucht diese aber dennoch, sich jener höchsten Vor=
stellungen zu bemächtigen, ihr Wesenhaftes mit eigenen Mitteln zu
erfassen, Glaube, Gott, Freiheit und Genie 2c. also mit Hilfe der

sinnlichen Anschauung und der begrifflichen Demonstration aus
dem einheitlichen Zusammenhang der Natur abzuleiten, dann ent=
steht jene Afterphilosophie, das Gegenstück des Afterglaubens,
auf Grund deren wir, statt uns zu erkennen als ausgegangen aus
dem Geist, wähnen, wir seien „ein Lebendiges des Unlebendigen,
ein Licht, angezündet von der Finsternis, ein Unding, ausgekrochen
aus der dummen Nacht der Notwendigkeit, des Ungefährs —
wähnen, unseren Witz wahnwitzig anstrengend, das Leben sei vom
Tode hergekommen, dieser habe auf jenes nur allmählich sich be=
sonnen, — so Unvernunft allmählig auf Vernunft, der Unsinn auf
Absicht, das Unwesen auf eine Welt. Um den Kern des Alls,
des vollkommenen Undings, hätten sich nur wie Häute und Schale,
— wohl nur wie Schimmel oder Blatter an der Schale — ge=
bildet, was wir Thoren Ordnung, Schönheit, Harmonie, — im
Menschen seinen Geist, Begierde des Wahren und Guten, Freiheit
und Tugend nennen." „In diese Leere aber, in diesen Abgrund
eines alles verschlingenden offenbaren Nichts der Erkenntnis ver=
sinkt notwendig der Mensch, wenn er das aus den unergründlichen
Tiefen seines Gemüts ihm hervorgehende und inwendige Wissen
in ein auswendiges verwandeln und zu dem Übersinnlichen zwar
wohl hinauf will, aber durchaus nur mit den Sinnen, durchaus
nur auf den Begriffsstufen eines auf Sinnesanschauung allein
zuletzt sich stützenden Verstandes."

Solcher Afterphilosophie kann die Vernunft nur allmählich
entgegenwirken; zunächst ist sie, bei aller inneren Überlegenheit,
dagegen ebenso ohnmächtig, wie es dem Afterglauben oder Aber=
glauben gegenüber der Verstand ist. Vergebens wird man jenem
Monismus der Afterphilosophie gegenüber, welcher den Geist aus
der Natur ableitet, die reine Subjektivität in der bunten Mannig=
faltigkeit des Objektiven untertauchen läßt, die absolute Gegensätz=
lichkeit beider hervorheben: da sie nicht verstandesmäßig dargelegt
werden kann, so muß dies alles eindruckslos bleiben. So müßte
sich schon Plato vergebens gegenüber den Sophisten. „Platon, als
Dualist, setzt sich den Sophisten, als folgerechten Antidualisten,

überall entgegen. . . . . Unverhohlen bekennt Plato, daß es unmög=
lich sei, den entschlossenen Sophisten zu widerlegen, weil das an
sich Wahre, Gute und Schöne, das er leugnet, nur ge=wiesen,
aber nicht be=wiesen werden kann."

Von solcher Sophistik ist indessen die echte und konsequente
Verstandesphilosophie weit entfernt. Sie versucht nicht, Glaube
und Liebe, Gott und Freiheit aus der Natur, das Licht aus der
Finsternis, das Lebendige aus dem Leblosen abzuleiten, sondern
erklärt folgerichtig alle Erscheinungsformen der reinen Subjektivität
für nichtig, für leere Einbildungen der Menschen. Freilich hat es
bisher nur ein einziges Mal einen Denker in der Welt gegeben,
der mutig und energisch diese Konsequenz gezogen hat, der nicht
davor zurückschrak, Geist und Idee, Gott (als Geist) und Vor=
sehung, Freiheit und Sittlichkeit, Glaube und Religion, das an sich
Wahre und Schöne und Gute usw., kurz die höchsten Vorstellungen
des Menschen in das Gebiet der leeren, nichtigen Einbildungen zu
verweisen, verächtlich als „Imaginationen" zu stigmatisieren, von
denen der Mensch sich befreien müsse, denen der Weise aber vor
allem fern bleibe — dieser eine Denker war Spinoza. Und von
dieser Seite her wurde Jacobi von Bewunderung erfüllt für die
einzigartige Denkererscheinung Spinozas, hingerissen, ja ergriffen
von dem ehernen Gedankenbau des Spinozismus. Er bekämpft
ihn und seinen Urheber mit größter Entschiedenheit, aber er be=
kämpft ihn nie, ohne ihm seine Ehrfurcht und Bewunderung zu
bezeugen. „Sei du mir gesegnet, großer, ja heiliger Benediktus!"
— so leitet er einmal den Kampf gegen ihn ein. Er streitet wider
den Spinozismus, aber mit einem gewissen Gefühl tiefer Dank=
barkeit und Sympathie im Herzen, so wie man etwa auch dem
Dunkel der Nacht und dem Schatten dankbar ist, wodurch erst
die Helligkeit des Lichts recht offenbar wird, oder dem Schmerz
und dem Leid, von welchen Freude und Glück erst sich abheben
können.

Wie aber der Spinozismus das exemplarische Musterbild und
Prototyp aller Verstandesphilosophie ist, so der Platonismus

das Prototyp aller Vernunftphilosophie. Jede Verstandesphilo=
sophie, aller Epikureismus und Materialismus, aller Sensualis=
mus und Rationalismus, aber auch selbst ein so hochstehendes
philosophisches System wie das des „unsterblichen Leibniz", sind
nur, durch Inkonsequenz bedingte, Abweichungen von der Lehre
Spinozas und, konsequent zu Ende gedacht, führen sie alle zum
Spinozismus zurück. Ebenso sind alle Systeme der Vernunft=
philosophie — wie Jacobi später namentlich an Kant und Fichte
und deren Nachfolgern zu erweisen suchte — nur Modifikationen
des Platonismus und führen immer wieder auf diesen zurück. Das
ist die letzte abschließende Formel für den Gegensatz, den Jacobi
— und darin besteht sein unsterbliches Verdienst in der deutschen
Geistesgeschichte — herausgearbeitet und der klassischen Periode des
deutschen Idealismus zur Lösung überliefert hat. Ihm selbst er=
schien diese Lösung noch als unmöglich. „Es gibt", sagt er, „nur
zwei voneinander wesentlich verschiedene Philosophien. Ich will
sie Platonismus und Spinozismus nennen. Zwischen diesen beiden
Geistern kann man wählen, d. h. man kann ergriffen werden von
dem einen oder von dem anderen, so daß man ihm allein an=
hangen, ihn allein für den Geist der Wahrheit halten muß. Was
hier entscheidet, ist des Menschen ganzes Gemüt. Zwischen beiden
sein Herz zu teilen, ist unmöglich; noch unmöglicher, sie wirklich
zu vereinigen. Wo der Schein des letzteren entsteht, da betrügt
die Sprache, da ist Doppelzüngigkeit."

11. Renaissance des griechischen Idealismus: Winckelmann und Lessing.

Es war nicht von ohngefähr, sondern ein entscheidender Zug in der ganzen Geistesart Fr. Heinr. Jacobis, daß er die Antithese „Spinozismus gegen Platonismus" aufstellte, und als des letzteren Erbe und Apologet sich bekannte. Mit Hamann kommt er auch hierin ganz überein. Auch Hamann fühlt sich wie mit unwiderstehlichem Drange zu Plato hingezogen, ihn entzückt immer wieder aufs neue „Platos Sirenenstimme", und er bekennt, daß er „keinen Autor mit solcher Intimität gelesen" habe.

In diesem Gefühl der Verwandtschaft aber, das schon Hamann und Jacobi dem Platonismus gegenüber empfinden, in diesem eifrigen, ja angespannten Lauschen auf die „Sirenenstimme" Platos, welche über die Jahrtausende hinweg so deutlich und mit so tiefgreifender Wirkung vernommen wird, kommt weit mehr zum Ausdruck als jene Anziehung, welche die Großen im Reiche des Geistes wohl auf gleichgestimmte und empfängliche Seelen auszuüben pflegen: es ist ein geschichtlicher Prozeß, es ist die Erneuerung des Geistes der Antike, der sich darin bereits kundgibt.

Diese Renaissance der Antike liegt bereits in der Wegrichtung der Renaissance des christlichen Idealismus, sie ist bereits ein notwendiges Folgeergebnis der Gedankenbewegung, welche Hamann und Jacobi eingeleitet hatten. Denn indem diese bereits den Durchbruch aus der Gebundenheit des religiösen Mythus in die Freiheit des philosophischen Denkens zu erreichen suchten, so waren sie schon auf dem Wege zur Wiederherstellung des antiken Geistes, aus dem

alle Freiheit des philosophischen Denkens geboren wurde; indem
sie den Vorstellungsinhalt des Christentums zurückzuführen suchten
auf seinen rein menschlichen Ursprung, auf den ursprünglichen Geist,
der in ihm lebendig wäre, so hieß das schon, sich zurückbesinnen
auf den Geist des sinkenden Altertums, die Philosophie der reinen
Subjektivität, aus der das — esoterische — Christentum sich entwickelt hat; und die Quelle dieser Philosophie der reinen Subjektivität, das eben ist die Lehre Platos, wie ja denn die bedeutendste und tiefste Gedankenströmung des sinkenden Altertums
und der ersten Zeiten christlicher Gedankenentwicklung, der Neuplatonismus, auch unmittelbar auf sie zurückgeht.

Der Platonismus aber ist die höchste Blüte und die reifste
Frucht und doch, eben weil er dies ist, zugleich der Anfang des
Niedergangs und der Auflösung des griechischen Geistes.*) Und
so, unter diesem doppelten Gesichtswinkel, mußte auch die platonische
Lehre, und mußte mit ihr auch der griechische Idealismus und die
in seinem Lichte gesehene Antike, denen erscheinen, welche im acht-
zehnten Jahrhundert, vom Geist der deutschen Mystik aus, dem
Altertum nah und näher kamen. Je weiter sie noch von diesem
geschichtlichen Ursprung ihrer eigenen Vorstellungsweise entfernt, je
mehr sie noch erfüllt blieben vom neu-platonischen und christlichen
Idealismus, desto mehr erblickten sie auch in der platonischen Lehre
und im griechischen Idealismus überhaupt vor allem die beginnende
Zwiespältigkeit des Subjektiven und Objektiven, den Anfang des
Bewußtseins von der Gebrochenheit der menschlichen Natur, von
der Entzweiung von Natur und Geist — in dem Maße aber, als
sie die Schranken nicht nur des christlichen Mythus, sondern des
christlichen Geistes durchbrachen, mußte in ihnen auch der ursprüngliche Geist der Antike wieder lebendig werden, mußte das dem
Christentum entgegengesetzte Bewußtsein der Harmonie des Subjektiven und Objektiven, der Einheit von Geist und Natur, Idee
und sinnlicher Erscheinung, stark und beherrschend werden.

*) Vgl. oben Kap. 2 S. 37 ff.

Unter dem Gesichtswinkel der erstgedachten Art war es, daß
Hamann und Jacobi ihre antikisierende Geistesrichtung verfolgten,
sich der innigsten Verwandtschaft mit dem Geiste des griechischen
Idealismus deutlich bewußt waren und den Geist der Alten wieder=
herzustellen suchten. Namentlich hat Hamann wie nur wenige der
Renaissance des griechischen Idealismus von dieser Seite her den
Weg bereitet. Indem er aus der Wirrnis der Verstandeskultur
wie mit nachtwandlerischer Sicherheit zur ursprünglichen Natur des
Menschen — d. h. zur Einheit der reinen Subjektivität — zurück=
zuleiten suchte, so ahnte er bereits, daß die Alten die besten Kom=
mentatoren für diese ursprüngliche Natur des Menschen seien, wenn=
gleich auch sie von Seite der letzteren und durch sie immer wieder
geprüft werden müßten: „Einige behaupten,“ sagt er, „daß das Alter=
tum die Albernen weise mache; andere hingegen wollen erhärten,
daß die Natur klüger mache als die Alten. Welche muß man
lehren und welche nachahmen? Wo ist die Auslegung von beiden,
die unser Verständnis öffnet? Vielleicht verhalten sich die Alten
zur Natur wie die Scholiasten zu ihrem Autor. Wer die Alten,
ohne Natur zu kennen, studiert, liest Noten ohne Text.“ Und
dennoch, so hoch er die Alten stellt, so wenig weiß er sich doch
auch ihnen gegenüber vom christlichen Geist frei zu machen. In
der Übereinstimmung mit diesem, die er zu erblicken glaubt, sieht
er den größten Vorzug der Antike — in diesem Sinne vor allem
verherrlicht er Sokrates, der die Menschen zu den Altären eines
unbekannten, von der Natur und in ihr verborgenen, Gottes
geführt habe; und in demselben Sinne sucht er immer von neuem
zum Bewußtsein zu bringen, was der Antike, selbst ihren größten
Vertretern, auch Sokrates und Plato, gefehlt habe, was gewisser=
maßen ihr geistiges Defizit ausmache: daß sie noch nichts wußte
von der Gebrochenheit der menschlichen Natur, von der Entzweiung
von Natur und Geist. „Was waren die weisesten Heiden“, sagt
er, „besser als Menschen, die rückwärts gingen? Sie hatten keine
Erkenntnis von der Größe der Schande, von der Tiefe des Elends,
worein die menschliche Natur verfallen war.“

Da war es nun ein Zeitgenosse Hamanns, der, fast gleichzeitig mit diesem mit den Anfängen seiner schriftstellerischen Wirksamkeit hervortretend, von demselben Ausgangspunkt, dem Geist
der deutschen Mystik, herkommend, diesen letzten Rest des spezifisch
christlichen Geistes, beim Durchbruch ins offene freie Feld des allgemein Menschlichen, siegreich überwand und den griechischen Idealismus in seiner ursprünglichen Reinheit wiederherstellte, den Geist
der Antike mit so sieghafter Kraft erneuerte, daß diese Renaissance
einen der wichtigsten Wendepunkte in der modernen Geistesgeschichte bedeutet und bis zum heutigen Tage, unmittelbar und
mittelbar, fortgewirkt hat: Johann Joachim Winckelmann. —

Das Auftreten Winckelmanns und die geistige Struktur seiner
ganzen Persönlichkeit sind von jeher vielen als eine Paradoxie der
geschichtlichen Entwickelung, als etwas Seltsames, Anormales erschienen, das gerade deshalb um so weniger recht erklärbar sein mochte,
weil es so bedeutende Wirkungen ausgelöst hatte. Und in der Tat
muß das innere Verstehen solchen Schwierigkeiten dann sich gegenüber finden, wenn man nichts als die herkömmlichen Formeln der
Erklärung und Klassifikation in Bereitschaft hat. War Winckelmann, wofür ihn viele noch heute ansehen, nur ein gelehrter An-
tiquar und Kunstkenner, ein geistreicher Altertumsforscher — wie
seltsam erscheint dann die tiefgehende Wirkung, welche er auf die
Lessing und Herder, Goethe und Schiller und Hölderlin ausübte,
wie unerklärlich, daß nach seinem Vorbilde, mehr als nach irgend
einem anderen, Goethe die eigene Persönlichkeit formte! Nimmt
man ihn aber für mehr, als den Erneuerer des Altertums, so erhebt sich sogleich die Frage, ob und wieweit dieses denn einer
Wiederherstellung bedurfte. War es nicht seit Jahrhunderten der
europäischen, auch der deutschen Kulturwelt vertraut geworden?
Wurde nicht die Beschäftigung mit dem Altertum überall, vor allem
auch auf den Schulen, in erster Linie gepflegt, war nicht das
Studium der Antike seit den Zeiten der italienischen Renaissance
ein unentbehrliches Ferment aller Bildung und geistigen Kultur geworden, in Deutschland so gut wie in den anderen Kulturländern?

Alle diese Zweifelfragen finden sogleich ihre einfache Ant=
wort, wenn man die treibenden Motive und die entscheidenden
geistigen Strömungen in der Entwickelungsgeschichte des deutschen
Idealismus ins Auge faßt, der auch Winckelmann als unentbehr=
liches Glied zugehört. Dann erkennt man ohne Schwierigkeit: es
ist der Geist der deutschen Mystik, der in Winckelmann so gut als
in Hamann die Schranken des religiösen Mythus durchbricht, um
einzumünden in den Strom der allgemein=menschlichen modernen
Kultur; und die Renaissance der Antike, welche Winckelmann ein=
leitete, verhält sich zur ursprünglichen, im engeren Sinne so ge=
nannten, italienischen Renaissance nicht anders, wie sich eben der
Geist der deutschen Mystik zu dem des christlichen Realismus ver=
hält, oder wie sich Lyrik und Musik verhalten zur Epik und Malerei,
wie Bachs Matthäuspassion und Klopstocks Messias zu Dantes
Göttlicher Komödie und den epischen Freskobildern des Quattro=
cento.*)

*   *   *

Die innere Verwandtschaft, welche Winckelmann, bei aller
Gegensätzlichkeit, namentlich mit Hamann aufwies, ist schon den
Zeitgenossen nicht unbemerkt geblieben. Als, bald nachdem Winckel=
mann seine berühmte Schrift „Gedanken über die Nachahmung der
bildenden Kunst bei den Griechen" veröffentlicht hatte, Hamanns
„Sokratische Denkwürdigkeiten" erschienen, fiel Mendelssohn, der
ein feines Gefühl für solche Dinge hatte, sogleich die Ähnlichkeit
im geistigen Grundton beider Schriften, und namentlich auch in
ihrem Stil, lebhaft auf. „Die Schreibart", sagt er in einem Briefe
über die Hamannsche Schrift, „hat viel Ähnlichkeit mit der Winckel=
mannschen; derselbe körnigte, etwas dunkle Stil, derselbe feine und
edle Spott und dieselbe vertraute Bekanntschaft mit dem Geist des
Altertums."

In der Tat ist ja auch die Ähnlichkeit in der geistigen
Struktur beider sehr weitgehend.

*) Vgl. oben Kap. 9.

Zunächst ist für beide schon der Ausgangspunkt der gleiche: auch Winckelmann ist anfänglich ganz ein Schüler der deutschen Mystik, aufgewachsen unter den Einflüssen jener, von aller dogmatischen Verstandeskultur entfernten, schlichten protestantischen Frömmigkeit, wie sie der weltfernen individualistischen Kultur jener Zeit so besonders entsprach. Und so weit er sich auch später von diesem Ausgangspunkte entfernte, so sehr blieben doch diese Grundelemente der deutschen Mystik als geistige Triebkräfte in ihm wirksam. Auch bei ihm war, wie bei Hamann, namentlich die religiöse Musik und das Kirchenlied das Band, welches ihn dauernd mit diesen elementaren Grundlagen seiner geistigen Entwickelung verknüpfte. Als er schon längst in Rom heimisch geworden war und sich ganz als Heiden wußte und fühlte, da pflegte er noch morgens sein Lieblingslied mit Andacht zu singen, Paul Gerhards Hymnus „Ich singe dir mit Herz und Mund"; ebenso fuhr er aber auch fort, in der Bibel zu lesen,*) und er sprach auch damals den Anteil, den er noch am Christentum besaß oder zu besitzen glaubte, ganz wie Hamann, im allgemeinsten Geiste der deutschen Mystik aus: daß dieser sein Anteil am Christentum sich nicht auf Erkenntnis, sondern auf das Gefühl gründe, und daß „die christlichen Offenbarungen ihre Überzeugungen nicht durch den toten Buchstaben, sondern durch göttliche Rührungen erhalten, die ich, wie vielen Gläubigen geschehen, billig auch bei mir in stiller Anbetung erwarte."

In dieser Gemeinsamkeit des Ausgangspunktes ist es auch begründet, daß Winckelmann nicht weniger wie Hamann von einer tiefinneren Abneigung gegen die sophistische Verstandesaufklärung erfüllt ist und diese, wenn auch weniger umfassend, so doch mit nicht geringerer Energie, ja Heftigkeit und Leidenschaftlichkeit bekämpft. So waren ihm namentlich die Schriften Christian Wolffs, des anerkannten Hauptes der Aufklärung, nichts als das typische

---

*) Dieses alles z. B. im Gegensatz zum extremen Heidentum Goethes, der in Italien vor der Zeusbüste seine Morgenandacht zu verrichten pflegte.

Beispiel einer leeren und wohlfeilen Wortweisheit. „Es sind Kin=
dereien, ohne große Mühe zusammengeschmiert, die endlich die
Mäuse fressen werden." Und ebenso teilte er mit Hamann die
Abneigung gegen die Mathematik und setzte der logisch=mathemati=
schen Betrachtung des Objektiven die aus der Tiefe der Subjekti=
vität entspringende, und wiederum in sie versenkte, Vernunftanschau=
ung oder Intuition gegenüber, welche allein wahre Erkenntnis ge=
währen könne. Er spottete gern über den „Professor, der in seinem
Zimmer geometrische und metaphysische Grillen macht" und ver=
glich ihn mit sich selbst, dessen Wissen aus dem Sehen der Dinge
entspränge, nicht aus dem bloßen sinnlichen Sehen, sondern aus
dem vernunftgemäßen innerlichen Schauen im Sinne der Plato=
nischen Ideenlehre.

Das alles gilt nun auch insbesondere von Winckelmanns
Anschauung des Schönen, wie es vor allem in der Kunst des
klassischen Altertums sich darstellte.

Was Winckelmann gegen die herkömmliche Art der Kunst=
betrachtung geltend macht, ist nichts anderes, als was auch Ha=
mann dagegen unaufhörlich zur Geltung zu bringen sucht: er setzt
die Empfindung und das Gefühl gegen die Beschränktheit des Ver=
standes, die Intuition gegen die sophistische Gelehrsamkeit, die Er=
kenntnis des Nichtwissens gegen die gelehrte Wissenschaft, die Ein=
heit und Kraft der reinen Subjektivität gegen die Vielfältigkeit des
Objektiven. Daher ist beiden die Vorbedingung der Erkenntnis des
Schönen nicht das Kennenlernen von Regeln, sondern die Aus=
bildung des inneren Sinnes, die Verfeinerung der Empfindung.
Nur Werkzeug dieser Empfindung ist der äußere Sinn, Sitz der=
selben aber der innere; jener, sagt Winckelmann, muß richtig, dieser
aber empfindlich und fein sein. Diese Empfindung des Schönen
aber geht niemals auf die Teile, sondern stets auf das Ganze.
Vom letzteren aus kann man wohl auch die Schönheit der einzelnen
Teile erfassen, niemals aber von diesen aus eine Empfindung der
Schönheit des Ganzen gewinnen. Wer das letztere versucht, wer
„von Teilen auf das Ganze gehen wollte, würde ein grammati=

kalisches Gehirn zeigen und schwerlich eine Empfindung des Ganzen und eine Entzückung in sich erwecken". Ähnlich pflegte auch Hamann immer wieder darauf zu bringen, das Kunstwerk nur als Ganzes aufzufassen; ihm galt auch hier die musikalische Grundregel: in fine videtur cuius toni — so wie Winckelmann nachdrücklich betonte: „zu sehr in das Geteilte gehen wollen, macht das Ganze verlieren".

Nicht anders wie das Verhältnis zur Kunst und zum ein=zelnen Kunstwerke, ist das zur Schönheit überhaupt zu bestimmen. Diese ist weder mathematisch noch logisch (begrifflich) zu fassen. Nicht mathematisch, obwohl in der Schönheit, namentlich der plastischen, welcher Winckelmann sein Hauptinteresse zuwandte, ein gewisses mathematisches Element zutage zu treten scheint und so leicht dazu verführt, auch zur mathematischen Deutlichkeit ge=langen zu wollen. Denn das rein Mathematische ist ein sinnliches, räumlich=zeitliches Mannigfaltiges, dessen Einheit nur wiederum entweder rein sinnlich oder abstrakt=begrifflich auf=gefaßt werden kann; die Schönheit aber ist ein Mannigfaltiges, dessen Einheit nur intuitiv, durch Geistesgefühl, wie Jacobi sagt, also anschaulich und begrifflich zugleich, erfaßt wird. Und eben auf dieser Art der Einheit in der Mannigfaltigkeit beruht alle Schönheit. „Das Schöne," sagt Winckelmann, „besteht in der Mannigfaltigkeit im Einfachen; dieses ist der Stein der Weisen, den die Künstler zu suchen haben und welchen wenige finden; nur der versteht die wenigen Worte, der sich diesen Begriff aus sich selbst gemacht hat. Die Linie, die das Schöne beschreibt, ist elliptisch, und in derselben ist das Einfache und eine beständige Veränderung: denn sie kann mit keinem Zirkel beschrieben werden und verändert in allen Punkten ihre Richtung. Dieses ist leicht gesagt und schwer zu lernen: welche Linie, mehr oder weniger elliptisch, die verschiedenen Teile zur Schönheit formt, kann die Algebra nicht bestimmen; aber die Alten kannten sie, und wir finden sie, vom Menschen bis auf ihre Gefäße." Winckelmann nennt diese, mathematisch nicht faßbare, Linie der Schönheit den

Kontur und sieht in ihm „die Hauptabsicht des Künstlers, den höchsten Begriff in der schönen Kunst und im Ideal". „Zur Schönheit gehört die Einheit des Ganzen, und diese Einheit wiederum besteht in einem Maß von Fülle, vermöge dessen der edelste Kontur alle Teile vereinigt und umschreibt."

So wenig aber die Schönheit mathematisch gefaßt werden kann, so wenig kann sie es logisch, d. h. begrifflich und durch Beziehungen deutlicher Begriffe. „Die Schönheit," sagt Winckelmann, „ist eins von den großen Geheimnissen der Natur, deren Wirkung wir sehen und alle empfinden, von deren Wesen aber ein allgemein deutlicher Begriff unter die unergründlichen Wahrheiten gehört. Wäre dieser Begriff geometrisch deutlich, so würde das Urteil der Menschen über das Schöne nicht verschieden sein, und es würde die Überzeugung von der wahren Schönheit leicht werden." Und selbst „wenn auch das Schöne durch einen allgemeinen Begriff könnte bestimmt werden, so würde es dem, welchem der Himmel das Gefühl versagt hat, nicht helfen". Dieses Gefühl oder „der innere Sinn ist die Vorstellung und Bildung der Eindrücke in dem äußeren Sinn. Es ist, mit einem Wort, was wir Empfindung nennen. Der innere Sinn ist aber nicht allezeit dem äußeren proportioniert. Denn er ist nicht in gleichem Grade empfindlich wie dieser, weil er mechanisch verfährt, wo dort eine geistige Wirkung ist. . . . Der innere Sinn muß fertig, zart und bildkräftig sein. Fertig und schnell, weil die ersten Eindrücke die stärksten sind und der Überlegung vorangehen. Was wir durch Überlegung empfinden, ist schwächer."

Da die Schönheit durch keinen Begriff gefaßt werden kann, so fällt sie auch nicht unter den der Vollkommenheit, so wenig als unter Maß und Zahl, nach welchen beiden Richtungen die Verstandesaufklärung immer wieder neue Erklärungen versucht hatte. Sie liegt jenseits der gewöhnlichen Fassungskraft, jenseits des Wissens, und nur die geniale Intuition kann ihrer inne werden.

Eben dasselbe findet seine Anwendung nicht bloß auf das einzelne Kunstwerk, sondern ebenso auf die Kunst überhaupt,

schließlich auf die klassische Kunst und das Altertum in ihrer Ein=
heit genommen. Auch die Antike ist ein Ganzes, und als solches
muß sie genommen, ihr Geist muß erfaßt und wiederhergestellt
werden, wenn man ihr nahe kommen will, während diejenigen,
welche, mit bloß „grammatikalischem Gehirn" ausgerüstet, sie zu
begreifen versuchen, ihr ewig fern bleiben müssen. „Die Alten
wiederherzustellen," sagt Hamann, „das ist die Sache; sie zu be=
wundern, zu beurteilen, zu anatomisieren, Mumien aus ihnen zu
machen, ist nichts als ein Handwerk, eine Kunst, die auch ihren
Meister fordert." Und ähnlich Winckelmann: „Kleinen Genies
wird das Studium des Antiken von keinem großen Nutzen sein.
Es ist nicht genug, die Umrisse zu bemerken — nein, der Geist,
der in den schönen Naturen atmet, der Geist ist es, den man
fassen muß." „Gegen das eigene Denken setze ich das Nachmachen,
nicht die Nachahmung. Unter jenem verstehe ich die knechtische
Folge, in dieser aber kann das Nachgeahmte gleichsam eine andere
Natur annehmen und etwas eigenes werden." Jenes Nachmachen
ist Sache des bloßen Wissens und der Gelehrsamkeit, dieses Nach=
ahmen dagegen Sache der genialen Intuition; und das erstere
vermag so wenig zu letzterem hinzuführen, daß es meist sogar das
stärkste Hindernis dafür bildet. „Denn das viele Wissen, sagen
die Griechen" und sagt Winckelmann mit ihnen, „erwecket keinen
gesunden Verstand; und die sich durch bloße Gelehrsamkeit in den
Altertümern bekannt gemacht haben, sind auch derselben weiter
nicht kundig geworden."

                    *   *
                        *

So eng sich nun auch in alledem die grundlegenden An=
schauungen Winckelmanns mit denen Hamanns — und Jacobis —
berühren, auf so weite Strecken hin sie auch ganz parallel laufen,
so entscheidend und historisch bedeutungsvoll ist doch der eine
Differenzpunkt, der beide trennt: daß, während die letzteren die
Mannigfaltigkeit des Objektiven, insbesondere aber das Körperliche,
Materielle, der reinen Subjektivität gegenüber nur als untergeordneten,

ja fast bedeutungslosen, Nebenwert des Wirklichen betrachteten, Winckelmann eben diese Mannigfaltigkeit des Objektiven, auch das Materielle, eben durch die reine Subjektivität, auch zur vollen Höhe der geist=gegebenen Wirklichkeit erhebt — wenn auch noch nicht im universellen Sinne, sondern nur auf dem engeren Gebiete des Schönen und der Kunst. „Der Körper,“ sagt Hamann ein= mal, „ist nur ein bloßes Schattenbild des Dinges Selbst“; und Jacobi: „Das Außerzeitliche in uns das Selbst, außer uns Gott; was aber in der Zeit ist, Natur oder das Vergängliche. . . . Wie ein Gesicht schön wird, dadurch daß es Seele, so die Welt dadurch, daß sie einen Gott durchscheinen läßt.“ Nicht so Winckelmann: auch ihm ist der Geist, die Seele das Höchste, zu denen über die Materie hinweg sich zu erheben, vernünftige Wesen die angestammte Neigung und Begierde haben; aber diese höchste Erhebung findet nicht da statt, wo das Körperliche ein bloßes Schattenbild oder Spiegelbild oder allenfalls Symbol des Geistigen geworden, sondern da wo der Körper ganz und gar beseelt, das Sinnliche vollkommen belebt, wo Idee und sinnliche Erscheinung, Subjektivität und objektive Darstellung, Einheit und Mannig= faltigkeit nicht gegensätzlich sich verhalten, sondern vollkommen übereinstimmen, nicht eine Dissonanz sondern eine reine Konsonanz und Harmonie bilden. Diese Harmonie erscheint in der Welt der Schönheit; nicht der natürlichen Schönheit, die für Winckelmann — darin verleugnet er wiederum nicht den unmittelbaren Zusammen= hang mit dem Geist der Mystik — nur sinnlich ist, sondern der idealen Schönheit, erscheinend in der Welt der Kunst, die beherrscht wird von der Schöpferkraft des menschlichen Geistes. Diese ideale Schönheit ist der natürlichen weit überlegen. Denn „der Ausdruck einer großen Seele geht weit über die Bildung der schönen Natur. Der Künstler muß die Stärke des Geistes in sich selbst fühlen, die er seinen Werken einprägt“.

Solche ideale Schönheit haben nur die Griechen hervor= gebracht, daneben, vereinzelt, nur solche Künstler, welche, wie z. B. Raphael und andere Meister der Renaissanceperiode (Michelangelo

gehört z. B. nicht zu diesen), den antiken Vorbildern mit Treue
nachzueifern suchten. Denn hier, bei den Griechen, geschah es,
daß, im Leben wie im Bilden, die beiden polar entgegengesetzten
Seiten des menschlichen Daseins, das Subjektive und das Ob=
jektive, in glücklichster Harmonie sich vereinigten und zusammen
stimmten. Und so waren die großen Künstler unter den Griechen
zugleich Weltweise und Künstler im engeren Sinne, Weltweise,
d. h. ganz durchgeistigt und erfüllt von Ideen, und Künstler,
d. h. ganz hingegeben an die Breite des Objektiven, das Sinnliche
und Materielle, heimisch in der Natur. So „reichte die Weisheit
der Kunst die Hand und blies ihren Figuren eine mehr als ge=
meine Seele ein". Und beides, das Ideelle und Sinnliche, stand
in genauester Übereinstimmung, gerade indem und weil das letztere
von ersterem beherrscht wurde, wie Winckelmann es u. a. vom
Apollo von Belvedere rühmt, „dem höchsten Ideal der Kunst
unter allen Werken des Altertums, welche der Zerstörung ent=
gangen sind", von welchem er nichts Größeres zu sagen weiß, als
dies: „Der Künstler hat dieses Werk gänzlich auf das Ideal
gebaut, und nur ebensoviel von Materie dazu genommen, als
nötig war, seine Absicht auszuführen und sichtbar zu machen."

Weil so das Gleichgewicht, die Übereinstimmung und Har=
monie des Geistigen und Sinnlichen in den Kunstwerken der
Griechen sich ausprägen, so haben diese durchweg jenen Charakter
einer erhabenen, überirdischen, ja göttlichen Ruhe, der auf den
empfänglichen Beschauer so ergreifend wirkt. Vollkommenheit dieses
Gleichgewichts ist ja niemals möglich, wohl aber eine, in der
griechischen Kunst erreichte, Annäherung an diese Vollkommenheit,
nämlich ein in unendlich kleinen Intervallen sich vollziehendes,
und darum fast unmerkliches, Steigen und Sinken, Heben und
Schweben zwischen dem einen und dem anderen der entgegen=
gesetzten Pole, vergleichbar den sanften Wellenbewegungen des
Wassers über der unendlichen Meerestiefe. Diese Züge des
Stillen, Sanften, Feierlichen sind darum von entscheidender Be=
deutung, wie für die griechische Kunst, so für alle echte Schönheit

überhaupt. „Die Stille," sagt Winckelmann, „ist derjenige Zu=
stand, welcher der Schönheit, sowie dem Meere, der eigentlichste
ist, und die Erfahrung zeigt, daß die schönsten Menschen von
stillem gesitteten Wesen sind ... Es kann der Begriff einer
hohen Schönheit auch nicht anders erzeugt werden, als in einer
stillen, von allem Einzelnen abgerufenen Betrachtung der Seele."
Dieser Sinn für das Schöne muß „zart, mehr als heftig sein,
weil das Schöne in der Harmonie der Teile besteht, deren Voll=
kommenheit ein sanftes Steigen und Sinken ist. ... So wie der
Genuß unserer selbst, das wahre Vergnügen, nur in der Ruhe
des Körpers und Geistes zu erlangen ist, so ist es auch das
Gefühl und der Genuß des Schönen, welches also zart und sanft
sein muß und wie ein milder Tau kommt, nicht wie ein Platz=
regen."

In diesem Sinne war es, daß Winckelmann für die Meister=
werke der griechischen Kunst die berühmte Formel prägte, ihr all=
gemeines vorzügliches Kennzeichen sei eine „edle Einfalt und
eine stille Größe, sowohl in der Stellung als im Ausdruck.
So wie die Tiefe des Meeres allezeit ruhig bleibt, die Oberfläche
mag noch so wühlen, ebenso zeigt der Ausdruck in den Figuren
der Griechen bei allen Leidenschaften eine große und gesetzte Seele.
Diese schilderte sich in dem Gesicht des Laokoon — und nicht
in diesem allein — bei dem heftigsten Leiden. Der Schmerz, der
sich in allen Muskeln und Sehnen des Körpers zeigt, und den
man an dem schmerzlich eingezogenen Unterleibe beinahe selbst zu
empfinden glaubt, äußert sich dennoch mit keiner Wut im Gesicht
und in der ganzen Stellung. Er erhebt kein schreckliches Geschrei,
wie Virgil in seinem Laokoon singt. Die Öffnung des Mundes
gestattet es nicht. Es ist vielmehr ein ängstliches Seufzen, wie es
Sadolet beschreibt. Der Schmerz des Körpers und die Größe
der Seele sind durch den ganzen Bau der Figur mit gleicher
Stärke ausgeteilt und gleichsam abgewogen."

*　　*　　*

„Edle Einfalt und stille Größe" in diesem Sinne war für Winckelmann nicht nur das Kennzeichen der griechischen Kunst, sondern des griechischen Geistes überhaupt, so wie er auch in den Meisterwerken der Literatur noch heute lebendig auf uns wirkt. „Die edle Einfalt und stille Größe der griechischen Statuen," sagt er, „ist das wahre Kennzeichen der griechischen Schriften aus den besten Zeiten, der Schriften aus Sokrates' Schule." „Der besten Zeiten" „aus Sokrates' Schule" — man sieht hier deutlich, welcher Art das Griechentum ist, das in Winckelmann lebt, das durch ihn seine Wiedergeburt feiert: es ist nicht der griechische Geist in seiner Totalität, in der Fülle seiner vielhundertjährigen Entwickelung, sondern es ist das Griechentum der Blütezeit, es ist der Geist des griechischen Idealismus.

In diesem Sinne ist Winckelmann ein echter Schüler Platos,*) ja einer der reinsten Platoniker, die es je gegeben. Denn nirgendwo sonst ist so vollkommen wie in der platonischen Gedankenwelt jenes statische Gleichgewicht des Subjektiven und Objektiven erreicht, zu dem auch Winckelmann sich durchgerungen, das ihm sinnfällig vor Augen trat, als er die Meisterwerke griechischer Plastik von Angesicht zu Angesicht schauen durfte. Dieselbe Harmonie des Geistigen und Sinnlichen, dieselbe Einheit in der Mannigfaltigkeit, die Winckelmann an der griechischen Kunst der klassischen Zeit bewunderte, trat ihm in den Dialogen Platos entgegen, hier wie dort wurde er in gleicher Weise erfüllt von jener Stimmung göttlicher Ruhe und Stille, welche eben nur da möglich ist, wo jener Gegensatz ausgeglichen ist, der die Fülle des Unendlichen in sich begreift; und was Winckelmann von der Laokoongruppe als das Kennzeichen der künstlerischen Meisterschaft preist, das hätte er ebenso gut von der Platonischen Ideenlehre sagen können: daß hier von entgegengesetzten Enden her zwei gewaltige Kräfte, die eine vom

---

*) Das Studium Platos hat Winckelmann immer wieder erneuert und zu vertiefen gesucht, ganz besonders auch in Rom, wo er Raphael Mengs an diesen Platostudien teilnehmen ließ.

Sinnlichen, die andere vom Geist herkommend, aufeinander stoßen, miteinander ringen, aber im Moment der plastischen Darstellung sich das Gleichgewicht halten.

So sehr ist in diesem Sinne Winckelmann reiner Platoniker, daß man deutlich bemerkt: der Platonismus, welcher ihn erfüllt, ist nicht der des werdenden jugendlichen Denkers, der noch mit den Einwirkungen der Naturphilosophie ringt, auch nicht der der letzten Lebensperiode, in welcher die ersten Anfänge der Welt= fluchtsstimmung, die ersten Dissonanzen des Subjektiven und Ob= jektiven, im Sinne eines Übergewichts des ersteren, hervortreten, sondern es ist der Platonismus der Blütezeit, der reinsten Aus= prägung der Ideenlehre in den Dialogen Phädrus, Philebus usw., d. h. eben der Platonismus, in welchem das statische Gleichgewicht des Subjektiven und Objektiven am vollkommensten erreicht, am glücklichsten zum Ausdruck gebracht ist. Hier ist es noch nicht die Idee des Guten, sondern die Idee des Schönen, durch welche die Mannigfaltigkeit der Ideenwelt repräsentiert und zur Ein= heit erhoben wird, sie ist darum auch das Höchste des Daseins, das wahrhaft Göttliche. Ganz in diesem Sinne ist auch die Vorstellungsweise Winckelmanns. Gott ist ihm fast identisch mit der Idee der Schönheit, jedenfalls ist ihm die Idee Gottes nur faßlich als einheitlicher Urquell alles irdischen Schönen und als Ursprung der höchsten und göttlichsten Empfindung, der Empfin= dung, welche die Schönheit hervorruft. Gott sich nähern, voll= kommener werden, das heißt ihm also, das Schöne tiefer und reiner empfinden, vollkommener hervorbringen. Darin liegt das, was die Religionen Seligkeit nennen. Sie ist nicht erst im „Jenseits", sondern im irdischen Leben erreichbar: überall da nämlich, wo uns die Betrachtung ideal schöner Bildungen ein ruhiges Entzücken erweckt, wo die hohe Einfalt ihres Umrisses nur die Einheit des göttlichen Seins wiederspiegelt; selbst in der Betrachtung bloß sinnlich=schöner Körperformen, kurz überall da, wo uns das irdische Bild der Schönheit erscheint, werden wir ihres göttlichen Ursprungs inne, fühlen wir die Spuren jener Harmonie, die über menschliche

Begriffe geht, die, wie ein unhörbarer Wechselgesang, von der ewigen
Verbindung der Dinge selbst angestimmt wird.

In solchen Stimmungen und Betrachtungen, könnte man
sagen, besteht Winckelmanns Religion. Sie ist in der Tat durch
und durch heidnisch — wenn man dieses Wort als Bezeichnung
des äußersten Gegensatzes zum spezifisch christlichen Geiste nimmt.
Er bewahrte vom Christentum, von dem er ausgegangen, kaum
etwas anderes als einige kindliche Gewöhnungen mystischer Fröm=
migkeit — aber er verwarf alles spezifisch Christliche, so die Tugend
der Demut, der er die stoische Autarkie entgegensetzt, so die Tren=
nung des Göttlichen und Menschlichen, des Sinnlichen und Geistigen.
In Winckelmann war der christliche Geist, nach tausendjähriger
Wanderung durch alle Wunder und alle Abgründe der Innerlich=
keit, zum ersten Male wieder zum Ausgangspunkt, dem Idealismus
der Griechen und besonders Platos, zurückgekehrt und hatte nach
heftigen Schwankungen den Einheitspunkt und das Gleichgewicht
des Subjektiven und Objektiven wiedergefunden, die Harmonie des
Seins und des Lebens zurückgewonnen. Winckelmann glaubte
diese Harmonie draußen, in ferner Vergangenheit, ja nur in be=
grenzter Sphäre dieser Vergangenheit zu finden — in Wahrheit
war sie innerlich erarbeitet, im Bewußtsein gewonnen, und nur
eben weil dies der Fall war, konnte Winckelmann ein Lehrer der
Antike, ein Interpret klassischer Kunst werden, wie er vordem nie
erschienen war. Es ist der Sonnenaufgang des deutschen Idealis=
mus, der auch hier sich zeigt, wenn auch die Strahlen des neuen
Geistes vorerst nur ein begrenztes Gebiet beleuchten und durch=
glühen — in diesem eingeschränkten Sinne hat Frau v. Staël
Recht, wenn sie bemerkt haben wollte, daß es die griechische Kunst
gewesen, durch welche die Deutschen zu ihrer idealistischen Philo=
sophie gekommen seien.

*   *   *

Wie sich Jacobi zu Hamann verhält, so verhält sich Lessing,
als Erneurer antiken Geistes im Sinne des griechischen Idealis=

mus, zu Winckelmann. Hamann und Winckelmann sind Typen originaler, bildkräftiger Intuition auf der einen und zusammen=fassender Synthesis auf der anderen Seite, während Lessing und Jacobi übereinstimmend die Intuition und synthetische Kraft, die sie in geringerem Grade besitzen, ergänzen durch die analytische Fähigkeit des kritisch scheidenden Verstandes. Wie Jacobi, so ist auch Lessing durch seinen Bildungsgang in gleicher Weise berührt und beeinflußt vom Geiste deutscher Mystik und anti=dogmatischer protestantischer Frömmigkeit, wie vom Geiste der Aufklärung und Verstandeskultur, und das Bestreben, beide stetig in Beziehung zu setzen, sie bald kritisch zu sondern und bald auch wieder Verbindungs=fäden dazwischen herzustellen, ist für Lessing ebenso charakteristisch wie für Jacobi — nur mit dem Unterschiede, daß bei letzterem der Geist der Mystik, bei ersterem der Geist der Aufklärung schon früh das entscheidende Übergewicht hatte und die weitere geistige Ent=wickelung bestimmte.

Auch darin stimmen Lessing und Jacobi überein, daß, ebenso wie letzterer auf eigenem Wege den ursprünglichen Geist des christ=lichen Idealismus erneuerte und doch dann späterhin durch Hamann die stärksten Anregungen empfing, so auch Lessing in seinem Ver=hältnis zur Antike — nur von dieser Seite kommt er hier zunächst in Betracht — durchaus eigene Wege ging und doch dann durch niemanden stärkere Impulse erhielt als durch Winckelmann, wie ja denn Lessings hierfür in Betracht kommende Hauptschrift „Laokoon" unter dem unmittelbaren Eindruck der Lektüre von Winckelmanns Hauptwerk, den „Gedanken über die Nachahmung der bildenden Kunst bei den Griechen" entstanden ist. Und es charakterisiert das Verhältnis beider, wenn Lessing einmal sagt: „Winckelmann scheint dieses höchste Gesetz der Schönheit bloß aus den alten Kunstwerken abstrahiert zu haben. Man kann aber ebenso unfehlbar durch bloße Schlüsse darauf kommen." So glücklich ist diese Ergänzung beider und so fruchtbar wurde sie, daß Goethe sich nicht enthalten konnte, einmal dem Wunsche Ausdruck zu geben, beide hätten sich auf der Höhe ihrer Laufbahn zu gemeinsamem Wirken verbinden sollen. —

In der Tat ist ja die geistige Basis, welche beiden gemeinsam ist, breit genug. Mit Winckelmann — und Hamann — teilt auch Lessing zunächst das Streben und die Begierde, in den Geist der Antike einzudringen, und die Abneigung ja den Haß gegen jene unfruchtbare Gelehrsamkeit, mit welcher, zu seiner Zeit mehr als je, die Welt des Altertums, wie mit einem endlosen, Staub auf= wirbelnden Geröll, überdeckt und verschüttet war. „Welch elendes Studium", sagt Lessing, „ist das Studium des Altertums, wenn das Feine desselben auf Kenntnisse kleiner Ausgrabungen ankommt! wenn der der Gelehrteste darin ist, der solche Armseligkeiten am fertigsten und vollständigsten an den Fingern herzuzählen weiß! Aber mich dünkt, daß es eine würdigere Seite hat, dieses Studium. Ein anderes ist der Altertumskrämer, ein anderes der Altertums= kundige. Jener hat die Scherben, dieser den Geist des Altertums geerbt. Jener denkt nur kaum mit seinen Augen, dieser sieht auch mit seinen Gedanken. Ehe jener noch sagt, „so war das!", weiß dieser schon, ob es so sein könne."

Und wie nach dieser negativen Seite hin, so steht Lessing auch positiv ganz auf dem Boden der antikisierenden Anschauungs= und Betrachtungsweise Winckelmanns. Wie dieser — und ebenso Hamann — kennt auch Lessing nächst der Natur keine größeren Meister als die Alten. Laßt uns bei ihnen in die Schule gehen! ruft er aus; was können wir nach der Natur für bessere Lehrer wählen? Auch er betrachtet die Antike ganz unter dem Gesichts= punkte der Idee der Schönheit, als deren reinste Verkörperung. Und auch er charakterisiert das ideal Schöne, welches das einzige Gesetz der Kunst bei den Griechen gewesen, in der gleichen Weise: als die vollkommenste Verknüpfung von Einheit und Mannigfaltig= keit, als den Gleichgewichtszustand und die Harmonie des Sub= jektiven und Objektiven, Geistigen und Sinnlichen, vergleichbar der erhabenen Ruhe und Stille der nur leise und sanft bewegten Meeresfläche.

Aber während nun Winckelmann dabei stehen blieb, dieses tiefe intuitive Eindringen in die Antike immer aufs neue zur Gel=

tung zu bringen, es auszuprägen in immer neuen Wendungen und
Bildern und Gleichnissen, es wiederklingen zu lassen in den oft
hymnischen Beschreibungen jener Meisterwerke, zwischen denen er
in Rom umherwandelte, deren täglichen vertrauten Umgang er in
Frascati oder in der Villa des Kardinals Albani genoß: so suchte
Lessing diese Grundlagen und entscheidenden Voraussetzungen seiner
Betrachtungsweise nach allen Seiten reflektierend weiter zu entwickeln und war mit allen Verstandeskräften bemüht, aus ihnen,
durch vergleichende Beobachtung oder, mehr noch, durch kombinierenden Scharfsinn und einfache logische Deduktionen, das
herauszuholen, was in ihnen liegen mußte und nur bisher verborgen geblieben war. Winckelmann, könnte man sagen, verblieb
— ebenso wie Hamann — im Umkreise der reinen Subjektivität,
und alles Objektive, vor allem auch alle Mannigfaltigkeit künstlerischer Darstellung, war ihm nur das Paradigma, an dem er
die eine Grundanschauung immer wieder abwandelte, von der
seine ganze Seele bis in ihre innerste Tiefe erfüllt war — Lessing
dagegen war vor allem bemüht, diese intuitive Grundanschauung
nach möglichst vielen Seiten hineinzuführen und hineinzubilden in
die Mannigfaltigkeit des Objektiven, hier also zunächst in die Mannigfaltigkeit der Künste, Kunstarten und der, historisch bedingten oder
nur vorübergehend und zufällig gegebenen, künstlerischen Darstellungsformen.

So benützt Lessing die Charakteristik „Einheit in der Mannigfaltigkeit", bei welcher Winckelmann stehen blieb, um daraus mit
dialektischer Kraft zwei für die gesamte Ästhetik grundlegende Begriffe neu zu gewinnen und scharf und klar voneinander abzugrenzen:
die Begriffe des Schönen und Erhabenen. „Alle angenehmen
Begriffe", so lautet dieses typische Beispiel Lessingscher Dialektik,
„sind undeutliche Vorstellungen einer Vollkommenheit. Die Vollkommenheit ist die Einheit im Mannigfaltigen. Bei der unendlichen Vorstellung der Einheit im Mannigfaltigen ist entweder der
Begriff der Einheit oder der Begriff der Mannigfaltigkeit der klarste.
Die undeutliche Vorstellung einer Vollkommenheit, in welcher der Be-

griff der Einheit das Klarste ist, nennen wir schön. Die undeut=
liche Vorstellung einer Vollkommenheit, in welcher der Begriff der
Mannigfaltigkeit das Klarste ist, nennen wir erhaben."

In ähnlicher Weise wird Lessing von der Grundanschauung
aus, daß die echten Kunstwerke immer Ruhe und Stille atmen
müssen und die der Griechen wirklich atmen, zu scharfsinnigen
Untersuchungen darüber geführt, ob und inwieweit und mit welchen
künstlerischen Mitteln die Darstellung von Leidenschaften dem
Künstler möglich oder erlaubt sei. So zeigt er: „Es gibt Leiden=
schaften und Grade von Leidenschaften, die sich in dem Gesichte
durch die häßlichsten Verzerrungen äußern und den ganzen Körper
in so gewaltsame Stellungen setzen, daß alle die schönen Linien,
die ihn in einem ruhigeren Stande umschreiben, verloren gehen.
Dieser enthielten sich also die alten Künstler entweder ganz und
gar, oder setzten sie auf geringere Grade herunter, in welchen sie
eines Maßes von Schönheit fähig sind. Wut und Verzweiflung
schändeten keines von ihren Werken. Ich darf behaupten, daß sie
nie eine Furie gebildet haben."

Und welche Fülle von ästhetischen Normen hat Lessing aus
dem grundlegenden Stilgesetz Winckelmanns, daß edle Einfalt und
stille Größe das Kennzeichen der echten, d. h. griechischen Kunst
seien, gewonnen. Er führte diese Formel heraus aus ihrer sub=
jektivistischen Beschränkung und führte sie hinein in die objektive
Kunstwelt, die er darnach zu prüfen und zu messen unternahm, ja
er stellte sie schließlich unter die letzten Bedingungen alles Objek=
tiven, Raum und Zeit, und gewann gerade hieraus seine grund=
legenden Unterscheidungen der wichtigsten Künste, vor allem von
Malerei und Plastik, bildender Kunst und Dichtung. Winckelmann
hatte überall gleichmäßig dies eine im Auge behalten, daß jedes echte
Kunstwerk erfüllt sein müsse von einem unendlichen Inhalt und
doch auf ihn hindeute durch das Endliche und Begrenzte — Lessing
fragte, in welcher Weise denn diese Hindeutung stattfinden könne
unter den besonderen einschränkenden Bedingungen jeder einzelnen
Kunst, in welcher Art das — räumlich und zeitlich — Begrenzte

und Endliche fähig werden könne, das Grenzenlose und Unend=
liche zu repräsentieren. Und so findet er im „Laokoon" vor allem:
„Die Malerei braucht Figuren und Farben im Raume, die Dicht=
kunst artikulierte Töne in der Zeit. Jener Zeichen sind natürlich,
dieser ihre sind willkürlich. Und dieses sind die beiden Quellen,
aus welchen die besonderen Regeln für eine jede herzuleiten."
Wenn also mit anderen Worten Malerei — welche Lessing für
bildende Kunst überhaupt nimmt — und Dichtung in ihrem Wesen
so zu bestimmen sind, daß jene das Ideelle, Geistige versinnlicht
oder das Subjektive objektiv macht im Raume, die letztere aber in
der Zeit, so unterscheiden sich beide — da ja das Ideelle, die sub=
jektive Einheit, dasselbe bleibt — nur eben nach der Seite des Ob=
jektiven hin, nämlich so, daß die Malerei es nur mit der räum=
lichen, die Dichtung nur mit der zeitlichen Mannigfaltigkeit des
Objektiven zu tun hat. Die räumliche Mannigfaltigkeit des Ob=
jektiven, oder das Nebeneinander, sind die Körper und deren Teile,
die zeitliche Mannigfaltigkeit des Objektiven, oder das Nacheinander,
sind die Bewegungen oder, wie hier, wo nur bewußte Bewegungen
von Menschen in Frage kommen, Handlungen. Folglich sind Körper
mit ihren sichtbaren Eigenschaften die eigentlichen Gegenstände der
Malerei, dagegen Handlungen der eigentliche Gegenstand der Poesie.

„Doch alle Körper" deduziert Lessing weiter, „existieren nicht
allein in Räumen, sondern auch in der Zeit. Sie dauern fort
und können in jedem Augenblick ihrer Dauer anders erscheinen
und in anderer Verbindung stehen. Jede dieser augenblicklichen
Erscheinungen und Verbindungen ist die Wirkung einer vorher=
gehenden und kann die Ursache einer folgenden und sonach gleich=
sam das Zentrum einer Handlung sein. Folglich kann die Malerei
auch Handlungen nachahmen, aber nur andeutungsweise durch
Körper. — Auf der anderen Seite können Handlungen nicht für
sich selbst bestehen, sondern müssen gewissen Wesen anhängen. In=
sofern nun diese Wesen Körper sind oder als Körper betrachtet
werden, schildert die Poesie auch Körper, aber nur andeutungs=
weise durch Handlungen."

Weiter ergibt sich daraus: „Die Malerei kann in ihren koexistierenden Kompositionen nur einen einzigen Augenblick der Handlung nützen und muß daher den prägnantesten wählen, aus welchem das vorhergehende und folgende am begreiflichsten ist." Ein Musterbeispiel solcher Art ist der Laokoon, wo der Künstler nicht den äußersten Moment der Handlung darstellt, da Laokoon und seine beiden Söhne von den Schlangen überwältigt werden, sondern den, wo sie noch mit ihnen ringen, derart, daß alles Vorhergehende — das langsame Umstrikwerden der Leiber — und alles Nachfolgende, — das Vergebliche aller Gegenwehr und das Unterliegen — in diesem einen Moment versinnlicht wird. — Auf der anderen Seite „kann auch die Poesie in ihren fortschreitenden Nachahmungen nur eine einzige Eigenschaft der Körper nützen und muß daher diejenige wählen, welche das sinnlichste Bild des Körpers von der Seite erweckt, von welcher sie ihn braucht. Hieraus fließt die Regel von der Einheit der malerischen Beiwörter und der Sparsamkeit in den Schilderungen körperlicher Gegenstände." Musterbeispiele solcher Art zeigt namentlich Homer. „Für ein Ding hat Homer gemeiniglich nur einen Zug. Ein Schiff ist ihm bald das schwarze Schiff, bald das hohle Schiff, bald das schnelle Schiff, höchstens das wohlberuderte schwarze Schiff. Weiter läßt er sich in die Malerei des Schiffes nicht ein. Aber wohl das Schiffen, das Abfahren, das Anlanden des Schiffes macht er zu einem ausführlichen Gemälde, zu einem Gemälde, aus welchem der Maler fünf, sechs besondere Gemälde machen müßte, wenn er es ganz auf seine Leinwand bringen wollte. Will er uns zeigen, wie Agamemnon bekleidet gewesen, so muß sich der König vor unseren Augen seine völlige Kleidung Stück vor Stück umtun, das weiche Unterkleid, den großen Mantel, die schönen Halbstiefel, den Degen; und so ist er fertig und ergreift das Szepter." Und auch dieses Szepter beschreibt er nicht, sondern „statt einer Abbildung gibt er uns die Geschichte des Szepters: erst ist es unter der Arbeit des Vulkans; nun glänzt es in den Händen des Jupiters; nun bemerkt es die Würde Merkurs, nun ist es der Kommandostab des kriegeri=

schen Peleus, nun der Hirtenstab des friedlichen Atreus. So
kenne ich endlich dieses Szepter besser, als mir es der Maler vor
Augen legen oder ein zweiter Vulkan in die Hände liefern könnte."

*   *   *

Indem Lessing so die Grenzlinien zwischen bildender Kunst
und Dichtung scharf zu fixieren sucht, ist doch sein Interesse und
seine innere Teilnahme überwiegend nicht sowohl der ersteren als
der letzteren zugewandt. Darin unterscheidet er sich wesentlich von
Winckelmann, dessen ästhetisches Interesse fast ganz der bildenden
Kunst zugewandt ist. Innerhalb der Dichtung aber folgt auch
Lessing demselben Zuge künstlerischer Formgebung wie Winckel=
mann, nämlich der Richtung auf das Plastische. Denn dieses
ist eben dem Geiste des griechischen Idealismus allein konform, ja
es ist, könnte man sogar sagen, nur eine besondere Ausdrucks= und
Erscheinungsweise eben dieses Geistes. Daher die oft bemerkte
innere Kongruenz zwischen den Meisterwerken der Kunst und denen
der Philosophie im Perikleischen Zeitalter, zwischen den Bildwerken
des Phidias und Praxiteles und der Sokratisch=Platonischen Dia=
lektik: dasselbe statische Gleichgewicht des Subjektiven und Objek=
tiven hier wie dort, in den Marmortypen der bildenden Kunst wie
in den philosophischen Dialogen; dieselbe plastische Entwickelung
der Mannigfaltigkeit des objektiv Gegebenen in der Richtung der
ideellen Einheit: das eine Mal im Herausarbeiten aus der form=
losen Steinmasse, das andere Mal im Herausarbeiten aus der
formlosen Vorstellungs= und Begriffsmasse; endlich dieselbe Hinein=
führung und Hineinbildung der Idee in die Mannigfaltigkeit des
Objektiven, das eine Mal des Begrifflichen, das andere Mal des
sinnlich Anschaulichen. Die Richtung auf das Plastische entspricht
also ebenso dem Geiste des griechischen Idealismus, wie die auf
das Malerisch=Epische dem Geist der italienischen, die auf das Lyrisch=
Musikalische dem der deutschen Renaissance.

In dieser Übereinstimmung mit dem Geiste des griechischen
Idealismus liegt es also begründet, daß ebenso Winckelmann wie

Lessing von nichts weiter entfernt waren als von der Richtung auf das Lyrisch=Musikalische, und daß sie den in dieser Richtung liegenden Kunstformen und ästhetischen Erscheinungen weder Interesse noch Verständnis entgegenbrachten; daß beider Interesse und Verständnis weit größer war gegenüber den Erscheinungen der male=risch=epischen Kunstrichtung, obwohl auch dieses Interesse nur gering war im Vergleich zur innerlichen Teilnahme, welche sie allen Erscheinungen des Plastischen in der Kunst entgegenbrachten. An sie waren beide so ausschließlich oder doch ganz überwiegend hin=gegeben, in ihr lebten beide so sehr, daß sie selbst die Malerei unter dem Gesichtswinkel des plastischen Ideals betrachteten und z. B. das Kolorit gegen die Zeichnung ganz zurücksetzten, und daß Winckelmann der Malerei sogar als höchste Aufgabe die Allegorie zuweisen wollte, d. h. nicht die epische Schilderung, sondern die plastische Darstellung, soweit diese mit den Mitteln der Malerei noch möglich ist.

Unter solchen Umständen ist es natürlich, daß Lessing auch in der Dichtung, nicht weniger als auf anderen Kunstgebieten, dem Zuge in der Richtung auf das Plastische nachfolgt und so zum klassischen Kritiker, Kunstrichter und Gesetzgeber des Dramas, d. h. derjenigen poetischen Kunstform wird, welche unter allen Arten der Dichtung dem plastischen Ideal am nächsten liegt.

Auch die Grundsätze, welche Lessing über das Drama — und besonders die Tragödie — entwickelt, sind nur spezielle Folgerungen und Anwendungen der ästhetischen Grundprinzipien, welche das Wesen des klassischen Ideals umschreiben; auch sie fließen aus der Grundanschauung des griechischen Idealismus: daß die Wahrheit alles Seins und alles Wirklichen in jenem statischen Gleichgewicht des Subjektiven und Objektiven liegt, bei der das letztere von dem ersteren ganz beherrscht und durchdrungen, Einheit und Mannig=faltigkeit zu vollkommener Harmonie gebracht sind.

Daraus folgt zunächst das Grundgesetz, welches nicht bloß für das Drama, sondern für alle Dichtung, ja für alle Kunst über=haupt gilt: daß sie nicht in der bloßen Nachahmung des Natür=

lichen oder, allgemeiner, des objektiv Gegebenen in ſeiner Mannig=
faltigkeit, beſtehen dürfe. Solche naturaliſtiſche Kunſtübung muß
das Ziel der Kunſt immer verfehlen, zu deren Weſen es gehört,
daß das bloß objektiv Gegebene zur Idee verknüpft, das Mannig=
faltige vereinheitlicht, das Natürliche vergeiſtigt wird. Sie muß,
wie ſich darnach von ſelbſt verſteht, auch die große und tiefe Wir=
kung verfehlen, welche die wahre Kunſt auszuüben vermag. Denn
ſie kann es bloß bis zur Virtuoſität bringen, zur Geſchicklichkeit
im Kopieren des objektiv Gegebenen — aber das kalte Vergnügen,
welches aus der getroffenen Ähnlichkeit, aus der Erwägung der
Geſchicklichkeit eines ſolchen „Künſtlers“ entſpringt, hat wenig oder
nichts zu tun mit jenem göttlichen Entzücken, jener Seligkeit des
Empfindens, welche die echte Kunſt erzeugt, diejenige Kunſt, die
nicht aus der bloßen Geſchicklichkeit, ſondern aus der Liebe ent=
ſpringt, aus der Liebe, von der, wie Leſſing ſagt, die Fabel oder
vielleicht auch die Geſchichte meldet, daß ſie den erſten Verſuch in
den bildenden Künſten gemacht habe, von der aber ſo viel gewiß
iſt, daß ſie den großen alten Meiſtern die Hand zu führen nicht
müde geworden.

Beſtünde das Weſen der Kunſt in der Nachahmung, wie es
der Naturalismus behauptet, dann wäre auch alle Kunſtübung ge=
bunden an gewiſſe Regeln, d. h. an allgemeine, aus der Mannig=
faltigkeit des Objektiven abſtrahierte, Normen, welche der Verſtand
gewinnt; dann wäre alſo auch die Kunſt Sache des am Endlichen
und Begrenzten haftenden Verſtandes und müßte fortſchreiten in
dem Maße, wie dieſer entwickelt und „aufgeklärt“ würde. Aber
dieſe Auffaſſung, von der die Kunſt vor Leſſing beherrſcht war,
iſt durchaus verfehlt. Die Regeln, mit denen man die Kunſtübung
zu leiten hofft, ſolche Regeln, wie ſie die Verſtandesaufklärung in
großer Zahl aufſtellte, um damit zur Kunſt „anzuleiten“, ſie können
höchſtens bis zur Schwelle der Kunſt führen, nie bis zu dieſer
ſelbſt, ſie können nützlich ſein, um uns das Mechaniſche der Kunſt
kennen zu lehren, das ihr ja unentbehrlich iſt, — aber was nun
dieſes Mechaniſche der Naturnachahmung erſt zur Kunſt macht,

das ist etwas von allem Mechanismus, aller Naturnachahmung
Entferntes, aller Beeinflußung durch Regeln Entrücktes: es ist die
aus den Tiefen der Subjektivität entspringende, in ihrem Ursprung
und Wesen geheimnisvolle geistige Einheit.   Auch Lessing ist also,
wie Hamann und Jacobi und erst recht natürlich wie Winckel=
mann, der Meinung, daß der Weg der Kunst ein geheimnisvoller
Weg ist, der weit ab liegt von den Pfaden der sophistischen Ver=
standesaufklärung, daß für sie nicht der Verstand und die Erkennt=
nis des Wissens, sondern die Intuition und die Erkenntnis der
Unwissenheit, entscheidend sind, daß also mit einem Wort die Kunst
nicht aus Regeln entspringt, sondern Sache des Genies ist.   Von
diesem gilt, was Goethe einmal von dem sittlich guten Menschen
sagt: daß er in seinem dunklen Drange sich des rechten Weges
wohl bewußt sei.   Das künstlerische Genie ist eine in sich selbst
gegründete Schöpferkraft, ebenso geheimnisvoll wie die, welche wir
in der Natur bewundern und doch auch ebenso deutlich sich offen=
barend.   Das Genie beweist, wie die Natur, durch jede neue Schöp=
fung, was in der Kunst möglich ist.   Nicht das, was es aus der
Welt des Objektiven, von außen her, aufnimmt, macht seinen Reich=
tum aus, sondern was es aus sich selbst, aus seinem eigenen Ge=
fühl hervorzubringen vermag.   Es hat eine lebendige Quelle in
sich selbst, die durch eigene Kraft sich emporarbeitet, durch eigene
Kraft in reichen, frischen, reinen Strahlen aufschießt.   Das Genie
bedarf also auch nicht der Regeln, es spottet ihrer, vielmehr bedarf
es, umgekehrt, des Genies zur Aufstellung der Regeln, die von ihm,
wie von irgend welcher anderen Naturerscheinung, allererst ab=
geleitet werden — wenigstens jene Regeln, welche das Wesen, den
Nerv der Kunst berühren, nicht bloß das Mechanische der Natur=
nachahmung betreffen.   So kann die Kunst im Grunde weder ge=
lernt noch gelehrt werden, — ganz im Gegensatz zu der Meinung
der Verstandesaufklärung, welche beides nicht nur für möglich,
sondern für dem Wesen der Kunst notwendig und ursprünglich ge=
halten hatte.   Lessing weist auch hier instruktiv hin auf die attische
Tragödie, die in ihrer bewunderungswürdigen Vollkommenheit er=

ſtand, obwohl es zu den Zeiten des Äſchylus kaum irgend welche
Regeln der dramatiſchen Kunſt und noch ſehr wenige gute Stücke
gab, aus welchen man ſie hätte abziehen können. „Nach dem
eigenen Bekenntnis von Äſchylus war ſein Talent zur Tragödie
mehr ein ihm von Bacchus übernatürlicherweiſe geſchenktes als er=
worbenes Talent. Demungeachtet würde er allerdings auch andere
haben lehren können, wenn er wenigſtens nachher darüber nach=
gedacht und ſeine natürliche Fähigkeit in Wiſſenſchaft verwandelt
hätte. Allein dieſes unterblieb, wovon uns unter anderen ein Vor=
wurf überzeugt, den Sophokles ſelbſt dem Äſchylus gemacht hat.
„Was Äſchylus mache, gerate ihm zwar, ſei zwar gut; allein er
wiſſe ſelbſt nicht, warum es ihm gerate, warum es gut ſei.“ Wußte
er es nicht, wie konnte er es einem anderen beibringen? Wußte
Sophokles, daß er es nicht wußte, wie konnte er es von ihm zu
lernen hoffen?“

Schon von dieſen Grundprinzipien aus, die für alle Kunſt=
übung und für jede Dichtungsart gelten, laſſen ſich ein paar lei=
tende Geſichtspunkte für das Drama ableiten: vor allem der, daß
der dramatiſche Dichter ebenſowenig wie irgend ein anderer Künſtler
ſich die bloße Nachahmung der Natur zum Ziele ſetzen darf.
„Natur“ bedeutet hier diejenige Mannigfaltigkeit des Objektiven,
welche wir als das menſchliche Leben in ſeiner Breite und Fülle
und Vielgeſtaltigkeit begreifen. Keine Sphäre dieſes menſchlichen
Lebens iſt freilich von der dramatiſchen Kunſt ausgeſchloſſen, und
nicht bloß Haupt= und Staatsaktionen, die folgenreichen Geſcheh=
niſſe der Weltgeſchichte, ſondern ebenſo die in engſter Begrenzung
ſich vollziehenden Ereigniſſe bürgerlichen und kleinbürgerlichen Lebens
haben, — wie Leſſing durch ſeine Miß Sara Sampſon auch prak=
tiſch zuerſt bewieſen — Anſpruch darauf, Stoff für das Drama,
nicht nur für das Luſtſpiel, ſondern auch für die hohe Tragödie,
zu werden. Nur daß ſie eben bloß als Stoff gleichwertig ſind
— poetiſche und dramatiſche Bedeutung aber beſitzen die folgen=
reichſten und erſchütterndſten Ereigniſſe der Weltgeſchichte als ſolche
ebenſowenig wie irgendwelche kleinbürgerlichen Geſcheniſſe, ſondern

diese Bedeutung wird beiden erst verliehen durch das, was der Geist, die reine Subjektivität, hinzutut, mit andern Worten, durch jene Einheit, welche das Genie in geheimnisvoller Tiefe, mit der quellenden Kraft der Natur, aus sich erzeugt.

Diese Einheit liegt beim Drama in der Figur des Helden, und sie wird durch dessen Handlungen ebenso plastisch zur Darstellung gebracht wie in der Plastik im engeren Sinne, der Bildhauerkunst, durch die sinnliche Erscheinung des Körpers und seiner koexistierenden Teile im Raume. Also ist die Frage nach der Einheit des Dramas gleichbedeutend mit der Frage nach der Einheit im Wesen des Helden. Worin diese besteht, läßt sich ebensowenig bestimmen, wie das Genie selbst sich deutlich und klar in seinem Wesen begrenzen und bestimmen läßt. Nur gewisse, mehr hindeutende als exakt zu formulierende, Vorschriften kann man in dieser Hinsicht gewinnen, und auch sie liegen mehr nach der negativen als nach der positiven Richtung.

Am leichtesten ist jene grobe Verletzung des Prinzips der Einheit zu erkennen, die etwa dann vorhanden ist, wenn der Held ein Mensch mit den kläglichsten Widersprüchen ist, der wahllos hin- und herschwankt, oder wenn er von äußeren Einflüssen bald in dieser bald in jener Richtung bestimmt wird; oder schließlich wenn er ein Monstrum, eine zufällige, isolierte Erscheinung in der Menschenwelt ist — er selbst oder einzelne seiner Handlungen —, so daß man bald von Zufall bald von Wunder spricht. Im ersteren Falle, wo der Held ein Mensch mit den kläglichsten Widersprüchen ist, fehlt die moralische Einheit des Charakters; im letzteren Falle, wo er selbst, als Totalität der Persönlichkeit, ein Zufälliges, eine Monstrosität, ein Wunder ist, fehlt die natürliche Einheit der Kausalverknüpfung, sei es die der Charakterzüge und der Handlungen unter sich, sei es der Zusammenhang der Persönlichkeit selbst mit der gesamten Menschenwelt und der Wirklichkeit überhaupt. Diese Einheit der Kausalverknüpfung zu sichern, ist besonders wichtig im geschichtlichen Drama, wo der Stoff zunächst nur eine Kette von Zufällen darzubieten scheint. „Das Genie", sagt Lessing,

„können nur Begebenheiten beschäftigen, die ineinander gegründet sind, nur Ketten von Ursachen und Wirkungen. Diese auf jene zurückzuführen, jene gegen diese abzuwägen, überall das Ungefähr auszuschließen: das, das ist seine Sache, wenn es im Felde der Geschichte arbeitet, um die unnützen Schätze des Gedächtnisses in Nahrung des Geistes zu verwandeln." Daher ist naturgemäß auch das moralische Wunder, etwa die Bekehrung oder Läuterung eines Menschen durch unmittelbare Einwirkung göttlicher Gnade, vom Drama gänzlich ausgeschlossen.

Neben diese Forderung der kausalen Einheit tritt die nicht minder wichtige der, möchte man sagen, mathematisch=anschaulichen Einheit, oder, wie es nach der Formulierung der Aristotelischen Poetik, der höchsten Autorität auch für die Lessingsche Kunstkritik,*) heißt, die Forderung der Einheit von Ort und Zeit. Nur darf diese räumlich=zeitliche Einheit nicht mit der ideellen verwechselt, es darf der aristotelischen Forderung der Einheit von Ort und Zeit (und Handlung) nicht mißverständlich eine übertriebene Bedeutung beigelegt werden, als treffe sie bereits den Lebensnerv des Dramas, und als sei ihr mit pedantischer Strenge Folge zu leisten, — wie dies die Franzosen und ihre deutschen Nachbeter und Nachahmer gelehrt und geübt haben.

Dieser Nerv des Dramas wird erst berührt, und die höchste Einheitsforderung kommt erst in Frage in der Bestimmung des Verhältnisses der Mannigfaltigkeit des Objektiven zur reinen Sub= jektivität. Jene Mannigfaltigkeit des Objektiven — das ist hier im Drama die bunte Vielheit der Handlungen und Geschehnisse, nicht nur solcher, die vom Helden unmittelbar ausgehen und ihn unmittelbar betreffen, sondern aller menschlicher Handlungen, ja aller Geschehnisse des Wirklichen, die ja insgesamt, wenn auch in

---

*) Es charakterisiert auch dies den Unterschied Lessings und Winckelmanns in der Vertretung des klassischen Ideals, daß ersterer Aristotelischen Geist atmete und als Ästhetiker immer die Wegspuren des Stagiriten fest im Auge behält, während Winckelmann immer und überall, auch in seiner ästhetischen Theorie, reiner Platoniker blieb.

mehr oder weniger großer Distanz, mit seinem eigenen Leben kausal
verknüpft sind; die reine Subjektivität aber, — das ist hier im
Drama jener tiefste Punkt des individuellen Geistes, der den Aus=
gangs= und Anfangspunkt für alles Tun des dramatischen Helden
bildet, der Quellpunkt der Freiheit, durch welchen alles Handeln
zu seinem Handeln wird. Nach dieser letzteren Seite bestimmt
der Held sich selbst, nach jener ersteren Seite dagegen wird er
bestimmt, oder, mit anderen Worten, beide Seiten verhalten sich
wie Schuld und Schicksal.

Wenn also das statische Gleichgewicht oder die Harmonie des
Subjektiven und Objektiven das Wesen des klassischen Ideals be=
stimmt, dann ist für das klassizistische Drama die innere Überein=
stimmung und Harmonie von Schuld und Schicksal notwendige
Lebensbedingung. Dies aber bedeutet: die ursprüngliche Charakter=
anlage des Helden muß ebenso bestimmend sein für all sein Leiden,
für das, was ihm widerfährt, wie dieses bestimmend und die Tat
auslösend wirken muß auf seinen Charakter; beides, Schuld und
Schicksal, die ursprüngliche Charakteranlage und die äußeren Ge=
schehnisse, soll sich gegenseitig zur Einheit in der Mannigfaltigkeit
ebenso durchdringen, wie in der antiken Statue das sinnliche Ma=
terial des Marmors und der in ihm erscheinende menschliche Ideal=
typus, oder wie in der Sokratisch=Platonischen Dialektik die Idee
und der Zusammenhang vieler Begriffe und einzelner Vorstellungen;
Schuld und Schicksal müssen sich wechselseitig so durchdringen, daß
in einem Drama immer dieses bestimmte Schicksal einzig durch
diese bestimmte Charakteranlage als Schuld herbeigeführt zu sein
scheint und ebenso, umgekehrt, dieser bestimmte Charakter nur an
solchem Schicksal zur Entfaltung kommen und schuldig werden
könnte. Es ergibt sich daraus von selbst, daß es ein schuldloses
Schicksal, ein unschuldiges Leiden im Drama, insbesondere in der
Tragödie, nicht geben kann. Vielmehr gilt hier jenes scheinbar
paradoxe Gesetz, das Hegel später einmal mit den Worten formu=
lierte: Nie hat die Unschuld gelitten, alles Leiden ist gerecht. Das
ist der Ausdruck der poetischen Gerechtigkeit — als der Har=

monie von Schuld und Schicksal — die ganz etwas anderes ist
als die Gerechtigkeit im moralischen Sinne. Jene haben die
Griechen und unter den Neueren einzig Shakespeare, diese letzteren
haben die Franzosen, und die ihnen nacheifernden deutschen Mora=
listen und Poeten der Aufklärung, zur Richtschnur genommen. Weil
die letzteren poetische und moralische Gerechtigkeit verwechselten oder
vielmehr nur eben diese zu kennen schienen, so waren sie bemüht,
sittlich möglichst hochstehende Charaktere als dramatische Helden
vorzuführen, mit deren Vorführung sie die Menschen zu bessern
gedachten. Aber sie fehlten damit in demselben Grade gegen die
Lebensbedingungen des Dramas, als sie der Moral zu dienen ge=
dachten. Ein schuldlos leidender Mensch ist als Held eines Dra=
mas unmöglich, ein sittlich vollkommener oder fehlerloser Mensch
— wenn es dergleichen geben könnte — vom Drama von vorn=
herein ausgeschlossen. „Unterdessen ist es doch auch wahr," sagt
Lessing, „daß an dem Helden ein gewisser Fehler sein muß, durch
den er sein Unglück über sich gebracht hat. Aber warum? Etwa
weil er ohne ihn vollkommen sein würde und das Unglück eines
vollkommenen Menschen Abscheu erweckt? Gewiß nicht. Ich glaube,
die einzige richtige Ursache gefunden zu haben, sie ist diese: weil
ohne den Fehler, der das Unglück über ihn zieht, sein Charakter
und sein Unglück kein Ganzes ausmachen würden, weil das eine
nicht in dem anderen gegründet wäre und wir jedes von diesen
zwei Stücken besonders denken würden. Es sind beides zwei ver=
schiedene Dinge, die nicht eine einzige gemeinschaftliche Wirkung,
desgleichen das Mitleid ist, hervorbringen können, sondern deren
jedes für sich selbst wirkt."

So wenig aber im ganzen Umfange des Dramas das Ob=
jektive und Subjektive — hier Schicksal und Schuld — als hete=
rogene Elemente auseinanderfallen dürfen, so wenig darf dies auch
in der Person des Helden geschehen. Dieser ist ein Mensch, dessen
objektive Seite sich darstellt als eine bunte Mannigfaltigkeit körper=
licher und seelischer Erscheinungen, als ein stetes Auf und Ab des
Lebens in einer Vielheit und Fülle des Tätigseins und des Lei=

dens — ihm steht gegenüber die reine Subjektivität, die das Prinzip der Individualität und der Persönlichkeit ist. Tritt diese letztere nicht, oder nur in geringem Grade, hervor fehlt dem Helden der Stempel der Individualität und Persönlichkeit, so daß er allzusehr hineingezogen ist in die bunte Mannigfaltigkeit seines Lebens und von ihm mit fortgerissen wird, so ist damit die Lebenskraft des Dramas aufgehoben; ebenso wenn, umgekehrt, im Helden die reine Subjektivität von der bunten Mannigfaltigkeit des objektiven Menschenlebens allzusehr sich scheidet, sie zurückdrängt, negiert und im Bewußtsein zu vernichten sucht. Daher ist nicht nur der christliche Weltflüchtling, sondern schon der Stoiker gänzlich ungeeignet zum Helden eines Dramas. „Alles Stoische“, sagt Lessing, „ist untheatralisch. . . . Sieht man ihn (den Helden) sein Elend mit großer Seele ertragen, so wird diese große Seele zwar unsere Bewunderung erwecken, aber die Bewunderung ist ein kalter Affekt, dessen untätiges Staunen jede andere wärmere Leidenschaft, sowie jede andere deutliche Vorstellung, ausschließt.“ Es versteht sich danach von selbst, daß auch die stoische Geistesverfassung gegenüber dem rein Sinnlichen, z. B. die Unempfindlichkeit gegen rein körperliche Schmerzen, wie sie den barbarischen Völkern des Nordens eigentümlich ist, dem Wesen des Dramas zuwiderläuft, weil auch hier die Einheit und Harmonie des Subjektiven und Objektiven zuungunsten des letzteren gestört oder aufgehoben ist. Solcher Verfehlungen machten sich wohl die Neueren, nicht aber die Griechen, schuldig. „Es ist merkwürdig,“ sagt Lessing, „daß unter den wenigen Trauerspielen, die aus dem Altertum auf uns gekommen sind, sich zwei Stücke finden, in welchen der körperliche Schmerz nicht der kleinste Teil des Unglücks ist, das den leidenden Helden trifft. Außer dem Philoktet, der sterbende Herkules. Und auch diesen läßt Sophokles klagen, winseln, weinen und schreien. . . . . Homers verwundete Krieger fallen nicht selten mit Geschrei zu Boden. Die gereizte Venus schreit laut; nicht um sie durch dieses Geschrei als die weichliche Göttin der Wollust zu schildern, vielmehr um der leidenden Natur ihr Recht zu geben. Denn selbst der eherne Mars, als er die

Lanze des Diomedes fühlt, schreit so gräßlich, als schrien zehn-
tausend wütende Krieger zugleich, daß beide Heere sich entsetzten."

„Soweit auch Homer sonst seine Helden über die menschliche
Natur erhebt, so treu bleiben sie ihr doch stets, wenn es auf das
Gefühl der Schmerzen und Beleidigungen, wenn es auf die Äuße-
rung dieses Gefühls durch Schreien oder durch Tränen, oder durch
Scheltworte ankommt. Nach ihren Taten sind es Geschöpfe höherer
Art; nach ihren Empfindungen wahre Menschen."

„Ich weiß es, wir feineren Europäer einer klügeren Nachwelt wissen über unseren Mund und über unsere Augen besser zu
herrschen. Höflichkeit und Anstand verbieten Geschrei und Tränen.
Die tätige Tapferkeit des ersten rauhen Weltalters hat sich bei uns
in eine leidende verwandelt. Doch selbst unsere Ureltern waren in
dieser größer als in jener. Aber unsere Ureltern waren Barbaren.
Alle Schmerzen verbeißen, dem Streiche des Todes mit unver-
wandtem Auge entgegensehen, unter den Bissen der Nattern lachend
sterben, weder seine Sünde noch den Verlust seines liebsten Freundes
beweinen, sind Züge des alten nordischen Heldenmuts."

„Nicht so der Grieche! Er fühlte und fürchtete sich; er äußerte
seine Schmerzen und seinen Kummer; er schämte sich keiner der
menschlichen Schwachheiten; keine mußte ihn aber auf dem Wege
nach Ehre und von Erfüllung seiner Pflicht zurückhalten. Was
bei den Barbaren aus Wildheit und Verhärtung entsprang, das
wirkten bei ihm Grundsätze. Bei ihm war der Heroismus wie
die verborgenen Funken im Kiesel, die ruhig schlafen, solange keine
äußere Gewalt sie weckt, und dem Steine weder seine Klarheit
noch seine Kälte nehmen. Bei dem Barbaren war der Heroismus
eine helle fressende Flamme, die immer tobte und jede andere gute
Eigenschaft in ihm verzehrte, wenigstens schwärzte."

In solchen Ausführungen spiegelt sich besonders klar das
Antikisierende der ganzen Lessingschen Geistesrichtung. Und es
zeigt sich, daß es mehr ist als eine ästhetische Theorie, daß sie auch
eine besondere Auffassung vom Wesen des Menschen einschließt und
zu einem allgemein menschlichen Ideal die Wegrichtung zeigt.

Eben dasselbe wird auch deutlich, wenn man schließlich noch ins Auge faßt, wie dieselbe Harmonie des Subjektiven und Objektiven, durch welche nach Lessing die Persönlichkeit des drama= tischen Helden charakterisiert sein soll, auch in der Stimmung des Zuschauers sich reflektieren muß. Ist dieser nämlich zu sehr oder überwiegend durch das Objektive gefesselt, vor allem also in der Tragödie durch die Übermacht des auf den Helden eindringenden Schicksals, so wird im Zuschauer nur Furcht und Schrecken oder, je nachdem, auch Entsetzen und Abscheu erregt, oder welche Varia= tionen des Schreckens man sonst noch hervorheben will; ist seine Aufmerksamkeit allzusehr in Anspruch genommen durch die Sub= jektivität, also durch die Kraft und Energie des Widerstandes, den der Held dem Schicksal und dem Unglück entgegensetzt, so entsteht im Zuschauer jenes „kalte" Gefühl der Bewunderung, an dem der Verstand immer mehr Anteil hat als das Gefühl, das daher bei der Majorität der Menschen, denen die Verstandeskultur eben noch fehlt, unwirksam bleiben muß. Das Drama aber soll weder Schrecken noch Bewunderung im Zuschauer erzeugen, sondern Mitleiden, welches jene beiden zu einer harmonischen Einheit verknüpft. Schrecken und Bewunderung sind gleichsam die beiden Pole des Mitleidens, zu denen dieses sich immer wieder hin= bewegt, von denen weg es aber auch immer wieder in sich selbst, in das statische Gleichgewicht beider, zurückkehren muß. „Die Staffeln sind also diese: Schrecken, Mitleid, Bewunderung. Die Leiter aber heißt Mitleid, und Schrecken und Bewunderung sind nichts als die ersten Sprossen, der Anfang und das Ende des Mitleids. Z. E. ich höre auf einmal, nun ist Cato so gut als des Cäsars Mörder: Schrecken! Ich werde hernach mit der verehrungs= würdigen Person des ersteren und auch hernach mit seinem Unglück bekannt: der Schrecken zerteilt sich in Mitleid. Nun aber hör ich ihn sagen: die Welt, die Cäsarn dient, ist meiner nicht mehr wert: die Bewunderung setzt dem Mitleid Schranken. Den Schrecken braucht der Dichter zur Ankündigung des Mitleids, und Bewun= derung gleichsam zum Ruhepunkte desselben. Der Weg zum Mit=

leid wird dem Zuhörer zu lang, wenn ihn nicht gleich der erste Schreck aufmerksam macht, und das Mitleiden nützt sich ab, wenn es sich nicht in der Bewunderung erholen kann." „Der Schrecken . . . . ist das überraschte und unentwickelte Mitleiden; folglich wozu die Überraschung, wenn es nicht entwickelt wird? Ein Trauerspiel voller Schrecken ohne Mitleid ist ein Wetterleuchten ohne Donner. So viel Blitze, so viel Schläge, wenn uns der Blitz nicht so gleichgültig werden soll, daß wir ihm mit einem kindischen Vergnügen entgegengaffen. Die Bewunderung, habe ich mich ausgedrückt, ist das entbehrlich gewordene Mitleid. Da aber das Mitleid das Hauptwerk ist, so muß es folglich so selten als möglich entbehrlich werden; der Dichter muß seinen Helden nicht zu sehr, nicht zu anhaltend der bloßen Bewunderung aussetzen, und Cato als ein Stoiker ist mir ein schlechter tragischer Held. Der bewunderte Held ist der Vorwurf der Epopöe, der bedauerte des Trauerspiels."

Indem aber so das Drama, insbesondere die Tragödie, die Bestimmung hat, Mitleid zu erwecken, unsere Fähigkeit, Mitleid zu fühlen, zu erweitern, so trifft sie damit den wesenhaften Kern des Menschen und ist, wenn man so sagen darf, die menschlichste der Dichtungsarten, und in eben diesem Sinne die höchststehende. Auch damit aber folgt Lessing nur dem Zuge des klassischen Ideals. Denn da das letztere auf das statische Gleichgewicht des Subjektiven und Objektiven sich gründet, dieses aber nur im Menschen eine Wirklichkeit ist oder sein kann — und eben dies ist es, was wir im Sinne des klassischen Ideals schön nennen — so bedeutet jede Annäherung an das klassische Kunstideal auch ebensoviel Annäherung an das rein Menschliche. In diesem Sinne hat auch Winckelmann das klassische Ideal gefaßt, und es oftmals ausgesprochen, daß der würdigste, ja der einzige Vorwurf der Kunst der Mensch sei — nur daß er die Konvergenz der Entwickelungslinie der Schönheit mit der der Menschlichkeit überwiegend in der Reihe der menschlichen Gestalten, Lessing mehr in der Reihe menschlicher Handlungen, Leidenschaften und Charaktere aufgesucht hat.

12. Auflösung der Naturphilosophie: Kants vorkritische Philosophie.

Zur selben Zeit, wo der erneuerte christliche und griechische Idealismus der naturphilosophischen Verstandesaufklärung sich gegenüber stellte, sie von außen her in ihrem Wert, ihrer Bedeutung und ihrem Geltungsbereich immer mehr einzuengen oder fundamental zu erschüttern und zu vernichten suchte, wurde sie auch innerlich, innerhalb ihres eigenen Vorstellungskreises, von einer immer stärker werdenden Gedankenbewegung erfaßt, die sie einer fortschreitenden Zersetzung und schließlich Auflösung entgegenführte.

Das Ferment dieser Zersetzung, der Sauerteig, der zur Gärung und dann zur Auflösung der Verstandesaufklärung führte, ist auch hier der Geist der deutsch-protestantischen Mystik. Vorbedingung hierfür war natürlich, daß Aufklärung und Mystik, trotz ihrer schroffen Gegensätzlichkeit, angefangen hatten, sich aufs engste zu berühren, ja wechselseitig zu durchdringen. Indem die Mystik die Schranken des religiösen Mythus durchbrochen hatte, war sie eingemündet in eine Philosophie der reinen Subjektivität, wenn es sich auch zunächst mehr um die Aufstellung der ihr zugehörigen Probleme als um deren Lösung handelte — und unterdessen war die Aufklärung, indem sie immer mehr das Problem des Menschen zu erfassen suchte, bis zu eben derselben Erscheinung der reinen Subjektivität vorgedrungen, welche das zentrale Problem der mystischen Geistesart und Denkweise bildete, und in

welcher offenbar das Problem des Menschen ganz und gar be=
schlossen zu sein schien. So strebte die Mystik der Aufklärung
entgegen als der neuen Form, und ebenso umgekehrt diese nach
jener hin, als nach dem neuen Inhalt, dessen sie bedurfte.

Diese Tendenz trat schon vor Kant in verschiedenartiger
Weise zutage. Bei manchen nahm sie die Form eines schwäch=
lichen Eklektizismus an, der genug getan zu haben glaubte, wenn
er die schrofffften Widersprüche, die sich zwischen den Grundlagen
der Verstandesaufklärung und den elementaren Erscheinungsformen
der reinen Subjektivität, vor allem denen des sittlich=religiösen
Lebens, auftaten, durch alle Hilfsmittel sophistischer Dialektik zu
„vermitteln" suchte. Ein solcher Eklektiker war beispielsweise auch
Franz Albert Schulz, der auf Kants Jugendentwickelung so großen
Einfluß gewann. Er war ein ebenso überzeugter Anhänger der
Wolffischen Philosophie, wie er durchdrungen war vom Geist der
deutschen Mystik.

Andere, die tiefer zu dringen versuchten, unterzogen bereits
die Grundlagen der Philosophie und die Voraussetzungen aller
Erkenntnis einer neuen Prüfung, unter der Einwirkung des Geistes
der Mystik, von dem sie mehr oder weniger stark berührt wurden.
Das Ergebnis war zunächst ein überwiegend oder rein negatives:
die Skepsis, welche, in verschiedenen Graden, bald nach der einen
bald nach der anderen Seite sich wandte. Es zeigte sich, daß die
Erscheinungsformen der reinen Subjektivität, namentlich die Grund=
elemente des sittlichen und religiösen Lebens, unvereinbar waren
mit den Voraussetzungen der naturphilosophischen, dem Objektiven
zugewandten, Verstandesaufklärung; es ließ sich ihnen nicht mit
dem Rationalismus und nicht mit dem Empirismus, weder mit
der Schullogik noch mit der empirischen Psychologie beikommen,
und der Satz des zureichenden Grundes scheiterte an ihnen ebenso
wie der des ausgeschlossenen Dritten; und wenn man auch ver=
suchte, von der einen Position auf die andere sich noch hinüber=
zuretten, z. B. wichtige Voraussetzungen des Rationalismus gegen
den Empirismus preiszugeben, so waren das doch nur Übergangs=

22*

erscheinungen, welche den vollen Sieg der Skepsis nicht aufhalten konnten.

Es ist dabei charakteristisch für den individualistischen, ganz auf das Problem des Menschen gerichteten, Geist dieses Zeitalters, daß von allen Erscheinungsformen der reinen Subjektivität nicht sowohl das Problem „Gott" oder „Gott und Mensch" — endliche und unendliche Subjektivität — sondern das Problem „Freiheit" immer mehr das zentrale Problem wurde, welches zersetzend und auflösend auf die Aufklärung wirkte, eben dasselbe Problem, welches auch Jacobi in den Mittelpunkt gestellt hatte. Die Einsicht vor allem, daß die menschliche Willensfreiheit unvereinbar sei mit der unweigerlich mechanistisch und deterministisch gerichteten naturphilosophischen Aufklärung hatte auch vor Kant schon großen Einfluß gewonnen; und Crusius, der so viele skeptische Einwürfe gegen die Grundlagen der Erkenntnis richtete, der schon die realen Ursachen von den Erkenntnisgründen, die ratio essendi von der ratio cognoscendi deutlich schied, Crusius hat auch schon nicht nur die Unabhängigkeit des (freien) Willens von der Erkenntnis behauptet, sondern in eben dieser Freiheit das eigentlich beherrschende und bestimmende Wesen des Menschen erkannt.

*   *   *

Alles dies aber sind nur vereinzelte Fortschritte, welche erst in ihrer Gesamtheit die Richtung der geistigen Entwickelung erkennen lassen — konzentrisch vereinigt und mit gesammelter Kraft erscheinen alle diese Tendenzen, welche vom Geist der Mystik aus auf eine Umbildung der Erkenntnisgrundlagen, der Philosophie, ja des geistigen Lebens hinzielen, erst in der — vorkritischen — Gedankenarbeit Kants. In ihr vollzieht sich die Auflösung der Naturphilosophie mit jener Konsequenz und geistigen Energie, wie sie nur dem wahren Genie eigen ist. Und so groß die Geisteskraft ist, welche Kant im Aufbauen, als Reformator der Philosophie, betätigt, so groß ist auch die Energie des Niederreißens und Auflösens, durch welche er den Boden dafür ebnet.

Das Ferment dieser Zersetzung und Auflösung, das in Kant wirkte, auch wenn es ihm nicht immer zum Bewußtsein kam, ist ebenfalls der Geist der deutschen Mystik. Von ihr war er lange Zeit, vor allem in dem am meisten eindrucksfähigen Teil der Jugendperiode, fast ganz beherrscht und erfüllt, ehe er ein Schüler der naturphilosophischen Aufklärung wurde — ganz ebenso wie Hamann, mit dem er ja nicht nur in derselben Stadt, Königs- berg, sondern in demselben Lebenskreise und derselben geistigen Atmosphäre aufgewachsen ist. Aber ungleich Hamann, der die Aufklärung schon frühzeitig wieder von sich abstieß, so daß sie nur noch den negativen Pol seiner Denkungsart bildete, hat Kant, umgekehrt, sich schon frühzeitig den Geist der naturphilosophischen Aufklärung vollständig zu eigen gemacht und den der Mystik so weit von sich abgestoßen, daß es hätte scheinen können, als wäre er ganz verloren und nie vorhanden gewesen. Aber er wirkte lebendig fort, wenn auch zunächst unter der Schwelle des Bewußtseins, und nur negativ, zersetzend und auflösend. — Und dabei ist es das Bewunderungswürdige dieses Auflösungsprozesses, daß sich hier im Geiste Kants gewissermaßen der ganze geschichtliche Prozeß, von den Anfängen der modernen Naturphilosophie bis zur idealistischen Gedankenrevolution, wiederholt, ja daß Kant, in individueller Ent- wickelung, den ganzen welthistorischen Prozeß abgekürzt noch einmal durchlebt, den Plato als die wahre Gigantomachie, den Kampf zwischen Subjekt und Objekt, bezeichnet hat.

*

Kant begann seine schriftstellerische Laufbahn mit Werken einer ausgeprägten, ja extremen naturphilosophischen Tendenz, d. h. sein Denken war ganz und gar abgewandt von den Erscheinungen der reinen Subjektivität, zugewandt allein der Breite des objektiven Daseins, in es versunken und verloren. Schon die Themata dieser ersten Schriften Kants lassen die extrem naturphilosophische Tendenz deutlich erkennen. Denn er beschäftigt sich hier ausschließlich mit Fragen und Problemen der außermenschlichen Natur oder der

Natur im engeren Sinne. Er schreibt eine Abhandlung über das Feuer, mehrere andere über die Winde, er untersucht in einer seiner ersten bedeutenderen Schriften den schwierigen Begriff der Kraft usw. Das alles sind Themata, welche der naturphilo= sophischen Betrachtungsweise immer am nächsten liegen, namentlich dann am nächsten liegen, wenn das Denken zuerst seine Freiheit gewonnen, alle Gebundenheit durch den religiösen Mythus ab= gestreift hat. Und sicher ist auch nach dieser Richtung Kants individuelle Entwickelung der geschichtlichen analog, und. es ist nicht daran zu zweifeln — wiewohl ein lückenloser Beweis sich nicht führen läßt — daß auch Kant seine radikale naturphilo= sophische Denkweise zunächst im Kampfe gegen den religiösen Mythus gewonnen hat, und daß auch bei ihm der Stärke des Drucks und des Gefühls der Gebundenheit, das er von dieser Seite erfahren, die Stärke des Rausches der Objektivität entsprach, dem das frei gewordene Denken sich hingab.

Kein Werk der Frühzeit ist aber nach allen diesen Be= ziehungen so charakteristisch und zugleich für Kants individuelle wie die allgemein geistige Entwickelung so bedeutungsvoll als seine berühmte Schrift „Zur Naturgeschichte und Theorie des Himmels". Hier ist der Radikalismus naturphilosophischer Denkweise in schärfster Weise ausgeprägt und bis zu den letzten kühnsten Folge= rungen, durch den ganzen Zusammenhang alles objektiven Seins, durchgeführt, und dies ebensowohl positiv, wie negativ, d. h. in der Abgrenzung des philosophischen Erkennens gegen den religiösen Mythus und in der Befreiung des Denkens von seiner Herrschaft.

Vor allem nach dieser letzten Richtung bezeichnet das Kantische Werk eine wichtige Etappe in der Entwickelung des modernen Geistes. Denn in ihm wird die Herrschaft des religiösen Mythus bis an die letzte Grenze des Naturerkennens zurückgedrängt. Bis an die letzte Grenze: denn noch war diese vor Kant nicht erreicht worden, so weit auch dieses Zurückdrängen erfolgt und so um= fassend auch schon das Herrschaftsgebiet der freien Vernunft= erkenntnis geworden war, das sie dem religiösen Mythus Schritt für Schritt in harten Kämpfen abgerungen hatte. Kopernikus hatte zwar, indem er die Masse der Himmelslichter in ein Heer kreisender Kugeln auflöste, zu dem, wie er zeigte, auch die Erde gehöre, den Himmel der Gläubigen zum Einsturz gebracht — aber da war die religiöse Phantasie nur weiter hinaus in den Weltenraum geflohen; und Kopernikus selbst hatte noch diese Ordnung der Himmels= körper, die er rein naturphilosophisch begriff, ihrem Ursprung nach nur aus der göttlichen Willkür und Allmacht herleiten zu können vermeint. Und als Newton zeigte, daß auch hier kein Platz sei für die göttliche Willkür, daß alle Mannigfaltigkeit in den Bewegungen der Himmelskörper nur ebenso viele Manifestationen einer einzigen Naturkraft, der Gravitation, bildeten, da war der Mythus zwar auch aus dem Planetensystem und dem Kosmos der Sternenwelt vertrieben, aber um so hartnäckiger hatte er nun an dessen Grenze sich festgesetzt: und es war auch hier wieder Newton selbst, der zwar diesseits der Gravitation, in der Ordnung der Sternenwelt, nichts als die strenge Naturgesetzlichkeit anerkannte, jenseits aber, wo es sich um den Ursprung der Gravitation und der aus ihr folgenden Ordnung der Gestirne handelte, wiederum dem Mythus huldigte, der Gesetzmäßigkeit, der Vernunft und Erkenntnis kein Recht mehr zugestand, sondern alles auf göttliche Willkür und die Wunder eines allmächtigen Wesens zurückführte, in dessen Lob= preisung er sich gern in frommer Demut erging. Eben diese letzte Schranke war es, die erst Kant durchbrach. Indem er, noch über die Grenzen des von Newton durchforschten Kosmos der Sternen= welt hinaus, die Welt des Objektiven bis zu deren letzten, noch vorstellbaren, Grenzen mit dem Denken durchmaß, so fand er, daß auch bis zu diesen letzten Grenzen alles in naturgesetzlichem Zusammenhang, in vernunftgemäßer Ordnung begriffen werden könne, daß es also weder nötig noch für ein freies Denken zulässig sei, zur Allmacht oder Willkür Gottes, zum Asyl der Unwissen= heit, wie Spinoza sagt, seine Zuflucht zu nehmen.

Verfolgt man derart den Zusammenhang des Objektiven über die Grenzen der geordneten Sternenwelt hinaus — aus der dann erst wieder alle weitere Ordnung hervorgeht — bis zum äußersten, unserem Vorstellen noch erreichbaren, Punkte, so trifft man auf die bloße Materie, d. h. denjenigen, in der Endlosigkeit von Raum und Zeit sich ausdehnenden, Zusammenhang des Objektiven, der noch gänzlich undifferenziert, völlig gestalt= und formlos ist. Von da bis zur gesetzmäßigen Ordnung der Sternenwelt glaubte noch Newton nicht gelangen zu können, ohne die Willkür und Allmacht Gottes zu Hilfe zu rufen, — Kant schaltet sie völlig aus, er bedarf für seine naturphilosophische Betrachtungsweise auch keines „Geistes", von dem er, ganz in das Objekt versunken und verloren, überhaupt gar nichts weiß, sondern er spricht es kühn aus: Gebt mir nur Materie, nichts als Materie, und ich will euch zeigen, wie eine Welt entsteht, eine Welt, d. h. ein formierte, in Gestalten entwickelte, im gesetzmäßigen Zusammenhang der Erscheinungen geordnete, Einheit des Objektiven.

Und so zeigt er, wie im allererften Anfangsstadium des Bildungsprozesses der Welt innerhalb der Materie die erste leise Differenzierung und Formierung darauf sich gründete, daß die denkbar kleinsten räumlichen Teile der Materie, die Atome, sich vermöge ihrer Dichtigkeit, damit auch vermöge ihrer Schwere, unterschieden, und nun also die beiden Urkräfte der Natur, An= ziehung und Abstoßung, Attraktion und Repulsion, zu wirken be= gannen. Alsbald mußten die Atome von größerer Dichtigkeit, also auch von größerer spezifischer Schwere, die von geringerer Dichtigkeit an sich ziehen, denen bald andere nachfolgten, wodurch wieder die Anziehungskraft sich stetig steigerte, so daß sich schließlich feste materielle Kerne bildeten, um welche sich zahllose Atome, mit verschiedenartig abgestuften Graden der Dichtigkeit und in ver= schiedener Entfernung, gruppierten. Zugleich aber wirkte innerhalb dieser Atomeinheit auch die Repulsivkraft, und durch die Gegen= wirkung dieser und der Attraktionskraft entsteht schließlich eine kreisförmige wirbelnde Bewegung um jenen festen Kern, der sich im Anfang gebildet hatte. Zahllose neue Atome werden nun an= gezogen, vergrößern jene Einheit, steigern seine Anziehungskraft

immer weiter, und durch das Aufeinanderstürzen so großer Atom=
massen wird schließlich eine ungeheure Reibung erzeugt, die ganze
materielle Masse wird dadurch in Flammen gesetzt, und so
kreist nun ein großer Feuerball im Weltenraume, — die erste
Sonne ist entstanden. Immer neue Atommassen stürzen dann
auf diese nieder, vermehren ihre Glut und vergrößern ihre Aus=
dehnung und Geschwindigkeit. In demselben Maße aber wird
nun auch der Zusammenhang derjenigen Atommassen, welche nahe
an der Peripherie der Feuerkugel liegen — wo naturgemäß die
Anziehungskraft des festen Kernes von der Abstoßungskraft leicht
paralysiert oder ganz überwogen wird, — sehr gelockert, und
schließlich lösen sich diese äußersten Teile los, sie werden, nach
einem einfachen mechanischen Grundgesetze, in der Richtung der
Tangente in den unendlichen Weltenraum mit gewaltiger Schwung=
kraft hinausgeschleudert, die leichteren Atome und Atomkonglomerate
fallen dabei wieder auf die schwereren, formen sich, in derselben
Art wie die Sonne, zu einer um ihren eigenen Mittelpunkt kreisen=
den Kugel, die nun, indem sie die rotierende Richtung der Atom=
massen des Sonnenkörpers beibehält, auch ferner, wiewohl in ge=
waltiger Entfernung, um diesen als Mittelpunkt sich weiter bewegt:
so entsteht der erste Planet. Dasselbe Schauspiel wiederholt sich
zu verschiedenen Malen: nicht nur werden von der Peripherie der
Sonnenkugel wiederholt neue Atommassen weggeschleudert, auch die
so gebildeten Planeten stoßen wieder kleinere Massen von ihrer
Peripherie ab, die derselben Rotationsbewegung weiter folgen.
So entsteht schließlich ein ganzes Sonnensystem, mit seinen Planeten,
deren Trabanten und Monden.

Diese rein mechanistische Deutung des Weltzusammenhangs
gilt nun natürlich nicht bloß für unser Sonnensystem, dem auch
die Erde zugehört, sondern für die Gesamtheit alles objektiven
Seins. Es ist Kant nicht zweifelhaft, daß es auch eine Zentral=
sonne für das ganze Universum gibt, um die alle anderen Sonnen
in ähnlicher Weise kreisen wie um diese die Planeten, und daß alles
in gleicher Weise aus der bloßen Materie sich gebildet hat. Was so

auf rein mechanischem Wege, durch bloße Zusammenfügung und Zu=
ordnung materieller Atome, entstanden ist, muß natürlich schließlich,
wenn auch vielleicht erst nach Ablauf unermeßlicher Zeiträume,
sich auflösen, um neuen Bildungen Platz zu machen; und so sind
alle diese Sonnen, Planeten und Monde auch dazu bestimmt,
wieder unterzugehen, aus der gesetzmäßigen Ordnung in die Nacht
des Chaos, aus der Gestaltung in die Formlosigkeit der bloßen
Materie zurückzusinken. Aber aus diesem unerschöpflichen Samen
alles Wirklichen entstehen, auf demselben Wege wie vorher, auch
immer neue Sonnen und Sonnensysteme, Welten über Welten. —

So hat Kant hier die naturphilosophische Betrachtungsweise
mit äußerster Konsequenz zur Durchführung gebracht. Das zeigt
sich zuletzt auch in der Art, wie er, im Zusammenhang mit seiner
kosmogonischen Lehre, zum Problem des Menschen Stellung nimmt,
von dem aus jene Konsequenz sonst so oft gehemmt wird. Der
Mensch ist hier für Kant nichts als ein Ding unter Dingen, eine
objektive Erscheinung unter vielen, und unter denselben rein natur=
philosophischen Gesichtspunkten zu betrachten. Sein Wesen wird
also bestimmt durch die Natur des Weltkörpers, dem er angehört,
der Erde. Diese ist in dem Meere von Welten nichts als ein
bloßer Tropfen im grenzenlosen Ozeane, — wie viel weniger noch
bedeutet der Mensch und das ganze Menschengeschlecht, als eine
unter vielen Arten der Lebewesen, welche der Erde angehören; die
Erde nimmt eine mittlere Stellung unter den Planeten unseres
Sonnensystems ein — dementsprechend darf man vermuten, daß auch
unter den Lebewesen, welche, wie man annehmen darf, die anderen
Weltkörper bevölkern, der Mensch eine mittlere Stellung, vor allem
also eine mittlere Stufe der Vollkommenheit, auch der geistigen und
moralischen, einnimmt; und wenn man die Frage aufwirft, ob das
Menschengeschlecht vorwärts oder rückwärts sich entwickele, so hat
man sie unter dem Gesichtspunkte zu entscheiden, ob die Entwicke=
lung der Erde in auf= oder absteigender Linie sich bewege. Wenn
man z. B. „unser kraftloses Zeitalter mit dem Altertum vergleicht, so
kann man vielleicht auf die Vermutung kommen, daß auch hier

ein Erkalten eben desjenigen Feuers vorliege, welches die Natur
ehedem belebte, und dessen Lebhaftigkeit ebenso fruchtbar an Aus-
schweifungen als an großen Wirkungen war".

* * *

Nur wenige Jahre liegen zwischen dem Erscheinen von Kants
„Naturgeschichte und Theorie des Himmels" (1755) und seinen
ersten Streitschriften gegen die dogmatische Philosophie (1762—63).
Es würde seltsam und fast unerklärlich erscheinen, daß in so kurzer
Zeit ein so großer Wandel der Dinge erfolgte, d. h. daß Kant
dieselbe naturphilosophische Betrachtungsweise, die er vorher so
konsequent und mit so radikaler Entschiedenheit bis zu ihrem äußersten Punkte durchgeführt, nun mit skeptisch-kritischen Einwürfen von
allen Seiten aufzulösen begann und hierbei die gleiche radikale Entschiedenheit betätigte — wäre nicht von vornherein jener Geist der
Mystik, der seine Jugend gebildet, als das Ferment dieser De-
komposition wirksam gewesen.

Wie diese Wirkung in den Anfangsstadien sich zeigte, wie sie
in dem Jahrfünft von 1757—62, in dem die Krisis der Negativität und der Skepsis bei Kant in der Stille sich vollzog, und das
darum literarisch so gut wie ganz unfruchtbar blieb, Kants philosophische Anschauungen und seine Denkweise schrittweise zu beein-
flussen begann, das läßt sich im einzelnen nicht nachweisen, weil
uns die direkten Zeugnisse dafür fehlen. Wohl aber läßt sich im
ganzen dieser Einfluß deutlich genug bestimmen, vor allem nach
rückwärts rekonstruieren aus den späteren Zeiten, welche uns reich-
lich Zeugnisse aller Art über seine innere Entwickelung darbieten;
und endlich tritt er deutlich genug in den Grundlinien der geistigen
Entwickelung Kants selbst zutage, welche mit größter Konsequenz
hinüberführt von der radikalsten Philosophie des Objektiven zur
ebenso radikalen Philosophie der reinen Subjektivität, von der
Naturphilosophie zu ihrem Gegenpol, dem Idealismus, vom Problem der Natur und der Welt zum Problem des Menschen. —

Zunächst also beginnt diese Entwickelung mit skeptisch-kritischen An=
griffen gegen die Grundlagen der naturphilosophischen Denkart
und Betrachtungsweise. Das Wesen aller Naturphilosophie besteht,
wie schon des öfteren hervorgehoben, darin, daß nachdem die Ver=
mischung des Subjektiven und Objektiven, die Hineinbildung des
ersteren in das letztere, wie sie im Mythus stattfindet, beseitigt ist,
nun beide schroff voneinander abgesondert und gegenübergestellt
werden. Das Subjekt ist nun, ohne sich reflektierend auf sich selbst
zurückzuwenden, in das Objektive, die Natur, versunken und ver=
loren.   Diese ist zunächst nur eine bunte Mannigfaltigkeit end=
licher und begrenzter Erscheinungen — aus ihnen wird das Ob=
jektive, oder die Natur im engeren Sinne, indem jene bunte Mannig=
faltigkeit zur Einheit verknüpft wird. Das, was diese Einheit bewirkt,
das einigende Band, welches die Vielheit der Erscheinungen um=
schlingt, ist die Kausalität, der wichtigste, ja der eigentlich grund=
legende und tragende, Begriff aller Naturphilosophie.   Die Kau=
salität verknüpft und ordnet die bunte Vielheit des Endlichen und
Begrenzten, sie ist gewissermaßen die einheitliche Form für die Welt
des Objektiven, durch die sie erst zum Kosmos, zur Einheit des
Objektiven sich gestaltet — auch das, was wir Naturgesetz nennen,
ist ja nur eine besondere Ausdrucksweise für den Begriff der
Kausalität.

Die Naturphilosophie in ihrem Wesen und in ihren Grund=
lagen kritisch prüfen, das heißt also zunächst und vor allem, den
Begriff und das Wesen der Kausalität untersuchen.   Und eben dies
ist das Thema, welches Kant in den kritischen Streitschriften der
Jahre 1762 und 63 behandelt.

Diese Untersuchung aber muß sich nach zwei Seiten hin
wenden. Denn es scheint eine doppelte Kausalkette zu geben, ein=
mal „draußen“, im Zusammenhang des Objektiven, und dann,
gleichsam abgespiegelt, noch einmal, in der menschlichen Vernunft.
Was dort als Verknüpfung von Ursache und Wirkung erscheint,
zeigt sich hier, im menschlichen Denken, als der natürliche Zu=
sammenhang von Grund und Folge, die eine Kette ebenso lücken=

los und unzerreißbar wie die andere. Es lag also nahe, daß man sich jener **realen** Kausalität durch die **logische** Kausalität zu bemächtigen suchte, daß man den Zusammenhang der Erscheinungen des Objektiven — des „Wirklichen", wie es die Naturphilosophie nennt, — zu gewinnen glaubte, indem man den Zusammenhang von Grund und Folge im Denken so weit als möglich verfolgte. Es handelte sich also nur darum, diese logische Kette von Grund und Folge „richtig" abzuwickeln oder, mit anderen Worten, logisch „richtig" zu denken, zu urteilen, zu schließen und zu beweisen, dann mußte man, so schien es, bis an die äußersten Grenzen des Seins vordringen und die gesamte Wirklichkeit völlig durchmessen können, so wie es Kant selbst ja in seiner „Naturgeschichte und Theorie des Himmels" getan zu haben glaubte.

Diese dogmatische Voraussetzung aller, und auch seiner eigenen, Naturphilosophie wurde von Kant gleich in seiner ersten Streitschrift „Die falsche Spitzfindigkeit der vier syllogistischen Figuren" kritisch aufgelöst und ad absurdum geführt. Hier weist Kant nach, daß man mit Hilfe der logischen Abfolge von Begriffen, Urteilen und Schlüssen nicht nur nicht bis an die äußersten Grenzen des „Wirklichen" erkennend vordringen, sondern daß man auf diesem Wege überhaupt keine Erkenntnis gewinnen kann, sofern wenigstens „Erkennen" heißt, — und was könnte es anders bedeuten? — daß man den Kreis bereits gewonnener Vorstellungen erweitert, daß man über sie hinausdringt zu einem Neuen, welches man damit zu verknüpfen weiß.

Ist denn eine solche Erweiterung des Kreises unserer Vorstellungen der Effekt unserer logischen Operationen? Keineswegs. Wir treten dabei immer nur dieselbe Stelle, wir meinen, wie das Eichhörnchen im Rade, wir bewegten uns vorwärts, da wir uns doch nur im Kreise herumdrehen. Es sei etwa das Urteil ausgesprochen worden: „Alle Körper sind ausgedehnt"; oder, damit der Anschein des Neuen mehr hervortritt: „Wenn irgend etwas ein Körper ist, so ist es ausgedehnt." Was ist hier geschehen? Ist hier eine Erkenntnis gewonnen, d. h. die erste Vorstellung, von der ich

ausging, über ihren eigenen Umkreis hinaus erweitert worden?
Nein. Denn bei genauerem Zusehen ergibt sich, daß, indem ich den
Begriff „Körper" dachte, die Vorstellung „Ausgedehntsein" schon
mit darin enthalten war. Die Gesamtvorstellung „Körper" um=
faßt eine große Zahl von Einzelvorstellungen, in dem obigen
Urteile oder Schlusse habe ich also nichts getan, als daß ich die
eine dieser Einzelvorstellungen von den übrigen absonderte und für
sich hinstellte. Mit anderen Worten, ich habe mein Vorstellen auf
diesem logischen Wege nicht über sich selbst hinaus erweitert, son=
dern nur in sich selbst verdeutlicht. Alles Urteilen und Schließen
ist also lediglich das Verdeutlichen einer bereits gegebenen Vor=
stellung vermittelst der Zerlegung. So wichtig nun auch dieses
Verdeutlichen und Zerlegen ist, so wenig gewährt es doch schon
eine wahre Erkenntnis; es kann wohl der Erkenntnis, d. h. der Er=
weiterung des Vorstellens über einen gegebenen Punkt hinaus, zu
Hilfe kommen, nicht aber jene selbst herbeiführen. Und die vor=
kantische Naturphilosophie, namentlich die Wolffische Aufklärung,
hatte sogar auf diesem Wege die einzig mögliche Erkenntnis mit
Sicherheit finden zu können geglaubt.

Was diesen Glauben besonders gestärkt hatte, war der um=
ständliche Formalismus, den die Schullogik immer mehr ausgebildet
hatte. Die Zerlegung eines Begriffs kann ja auf einfache Weise
geschehen, im Urteil, oder aber auf einem Umwege, mit Hilfe
eines oder mehrerer Mittelbegriffe, und dann erhalte ich den
Schluß, oder eine Kombination von Schlüssen, den Beweis. Ich
kann also z. B. das Urteil bilden: „das Wasser, als ein Körper,
ist ausgedehnt" und habe hierbei die Vorstellung „ausgedehnt"
aus der Vorstellung „Wasser" nur auf einem Umwege, nämlich
über den vermittelnden Begriff des „Körpers" hinweg, heraus=
geholt. Diesem umständlicheren Urteile oder Schlusse kann ich
nun aber auch noch weiterhin eine umständliche äußere Form
geben, indem ich es in drei einzelne Urteile auseinanderlege, so
daß es alsdann in dieser veränderten Form sich folgendermaßen
darstellt:

Alle Körper sind ausgedehnt,
Das Wasser ist ein Körper,
Das Wasser ist folglich ausgedehnt.

Schreibt man diese drei Urteile in solcher Weise überein=
ander, so macht schon die sinnlich=räumliche Anschauung deutlich,
daß eine große Zahl von Kombinationen möglich sind, daß ein
solcher Schluß rein formal — ohne auf den Inhalt zu sehen —
nämlich als eine Zusammenfügung von zwei Begriffen durch einen
dritten vermittelst vollständiger Urteile, sehr viele Variationen zu=
läßt, je nach der Stellung (ob Subjekt oder Prädikat), welche jeder
der drei Begriffe innerhalb des einzelnen Urteils einnimmt, je nach
der größeren oder geringeren Ausdehnung oder Einschränkung,
welche jedes der einzelnen Urteile erfährt (ob es ein allgemeines
oder partikulares, positives oder negatives Urteil ist) usw. So
entstehen die zahlreichen Schlußformen, welche dem kombinierenden
Verstande einen großen Spielraum zur Betätigung bieten. Und
obwohl man schon kurze Zeit nach Aristoteles — welcher der Be=
gründer der formalen Logik ist — alle diese zahlreichen Schluß=
formen auf vier Grundtypen, die vier syllogistischen Figuren,
zurückgeführt hatte, war man seitdem geschäftig geblieben, und nie=
mals mehr als in der vorkantischen Philosophie, namentlich in
der Wolffischen Schule, immer neue Kombinationen aus den bereits
gegebenen abzuleiten.

Welche Bedeutung haben alle diese Schlußformen, hat über=
haupt der ganze kunstvolle Apparat der Logik? Kant antwortet:
so gut wie gar keine. Diese zahlreichen Schlußformen mögen viel=
leicht dem kombinierenden Verstande ein augenblickliches Ergötzen
bereiten, für die Erkenntnis aber, für die sie angeblich bestimmt
sind, ja für die sie die einzig tauglichen Mittel sein sollen, leisten
sie so gut wie gar nichts. Es gibt gar nicht zahllose, auch nicht
einmal vier, Schlußformen, sondern nur eine einzige, nämlich die
Verbindung zweier Begriffe durch einen Mittelbegriff. Alle anderen
Formen sind spitzfindig, d. h. sie beruhen auf unnützer Kom=
bination, sind müßige Spielereien, ähnlich denen eines Kindes,

welches, wenn ihm verschiedene Farben zur Verfügung stehen, bald
die einen und bald die anderen ohne ersichtlichen Zweck zusammenstellt. Vielleicht kann man sich die Entstehung dieser logischen
Spitzfindigkeiten psychologisch klar machen. Derjenige, sagt Kant,
welcher zuerst einen Schluß so hinschrieb, daß er die drei Urteile,
die dazu gehören, in drei Reihen übereinander stellte, war vielleicht aufs äußerste betroffen, wenn er das Ganze wie ein Schach-
brett ansah, und nun versuchte, was alles bei dem Hin- und Her-
schieben der in jenen drei Urteilen enthaltenen Begriffe herauskäme.

Aber wenn man sich so auch das Entstehen dieser logischen
Spitzfindigkeiten hinreichend erklären mag, so ist doch damit noch
nichts gewonnen im Hinblick auf den schweren Schaden, den sie
stiften. Denn in der Tat sind sie nicht nur unnütz, weil ja keine
Art von formal-logischer Kombination eine wirkliche Erkenntnis
gewährt, sondern sie sind auch positiv schädlich dadurch, daß sie
bei denen, die sich mit solchen logischen Künsteleien und Spitzfindigkeiten abgeben, den Schein erwecken, als ob auf diese Weise
wahre Erkenntnis gewonnen würde, und von solcher doch nur
zurückhalten und den Fortschritt direkt verhindern. So entsteht
eine Weisheit, die keine ist, die gelehrte Sophistik oder Schein-
weisheit — und Kant wetteifert mit Hamann darin, gegen sie alle
Waffen des Spotts und der Ironie zur Anwendung zu bringen.
Diesen logischen Spitzfindigkeiten will Kant einigen Nutzen wohl
zuschreiben für Disputationen, für gelehrten Wortwechsel, wo es
darauf ankommt, dem anderen den Rang abzulaufen und ihm
in seinen Schlüssen unvermutet ein Bein zu stellen. Aber was
bedeutet schließlich der geringe Nutzen dieser ganzen „Athletik der
Gelehrten", — so nennt Kant diese Disputierkunst — sofern man
überhaupt von einem Nutzen reden kann, gegenüber dem ungeheuren Schaden, der dadurch gestiftet wird, daß sie von der Erweiterung unserer Erkenntnis beständig abzieht, abzieht in einer
Zeit, wo das Material, das sich der Erkenntnis darbietet, auf allen
Seiten in staunenswürdiger Weise wächst und die besten Kräfte
zur Bewältigung herausfordert. „Die wissenswürdigen Dinge",

sagt Kant, „häufen sich in unseren Zeiten. Bald wird unsere
Fähigkeit zu schwach und unsere Lebenszeit zu kurz sein, nur den
nützlichsten Teil daraus zu fassen. Es bieten sich Reichtümer im
Überflusse dar, welche hinzunehmen wir manchen unnützen Plunder
wieder wegwerfen müssen. Es wäre besser gewesen, sich niemals
damit zu belästigen. ... Doch ich würde mir zu sehr schmeicheln,
wenn ich glaubte, daß die Arbeit von einigen Stunden vermögend
sein würde, den Koloß umzustürzen, der sein Haupt in den Wolken
des Altertums verbirgt und dessen Füße von Thon sind." —

Ein anderes also ist die Logik und ein anderes die Erkenntnis: keine noch so kunstvolle Durchbildung der ersteren leitet
uns zur letzteren hinüber. Noch mehr aber: ein anderes ist auch
das Denken überhaupt, und ein anderes die Wirklichkeit, das Sein,
welches man mit ersterem zu durchdringen hofft. Man kann, von
einem noch so sehr gesicherten Anfangspunkte aus, mit allem Gefühl der Sicherheit, welches die formale Logik gewährt, auf ihrer
breiten Heeresstraße, deren Meilensteine Urteile und Schlüsse sind,
vorwärts streben — man dringt doch auf diese Weise niemals in
das Wirkliche ein, sondern bleibt stets im Umkreise des Denkens
selbst. Denken und Wirklichkeit sind also nicht kongruent, sie decken
sich nicht, sondern bilden, wie erst Kant wieder entdeckte und klar
nachwies, einen Gegensatz, dessen Auflösung schwer, vielleicht unmöglich ist.

Die Schärfe dieses Gegensatzes tritt in besonders eklatanter
Weise zutage an einem Begriff, den Kant unter diesem Gesichtspunkt in einer besonderen Schrift kritisch geprüft hat: an dem Begriff der negativen Größe. Diese bedeutet ganz etwas anderes
in der Logik als in der Wirklichkeit, im Zusammenhang des Objektiven. Logisch kann ich niemals von einem und demselben
Subjekt mit einem Prädikat zugleich dessen Negation, das Entgegengesetzte, aussagen, z. B. von einem Körper niemals urteilen, er sei
ruhend und bewegt zugleich. In der Wirklichkeit aber ist diese
Vereinigung des Entgegengesetzten ebenso natürlich, als sie in der
Logik unmöglich ist, z. B. jeder Körper ist zugleich ruhend und

bewegt, ruhend im Verhältnis zur Erde, bewegt im Verhältnis zu anderen Himmelskörpern. Ein anderes also ist überhaupt das Negative der Logik und ein anderes das der Wirklichkeit. Logisch ist die Verneinung der Lust, die Unlust, im Grunde ein Nichts, in der Wirklichkeit aber ein sehr reales Etwas, das in der Menschen= welt die stärksten Wirkungen ausübt. Und ist die eine Kraft darum in der Wirklichkeit nicht vorhanden, weil sie, als negativ, einer anderen logisch entgegengesetzt ist, z. B. die hemmende Reibung bei einer Maschine nicht ebenso wirklich wie die positive Schwungkraft des Rades, das Laster nicht ebenso wirklich wie die Tugend? Kurz, es besteht der durchgreifendste Gegensatz zwischen der Ver= neinung im Denken und der in der Wirklichkeit, zwischen der logischen und realen Entgegensetzung: die Verneinung im Denken setzt etwas Wirkliches als nicht vorhanden, die in der Wirklichkeit von einem Vorhandenen das Gegenteil; das logisch Entgegengesetzte läßt sich nicht vereinigen, das real Entgegengesetzte dagegen ist überall in der Welt vereint, so sehr überall vereint, daß schon einer der ältesten Denker, Heraklit, in dieser realen Negativität das Grundprinzip alles Wirklichen sah und den Streit den Vater aller Dinge nannte. So wird auch Kant, ebenso wie Hamann, wenn auch auf anderem Wege, zu dem Begriff Giordano Bruno's von der coincidentia oppositorum hingeführt, und er ist nicht weniger wie der Magus des Nordens tief durchdrungen von der „Weisheit des Widerspruchs", an der, wie Hamann sagt, „der Adept scheitert und worüber der Ontologist die Zähne blöft", — wie Kant sagen würde: welche dem Adepten der Athletik der Gelehrten, dem Schüler des logischen Formalismus und spitzfindiger Syllogistik — wovon die Ontologie nur ein be= stimmtes, aber besonders wichtiges und ausgedehntes, Gebiet ist — für immer verborgen bleiben muß, wie das tiefste Geheimnis. —

Der logische Formalismus und die spitzfindige Syllogistik hätten nun aber sicherlich nicht zu solchen Verirrungen des Denkens führen können, gäbe es nicht ein wichtiges Gebiet der Erkenntnis, das sie immer aufs neue zu legitimieren, das namentlich den An= spruch der Logik, mit Urteilen und Schlüssen den Zusammenhang

des Wirklichen zu durchmessen, in glänzendster Weise zu rechtfertigen
scheint: die Mathematik. Denn seitdem Euklid in seinem be=
berühmten Lehrbuch aus wenigen Axiomen und Definitionen die
Wissenschaft der Geometrie in stetiger Abfolge, mit strengster logischer
Konsequenz, entwickelt hatte, war dieses Beispiel, als „mathematische
Methode", das vielbewunderte Vorbild für alles wissenschaftliche
Denken, für alle echte Erkenntnis geworden. Vorbildlich ward sie
zunächst als vollkommenstes Muster des reinen Denkens: hier ist
der Irrtum, kann man sagen, ausgeschlossen, alles folgt aus wenigen
Grundsätzen, mit einer für das Denken zwingenden Notwendigkeit,
es gab und gibt für niemanden eine Möglichkeit, diese Kette von
Schlüssen und Beweisen an irgend einer Stelle zu durchbrechen.
Vorbildlich aber ward sie auch dadurch, daß sie die Kongruenz von
Denken und Sein und die Möglichkeit zu sichern schien, mit Hilfe
des ersteren in das erstere eindringen, durch stetige und konsequente
logische Verknüpfung von Grund und Folge den Zusammenhang
alles Wirklichen durchmessen zu können. So hatte dieses Vorbild
der Mathematik seit dem ersten Erwachen naturphilosophischer Be=
trachtungsweise eine, immer stärker werdende, faszinierende Wirkung
ausgeübt und zuletzt einen förmlichen Rausch erzeugt, einen un=
erschütterlichen, begeisterten Glauben an die Unfehlbarkeit der mathe=
matischen Methode. Nichts natürlicher also, als daß man diese
auch auf alle anderen Wissensgebiete, auch auf die Philosophie,
übertrug. Wenn es der Mathematik möglich war, in die Wirklich=
keit, wenn auch nur in ein enger begrenztes Gebiet des Wirklichen
— die Größenverhältnisse — mit Hilfe der Logik einzudringen,
warum sollte man nicht ebenso in den ganzen Zusammenhang des
Objektiven eindringen können, wofern man nur eben dem von der
Mathematik gegebenen Beispiel getreu nachfolgte? Warum sollte
nicht auch der Zusammenhang der Körperwelt, ja auch der Menschen=
welt, die objektiven Erscheinungen des Seelenlebens, die mensch=
lichen Leidenschaften, auch Gott und die Einheit der Natur nach
mathematischer Methode erkannt werden? So wurde die Mathe=
matik zum Paradigma für alle Naturphilosophie, und die mathe=

matische Methode galt als der Schlüssel, mit dessen Hilfe man bis zu den letzten Geheimnissen des Wirklichen schließlich werde gelangen können.

Diese Anschauungsweise hat Kant zum erstenmal erschüttert, und zwar erschüttert durch kritische Auflösung von innen her, während die Antipoden der Naturphilosophie, wie Hamann, Jacobi, Winckelmann, im Geiste der Mystik ihr nur von außen her Widerspruch und Widerstand entgegengesetzt hatten.

Kant macht nämlich hier die folgenreiche Entdeckung, daß die Mathematik das, was sie nach der Meinung der naturphilosophischen Denkweise in vorbildlicher Weise leistet, überhaupt nicht leistet: nämlich mit Hilfe des bloßen Denkens in die Wirklichkeit einzudringen; und zwar deshalb nicht leistet und nicht leisten kann, weil sie aus dem Bereiche des bloßen Denkens nie herauskommt, weil das Sondergebiet des Objektiven, das sie umschreibt — die Größenverhältnisse — der Welt des Objektiven gar nicht zugehört, sondern der Subjektivität. Die mathematischen Objekte gehören nicht der „Wirklichkeit", sondern dem Intellekt an. Zahlen, Punkte, Linie und Flächen gibt es nirgendwo in der „Realität", d. h. im Zusammenhang des Objektiven, sondern ausschließlich in unserem Vorstellen. Wenn ich von einem Dreieck irgend etwas aussagen will, so stelle ich es mir freilich in der Regel sinnlich vor Augen, indem ich etwa eine Figur mit Kreide oder Tinte hinzeichne — aber alsdann habe ich es ja mit einem Körper, einem Kreidekörper auf der Tafel oder einem Tintenkörper auf dem Papier, zu tun, der dreidimensional ist, der immer eine, wenn auch noch so geringe, Ausdehnung in die Tiefe hat, während das mathematische Dreieck nur Flächenausdehnung haben sollte; ebenso ist jede gezeichnete Linie niemals eine mathematische Linie, sondern stets ein Körper, ebenso jeder Punkt usw. Die mathematischen Größen und deren Verhältnisse sind also nichts „Wirkliches", sondern nur Vorgestelltes, Gedachtes, sie gehören nicht dem Zusammenhang des Objektiven, sondern dem des Subjektiven an. Im Denken also wird die mathematische Größe erst jedesmal erzeugt und ist

also dann erst und in dieser Art „wirklich". Kein Wunder also,
daß in der mathematischen Wissenschaft eine so strenge Folgerichtig=
keit stattfindet, daß die formale Logik hier so große Triumphe
feiert. Denn was das Denken aus sich selbst erzeugt hat, kann
natürlich von ihm nicht verleugnet werden, muß notwendig seinen
Gesetzen und seiner Natur entsprechen. Die sogenannte mathe=
matische Methode ist also nichts als ein naturgetreuer Ausdruck
des Verfahrens, das beim Denken überhaupt eingeschlagen wird.
Ich erzeuge denkend z. B. die Vorstellung „Dreieck" und fasse diese
Vorstellung zur Einheit zusammen in einem Begriff, den ich de=
finiere, d. h. in alle seine Hauptmerkmale oder Unter=Vorstellungen
auseinanderlege; hebe ich nur eine einzelne Sondervorstellung aus
jener Einheit hervor, so gewinne ich ein Urteil oder einen Lehr=
satz, eine Verkettung solcher Urteile gibt Schlüsse und Beweise 2c.
— kurz, in der Mathematik kommt nichts als die allgemeine Me=
thode alles Denkens zum Vorschein.

Diese mathematische Methode kann ich nun aber eben nicht
auf alle anderen Wissenschaften, auch nicht auf die Philosophie,
übertragen. Denn hier sind Denken und Sein, Erkennen und
Wirklichkeit eben nicht kongruent, hier wird das Objektive vom
Denken nicht erzeugt, sondern steht ihm als etwas Fremdes, Sprö=
des, Andersartiges gegenüber. Vor dem denkenden Subjekt breitet
sich die ungeheure Mannigfaltigkeit des Objektiven aus, — will
ich diese erkennen, so muß ich sie als selbständig anerkennen, d. h.
ich muß Fragen an sie richten und dann geduldig abwarten, welche
Antworten ich erhalte oder was ich erfahre. Erfahrung ist also
hier die Grundlage aller Erkenntnis. Das Denken bearbeitet, d. h.
analysiert die durch Erfahrung gewonnenen Vorstellungen, aber es
erzeugt sie nicht aus sich selbst, wie in der Mathematik; in der
formalen Logik und in der Mathematik gewinne ich alle Erkennt=
nis durch Analyse, d. h. indem ich aus bereits gegebenen Vor=
stellungen, durch bloße Zerlegung und Verdeutlichung, neue ge=
winne; in allen anderen Wissenschaften aber, auch in der Philo=
sophie, kann ich in dieser Weise nichts erkennen, sondern nur auf

dem Wege der Synthese, d. h. indem ich von bereits gegebenen
Vorstellungen aus zu ganz anderen, von ihnen verschiedenen, über=
gehe und sie verknüpfe, — und eben dies ist es, was wir Er=
fahrung nennen. Habe ich z. B. den Begriff des Brotbaums
gewonnen, so vermag ich dadurch, daß ich ihn noch so sorg=
fältig zergliedere, die Eigenschaften dieser Baumart nicht kennen
zu lernen, sondern nur dadurch, daß ich neue Erfahrungen zu
„sammeln" versuche, indem ich an vielen einzelnen Exemplaren der
Gattung Beobachtungen mache. Umgekehrt kann ich noch so viele
Dreiecke kennen lernen und beobachten, so gewinne ich dadurch doch
keine neuen Erkenntnisse, die nicht schon aus dem bloßen Begriff
des Dreieckes durch dessen Analyse abzuleiten wären, ja ich kann
hier überhaupt keine speziellen Erkenntnisse gewinnen, wenn ich
nicht den allgemeinen Begriff des Dreiecks schon gewonnen habe.
In der Philosophie, in der Naturerkenntnis und in jeder Wissen=
schaft, außer Mathematik und Logik, reicht eine einzige entgegen=
gesetzte Erfahrung aus, um eine Erkenntnis, die ich gewonnen zu
haben glaube, umzustoßen, — wie wenn ich z. B. das Gold für
unlöslich hielt und nun erfahre, daß es im Königswasser doch auf=
gelöst wird —, in der Mathematik aber ist alle Erfahrung ohn=
mächtig, ja ein bloßes Nichts gegenüber dem reinen Denkprozeß.
Daher kann die Mathematik auch mit Definitionen anfangen,
alle anderen Wissenschaften aber können höchstens damit aufhören,
dann nämlich, wenn in Bezug auf eine Erscheinung des Objektiven
alle mögliche Erfahrung auch wirklich gewonnen worden ist, so
daß man z. B. vom Menschen wohl erst am Ende aller Dinge
eine Definition geben könnte, weil erst dann alle Erfahrung über
den Menschen erschöpft sein könnte. Die Mathematik geht von
allgemeinen Erkenntnissen zu besonderen herab, jede andere Wissen=
schaft aber, und auch die Philosophie, steigt auf, oder sollte doch
immer aufsteigen, von besonderen Erkenntnissen zu allgemeinen.

Damit ist die ganze Naturphilosophie, und die aus ihr ent=
wickelte Aufklärung, in ihrem Fundament vollständig erschüttert.
Denn diese naturphilosophische Aufklärung war gegründet auf die

logische Verknüpfung der Mannigfaltigkeit des Objektiven nach
mathematischem Vorbild. Diese Philosophie ging, nach dem Muster
Euklids, in der Regel aus von einigen allgemeinen Sätzen und
Definitionen, die man als ebenso allgemein zugestanden annahm
wie die Axiome der Geometrie, z. B. Jedes Ding muß eine Ursache haben, Gott nennen wir dasjenige Wesen, welches selbst nicht
bedingt ist, aber alles andere bedingt usw. — und sie glaubte, von
solchen allgemeinen Sätzen aus, an denen das logische Denken wie
ein Ariadnefaden befestigt war, den Zusammenhang des Objektiven,
auch das Wesen Gottes usw., völlig durchdringen zu können. Die
Folge war natürlich, daß die Sacherkenntnis ausartete zur unfrucht-
barsten Wortweisheit, die Philosophie zu leerer Sophistik. Immerhin aber war die Wirkung auf dem Gebiete der Naturphilosophie im
engeren Sinne, d. h. in der Erkenntnis des innerhalb der Grenzen
möglicher Erfahrung liegenden Objektiven, bei weitem nicht so ver-
hängnisvoll, als in der sogenannten Metaphysik, d. h. demjenigen
Teil der Philosophie — und man hielt dafür, daß es der wichtigste und vornehmste sei —, der sich mit dem jenseits aller mög-
lichen Erfahrung liegenden, angeblich zur Welt des Objektiven ge-
hörenden, Transzendenten befaßte, also mit dem Wesen Gottes und
seinen Eigenschaften, der Unsterblichkeit, der Freiheit, der Vorsehung
u. dgl. Dort gab es wenigstens eine Möglichkeit, die auf dem
Wege logischer Deduktion gewonnenen Irrtümer durch Erfahrung
mehr oder weniger zu korrigieren, hier, im Gebiet des Transzendenten, aber war das ausgeschlossen. So konnte man hier, in der
Metaphysik, alles „beweisen", weil nichts zu widerlegen möglich war.

Der Haupttummelplatz dieser sophistischen Aufklärung war
die natürliche Theologie, deren Rückgrat wiederum die „Beweise"
für das Dasein Gottes bildeten, unter welchen wiederum der sogenannte ontologische Beweis am berühmtesten war und das größte
Ansehen genoß, ein so großes, daß man meinte, ohne die Schlüssig-
keit und absolute logische Sicherheit eines solchen Beweises könnten
Religion und Moral, die sich auf den Glauben an das Dasein
Gottes gründeten, nicht mehr bestehen, müsse darum auch die mensch-

liche Kultur, deren Fundament wiederum Religion und Moral bilden, in sich zusammenbrechen. Es war darum ein Unterfangen von der größten Kühnheit, als Kant auch diese natürliche Theo= logie von innen her auflöste, zuerst den sogenannten kosmologischen und den physikotheologischen Beweis kritisch ad absurdum führte, denn ebenso den ontologischen, — wiewohl er diesen eine Zeitlang noch in modifizierter Form retten zu können glaubte, bis er zur gene= rellen Einsicht durchdrang: es gibt keinerlei Beweis für das Dasein Gottes und kann keinen geben. Es kann keinen geben, weil der logische Kalkül an sich keinen Aufschluß gibt über den Zusammen= hang des Objektiven, weil das Denken nicht an das (objektive) Sein heranreicht. Am deutlichsten wird dies am ontologischen Beweis, in dem diese sophistische Aufklärung sich gewissermaßen in Rein= kultur darstellt. Dieser Beweis lautete etwa so: Ich finde in mir die unzerstörbare Vorstellung eines allervollkommensten Wesens, Gott; nun wäre dieses Wesen offenbar nicht das allervollkom= menste, wenn ihm nicht auch das Prädikat „seiend" zukäme; also muß Gott auch notwendig existieren. In der Tat muß er exi= stieren — aber nur in der Vorstellung, nicht in der Wirklichkeit, als Erscheinung der Subjektivität, nicht im Zusammenhang des Objektiven. Denn das Denken des Seins ist nicht gleichbedeutend mit dem objektiv=wirklichen Sein, dem Existieren. Sonst müßte es auch ein und dasselbe sein, ob ich drei Taler als in meinem Besitz befindlich mir nur denke, oder ob ich sie wirklich in der Tasche habe.

*　　　*
*

Das Ergebnis dieser ganzen kritischen Prüfung Kants kann man dahin aussprechen: Die Naturphilosophie als Rationalis= mus ist gescheitert, d. h. es ist unmöglich, mit Hilfe der Logik, nach Analogie der Mathematik, in den Zusammenhang des Ob= jektiven einzudringen.

Vielleicht aber führt das umgekehrte Verfahren zum Ziel, d. h. vielleicht ist es möglich, vom objektiv Wirklichen aus zum logischen Denken zu gelangen und so eine wahre Erkenntnis zu erreichen. Oder anders ausgedrückt: von der — logischen — Verknüpfung von Grund und Folge (in Schlüssen und Beweisen) führt keine Brücke hinüber zu der — realen — Verknüpfung von Ursache und Wirkung, — vielleicht aber kann man von dieser zu jener eine tragfähige Verbindung herstellen.

Diese dem Rationalismus entgegengesetzte naturphilosophische Methode, der Empirismus oder die Erfahrungsphilosophie, hatte von Anfang an in der Entwickelung der Naturphilosophie großen Einfluß und Bedeutung gehabt. Schon in der Renaissanceperiode und im ausgehenden Mittelalter hatte dieser dialektische Gegensatz von Rationalismus und Empirismus sich entwickelt, und bis auf Kant hatte bald der erstere bald der letztere das Übergewicht gehabt, oder man hatte auch beides zu vereinigen und zu vermischen gesucht. Dieses letztere war auch unmittelbar vor der grundstürzenden Kritik Kants in der sophistischen Aufklärung der Fall gewesen, und der schwächliche Eklektizismus hatte sich an dieser Aufgabe besonders gern versucht — doch war hierbei zuletzt ein immer stärkeres Übergewicht des Empirismus hervorgetreten.

Auch Kant hat zuletzt eine Zeitlang fast ganz auf dem Boden des Empirismus gestanden. Hier glaubte er vorübergehend ein neues gesichertes Fundament naturphilosophischer Erkenntnisweise gefunden zu haben, nachdem das alte, der Rationalismus, durch auflösende Kritik für ihn erschüttert oder vielmehr zerstört und die Einsicht gewonnen war: will man eindringen in den Zusammenhang des Objektiven, so nützt es nichts, logische Kombinationen anzustellen, sondern man muß abwarten, was unserem logisch kombinierenden Verstande von seiten der Welt des Objektiven dargeboten wird, oder was er erfährt, welche Erfahrungen er „sammelt". Bei Kant ist dieser vorübergehende Empirismus indessen nicht ein lebhaft und mit tiefer Anteilnahme eingenommener Standpunkt, sondern ein Ausdruck der Resignation, eine Art Nothilfe, die zuletzt noch einigermaßen möglich schien, nachdem der Rationalismus gänzlich unhaltbar geworden war. In diesem Sinne hat Kant in seiner vorkritischen Schrift

einige von empiristischer Denkweise beherrschte kleinere Schriften
verfaßt, in denen er geflissentlich sich abkehrt von allen großen
Zurüstungen der Philosophie und insbesondere der Metaphysik, von
allen logischen Spitzfindigkeiten und Grübeleien, und nur die schlichte
Erfahrung zu Worte-kommen läßt, wie sie auch dem logisch wenig
geschulten Kopfe, auch dem einfachsten Menschen, der mit gesunden
Sinnen und gesundem Menschenverstande zu beobachten weiß, noch
erreichbar ist.   Die gelungenste und bedeutendste Schrift dieser Art
sind die an feinsinnigen Bemerkungen reichen „Beobachtungen
über das Gefühl des Schönen und Erhabenen", in denen er dieses
empiristische Verfahren auf das Problem des Menschen anwendet,
indem er eine allgemeine Charakteristik des Menschen gibt, und die
unterscheidenden Merkmale der verschiedenen menschlichen Besonder=
heiten nach Charakter, Temperament, Geschlechtern, Nationalitäten
zu bestimmen sucht — alles dies natürlich noch durchaus auf dem
Boden naturphilosophischer Betrachtungsweise.

Sehr bald aber richtete sich nun Kants auflösende Kritik
auch gegen diesen, nur vorübergehend und resigniert festgehaltenen,
Empirismus, der als ebenso unhaltbar sich zeigte wie der Ratio=
nalismus.   Der letztere hatte vom Denken zum Sein, von der
logischen Verknüpfung von Grund und Folge zur realen Verknüpfung
von Ursache und Wirkung hinübergelangen wollen, was unmöglich
ist; der erstere wollte nun umgekehrt verfahren, von der realen
Verknüpfung von Ursache und Wirkung zur logischen von Grund
und Folge zu gelangen suchen.

Ist nun dieses letztere Vorhaben möglich?

Kant antwortet mit einem entschiedenen Nein.   Der Über=
gang vom Sein zum Denken, von der Verknüpfung der endlichen
Erscheinungen des Objektiven: Ursache und Wirkung, zur logischen
Verknüpfung: Grund und Folge, — dieser Übergang ist deshalb un=
möglich, weil beide Seiten gänzlich inkommensurabel und inkongruent,
weil, ebenso wie das Logische im Hinblick auf das Objektive irreal, auch
das objektiv Wirkliche ganz alogisch ist.   In der Verknüpfung „Ursache
— Wirkung" steckt nichts Logisches, sie ist etwas Un=begreifliches.

Im Logischen geschieht die Verknüpfung der Glieder ana=
lytisch, indem ich das eine Glied aus dem anderen nur heraus=
hebe. In der realen Verknüpfung von Ursache und Wirkung aber
ist dies unmöglich. Denn ich mag z. B. den Begriff „Blitz" (eine
elektrische Lichterscheinung) noch so sorgfältig zergliedern, so finde
ich darin nie den Begriff Donner (eine Gehörerscheinung), im Be=
griffe Gottes liegt nichts vom Dasein einer Welt usw. Wie aber
soll ich es mir vorstellen, wie verstehen, daß der Blitz die Ursache
des Donners, Gott die Ursache einer Welt, die Bewegung meiner
Fingermuskeln am Gewehr die Ursache einer Pulverexplosion sei?
Oder allgemein ausgesprochen: wie soll ich es verstehen, daß, weil
etwas ist, auch etwas anderes sei? „Ich verstehe sehr wohl," sagt
Kant, „wie eine Folge durch einen Grund nach der Regel der
Identität gesetzt werde, darum weil sie durch die Zergliederung der
Begriffe in ihm enthalten befunden wird .... weil sie wirklich
einerlei ist mit einem Teilbegriffe des Grundes und, indem sie
schon in ihm befaßt wird, durch denselben nach der Regel der Ein=
stimmigkeit gesetzt wird. Wie aber etwas aus etwas an=
derem, aber nicht nach der Regel der Identität, fließe,
das ist etwas, welches ich mir gern möchte deutlich machen
lassen. Ich nenne die erstere Art eines Grundes den logischen
Grund, weil seine Beziehung auf die Folge logisch, nämlich deut=
lich nach der Regel der Identität, kann eingesehen werden, den
Grund aber der zweiten Art nenne ich den Realgrund, weil
diese Beziehung wohl zu meinen wahren Begriffen gehört, aber die
Art derselben auf keinerlei Weise kann beurteilt werden."

„Was nun diesen Realgrund und dessen Beziehung auf die
Folge anlangt, so stellt sich meine Frage in dieser einfachen Ge=
stalt dar: wie soll ich es verstehen, daß weil etwas ist, etwas
anderes sei? Eine logische Folge wird eigentlich nur darum
gesetzt, weil sie einerlei ist mit dem Grunde. .... Der göttliche
Wille ist etwas. Die existierende Welt ist etwas ganz anderes.
Indessen durch das eine wird das andere gesetzt. .... Ein Körper A
ist in Bewegung, ein anderer B, in der geraden Linie derselben, in

Ruhe. Die Bewegung von A ist etwas, die von B ist etwas anderes, und doch wird durch die eine die andere gesetzt. Ihr möget nun den Begriff vom göttlichen Wollen zergliedern, soviel euch beliebt, so werdet ihr niemals eine existierende Welt darin antreffen, als wenn sie darin enthalten und um der Identität willen dadurch gesetzt sei, und so in den übrigen Fällen. Ich lasse mich auch durch die Wörter Ursache und Wirkung, Kraft und Handlung nicht abspeisen. Denn wenn ich etwas schon als eine Ursache wovon ansehe, oder ihr den Begriff einer Kraft beilege, so habe ich in ihr schon die Beziehung des Realgrundes zu der Folge gedacht, und dann ist es leicht, die Position der Folge nach der Regel der Identität einzusehen." —

Eben dieselbe kritische Auflösung des Kausalitätsbegriffes hatte damals, unter den beherrschenden Gesichtspunkten des englischen Empirismus, David Hume vollzogen, und Kant wurde von ihm nachhaltig beeinflußt, als er dem gleichen Problem sich genähert hatte, so stark beeinflußt, daß er noch in den „Prolegomena" erklären konnte, seit dem Entstehen der Metaphysik habe sich keine Begebenheit zugetragen, die in Ansehung des Schicksals dieser Wissenschaft hätte entscheidender werden können, als der Angriff, den Hume auf den Kausalitätsbegriff machte, indem er „die Vernunft aufforderte, ihm Rede und Antwort zu geben, mit welchem Rechte sie sich denkt, daß etwas so beschaffen sein könne, daß, wenn es gesetzt ist, dadurch auch etwas anderes notwendig gesetzt werden müsse" . . . und nun unwidersprechlich bewies, daß es der Vernunft gänzlich unmöglich sei, a priori und aus Begriffen eine solche Verbindung zu denken."

Eben hierin liegt die entscheidende Anregung, welche Kant durch Hume gegeben wurde, daß der letztere in klarer und scharfsinniger Weise zeigte, die Verknüpfung von Ursache und Wirkung, wenn sie gedacht werden, wenn sie einen logischen Charakter erhalten, wenn sie begrifflich gefaßt werden solle, müsse den Charakter der Apriorität, der Geltung vor aller Erfahrung, der Notwendigkeit haben. Denn diese Notwendigkeit, die ein ge-

wisses Gefühl des Zwanges mit sich führt, ist es, die erst unser
Vorstellen — eine Erscheinung des Objektiven unter vielen — zum
logischen Denken, die dieses Denken erst zum Erkennen, die den
Gegenstand „objektiv", d. h. mit dem Zusammenhang des Objektiven
einstimmig und kongruent, macht.

Dieser Charakter der Apriorität, der Notwendigkeit, so zeigte
Hume mit großem Scharfsinn, fehlt aber der Verknüpfung von
Ursache und Wirkung. Wenn wir dennoch in vielen — nicht in
allen — Fällen bei der Anwendung der Kausalverknüpfung ein
Gefühl der Notwendigkeit unzweifelhaft haben, so ist dies nichts
anderes als eine Selbsttäuschung unseres Vorstellens: wir unter=
liegen bloß dem Zwange der Gewohnheit. Wir haben z. B. in
vielen Fällen durch deutliche und umsichtige Beobachtung „erfahren",
daß bei einem Gewitter immer zuerst der Blitz kommt und dann
der Donner, und nun urteilen wir, es müsse immer so sein, es
sei notwendig, daß der Donner dem Blitze nachfolge (nicht etwa
das Umgekehrte stattfinde), oder mit anderen Worten: der Blitz
sei die Ursache des Donners, dieser die Wirkung des Blitzes. Hier
aber liegt die irrige Annahme, die Voraussetzung, die wir kritik=
los, dogmatisch unserer Erkenntnis zugrunde legen, — wie oft wir
auch jene Erfahrung gemacht haben, wir haben kein Recht, sie als
notwendig, immer wieder eintretend, hinzustellen, der Gewohnheit
den Charakter der Erkenntnis beizulegen, die Verknüpfung der Er=
scheinungen des Objektiven, die wir Ursache und Wirkung nennen,
auch für eine logische Begriffsverknüpfung, die unserem Gefühl sich
aufdrängende subjektive Notwendigkeit dieser Verknüpfung für ob=
jektiv, im Wesen der Dinge liegend, zu halten. Es ist daher zum
mindesten eine Selbsttäuschung, jedenfalls aber eine Verfälschung
der „Wirklichkeit", wenn wir der wahrgenommenen zeitlichen Folge
der Erscheinungen des Objektiven einen logischen Charakter bei=
legen, aus dem „post hoc" ein „propter hoc" machen.

*   *   *

So ist denn durch diese kritische Minierarbeit Kants das ganze Fundament der Naturphilosophie erschüttert, das stolze Gebäude der Philosophie — denn noch gab es keine andere — ins Wanken geraten und die Erkenntnis selbst völlig zweifelhaft geworden. Es gibt im Denken keine sichere zuverlässige Orientierung, keine sichere Wegrichtung mehr. Die Metaphysik, welche uns diese sichere Wegrichtung zeigen sollte, die auch zu Kants Zeit mit großem Selbstbewußtsein den Weg zu zeigen sich anheischig machte, die Metaphysik ist für Kant „ein finsterer Ozean ohne Ufer und ohne Leuchttürme, wo man es wie der Seefahrer auf einem unbeschifften Meere anfangen muß, welcher, sobald er irgendwo Land betritt, seine Fahrt prüft und untersucht, ob nicht etwa unbemerkte Seeströme seinen Lauf verwirrt haben, aller Behutsamkeit ungeachtet, die die Kunst zu schiffen nur immer gebieten mag."

Nachdem aber so die gesamte Philosophie jener Zeit, alle naturphilosophische Aufklärung, inhaltlich vollständig aufgelöst war, mußte der Zweifel sich schließlich auch gegen die philosophische Erkenntnis in ihrer Gesamtheit, als einheitlicher Kulturerscheinung, als Faktor des Menschenlebens, richten. Es mußte sich immer stärker und unabweisbarer die Frage aufdrängen, welchen Wert denn diese ganzen außerordentlichen Zurüstungen der menschlichen Vernunft besitzen, die in so vielen Bemühungen um wahre Erkenntnis, in so vielen stolzen Gedankengebäuden zutage getreten waren. Pontius Pilatus hatte einst gefragt: Was ist Wahrheit? Diese Frage ist für Kant keine Frage mehr: Wahrheit ist das Erfassen des Objektiven durch das logische Denken, und zwar so, daß beide völlig eins sind, und dies mit innerer Notwendigkeit. Aber eine Frage ist es für Kant, ob es solche Wahrheit, solches Erkennen, in dem von ihm festgestellten strengen Sinne, gebe und überhaupt geben könne. Eine Frage ist es aber auch, ob, wenn es nun solche Wahrheit gebe, sie auch für den Menschen irgend welchen wesentlichen Wert habe, ob, wenn das Streben nach Erkenntnis sicher sei, zum Ziele zu kommen, es auch der Mühe wert sei, diesem Ziele zuzustreben. Dies zum mindesten ist die Frage, ob die Erkenntnis zu den hohen,

bedingungslos wertvollen, Elementen des Menschenlebens gehöre,
ob es gar, wie viele meinen, die höchste Bestimmung des Men=
schen sei, seine Verstandeskräfte so viel als möglich auszubilden,
um mit ihrer Hilfe so weit als möglich in den Zusammenhang
des Objektiven einzudringen, bis zu den fernsten und entlegensten
Regionen des Wirklichen vorzudringen. Lange Zeit war eben
dies auch Kants Meinung gewesen, die notwendig mit der natur=
philosophischen Aufklärung verknüpft ist. Nun aber, da infolge
eigener auflösender Kritik alle seine philosophischen Überzeugungen
nur noch ein einziges großes Trümmerfeld bilden, nun, da der
Stolz der Vernunft so außerordentlich gedemütigt ist, muß auch
jene Meinung fallen. Bestärkt wurde Kant nach dieser Richtung
besonders durch die Schriften Rousseaus, die eben damals, in der
Epoche stürmischen Zweifels, erschienen und auf Kant den tiefsten
Eindruck machten. Denn hier war die Ausbildung der Verstandes=
kräfte, die Ausbreitung der Erkenntnis, nicht nur nicht als Selbst=
zweck, nicht nur als höherer Wert des menschlichen Daseins an=
erkannt, sondern sie wurde mit leidenschaftlicher Beredsamkeit an=
geklagt, als die eigentliche Ursache für die Verderbnis der Menschen.
Der bisherige Weg der menschlichen Kultur ist für Rousseau ein
Irrweg, und zwar deshalb, weil sie auf der Ausbildung des Ver=
standes beruht, weil sie den Intellekt, der doch nur eine der
Funktionen des Menschenlebens ausmacht, zur herrschenden erhob,
durch die andere unterdrückt und verstümmelt wurden. Indem
die Menschen so von der ursprünglichen Einheit ihres Daseins,
d. h. von der Natur, sich entfernten, wurden sie verderbt, innerlich
entzweit, unglücklich; indem sie überwiegend oder ausschließlich nach
Erkenntnis strebten, wurden sie daran gehindert, Menschen zu sein.
Solche Gedankengänge mußten in Kant ein lebhaftes Echo er=
wecken, und so durfte er in einem Bekenntnisse jener Zeit vor
allem auf Rousseau als denjenigen hinweisen, der ihn von Vernunft=
stolz und Wissenshochmut am gründlichsten befreit habe: „Ich bin
selbst aus Neigung ein Forscher. Ich fühle den ganzen Durst
nach Erkenntnis und die begierige Unruhe, darin weiter zu kommen,

oder auch die Zufriedenheit bei jedem Fortschritte. Es gab eine Zeit, da ich glaubte, dies alles könnte die Ehre der Menschheit ausmachen, und ich verachtete den Pöbel, der von nichts weiß. Rousseau hat mich zurecht gebracht. Dieser verblendete Vorzug verschwindet; ich lerne die Menschen ehren und würde mich viel unnützer finden, als die gemeinen Arbeiter, wenn ich nicht glaubte, daß diese Betrachtung allen übrigen einen Wert geben könne, die Rechte der Menschheit herzustellen."

Sonach ist der Wert der Erkenntnis nicht mehr, wie in der sophistischen Aufklärung, ein absoluter, sondern ein relativer. Während die Aufklärer Erkenntnis und Wissen als das Höchste, vor allem als die Blüte des menschlichen Daseins, priesen, hat alle Erkenntnis für Kant nur noch die Bedeutung eines unter vielen Faktoren dieses menschlichen Daseins. Es gibt eine Vielheit menschlicher Bestrebungen, denen auch das Streben nach Erkenntnis sich einordnen muß, denen es aber nicht übergeordnet ist.

Die Einheit für diese Vielheit menschlicher Bestrebungen liegt natürlich in der Gesamtvorstellung: der Mensch, im Sinne des spezifisch Menschlichen. Nach diesem Einheitspunkte also muß letzten Endes, wie jedes andere menschliche Bestreben, so auch die Erkenntnis gravitieren. Ihre eigentliche Aufgabe ist also die ethische im umfassendsten Sinne dieses Wortes, d. h. die Beantwortung der Frage nach dem Wesen des Menschen, nach dem Woher und Wohin des menschlichen Daseins, nach der Bestimmung des Menschen, des einzelnen wie des ganzen Menschengeschlechts. „Wenn es", sagt Kant, „irgend eine Wissenschaft gibt, die der Mensch wirklich bedarf, so ist es die, welche ich lehre, die Stelle geziemend zu erfüllen, welche dem Menschen in der Schöpfung angewiesen ist, und aus der er lernen kann, was man tun muß, um ein Mensch zu sein." „Indem ich in der Tugendlehre jederzeit dasjenige historisch und philosophisch erwäge, was geschieht, ehe ich anzeige, was geschehen soll, so werde ich die Methode deutlich machen, nach welcher man den Menschen studieren muß, nicht allein denjenigen, der durch die veränderliche Gestalt, welche ihm sein zufälliger Zustand eindrückt, entstellt und als ein solcher selbst von Philosophen fast jederzeit verkannt worden; sondern die Natur des Menschen, die immer bleibt, und deren eigentümliche Stellung in der Schöpfung, damit man wisse, welche Vollkommenheit ihm im Stande der rohen und welche im Stande der weisen Einfalt angemessen sei; was dagegen die Vorschrift seines Verhaltens sei, wenn er, indem er aus beiderlei Grenzen herausgeht, die höchste Stufe der physischen oder moralischen Vortrefflichkeit zu berühren trachtet, aber von beiden mehr oder weniger abweicht."

Wo ist aber die Quelle, aus der diese Art der Erkenntnis entspringt und welches die Erkenntnisweise, die uns helfen kann, solcher Art unserer höchsten menschlichen Bestimmung entgegen zu reisen? Der relativistische Verstand kann jene Quelle nicht sein, und nicht die Verstandesaufklärung die zum Ziele führende Erkenntnisweise; denn diese ist durch Kant selbst völlig aufgelöst, die logisch-mathematische wie die empiristische Methode ad absurdum geführt. So verweist denn Kant, in gleicher Weise wie Hamann, auf eine in den geheimnisvollen Tiefen der reinen Subjektivität liegende okkulte Erkenntnisquelle und eine ihr entsprechende dunkel-mystische Erkenntnisweise, aus welcher alle dem Menschen, in Hinblick auf seine Bestimmung, nötige Einsicht entspringe. So wenig wie Hamann gelangt auch Kant über diesen Punkt schon zu einer klaren und festen Begriffsbestimmung. Wie Hamann so gebraucht auch Kant am häufigsten den Ausdruck Gefühl, um auf jene in ihrem Wesen noch verborgene, nur dunkel geahnte Erkenntnisquelle hinzudeuten, — aber er gebraucht auch z. B. den Ausdruck „gesunder Menschenverstand" oder „natürlicher gemeiner Verstand", ein andermal die Bezeichnung „innere Erfahrung, d. i. ein unmittelbares augenscheinliches Bewußtsein"; und ein andermal spricht er, statt von Gefühl, davon, „daß die Unterscheidung des Guten und Bösen in den Handlungen und das Urteil über die sittliche Rechtmäßigkeit geradezu und ohne den Umschweif der Beweise, von dem menschlichen Herzen durch das jenige, was man Sentiment nennt, leicht und richtig erkannt werden kann."

Alle diese schwankenden Bestimmungen zeigen nur deutlich an, daß vorerst auch Kant, so wenig wie Hamann, das Geheimnis der reinen Subjektivität zu ergreifen vermag, von dem er doch so stark wie jener ergriffen worden ist. Vorerst kann auch er, ebenso wie Hamann, diese neue Erkenntnisquelle und Erkenntnisweise nur negativ, vor allem als kontradiktorischen Gegensatz der sophisti= schen Verstandesaufklärung, bestimmen: sie ist nicht, wie diese, klar und bestimmt, sondern dunkel und geheimnisvoll, nicht logisch, sondern alogisch, nicht relativistisch, vermittelt, sondern direkt und unmittelbar; diese ganze Erkenntnisweise hat nichts mit dem Schul= witz und dem gelehrten Scharfsinn zu tun, sie ist überhaupt nicht ein Wissen im Sinne der Aufklärung, sondern ein Nichtwissen im Sokratischen Sinne, nicht Sache der Gelehrsamkeit, sondern der Einfalt — kurz, Kant vermöchte jetzt im Geiste der Mystik dem Satze Hamanns beizustimmen, daß „dasjenige, was uns führen und erleuchten muß, nicht — verstandesmäßige — Gesetze und Regeln sind, sondern ein Etwas, das weit unmittelbarer, weit inniger, weit dunkler und weit gewisser ist".

*   *   *

So war Kant, nachdem er den ganzen Umkreis der bis= herigen, d. i. naturphilosophischen, Erkenntnis durchmessen, auf dem Standpunkte angekommen, von dem aus zweitausend Jahre vorher der große atheniensische Weise, Sokrates, eine neue Wendung im Geistesleben eingeleitet hatte. Wie dieser, so hatte auch Kant im eigentlichsten Wortverstande die Philosophie von den Sternen zur Erde hinabgeführt: denn er war ausgegangen von der Betrachtung des Makrokosmos, des räumlich und zeitlich unendlichen Universums, um nun alles philosophische Interesse zu beschränken und zu konzen= trieren auf den Mikrokosmos, den Menschen; im Anfang seiner Ge= dankenentwickelung war auch er berauscht gewesen von der unend= lichen Fülle und Mannigfaltigkeit des Objektiven, in sie ganz ver=

sunken und verloren, — nun umkreist sein Denken nur noch das tiefe
Geheimnis der Subjektivität, das identisch ist mit dem Problem
des rein Menschlichen. Ein Geheimnis, wenn auch gleichsam ein
offenbares, ist es zunächst noch für Kant, — nicht anders als es
ein solches für den athenienfischen Weisen blieb, der es in der
Erscheinung des Dämoniums individuell erlebte.

Überhaupt aber zeigte sich das Sokratische in dem Charakter
und der Denkweise Kants zu keiner Zeit so scharf und deutlich
ausgeprägt als in dieser Periode, welche der kritischen Epoche
unmittelbar vorangeht.

Wie bei Sokrates alles Interesse sich konzentrierte auf die
praktische Anteilnahme am Problem des Menschen, so auch bei
Kant. Alles, was irgendwie die Verschiedenheiten der Menschen
nach Charakter, Sitten, nationaler Eigenart, Temperament, Empfindungsleben usw. betraf, reizte seine Wißbegierde. Daher bildeten
Reisebeschreibungen seine Lieblingslektüre, aber mit nicht geringerem
Eifer studierte er diese menschlichen Varietäten auch im Leben
selbst. Wanderte er auch nicht, wie Sokrates, auf dem Marktplatz
und den Straßen umher, so benutzte er doch ähnlich die Erfahrungen
seines eigenen Lebenskreises, z. B. in den berühmten Tischgesellschaften
seines eigenen Hauses, um seine Menschenkenntnis zu erweitern,
Menschen geradezu zu suchen, mit ihnen gemeinsam in den innersten
Kern des Allgemein-Menschlichen vorzudringen, und vor allem die
hier entspringenden ethischen Fragen in ihrer unerschöpflichen
Mannigfaltigkeit immer von neuem zu erörtern.

Wie bei Sokrates so war aber auch bei Kant in diesem
Trachten nach Menschenkenntnis der Ton aller seiner Untersuchungen, in der Unterhaltung wie in der Belehrung, der einer
bescheidenen Zurückhaltung, und seine eigentümliche Weisheit bestand auch bei ihm vor allem in dem Bewußtsein und dem Bekenntnis des Nichtwissens. Die Folie hierfür ist die vielberufene
Sokratische Ironie, — sie ist auch für Kant in dieser Periode
einer der bezeichnendsten Züge. Denn die Wahrheiten, wie Jacobi
sagt, die der tiefste Ernst hervorgebracht, und nur diese, nehmen

eine heitere Form an, sie machen den Menschen fröhlich, das ist
das Geheimnis der Sokratischen Ironie.*) Diese heitere, bei jeder
Gelegenheit ins Ironische hinüberspielende, Stimmung atmen damals
alle seine Schriften, ganz besonders die „Beobachtungen über das
Gefühl des Schönen und Erhabenen", und wie sehr er sie auch
im Lehrvortrag und im persönlichen Umgang offenbarte, wie er
hier die „Fröhlichkeit und Munterkeit eines Jünglings" besaß,
das hat noch viele Jahre später Herder in dem schönen Charakter=
bild bezeugt, das er von seinem ehemaligen Lehrer in den
„Humanitätsbriefen" entworfen hat.

Freilich überschritt Kant auch die Grenzen der heiteren
Ironie, und diese schlug in Spott, Sarkasmus und Satire um,
so oft er der eitlen Sophistik der Verstandesaufklärung gegenüber=
trat, die er selbst so weit hinter sich gelassen. Nach dieser, man
möchte sagen faunischen, Seite der Sokratik, berührt sich Kant aufs
engste wieder mit Hamann, dem er ja überhaupt in dieser Periode
so sehr nahe kommt. Wie Hamann, indem er die Geißel der
Satire gegen die gelehrte Sophistik der Verstandesaufklärung
schwingt, oft ins Possenhafte und derb Zynische gerät, so auch
Kant. Das tritt namentlich in der letzten der vorkritischen Haupt=
schriften, den „Träumen eines Geistersehers", hervor. Kein Bild
ist ihm hier zu obszön, kein Vergleich zu kühn, zu drastisch oder zu
zynisch, wenn es gilt, jene Philosophen zu treffen, welche die Fülle
des Objektiven, die Unendlichkeit des Seins mit Hilfe ihrer
logischen Gerüste ausmessen zu können glauben, welche die Geheim=
nisse des Diesseits wie des Jenseits zu erkunden sich anheischig
machen.

Eine solche Exaltation des polemischen Tones ist aber nur
da möglich, wo man den Gegenstand der Betrachtung so tief unter
sich erblickt, wie es, ebenso wie bei Hamann, auch bei Kant gegen=

---

*) Durch diese Erklärung Jacobis ist zwar, wie sich weiterhin zeigen
wird, das Wesen der Sokratischen Ironie keineswegs erschöpft oder auch
nur in den Hauptpunkten schon umschrieben, aber sie kann als vorläufige
Realdefinition allenfalls gelten.

über der sophistischen Verstandesaufklärung der Fall war. Sie hat
sich ihm in leeren Schein aufgelöst, ja alle Erkenntnis überhaupt
ist ihm trügerisch geworden, und jenem Scheine wie diesem Truge
vermag man nur dadurch zu entrinnen, daß man mit fröhlicher
Zuversicht das Nichtwissen als den Ausdruck wahrer Weisheit
begreift und alles andere, alle vermeintliche Erkenntnis, mit heiterer
Seele preisgibt und hinter sich läßt, nicht nur, weil sie wertlos
oder schädlich, sondern weil sie in jedem Falle auch unnütz und
entbehrlich ist. So ist das letzte Resultat dieser, durch Kant vollzogenen, Selbstauflösung der Verstandesaufklärung die demütig-
stolze, heitere Sokratische Resignation, wie sie in den „Träumen
eines Geistersehers" zum Ausdruck kommt: „Einem jeden Vorwitze
nachzuhängen und der Erkenntnißsucht keine anderen Grenzen zu
verstatten, als das Unvermögen, ist ein Eifer, welcher der Gelehrsamkeit nicht übel ansteht. Allein unter unzähligen Aufgaben,
die sich selbst darbieten, diejenige auswählen, deren Auflösung
dem Menschen angelegen ist, ist das Verdienst der Weisheit.
Wenn die Wissenschaft ihren Kreis durchlaufen hat, so gelangt sie
natürlicherweise zu dem Punkte eines bescheidenen Mißtrauens und
sagt, unwillig über sich selbst: wie viel Dinge gibt es doch,
die ich nicht einsehe. Aber die durch Erfahrung gereifte Vernunft, welche zur Weisheit wird, spricht in dem Munde des
Sokrates mitten unter den Waren eines Jahrmarktes mit heiterer
Seele: wie viel Dinge gibt es doch, die ich alle nicht
brauche! . . . Die wahre Weisheit ist die Begleiterin der Einfalt, und da bei ihr das Herz dem Verstande die Vorschrift gibt,
so macht sie gemeiniglich die großen Zurüstungen der Gelehrsamkeit entbehrlich, und ihre Zwecke bedürfen nicht solcher Mittel, die
nimmermehr in aller Menschen Gewalt sein können."

„Laßt uns demnach alle lärmenden Lehrverfassungen von
so entfernten Gegenständen der Spekulation und der Sorge müßiger
Köpfe überlassen. Sie sind uns in der Tat gleichgültig, und der
augenblickliche Schein der Gründe für oder dawider mag vielleicht
über den Beifall der Schulen, schwerlich aber etwas über das

Schicksal der Redlichen entscheiden. Es war auch die menschliche
Vernunft nicht genugsam dazu beflügelt, daß sie so hohe Wolken
teilen sollte, die uns die Geheimnisse der anderen Welt aus den
Augen ziehen; und den Wißbegierigen, die sich nach derselben so
angelegentlich erkundigen, kann man den einfältigen, aber sehr
natürlichen Bescheid geben, daß es wohl am ratsamsten sei, wenn
sie sich zu gedulden beliebten, bis sie werden dahin kommen. Da
aber unser Schicksal in der künftigen Welt vermutlich sehr darauf
ankommen mag, wie wir unseren Posten in der gegenwärtigen ver=
waltet haben, so schließe ich mit demjenigen, was Voltaire seinen
ehrlichen Candide, nach so viel unnützen Schulstreitigkeiten, zum
Beschluß sagen läßt: „Laßt uns unser Glück besorgen, in
den Garten gehen und arbeiten.“

13. Der idealistische Universalismus: Herder.

Alle die neuen Ideenbildungen und Gedankenbewegungen, durch welche die idealistische Gedankenrevolution im achtzehnten Jahrhundert unmittelbar vorbereitet und eingeleitet wurde: die Auflösung der naturphilosophischen Verstandesaufklärung durch Kant, die Renaissance des griechischen Idealismus durch Winckelmann und Lessing, die des christlichen Idealismus durch Hamann (und Jacobi), ja auch der ursprüngliche, geschichtliche Geist der Mystik und die lyrisch-musikalische Kunstentwickelung, in der dieser zuerst die Schranken des religiösen Mythus durchbricht — alles dies vereinigt sich in einem Geiste von wahrhaft universeller Prägung: Herder. Alle diese geistigen Strömungen ziehen kurz nacheinander und nebeneinander schon den jugendlich aufstrebenden Geist in ihren Bannkreis, reißen ihn mit sich fort und formen das Dauernde seines geistigen Charakters, die Substanz dieser Persönlichkeit. Auch seine Kindheit und erste Jugendzeit ist zunächst erfüllt von der Vorstellungsweise einer schlichten, innig-gläubigen Frömmigkeit im Geiste der Mystik oder, wie sie damals hieß, des Pietismus, und von der damit kongruenten Empfindungsweise, welche in der klassischen religiösen Lyrik und Musik ihren tiefsten Ausdruck fand. Daneben wurde er schon in früher Jugendzeit, durch unablässiges Selbststudium, ein Polyhistor gleich Hamann, und wurde gleich diesem heimisch in allen Provinzen des freien Denkens und Erkennens, so weit sie das allgemein Menschliche nur irgendwie betrafen und berührten. Er wurde dabei vor allem der Schüler

und begeisterte Verehrer Hamanns (und Jacobis), Winckelmanns,
Lessings und Kants. Daß diese die Lehrer seiner Jugend, ja die
eigentlichen Bildner seines Geistes waren, hat er immer wieder,
in vielfachen Äußerungen einer oft überquellenden Dankbarkeit,
selbst betont, und es ist an jeder entscheidenden Wegrichtung seiner
geistigen Entwickelung, bis zum Ende seines Lebens, deutlich zu
erkennen. Zu Kant und Hamann ist er ja auch in ein persön=
liches Schülerverhältnis getreten, während er Lessing (und auch
Jacobi) erst viel später, Winckelmann überhaupt nicht, persönlich
kennen lernte — und doch ist der Einfluß der letzteren nicht
weniger tiefgehend gewesen. Sollte man einem von ihnen einen
überragenden Einfluß zuschreiben, so könnte man am ehesten
Hamann nennen — doch gerade in der Vereinigung aller dieser
verschiedenartigen, und doch aus einheitlicher Quelle stammenden,
Gedankenzusammenhänge besteht recht eigentlich das hervorstechende
Kennzeichen des Herderschen Geistes, der ausgeprägte Universalis=
mus ist vor allem seine Signatur.

Das Wort Universalismus bedeutet natürlich hier nicht, daß
Herder alle diese verschiedenartigen Gedankenzusammenhänge nur als
ein Aggregat, als ein bloßes Nebeneinander, in sich aufgenommen
hätte — er hat sie auch zu einer Einheit verknüpft und nach
Möglichkeit zu verschmelzen gesucht. Freilich geschah dies nur mit
halbem Erfolge. Die höchste Einheit, die der systematischen, von
der Kraft der Idee beherrschten, Gedankenverknüpfung, hat er wohl
erstrebt, aber nicht erreicht. Daran hinderte ihn vor allem das
clair-obscur seiner Denkweise, dieses Hell=Dunkel, das mit dem
werdenden, aus dem Geist der Mystik noch unmittelbar sich los=
ringenden, Idealismus so eng verknüpft ist, das in so charakteristi=
scher Weise bei Hamann, in einem gewissen, wenn auch geringeren
Grade, selbst bei Winckelmann hervortritt. So weit auch Herder
„das Stammeln der Sibylle" seines Lehrers Hamann hinter sich
läßt, so wenig hat doch auch er aus jenem Helldunkel zur vollen
Gedankenklarheit sich durcharbeiten können, und auch er vermochte
den Gegensatz und Widerspruch nicht, oder nicht immer, zu über=

winden, der im Problem dieses erstmalig hervorbrechenden Idealis=
mus angelegt ist: nämlich das Geheimnisvolle (der reinen Sub=
jektivität) zu enthüllen, das Dunkle offenbar und das Tiefe ver=
standesmäßig klar und eben zu machen.

Darin zeigt sich aber schon die Überlegenheit Herders und
der große geistige Fortschritt, den er herbeiführte, daß er jenen
Gegensatz nicht bloß unbewußt oder halbbewußt in sich trug,
sondern deutlich als solchen erkannte und, was mehr ist, ihn nicht
nur zum Ausgangspunkt sondern zum zentralen Objekt seines
Denkens machte. Er bezeichnet diesen Gegensatz am häufigsten
als den von Gefühl und Verstand — und alle seine Schriften
erscheinen als Variationen dieses einen Themas.

Damit hängt es naturgemäß zusammen, daß Herder jene
bewegliche Mittelstellung zwischen Kunst (Dichtung) und Philosophie
einnahm, die ihn befähigte, nach allen Seiten die fruchtbarsten
Anregungen zu geben, aber unfähig machte, nach der einen oder
anderen Seite das Höchste zu erreichen. Und ebenso ist es dadurch
bedingt, daß er auch in seiner Darstellungsweise immer wieder
zwischen Gefühl und Verstand hin= und herschwankt, oftmals da,
wo er logische Zusammenhänge entwickeln will, bloße Bilder und
Gleichnisse und poetische Metaphern gibt, und wieder mitten in
diesen unvermittelt zu kältester Verstandesabstraktion übergeht. Und
endlich liegt hierin die wesentliche Ursache, daß er zur vollen
Systematik des Denkens, die er erstrebte, nie gelangen konnte, da
diese ja immer die Überwindung jenes Gegensatzes, die Herrschaft
des Logischen auch gegenüber dem Alogischen, zur notwendigen
Voraussetzung hat. So äußert sich die universalistische Tendenz
des Herderschen Geistes darin, daß er immer von neuem und an
immer verschiedenen Punkten ansetzt, um von hier aus, wie er
hofft, jenen Gegensatz zu überwinden und die Einheit des Wirklichen im Geiste zu finden — und dann doch immer wieder die
Arbeit liegen läßt, in der Erkenntnis, daß auch hier dieser archi-
medische Punkt noch nicht gefunden sei. So sind alle seine Schriften,
selbst die größten, Fragmente, und fast alle entstanden auf Grund

von Anregungen anderer Schriften, oft im engsten Anschluß an
sie, namentlich an Hamann und Kant, Winckelmann und Lessing,
später an Spinoza und Leibniz usw. Wie bloße Kommentare zu
den Werken dieser seiner Vorbilder erscheinen, namentlich in der
ersten Periode, die wichtigsten Schriften Herders, und seine frucht=
barsten Ideen entwickelt er im Anschluß an fremde Äußerungen
und an hingeworfene Gedanken anderer. Eben damit aber übte er
jene tiefgehende Wirksamkeit aus und gab jene fruchtbaren Winke
und Anregungen, welche so bedeutungsvoll wurden für die ganze
nachfolgende geistige Entwickelung. Indem er an immer neuen
Stellen den Grabscheit ansetzte, hat er, wie keiner vor ihm und
nach ihm, das ganze Erdreich um und um gewühlt und es dadurch
erst recht fähig gemacht zur Aufnahme der neuen idealistischen Ge=
dankensaat, auch da, wo die eigenen Gedanken nicht aufgingen, die
er selbst in verschwenderischer Fülle ausstreute. Indem er immer
wieder von neuem, und von den verschiedensten Punkten aus, die
Einheit des Inhalts der reinen Subjektivität, des Geistes, des
spezifisch Menschlichen, zu erfassen und zu umspannen suchte, hat
er wie keiner den Reichtum und die Fülle dieses Inhalts sehen
gelehrt, — diesen Reichtum, den man vordem nicht sehen konnte,
da man noch ganz in das Objekt versunken und verloren war,
den zuallererst Hamann, der einflußreichste Lehrer Herders, hatte
ahnen lassen. Fast alle Seiten des Problemes „Mensch", im Sinne
der reinen Subjektivität, werden bei Herder irgendwie angeschlagen,
wenn es auch oft nur ein flüchtiger Ton ist, der hierbei anklingt;
ja er hat vielleicht noch mehr Gedanken zum ersten Male auf=
geworfen als entschieden durchdacht, mehr Fragen gestellt als
Lösungen gegeben. Auf eben dieser Tendenz aber zur universellen
Ausbreitung und zur Verknüpfung all des Mannigfaltigen, das
im Geiste des Idealismus zu entwickeln ist, auf dieser genialen
Kraft der Synthese beruht recht eigentlich die große Bedeutung,
welche er für das Geistesleben, und insbesondere für die Geschichte
des deutschen Idealismus, gewonnen hat. Er war nicht der Architekt
und Baumeister, der es vermocht hätte, die idealistische Ideenwelt

zur Einheit zu binden, auch nicht der Künstler, der sie in indivi=
duellen Typen vor Augen gestellt hätte, wohl aber der glänzendste
Rhapsode, der ihren Inhalt in seiner ganzen Fülle, der das viel=
stimmige Lied vom Menschen und vom Geiste immer wieder, und
mit immer neuen Variationen in der Verknüpfung der Strophen,
der Tongebung und Tonfärbung, zur Darstellung brachte.

$$*\qquad *\qquad *$$

In der Jugendperiode Herders, von der hier zunächst nur
die Rede ist — sie schließt etwa ab mit dem Jahre 1769, dem
Jahre der Seereise von Riga nach Nantes — zeigte sich die uni=
versalistisch gerichtete synthetische Kraft seines Geistes zunächst in
der Art, wie er die grundlegenden Anschauungen seiner „geistigen
Ahnherrn", vor allem Hamanns und Winckelmanns, Lessings und
Kants, nicht nur sich zu eigen macht und tief durchlebt, sodern sie
sogleich, auf der einen Seite in sich differenziert, auf der anderen
unter sich aufs engste verknüpft, und dadurch eine Fülle neuer
Gedanken und den Ausblick auf zahlreiche neue Probleme gewinnt.

Den ersten und wichtigsten Anstoß gab ihm zweifellos
Hamann. Aber schon hier zeigt sich der charakteristische Unter=
schied, daß, während der Magus des Nordens, als dunkel=rätsel=
voller Interpret des Geistes der Mystik, zugleich die lebendige
Antithese, der fleischgewordene Widerspruch zur Verstandesaufklärung
war, Herder gleich in seiner ersten Schrift, den Literaturfragmenten,
beides zu verknüpfen und, wenn auch ganz und gar unter dem be=
herrschenden Gesichtspunkt des Hamannschen Denkens, einen gewissen
Einheitspunkt beider zu gewinnen suchte. Hamann hatte gelehrt,
daß wir die Wahrheit und das „Wirkliche", zunächst und vor allem
das der Menschenwelt, nicht ergreifen durch die Mannigfaltigkeit
des Objektiven, sondern durch die reine Subjektivität, daß freilich
dieser Weg der Erkenntnis ganz entgegengesetzt ist dem der Verstandes=
aufklärung, nicht logisch=mathematisch, sondern intuitiv, nicht abstrakt,
sondern konkret, nicht hell und deutlich, sondern dunkel=geheimnis=
voll, nicht Wissen, sondern Unwissenheit, nicht philosophisch, sondern

poetisch und religiös; und er hatte gezeigt, daß diese wahre Er=
kenntnis im primitiven Anfangsstadium der Menschheitsentwickelung
da war, als der Geist noch nicht durch die Verstandesaufklärung
entartet und entkräftet war: damals — wie es vor allem die
Bibel zeigt — war die Sprache der Menschen selbst Poesie und
ihr Leben selbst Religion, und alles Erkennen ein wissend=unwissendes
Einswerden mit dem Objekt, ein intuitives Erfassen desselben in
der geheimnisvollen Tiefe der reinen Subjektivität.

Herder nimmt diese Grundgedanken auf — aber von vorn=
herein steht er dabei der Verstandesaufklärung nicht, wie Hamann,
lediglich negierend gegenüber, und versieht er die abstrakte Ver=
standeserkenntnis, die zum Wissen, im Sinne der deutlichen und
vollkommenen klaren Verknüpfung, gelangen will, nicht einfach mit
dem Siegel der Verwerfung. Vielmehr verhält es sich vielleicht
so, daß die letztere nur einer anderen, wenn auch minderwertigen,
Stufe der Menschheitsentwickelung entspricht, zu der schließlich hinzu=
gelangen, für ein jedes Volk, wenigstens in einem gewissen Sinne,
unvermeidbar ist. Den deutlichsten Fingerzeig hierfür gibt die
Sprache, diese, für Hamann wie für Herder, so wichtige Er=
scheinung der reinen Subjektivität, da sie deren, ihr ganzes Wesen
und Geheimnis umfassende, sinnliche Offenbarung ist. Denn jede
Sprache eines Volkes entwickelt sich deutlich vom primitiven An=
fangsstadium aus, wo alles Poesie, konkretes Anschauen in Bildern,
Gleichnissen und Symbolen ist, in der Richtung zur philosophischen
Ausdrucksweise, die immer abstrakter wird und die Deutlichkeit erstrebt.

Warum aber sollte nicht, unter einem umfassenden Gesichts=
punkte, beides in der notwendigen Entwickelungsrichtung des Geistes
und des allgemein Menschlichen liegen? Ist die sprachliche, und
die ihr entsprechende allgemein=geistige, Tendenz zur Schönheit mehr
berechtigt als die zur Vollkommenheit und Deutlichkeit? —
es sei denn man beurteile die letztere nach jener „witzigen Prosa“, die
zum Gähnen deutlich ist, weil sie das Denken überhaupt ausschaltet,
die nur für leere Köpfe und wässerichte, phlegmatische Gehirne ist.
Läßt man aber diese Ausartung beiseite, dann wird ebenso der

Unterschied wie die Einheit beider deutlich. Ein anderes freilich ist die Schönheit, ein anderes die Deutlichkeit und Vollkommenheit der Sprache, wie der ihr entsprechenden geistigen Tendenz. Wo erstere herrscht oder wenigstens vorherrscht, da ist die Sprache sinnlich und stark und von unmittelbarer Kraft, sie ist voll von Idiotismen, von den stärksten Machtwörtern, von kühnen Inversionen, belebt mit zahlreichen Bildern und Gleichnissen, durchglüht von Leidenschaft und bewegt von klingendem Rhythmus — wo aber das Ideal der Vollkommenheit und Deutlichkeit herrscht, da wird naturgemäß die Leidenschaft niedergeschlagen, die Idiotismen verschwinden mehr und mehr, oder werden wenigstens gemildert, die starken Macht= wörter, die kühnen Inversionen werden vermieden und umschrieben, aus Bildern und Gleichnissen werden prosaische Exempel, und so entsteht aus der sinnlich=lebendigen Sprache der Leidenschaft eine abstrakt=unlebendige, an Kunstwörtern reiche, Sprache des mittleren Witzes und des Verstandes.

Nimmt man zwischen diesen beiden entgegengesetzten Polen der geistigen Entwickelung noch ein allgemeines Übergangsstadium an, so wären demnach drei Stufen mit Herder zu unterscheiden. Die erste ist das poetische Sprachalter (und die ihr entsprechende allgemeine Geistesstufe). „Man sang im gemeinen Leben, und der Dichter erhöhte nur seine Akzente in einem für das Ohr ge= wählten Rhythmus; die Sprache war sinnlich und reich an kühnen Bildern; sie war noch ein Ausdruck der Leidenschaft, sie war noch in den Verbindungen ungefesselt; der Periode fiel auseinander, wie er wollte. Seht, das ist die poetische Sprache, der poetischen Periode. Die beste Blüte der Jugend und der Sprache war die Zeit der Dichter; da es noch keine Schriftsteller gab, so ver ewigten sie die merkwürdigsten Taten durch Lieder; durch Gesänge lehrten sie, und in den Gesängen waren nach der damaligen Zeit der Welt Schlachten und Siege, Fabeln und Sittensprüche, Gesetze und Mythologie enthalten.“

„Je älter der Jüngling wird, je mehr ernste Weisheit und politische Gesetztheit seinen Charakter bildet, je mehr wird er männlich und hört auf Jüngling zu sein. Eine Sprache in ihrem männlichen Alter ist nicht eigentlich mehr Poesie, sondern die schöne Prosa. Jede hohe Stufe neigt sich wieder zum Abfall, und wenn wir einen Zeitpunkt in der Sprache für den am meisten poetischen annehmen, so muß nach demselben die Dichtkunst sich wieder neigen. Je mehr sie Kunst wird, je mehr entfernt sie sich von der Natur. Je eingezogener und politischer die Sitten werden, je weniger die Leidenschaften in der Welt wirken, desto mehr verliert sie an Gegenständen. Je mehr man an Perioden künstelt, je mehr die Inversionen abgeschafft, je mehr bürgerliche und abstrakte Wörter eingeführt werden, je mehr Regeln eine Sprache erhält, desto vollkommener wird sie zwar, aber desto mehr verliert die wahre Poesie."

„Jetzt ward der Periode der Prosa geboren und in die Runde gedreht; durch Übung und Bemerkung ward diese Zeit, da sie am besten war, das Alter der schönen Prosa, die den Reichtum ihrer Jugend mäßig brauchte; die den Eigensinn der Idiotismen einschränkte, ohne ihn ganz abzuschaffen; die die Freiheit der Inversionen mäßigte, ohne doch noch die Fesseln einer philosophischen Konstruktion über sich zu nehmen, die den poetischen Rhythmus zum Wohlklang der Prosa herunterstimmte und die vorher freie Anordnung der Worte mehr in die Runde eines Perioden einschloß. Das ist das männliche Alter der Sprache."

„Das hohe Alter weiß statt Schönheit bloß von Richtigkeit. Diese entzieht ihrem Reichtum, wie die lacedämonische Diät die attische Wollust verbannt. Je mehr die Grammatici den Inversionen Fesseln anlegen; je mehr der Weltweise die Synonymen zu unterscheiden oder wegzuwerfen sucht; je mehr er statt der uneigentlichen eigentliche Worte einführen kann; je mehr verliert die Sprache Reize, aber auch desto weniger wird sie sündigen. Ein Fremder in Sparta sieht keine Unordnungen und keine Ergötzungen. Dies ist das philosophische Zeitalter der Sprache."

Man kann schließlich neben diesen drei Stufen, dem jugendlichpoetischen Sprachalter vorausgehend, noch eine weitere unterscheiden, das Anfangsstadium der Entwickelung, das Kindheitsalter eines Volkes, und dementsprechend auch das Zeitalter der Sprache in ihrer Kindheit. „Man nenne dies Zeitalter, wie man wolle, es bleibt ein Zustand der rohen Natur. Natur war damals noch alles: Kunst, Wissenschaft; Schriftsteller, Weltweisen, Sprachkünstler gab es noch nicht; alles war Volk, das sich seine Sprache bildete, zur Notdurft und dann allmählich zur Bequemlichkeit. . . . Eine Gesellschaft, die, tausend Gefahren ausgesetzt, in unbekannten Gegenden zwischen den Zähnen und Klauen der Tiere und Tier= menschen, der Räuber und Mörder umherirrt, wo jeder sich durch einen Freund wie durch einen Schutzengel seines Lebens sichert, von dem er in einem Augenblick Hilfe erwartet, — eine Gesell= schaft, die aus Furcht vor jedem neuen Gegenstande starrt, vor jeder ungesehenen Sache wie vor einem Wunder staunt und aus Unwissenheit und Aberglauben vor ihr niederfällt — ein Volk, dem also Entsetzen, Furcht, Staunen, Bewunderung wie bei Kindern die häufigsten Regungen sein müssen — ein solches Volk wird diesen Geist auch seiner Sprache mitteilen: große Leidenschaften mit gewaltsamen Geberden und mächtigen Tönen ankündigen, schleunige Bedürfnisse durch kurze und heftige Akzente des Geschreies melden; unartikulierte Laute werden sich zu rauhen und einsilbigen Worten umarbeiten, starke und ungeglättete Organe werden un= biegsame Töne hervorstoßen, der Atem wird sich nicht Zeit nehmen, Lunge und Perioden auszudehnen, sondern in kurzen und häufigen Intervallen kommen und wiederkommen. Das wird die Sprache sein, die nach Horaz Menschen machte; denn so lange waren diese Tiere, bis sie Worte fanden.“

Wie man aber auch die Sprachalter und die Zeitalter geistiger Entwickelung noch weiter einteilen und differenzieren mag, so ist soviel sicher, daß diese Entwickelung sich überall, bei allen Völkern, zwischen zwei entgegengesetzten Polen bewegt: auf der einen Seite dem Stadium der philosophischen „Aufklärung“, wo die wichtigsten Elemente und Funktionen des geistigen Lebens aus= einandergezogen und getrennt sind, alle Unmittelbarkeit des geistigen

Seins also verloren ist, und auf der anderen Seite das — schönere — Stadium der Jugendblüte des Geistes, wo diese Unmittelbarkeit noch vorhanden, wo die Einheit des geistigen Lebens noch un= gebrochen ist. Diese ungebrochene Einheit bedeutet vor allem: das Sinnliche ist noch nicht getrennt vom Ideellen, der Gedanke noch nicht vom (sinnfälligen) Ausdruck, sondern beide sind eins wie Seele und Körper; und Dichtung ist noch nicht geschieden von der (abstrakten) Weisheit und nicht von der Religion, sondern im Nationalgeiste sind alle diese höchsten Funktionen des geistigen Lebens, die wieder alle anderen (Moral, Gesetzgebung 2c.) in sich schließen, vollkommen eins. Und diese Einheit ist es, die wir Mytho= logie nennen. Ein Volk im Jugendalter ist also ein Volk des Mythus: Dichter schaffen ihm seine Religion und bilden sie un= aufhörlich um, und seine Religion ist und wird Dichtung, und in ihr ist beschlossen alle Weisheit, und dieser im Nationalgeist wur= zelnde Mythus ist so der unerschöpfliche Born eines immer er= neuten, in vollster Ursprünglichkeit sich entwickelnden geistigen Lebens.

Will man diese Unmittelbarkeit und Einheit des geistigen Lebens in ihrer höchsten Kraft und Geschlossenheit, will man das Jugendzeitalter des Geistes in seiner höchsten Blüte kennen lernen, dann gibt es nur eine einzige, über alles andere weit erhabene, geschichtliche Erscheinung: das Griechentum. Hierin ist Herder ganz in Übereinstimmung mit Winckelmann und Lessing, die er immer wieder als die Erwecker und Erneuerer griechischen Geistes feiert und zu charakterisieren sucht; und er weiß zum Preise Winckelmanns nichts Größeres zu sagen, als daß er ihn unmittel= bar erhebt mit der allgemeinen Lobpreisung des Griechentums: „da ich Jahre her täglich zu den Alten, als zu der Erstgeburt des menschlichen Geistes, wallfahrte und Winckelmann als einen würdigen Griechen betrachte, der aus der Asche seines Volkes auf= gelebt ist, um unser Jahrhundert zu erleuchten, so kann ich Winckel= mann nicht anders lesen, als ich einen Homer, Plato und Baco lese und er seinen Apollo sieht."

Aber auch hier werden die Anschauungen Winckelmanns und
Lessings erweitert und vertieft durch die universalistische Tendenz
und die geniale synthetische Kraft des Herderschen Geistes. Vor
allem dehnt er, im Unterschiede von jenen, die Kunstbetrachtung
von vornherein auf alle Künste aus. Wenn Lessing z. B. im
„Laokoon" die Grenze von Malerei und Dichtung festsetzen wollte,
so weist Herder darauf hin: „Herr Lessing zeigt, was die Dichtkunst, gegen Malerei gehalten, nicht sei; um aber zu sehen, was sie
denn an sich, in ihrem ganzen Wesen, völlig sei, müßte sie mit
allen schwesterlichen Künsten und Wissenschaften, z. B. Musik,
Tanzkunst und Redekunst, verglichen und philosophisch unterschieden
werden."

Hierbei ist es besonders wichtig, daß, während Winckelmanns
ästhetische Anschauungsweise fast ausschließlich von der bildenden
Kunst, besonders der Plastik, die Lessings fast ebenso ausschließlich
von der Dichtkunst, insbesondere dem Drama, beherrscht wird,
Herder mit beiden die beherrschenden Gesichtspunkte der Musik,
insbesondere der ihr nahe verwandten Arten der Dichtung (Lyrik),
und der musikalischen Elemente aller Dichtungsarten, verknüpft,
und so gerade an diesem Punkte besonders entschieden die Synthese
zwischen dem Geiste der griechischen und christlichen Renaissance,
zwischen Hamann und Winckelmann, vollzieht. Daher lehrt Herder
zuerst, im Geiste der neuen klassizistischen Ästhetik, die Schönheiten der Klopstockschen Poesie kennen, die ja ganz in Lyrik getaucht ist, auch da wo sie die Form des Dramas oder Epos annimmt. Und so wie Winckelmann im Geiste der Antike der
Gesetzgeber der bildenden Künste, Lessing der des Dramas war,
so wurde Herder, unter der doppelten Einwirkung der christlichen
und griechischen Renaissance, der Gesetzgeber der Lyrik. Er hat
zuerst das Wesen der Ode, der sangbaren Dichtung, wie man im
Altertum die lyrischen Dichtungen insgesamt bezeichnete, in ihrem
Wesen zu bestimmen gesucht, er ist aber ebenso der Lyrik und der
musikalischen Dichtung, auch außerhalb der Antike, unablässig vergleichend und forschend nachgegangen; er lauschte den Stimmen

aller Völker im Liede, ja er fand eben im Liede den eigentlichen Ausdruck, die vollkommenste Darstellungsform des Nationalgeistes aller Völker in ihrer jugendlichen Blüteperiode. Denn der Hymnus, das Lied, ist der vollkommenste Ausdruck der Empfindung, es entspringt am reinsten und unmittelbarsten aus dem tiefverborgenen geheimnisvollen Quell der reinen Subjektivität, deren Einheit darin sich wiederspiegelt. Das Lied ist darum der Erstling der Natur in der Menschenwelt, die Erstgeburt vor allem der Poesie, aber auch alles dessen, was diese in der Jugendperiode der Völker in sich schließt; und wenn der Mythus die Ineinsbildung von Kunst (Dichtung), Religion und Weisheit ist, so ist das Lied, der Hymnus die reinste Ausdrucksform für den religiösen Mythus. „Das erstgeborene Kind der Empfindung," sagt Herder, „der Ursprung der Dichtkunst und der Keim ihres Lebens ist die Ode. Von welchen unentfalteten Geheimnissen und fruchtbaren Entwickelungen würde sie also ein schwangeres Samenkorn sein, wenn ein Kenner der Bewegungshebeln unseres Herzens, ein Genie, das die Dichtkunst in ihrem Jugendfeuer im männlichen Streit und Triumph bemerkt, sie zergliederte! . . . Der Geist der Ode ist ein Feuer des Herrn, das Toten unfühlbar bleibt, Lebende aber bis auf den Nervensaft erschüttert; ein Strom, der alles Bewegbare in seinem Strudel fortreißt. Zergliederern verfliegt er so unsichtbar wie der Archäus den Chymikern, denen Wasser und Staub in der Hand bleibt, da seine Diener, das Feuer und der Wind, in Donner und Blitz zerfuhren."

Es war vielleicht in erster Linie diese Versenkung in das Lyrische, die Herder den Anstoß gab, überhaupt die Schranken der klassizistischen Anschauungsweise Winckelmanns und Lessings zu überwinden. Zunächst schon die innerlich gegebenen Schranken: Winckelmann und Lessing hatten das Wesen des griechischen Geistes ausschließlich in jenem statischen Gleichgewicht des Subjektiven und Objektiven, des Geistigen und Sinnlichen, gesucht, dessen vollendeten künstlerischen Ausdruck Winckelmann in der edlen Einfalt und stillen Größe der griechischen Plastik fand, das Lessing im „Laokoon" in so charakteristischer Weise negativ bestimmt hatte, wenn er ihm

die Ruhe des Stoikers und erst recht die Unempfindlichkeit im
Leiden bei barbarischen Völkern entgegensetzte. Denn nur in
jener, bei den Griechen allein vorhandenen, Harmonie des Sub=
jektiven und Objektiven bestand nach ihnen, wie die wahre Kunst,
so auch das echte Menschentum, und man entfernte sich von beiden
nach der einen oder anderen Richtung, indem man sich von dem
Vorbilde der Griechen entfernte.

Demgegenüber wirft Herder zuerst die Frage auf: ist der
Geist des Griechentums in der Tat so zu bestimmen und so eng
zu umgrenzen, wie es von Winckelmann und Lessing geschehen ist?
Diese Frage kann natürlich nur verneint werden. Der griechische Geist
ist ebensowenig einheitlich als der eines anderen Volkes, er ent=
wickelt sich, und ist auf jeder Stufe von dem der übrigen verschieden:
die Zeit Homers, das Heldenzeitalter, in dem die Epopöe blühte,
wo die griechischen Staaten sich erst zu bilden anfingen, wo auch
die Sprache noch fortdauernde Veränderungen erfuhr, ist ganz ver=
schieden etwa von dem Perikleischen Zeitalter, wo in einem ruhigen
Staatsleben eine gebildete Sprache herrschte; es gab eine Zeit, wo
die Homerischen Rhapsoden von jedem Griechen verstanden wurden,
aber anders war die Zeit Platos, wo die Homerischen Gesänge
nur noch gelesen wurden und erklärt werden mußten. Und so
verschiedenartig wie der Geist des Griechentums in den einzelnen
Perioden der geschichtlichen Entwickelung ist, ebenso verschiedenartig
stellt er sich auch in den mannigfaltigen geistigen Lebensäußerungen,
vor allem in den mannigfaltigen Kunstformen, in den vielen
Dichtungsarten, dar. Will man z. B. dem Homer ein kanonisches
Ansehen für die griechische Kunst zugestehen, so mag das für seine
Kunstform, die Epopöe, gelten, nicht aber für andere, für die
Pindarische Ode, das Anakreontische Lied usw. In jeder Dichtart
„ist der Hauptzweck", sagt Herder, „poetische Täuschung, bei allen
aber auf verschiedene Art. Die hohe wunderbare Illusion, zu der
mich die Epopöe bezaubert, ist nicht die kleine süße Empfindung,
mit der mich das Anakreontische Lied beseelen will, noch der
tragische Affekt, in den mich ein Trauerspiel versetzt — indessen

arbeitet jedes auf seine Täuschung, nach seiner Art, mit seinen
Mitteln, etwas in vollkommenstem Grade anschaulich vorzustellen;
es sei nun dies Etwas epische Handlung oder tragische Handlung,
oder eine innige Anakreontische Empfindung, oder ein vollendetes
Ganze Pindarischer Bilder, oder — alles muß indessen innerhalb
seiner Grenzen, aus seinen Mitteln und seinem Zwecke beurteilt
werden. Keine Pindarische Ode also als eine Epopöe, der das
Fortschreitende fehle; kein Lied als ein Bild, dem der Umriß
mangele; kein Lehrgedicht als eine Fabel, und kein Fabelgedicht
als beschreibende Poesie. Sobald wir nicht um ein Wort „Poesie",
„Poem" streiten wollen, so hat jede eingeführte Gedichtart ihr
eigenes Ideal, — eine ein höheres, schwereres, größeres als eine
andere, jede aber ihr eigenes. Aus einer muß ich nicht auf die
andere oder gar auf die ganze Dichtkunst Gesetze bringen."

Ebenso differenziert aber wie die Dichtungsarten, sind, inner=
halb derselben, bei den Griechen die künstlerischen Typen und
Charaktere. Wenn also Winckelmann und Lessing behaupten, die
Griechen hätten in ihren Göttern und Helden, als den menschlichen
Idealtypen, nur die Einheit des Subjektiven und Objektiven, die
Harmonie des Geistigen und Sinnlichen dargestellt, und so hätten
sie aus diesem Grunde, weder im Schmerze ein wildes Geschrei
erheben dürfen, wie die überwiegend sinnlichen Menschen, noch
stumm bleiben dürfen, wie die christlichen Asketen oder die Bar=
baren, welche das Sinnliche unterdrücken, — so zeigt die nähere
Untersuchung, daß diese Ansicht falsch ist, daß vielmehr z. B. die
homerischen Götter und Helden eine große Mannigfaltigkeit von
Charakteren bilden und sich dementsprechend auch im Schmerz
durchaus verschieden verhalten. „So heult z. B. bei seiner Ver=
wundung ein Pherakles; aber dieser Pherakles ist ein Trojaner,
ein unkriegerischer Künstler, ein feiger Flüchtling, der auf der Flucht
eingeholt wird; und freilich ein solcher kann sich durch ein Geheul
auf seinen Knien unterscheiden; aber offenbar „nicht der leidenden
Natur ihr Recht zu lassen", sondern vermöge seines Charakters.
Vermöge dieses schreit die Venus laut; denn sie ist die weich=

liche Göttin der Liebe; ihre zarte Haut ist kaum gestreift, kaum wird sie den roten Ichor, das Götterblut, gewahr, so entsinken ihr die Hände; sie verläßt die Schlacht, sie weint vor Bruder, Mutter, Vater und dem ganzen Himmel; sie ist untröstlich. Wer will nun sagen, daß mit diesem allen Homer sie charakterisiere, „nicht, um sie als die weichliche Göttin der Wolluft zu schildern, vielmehr um der leidenden Natur ihr Recht zu geben"? Wäre dies, wie würde er so genau die Seite des Weichlichen mit jedem Bilde, mit jedem Worte, mit jeder Bewegung zeichnen? wie würde er sie noch oben= drein von Pallas verspotten lassen, als hätte sie sich bei einem Liebeshandel vielleicht geritzt? wie würde selbst ihr lieber Vater Jupiter über sie lächeln? Lacht dieser, spottet jene, um der leiden= den Natur ihr Recht zu geben? und welche leidende Natur ist ein Riß der blendenden Haut? Ebensowenig schreit der eherne Mars aus einer anderen Ursache, als eben — weil er der eherne, der eisenfressende Mars ist, der im Getümmel der Feldschlacht rast und ebenso wild bei der Verwundung aufschreit." So ist also unter den griechischen Helden und Göttern keiner „an Empfindungen so wenig als an Worten, Gebärden, Körper, Eigenschaften dem anderen gleich; jeder ist e i n e e i g e n e Menschenseele, die sich in keinem anderen äußert".

Dennoch ist es wahr, auch im Sinne Winckelmanns und Lessings, daß die griechische Kunst, wie keine andere, die tiefsten menschlichen Empfindungen erweckt, indem und weil sie das rein Menschliche zur Darstellung bringt. Aber dieser Charakterzug der reinen Menschlichkeit, tritt er bei den Griechen auch am deutlich= sten, vor allem am umfassendsten und in reichster künstlerischer Aus= prägung, hervor, ist doch nicht auf dies eine Volk beschränkt: er ist ein Ausdruck der reinen, unverfälschten, in ihrer ursprünglichen Einheit noch ungebrochenen menschlichen Natur, und so zeigt er sich bei vielen Völkern, an vielen Stellen und in mannigfachen Weisen, überall da, wo ein Volk in der jugendlichen Blüte seines Lebensalters steht, in jenem Zeitalter, das mitten inne liegt zwischen der Barbarei eines Volkes und der zahmen Sittlichkeit,

dem höflichen Schein, in dem wir leben, der Zwiespältigkeit, der
Zerrissenheit und der ganzen Unnatur, die unser Erbteil sind.

Solche Jugendblüte aber erlebten nicht nur die Griechen,
sondern viele andere Völker, z. B. viele orientalische Völker, auch
die Juden, wie die älteste Urkunde des Menschengeschlechts, die
Bibel, in ihren epischen Dichtungen, ihren Hymnen und Liedern,
zeigt. Auch unsere eigenen Ureltern, auch die nordischen Völker,
erlebten diese jugendliche Blütezeit, auch sie sind nicht, wie Winckel=
mann und Lessing meinten, gegen die Griechen Barbaren, und in
diesem Sinne also bloße Unmenschen, gewesen. Denn „menschliches
Gefühl", sagt Herder, „muß jedem einwohnen, der ein Mensch ist.
. . . Ich kenne kein poetisches Volk der Erde, welches große und
sanfte Empfindungen so sehr in eine Gesinnung verbunden und
in einer Seele den Heroismus des Helden= und Menschengefühls
so ganz gehabt hätte als die — alten Schotten, nach Maßgabe
ihrer jetzt aufgefundenen Gesänge (Ossians). . . . Was geht über
die elegischen Liebesgesänge dieser Nation, die sich durch nichts als
an Bardenliedern voll tragischer Heldentaten und voll tragischer
Heldenliebe ergötzten? Nichts, selbst aus dem griechischen Alter=
tum nichts. . . . . Alle Empfindungen der Helden und der Men=
schen, z. B. Vaterlands= und Geschlechter=, Freundes= und Weiber=
und Menschenliebe — alle leben in den Gedichten dieses Volkes,
wie in Abdrücken ihrer Seele. — Und so war es wohl nicht der
Grieche allein, der zugleich weinen und tapfer sein konnte. So
war nicht jeder, der Barbar heißt, der in einem rauhen Klima
wohnte und die Bildung der Griechen nicht kannte, von der Art,
„daß er, um tapfer zu sein, alle Menschlichkeit ersticken mußte".
So lag es also wohl nicht an der Nationalseele, am Temperament,
am Klima, am Gesittetsein der Griechen, wenn sie beides verbanden.
Und so müssen also andere Gründe sein, die diese Mischung von
Heldentum und Menschlichkeit bei ihnen und bei den Barbaren
hervorbrachten und nicht hervorbrachten."

*   *   *

So ist die kritische Gedankenarbeit Herders überall darauf gerichtet, seiner Zeit den Star darüber zu stechen, daß ihre Verstandeskultur, in der sie so selbstgefällig lebte und sich heimisch fühlte, nur der Ausdruck der Schwäche und Greisenhaftigkeit sei, und ihr als Ideal jene kraftvolle Einheit der Geisteskultur gegenüberzustellen, wie sie im jugendlichen Blütezeitalter der Nationen, allen voran der Griechen, aber auch anderer Völker, anzutreffen ist. Diese seine Zeit, die in der Hingabe an die Mannigfaltigkeit des Objektiven allmählich ganz sich selbst verlor, die Einheit des Geistes und damit alle Kraft einbüßte, sie möchte Herder zurückführen zur Jugendblüte des Geistes, zur ungebrochenen Einheit menschlichen Lebens, wie sie uns bei den Griechen, wie sie uns bei den orientalischen, bei den nordischen Völkern, in der Poesie der Hebräer, in den Liedern Ossians und der Skalden, in zahlreichen poetischen Stimmen anderer Völker entgegentritt.

Wie aber soll diese Verjüngung, die Neugeburt deutschen Geisteslebens, erreicht werden?

Keine Antwort scheint hier näher zu liegen als die, man müsse trachten, jene Vorbilder jugendlicher Geisteskraft nachzuahmen, in erster Linie also die Griechen. Solche Versuche waren ja auch vordem schon gemacht worden, und zu keiner Zeit mit größerem Eifer als unmittelbar vor dem Auftreten Herders. Man benannte die zu jener Zeit hervorragendsten Dichter und Schriftsteller geradezu nach den griechischen Vorbildern, welche sie eifrig nachzuahmen versucht hatten: Gleim war der deutsche Tyrtäus, Gerstenberg der deutsche Pindar, Mendelssohn der deutsche Plato, die Karschin die deutsche Sappho, Uz der deutsche Anakreon, Gellert der deutsche Äsop, Geßner der deutsche Theokrit usw.

Aber eine solche Nachahmung ist unmöglich, und auch da, wo sie mit einem Anschein von Erfolg hervortritt, verfehlt sie durchaus den Zweck, den man erstrebt.

Schon durch die Verschiedenheit der Sprache wird diese Nachahmung verwehrt. Denn jede Sprache hat ihren eigenen Geist und Charakter, ihren eigenartigen Rhythmus, ihre bestimmte Klang

farbe und sinnliche Schönheit, welche nie auf den Boden einer an=
deren Sprache verpflanzt werden können. Jede Sprache hat auch
ihre charakteristischen Worte und Wortverknüpfungen, Synonyme
und Idiotismen, welche in jeder anderen Sprache unnachahmlich
sind. „Idiotismen", sagt Herder, „sind patronymische Schönheiten
und gleichen jenen heiligen Ölbäumen, die rings um die Akademie
bei Athen ihrer Schutzgöttin Minerva geweiht waren. Ihre Frucht
durfte nicht aus Attika kommen und war bloß der Lohn der Sieger
am panathenäischen Feste; ja, da die Lazedämonier einst alles ver=
wüsteten, so ließ die Göttin es nicht zu, daß diese fremden Bar=
baren ihre Hände an diesen heiligen Hain legten. Ebenso sind die
Idiotismen Schönheiten, die uns kein Nachbar durch eine Über=
setzung entwenden kann, und die der Schutzgöttin der Sprache heilig
sind; Schönheiten, in das Genie der Sprache eingewebt, die man
zerstört, wenn man sie austrennt; Reize, die durch die Sprache,
wie der Busen der Phryne durch einen seidenen Nebel, durch das
Wassergewand der alten Statuen, das sich an die Haut anschmiegt,
durchschimmern."

Ganz besonders aber ist natürlich die Sprache der jugend=
lichen Blütezeitalter unnachahmlich unterschieden von der der neuen
Zeit. Diese, mit ihrer hochgesteigerten Verstandeskultur, geht auf
Deutlichkeit, Genauigkeit, prosaische Differenzierung, jener, die der
Natur noch nahe genug steht und ihren sinnlichen Charakter nir=
gends verleugnet, fehlen diese Eigenschaften, dafür aber hat sie mehr
Seele und Tiefe, mehr Lebendigkeit und, weit entfernt von weit=
gehender Differenzierung, ist sie reich an Synonymen, und statt
der Uniformität zeigt sie eine Fülle von Idiotismen.

Die Sprache ist ja aber nur der sinnfälligste Ausdruck des
Gesamtgeistes einer Periode und eines Volkes, — von diesem
gilt also erst recht, daß man ihn nicht „nachahmen" könne. In
der jugendlichen Blütezeit eines Volkes, und noch mehr in der vor=
ausgehenden Kindheitsperiode, ist dieser Gesamtgeist beschlossen im
Mythus, der ebenso religiös wie poetisch ist, den die Dichter wie
die Priester, aber auch alle anderen Volksgenossen, allmählich ent=

wickelt haben, der den ganzen Schatz der Weisheit dieses Volkes, aber
natürlich auch all seinen Wahn und seine Vorurteile, in sich schließt.
Ist es möglich, den Mythus eines fremden Volkes, z. B. der
Griechen, nachzuahmen und künstlerisch zu verwerten? Nein. Zu=
nächst schon deshalb nicht, weil der Mythus eine Summe von Er=
dichtungen, Märchen und Fabeln enthält, die für ein Zeitalter der
Verstandeskultur „halb verloren oder fremd und tot sind, da unsere
mehr wissenschaftliche und denkende Lebensart sie ausgetilgt oder
geläutert hat. . . . Bei uns sind die Cherubim nicht eigentlich mehr
lebende Idole der Phantasie; noch glauben zwar Kinder und
Weiber das, was unser Dichter singt: „Gott fährt in den Wolken,
um Donnerkeile zu schleudern"; der Weltweise aber und sein Bruder,
der philosophische Dichter, wird, seitdem Prometheus den elektrischen
Funken vom Himmel stahl, eher den elektrischen Blitzfunken als so
oft wiederholte Bilder singen. Wo ist bei uns der Engel des Todes
mit seinem flammenden Schwert, dessen Gefolge und Verrichtungen
jene so gut kannten? Er ist entweder ein Unding oder nach den
Idolen unseres Pöbels ein Gerippe! Wo sind die Engel des Herrn
auf Flügeln der Winde und auf den Flammen des Feuers? Es
sind Diener der Natur, die unsere Einbildungskraft selten personi=
fiziert! Was ist die Feste des Himmels, wo der Thron Gottes
ruht? Luft! Was der Regenbogen, der sich zu seinen Füßen
wölbt? Bei den alten Skalden die Brücke, auf der die Riesen den
Himmel stürmen wollten, die noch jetzt, ein flammender Weg zum
Schrecken, erscheint; aber für unsere Dichter ein Farbenspiel."
Der Mythus ist aber auch Religion, und wie weit ist diese
mythische Religion entfernt von unserer verstandesmäßig „auf=
geklärten". „Jene begriff mehr unter sich. Es ist bekannt
genug, daß sie sich ins Detail der kleinsten Gesetze, Veranstaltungen
und Zeremonien einließ; daß ebensowohl auf den Märkten als in
dem Heiligtum die Theokratie eines Schutzgottes regierte, der Pro=
pheten und Dichter und Richter in einer Person aufweckte und
begeisterte. Daher waren alle ihre Poesien heilig, sie mochten
prophetische Gesänge oder Lasten von Flüchen oder Trostlieder oder

Gesetze und Sprüche enthalten. Unsere Religion hingegen sondert sich von der politischen Regierung und den Richterstühlen ab; sie ist nichts minder als theokratisch, und der prophetische Geist schweigt. — Jene hatte einen anderen Zweck: Ein wildes ungebildetes Volk im Zaum zu halten, das über den Acker und Landweiden wenig seinen Geist erhob. Hier war eine sinnliche Dichtung das Mittel, ihre Seele etwas aufmerksam zu machen. Gesänge von zeitlichem Glück und Unglück schallten von jenen Bergen Grisim und Ebal.... Unsere Religion hingegen ist geistig und mit den er= habensten Zwecken auf eine glückliche Ewigkeit. — Jene war sinn= lich und lange nicht so moralisch als die unsere. Das Volk war noch nicht zu der feinen Moralität tüchtig, die unsere Religion fordert; es mußte also mit sinnlichen Gebräuchen unterhalten werden. Reinigungen und Opfer, Gebräuche und Satzungen, Priester und Tempel, alles beschäftigte ihr Auge, alles füllte ihre Gedichte mit Anspielungen, die sie darauf ziehen sollten. Die ganze Sprache hat sich also verändert und beinahe auch die ganze Reihe von Begriffen. Ihr Engel des Todes war nicht unser Teufel, es war ein unmoralisches Wesen, das Gott sandte; die anderen Engel hatten nicht so unabtrennbar einen Begriff der moralischen Güte mit sich; ihr Gott selbst mußte ihnen in den stärksten Leidenschaften geschildert werden, damit er sie rührte; sie sahen auch bei ihren heiligen Gedichten nicht immer darauf, ob jedes Gleichnis tugend= haft und wohlanständig wäre, wenn es nur schilderte. Unsere Religion hingegen ist keine Tochter der Einbildungskraft, sondern eine Schwester der Vernunft und moralischen Güte."

Nachahmen also kann die neuere Zeit den Mythus nicht. Denn seine Märchen und Fabeln sind für uns keine Märchen und Fabeln mehr — durch die fortgeschrittene Aufklärung sind sie als solche vernichtet; auch religiösen Inhalt haben diese für uns nicht mehr, Religionsbegriffe, und selbst bloße Bilder der Wahrheit, kann und darf uns also der Mythus nicht mehr geben. Wohl aber können wir ihn von einer bestimmten Seite her nutzbar machen: nämlich von der Seite der sinnlichen Schönheit. „Wenn ich

mythologische Ideen und Bilder gebrauche, sofern gewisse moralische
oder allgemeine Wahrheiten durch sie sinnlich erkannt werden, so
sind mir ja mythologische Personen erlaubt, die durchgängig unter
einem bestimmten und dazu sehr poetischen Charakter bekannt sind;
oder in der Fabel Äsops müßten die Tiere nicht mehr sprechen,
und in keiner Fiktion müßte ich erdichtete Personen gebrauchen
können. Warum? Weil sie der Wahrheit entgegen sind. Der
Wahrheit wegen brauche ich sie auch nicht; aber ihrer poetischen
Bestandheit und, wenn es personifizierte Dinge sind, der sinnlichen Anschauung wegen."

Hierbei muß freilich noch die Einschränkung gemacht werden:
man muß die Mythologie bloß als Werkzeug brauchen, nicht als
Zweck, um sich etwa von der Seite des Gelehrten oder Artisten
zu zeigen. Als Werkzeug kann und darf sie insbesondere der Dichter
brauchen, "um ihrer hohen poetischen Nebenbegriffe, um ihres Lichtes
der sinnlichen Anschauung willen, damit er allen verständlich, damit
er poetisch edel, reich und schön, damit er für die anschauende
Phantasie rede." In diesem Sinne "belausche man die Griechen,
wie ihre dichterische Einbildung zu schaffen, wie ihre sinnliche Denkart abstrakte Wahrheiten in Bilder zu hüllen wußte, wie ihr star-
rendes Auge Bäume als Menschen erblickte, Begebenheiten zu Wundern hob und Philosophie auf die Erde führte, um sie in Handlungen zu zeigen. Und da wir eine neue Welt von Entdeckungen
um uns haben, Ihr Dichter unter uns, so kostet von jenem mächtigen Honig der Alten, damit Ihr Eure Augen wacker macht, um
auch so viel Spuren der wandelnden Muse zu erblicken. Lernet
von ihnen die Kunst, Euch in Eurer ganz verschiedenen Sphäre
ebenso einen Schatz von Bildern verdienen zu können! . . . Und
statt daß Ihr aus den Alten Allegorien klaubt, oft wo sie gewiß
nicht daran gedacht, so lernt von ihnen die Kunst zu allegorisieren,
vom philosophischen Homer und vom dichterischen Plato. — Kurz,
als poetische Heuristik wollen wir die Mythologie der Alten studieren, um selbst Erfinder zu werden." Eine ganz neue Mytho
logie zu schaffen ist freilich überaus schwer. "Aber aus der Bilder-

welt der Alten gleichſam eine neue uns zu finden wiſſen, das iſt
leichter; das erhebt über Nachahmer und zeichnet den Dichter. Man
wendet die alten Bilder und Geſchichten auf nähere Vorfälle an,
legt in ſie einen neuen poetiſchen Sinn, verändert ſie hier und da,
um einen neuen Zweck zu erreichen, verbindet und trennt, führt
fort und lenkt ſeitwärts, geht zurück oder ſteht ſtille, um alles bloß
als Hausgerät zu ſeiner Notdurft, Bequemlichkeit und Auszierung,
nach ſeiner Abſicht und der Mode ſeiner Zeit, als Hausherr und
Beſitzer zu brauchen." —

Unmöglich iſt es endlich auch, den künſtleriſchen Geiſt der
Alten, ihre poetiſche Darſtellungs= und Empfindungsweiſe, nach=
zuahmen, die der unſrigen ſo ganz entgegengeſetzt iſt. Denn jene
iſt der Natur noch nahe, dieſe weit von ihr entfernt; die Dich=
tungen der Alten entſpringen unmittelbar und einheitlich aus der
Tiefe des Gefühls, die unſrigen ſind erſt durch die Reflexion ver=
mittelt und künſtlich=mühevoll erſt komponiert; die Alten, insbeſondere
die Griechen, dichten gleichſam, wie die Natur ſchafft, die Neueren
dagegen nach einem verſtandesmäßig errungenen Ideal.

Man kann dieſen Unterſchied ſehr leicht an zwei ſo entgegen=
geſetzten Dichtarten wie dem Dithyrambus und der Idylle illuſtrieren.

„Können wir", fragt Herder, „Dithyramben machen, grie=
chiſche Dithyramben im Deutſchen machen? Originaldithyramben
machen? . . . Wo iſt bei uns der Geiſt eines Zeitalters, da eine
Bacchiſche Begeiſterung durch Wein und Aberglauben ſinnlich ge=
wiß oder wenigſtens wahrſcheinlich würde? Wo ſind unſere Bac=
chiſchen Gegenſtände, die Heldengeſchichten, die bei den Griechen
von Jugend an durch Unterricht und Gedichte und Geſänge und
Denkmale ihre Seele belebten? Unſere Trinker wird der Rauſch
auf ganz andere Gegenſtände führen als auf eine Mythologie von
Bacchus, die für uns das Große, das Poetiſch=Wahre, das dem
Nationalgeiſt Eigene, und, darf ich dazuſetzen, faſt ganz das Licht
der Anſchauung verloren hat. Wo iſt die Bilderwelt, die Welt
voll Leidenſchaften, die Griechenland in ſeiner Jugend um ſich ſah?
Wir wandeln in einer politiſchen Wüſte. Wo iſt die Dithyramben=

sprache? Die unsere ist viel zu philosophisch altklug, zu ein=
geschränkt unter Gesetze und zu abgemessen, als daß sie jene neue
unregelmäßige, vielsagende Sprache wagen könnte." Ehedem war
„das Volk in seiner Wildheit in Sprache, Bildern und Lastern
stark. All die feinen Schwachheiten waren damals noch nicht, die
heutzutage unsere Güte und Fehler, unser Glück und Unglück
bilden, die uns fromm und feige, listig und zahm, gelehrt und
müßig, mitleidig und üppig machen." „Nein, immer bleibt es doch
wahr: das Feuer der Alten brennt, der Glanz der Neuern blendet
höchstens oder betrügt im Dunkeln, wie kaltes, totes, aber leuch=
tendes Holz." „Alle vortrefflichen Dichter", sagt Plato in seinem
„Jon", „singen nicht durch Künstelei, sondern durch göttliche Be=
geisterung; wie die Korybanten nicht mit kalter Seele tanzen, so
singen sie auch nicht mit kalter Seele, sondern sobald sie in die
verschlungenen Labyrinthe der Harmonie geraten, so rasen sie,
schwärmen gleich den unsinnigen Bacchanten, die in ihrer Begeiste=
rung Milch und Honig aus Bächen trinken. Auch die Dichter
schöpfen aus Honigquellen und brechen, wie die Bienen ihren Honig
aus Blumen saugen, ihre Gesänge von den grünenden Hügeln der
Musen. Wahrlich ein Dichter ist ein flüchtiges, ein heiliges Ge=
schöpf, das nicht eher singen kann, bis es, von einem Gott er=
griffen, außer sich gesetzt wird. Alsdann singt jener Lobgesänge,
dieser Dithyramben." In einer Ode Pindars „taumelt die Mänade
an Bacchus' Wagen und

> „O Wunder!
> Sie taumelt zurück in die Kindheit der Welt!
> Entschlafne Äonen vorbei."

In die Kindheit der Welt zurücktaumeln! Ob Bacchus mit seinem
Gefolge nicht selbst in die Kindheit der Welt gehört?" —

Und ist es nicht ebenso unmöglich für die neueren Dichter,
die Einfachheit und Unschuld der Menschen früherer Zeiten, die
noch der Natur nahe standen, wieder darzustellen, so wie es etwa
in Theokrits Idyllen geschieht? Der Schweizer Geßner hat ihn
nachgeahmt, aber was ist nun daraus geworden? Aus der Ur

sprünglichkeit des Schäferlebens wurde ein Kunstprodukt, aus der
verschönerten Natur ein höchst verfeinertes Ideal. „Das Ideal
des Schäfergedichts", sagt Herder, „ist, wenn man Empfindungen
und Leidenschaften der Menschen in kleinen Gesellschaften so sinn=
lich zeigt, daß wir auf den Augenblick mit ihnen Schäfer werden,
und so weit verschönert zeigt, daß wir es den Augenblick werden
wollen; kurz, bis zur Illusion und zum höchsten Wohlgefallen er=
hebt sich der Zweck der Idylle, nicht aber bis zum Ausdruck der
Vollkommenheit oder zur moralischen Besserung. . . . . Je näher
ich also der Natur bleiben kann, um doch diese Illusion und dies
Wohlgefallen zu erreichen, je schöner ist meine Idylle; je mehr ich
mich über sie erheben muß, desto moralischer, desto feiner, desto
artiger kann sie werden, aber desto mehr verliert sie an poetischer
Idyllenschönheit. Dies ist der Unterschied zwischen Theokrits und
Geßners Charakter. — Theokrit schildert durchgängig Leidenschaft,
Geßner, um nicht seinem Ideal zu nahe zu treten, ist hierin weit
blöder. So wie uns unser Wohlstand zu einer Schwäche gebildet,
die nur für uns schön ist, so schmeckte Vieles dem Geschmack der
Griechen, was uns zu stark ist. . . . Die Süßigkeit des Griechen
ist noch ein klarer Wassertrank aus dem Pierischen Quell der
Musen; der Trank des Deutschen ist verzuckert. Jenes Naiveté
ist eine Tochter der einfältigen Natur, die Naiveté im Geßner ist
von der idealistischen Kunst geboren; jenes Unschuld redet in Sitten
des Zeitalters, die Unschuld des letzteren erstreckt sich bis auf die
Gesinnungen, Neigungen und Worte. Kurz, Theokrit malt Leiden=
schaften und Empfindungen nach einer verschönerten Natur, Geßner
Empfindungen und Beschäftigungen nach einem ganz verschönerten
Ideal."

*   *   *

Indem Herder so das geistige Leben seiner Epoche, insbesondere
die Kunst, und hierbei vornehmlich die Dichtung, maß und prüfte
an jenem Ideal des geistigen Lebens, das in ferner Vergangenheit,
in der Jugend der Völker, Wirklichkeit gewesen — wie wenig gab

es da, das einer solchen Prüfung auch nur ein wenig stand hielt,
wie sehr verblich fast alles, was der Gegenwart angehörte und
ihr als bedeutend, wertvoll und selbst groß gegolten hatte! Wie
ein markloser Schatten aber, wie ein blutleerer Schemen mußte
sich vollends die Philosophie von der lichtvoll=glänzenden fernen
Vergangenheit abheben.

Denn eben die Philosophie ist es ja, welche unserer Zeit die
eigentümliche Prägung, den entscheidenden Charakter gibt, sie ist
für den modernen Menschen die zentrale, beherrschende Strömung
des geistigen Lebens, von der alle anderen ausgehen, zu der sie
auch zurückkehren, um ihre neue Form zu empfangen. Das gegen=
wärtige Zeitalter der Menschheitsentwickelung ist das philosophische,
es ist durch eben diesen philosophischen Geist unterschieden, vor
allem von seinem polaren Gegensatze, dem poetischen Zeitalter, der
Jugendperiode der Menschheit — mußten also nicht an der Philo=
sophie der Gegenwart alle unterscheidenden Kennzeichen dieses
unseres Zeitalters deutlich sichtbar werden? Wenn das letztere,
als Ganzes, also mit dem Siegel der Verwerfung, ja der Ver=
achtung versehen wurde, so mußten Verwerfung und Verachtung
mit verdoppelter Kraft auf die zeitgenössische Philosophie zurück=
fallen. Diese erscheint für Herder also als das direkte Widerspiel
des spezifisch Menschlichen, des menschlichen Seins in seiner Rein=
heit und Ursprünglichkeit, jenes menschlichen Seins, das unserer
Zeit entschwunden ist und nur aus der fernen Vergangenheit, dem
jugendlichen Blütezeitalter der Menschenwelt, nur noch als Ideal
hervorleuchtet; beides, das eigentlich Philosophische und das spezifisch
Menschliche, verhalten sich fast wie die Negation zur Position, so
daß man geradezu beide wechselseitig durcheinander erleuchten und
bestimmen könnte.

Schon dadurch setzt sich die Philosophie dem spezifisch Mensch=
lichen in seiner Reinheit und Ursprünglichkeit entgegen, daß sie
nicht Sachweisheit, sondern Wortweisheit ist, daß sie ihren Zög=
ling, der darnach trachtet, mit den Objekten sich ganz in eins zu
setzen, mit unverstandenen Zeichen, leeren Worthülsen abspeist, und

oft auch narrt. Ehedem, in der Jugendzeit der Menschenwelt,
waren sprachlicher Laut (Wort) und Empfindung eins, der erstere
nichts als ein schwellender Ton, der unmittelbar den ganzen Strom
des Empfindens in sich sammelte — nun sind Wort (sprachlicher
Ausdruck) und Empfindung längst getrennt, so daß man von
einem zum andern erst mühsam Brücken schlagen muß. Selbst
dies aber wird fast unmöglich gemacht, wenn man, wie es in der
Philosophie geschieht, die Worte, wie Münzen oder Spielmarken,
im sprachlichen Verkehr umherrollen läßt und gar eine sogenannte
Terminologie (meist lateinisch) aufstellt, die man dann „oft so be-
gierig verschlingt als jener Kranke, nach Hudibras' Ausdruck, das
Rezept statt der darauf geschriebenen Pillen". Auf diese Weise
entsteht ein fortwährender Handel mit Worten, da man keine Idee,
als nach dem Werte dieser Worte, hat, wobei jede Schule gewisse
Lieblingswörter sich wählt, zwischen denen sie wie ein lässiger
Spaziergänger umherwandelt. Das ist jene dürre und unfruchtbare Schulweisheit, die ein Lexikon von Namen und Wörtern
zusammenstellt, und die Seele vom Denken zurückhält, statt sie
darauf hinzulenken.

Es gibt für diese Wortweisheit eine besondere Art von Kunst-
übung und Kunstfertigkeit: das ist die Logik. Sie entfernt nur
noch mehr, wie von der Unmittelbarkeit des menschlichen Seins,
so auch insbesondere von der Unmittelbarkeit eines natürlichen und
gesunden Denkens. Denn durch die Logik wird der Zögling der
Philosophie noch mehr ans Wort festgeheftet, statt zur Sache hin-
geleitet zu werden. Die Logik sammelt nur die Wörter in einer
festen Ordnung, sie stellt gewissermaßen ein Wörterregister her,
in dem man sich mit Hilfe von Definitionen zurechtfinden kann.
„Solche Definitionen sind aber meistens in der Philosophie ganz
überflüssig als Instrumentalbegriffe; man lernt sie bloß für die
Logik: und lernen? Ja, das ist ein wirkliches Verderben für
den, der philosophieren soll: wie er in der Kunst, die ihn seine
Seele brauchen lehrt, höchstens zu behalten angewöhnt wird, so
setzt er auch das ganze philosophische Denken ins „Behalten";

er lernt definieren; er schwört auf die Worte seines Lehrers. Wodurch haben wir so wenig eigene Denker? Weil sie schon in der Schule mit Logik eingezäunt wurden. O du sein maschinenartiger Lehrer! Du hast nötig, seinen gesunden Verstand mit deiner Schullogik zu unterdrücken; sonst würde er dich übersehen, dir, was du ein Stunde kauderwälsch geplaudert hast, nachher mit drei Worten natürlich, aber ohne Schulwitz hersagen: er würde dich verachten! Aber wehe dir! unter tausend Köpfen, die Männer geworden wären, werden zehn die Kühnheit haben, weise zu sein, die übrigen sind mit Schulstaub erstickt."

Wenn die Logik in den philosophischen Schulen auf solche Abwege geraten ist, so geschah das vor allem deshalb, weil man sie losgelöst hatte von ihrem Ursprung, dem innersten Sensorium des Geistes, der reinen Subjektivität, woraus doch alles zuvor entspringt, was nachher vom Verstand aufgenommen wird. Man muß also versuchen, sie dahin zurück zu verpflanzen, d. h. den engsten Kontakt zwischen den beiden Polen des geistigen Lebens, Gefühl und Vernunft, wieder herzustellen, so daß die letztere nur analytisch auseinanderlegt und (logisch) ordnet und gliedert, was das erstere in unmittelbarer Einheit hervortreten läßt. So könnte man sich z. B. eine Logik des Affekts denken — „freilich die schwerste aller Logiken im Reich der Wirklichkeit: In ihr empfindet man die sinnlich größte Einheit, ohne sie mit der Übereinstimmung des Verstandes vergleichen zu können; die wahrste Sinnlichkeit, unter der ein Beweis beinahe bis zum Lächerlichen erniedrigt ist; die rührendste Mannigfaltigkeit ohne Kette des Mathematikers."

Gegen eine solche Logik des Affekts, auch wenn sie nur versucht wird, kann man freilich einwenden: „die heißeste Leidenschaft und die kälteste Empfindung der Vernunft sind in ihrer Wahrheit und Form so weit verschieden, daß ihr Maß verschwindet; Vernunft und Gefühl bleiben die beiden Enden der Menschheit. Eine deutliche durch Worte bewiesene Empfindung ist ebenso ein Unding als der feurige Gang der Leidenschaft, der abgemessen wie ein Philosoph gehen soll." Und so erhebt sich dann die Frage, ob es

denn überhaupt möglich ist, jene beiden Pole des geistigen Seins,
Empfindung und Vernunft, zu vereinigen, und, wenn ja, ob dies
auch notwendig oder sogar nur nützlich und wünschenswert sei.

Diejenigen, welche diese Frage unbedingt bejahen, berufen
sich vor allem auf die praktische Lebensphilosophie, die Moral,
welche eben nach ihrer Meinung als Leiterin des menschlichen Daseins unentbehrlich sei. Aber verhält es sich in der Tat so? Oder
ist nicht vielleicht, umgekehrt, gerade die Moral, als Philosophie,
das stärkste Hindernis für die echte Moralität, als lebendige Empfindung gedacht? Denn was den Menschen in Wirklichkeit immer
leitete, „sind nicht Kenntnisse, sondern Empfindungen, und diese
sind alle gut: sie sind Stimmen des Gewissens, unseres Führers,
von Gott gesandt; sie sind schwächer zu machen, aber nicht zu
verdunkeln. . . Alles was die Grundsätze und Maximen der
Moral sagen, weiß ein jeder, eingewickelt und dunkel. Man zeige
mir eine Regel der Moral, die ich als Mensch nicht weiß: das
beste Kennzeichen, sie kommt uns nicht zu. Aber dunkel! ja allerdings dunkel; aber diese Dunkelheit ist ein Schatten ihrer Würde,
sie ist unzertrennlich von dem was rührend ist. Alles Licht, was
ihr der Philosoph gibt, macht eine Sache deutlich, die mir vorher
gewiß war; er lehrt sie meinem Verstande, und mein Herz, nicht
der Verstand, muß sie fühlen. Machen Regeln tugendhaft, so
machen Kleider Leute, so sind die Weltweisen Götter, sie sind
Schaffer. . . . Nein, nicht die Unwissenheit kann Laster zeugen,
sonst würde die Natur eine Stiefmutter gewesen sein, die so einen
wichtigen Teil der sehr tßüglichen Arbeit des Menschen selbst über-
ließ, sondern herrschende Vorurteile, Vererbungen, üble Gewohn-
heiten. „Gut! und die soll die Philosophie ausrotten." O, hier
wird sie völlig zu Schanden: einen Götzen zu stürzen, wie die
falsche Ehre, die unechte Scham, die abhängig von der anderen
Urteil sind, die über die Völker tyrannisch herrschen, die in die
feinste Nerve sich eingruben, die sich gleichsam mit den Fasern
unseres Herzens zusammenbildeten, und die so unendlich böses
stiften — kann das unsere Moralphilosophie? O, sie ist eine neue

Hinderung dagegen. Sobald Empfindung Grundsatz wird, sobald hört sie auf, Empfindung zu sein. ... Die Moralphilosophie ist eine Sammlung von Regeln, die meistens zu allgemein sind, im einzeln angewandt zu werden, und doch immer zu nervenlos bleiben, sich einem ganzen Strom böser Fertigkeiten zu widersetzen und die ganze Denkart eines Volkes zu bilden."

Das Verdikt aber, das hier über die philosophische Moral gefällt wird, — muß es nicht auch von der Philosophie im ganzen gelten? Ist sie nicht ebenso, teils unnütz, teils direkt schädlich? „Alles Philosophieren im eigentlichen Verstande", sagt Herder, „ist dem Staat entbehrlich. Man nenne nur die größte Handlung, das feinste Projekt, das im Schoß der Abstraktion ge= wachsen wäre und nicht im Busen der gesunden Vernunft. ... Vollends der höchste Grad philosophischer Fähigkeit kann gar nicht mit der höchsten Stufe des gesunden Verstandes bestehen. Wenn jene uns zum Denken erhöbe, so verlernten wir das Handeln. ... An Geschöpfe unserer eigenen Vernunft geheftet, entwöhnen wir uns der lebhaften Blicke auf die Geschöpfe der Natur und der Gesellschaft. ... Weder um zu denken, noch um besser zu empfinden, braucht das Volk Philosophie; diese ist folglich als Mittel zu Zwecken sehr entbehrlich ... Die Philosophie ist überhaupt dem Menschen unnütz, jedem Menschen; aber auch der Gesellschaft schädlich ... O du, der du mit kühner Hand den Schleier weg= reißen willst, den die Natur vorwebte, deine Hand zittere zurück! Du Schullehrer, der seine Schüler zur abstrakten Philosophie zwingt, du arbeitest wider die Natur; rasend und doch unnütz, ja als ein Verwüster derselben."

„So dringe denn, o Volk," ruft Herder aus, „in die Heilig= tümer der Weltweisheit, reiße alle die Götzen nieder und baue dahin Staatshäuser, Versammlungen, wo statt des philosophischen Unsinns der gesunde Verstand dem Staat, der Menschheit Berat= schlagungen hält, entreiße der Philosophie ihre Diogeneskappe." ... Doch nein, so besinnt er sich, „nein, o Republik, durch diese Ver= wüstung stürzest du dich in den Rachen der Barbarei; um einen

kleinen Schaden zu vermeiden, versenkst du dich in den Euripus. . . .
Bloß die Philosophie kann ein Gegengift sein für alles
das Übel, worein uns die philosophische Wißbegierde
gestürzt?"

Welcher Art ist diese Philosophie?

Es ist, wie nach dem Vorhergehenden leicht zu bestimmen,
die Philosophie, welche als einzigen Ausgangspunkt, wie als einzigen Inhalt, das spezifisch Menschliche, die reine Subjektivität,
das innerste Sensorium des Geistes hat. Das ist eine Philosophie,
die sich von den Sternen zu den Menschen herabläßt, die ganz
Anthropologie (Lehre vom Menschen) wird und ihren Gesichtspunkt
in der Weise ändert, wie aus dem Ptolemäischen das Kopernikanische
System ward. „Soll die Philosophie den Menschen nützlich werden,
so mache sie den Menschen zu ihrem Mittelpunkt; sie, die sich
durch gar zu ungeheure Ausdehnungen geschwächt hat, wird stark
werden, wenn sie sich auf ihren Mittelpunkt zusammenzieht. Ein
Weltweiser, der ein Mensch, ein Bürger und ein Weiser ist, gehe
durch den Laden unserer philosophischen Fächer durch: vielversprechende
Titel, die oft, wenn sie auch alles erfüllten, unnütz wären. „Wie
viel kann ich entbehren!" sagte Sokrates zu allem Gepränge, und
um mit dem Wenigen gut den Hafen zu erreichen, laßt uns drei
Vierteile unserer Gelehrsamkeit über Bord werfen." Eine Philosophie solcher Art wird bei ihren Schülern vor allem „so spät als
möglich die höheren Kräfte reifen lassen und in mehr als einem
Betracht sich die Lehre umkehren: bilde nicht eher den Weltweisen,
bis du den Menschen gebildet hast." Sie wird dann weiter dem
Ratschlage folgen: „Laß ihn das Mark der Philosophie schmecken,
ohne daß er es je erkennt, und laß ihn bloß dasselbe zum Nahrungs-
safte verdauen! Lege ihm statt Worte eine Menge Handlungen
vor; statt zu lesen, laß ihn sehen; anstatt daß du seinen Kopf
bilden wolltest, so laß ihn sich selbst bilden und bewahre ihn nur,
daß er sich nicht mißbildet." „Suche ihm einen philosophischen
Geist einzuprägen, so daß er nie Lust habe, ein Handwerksphilo-
soph werden zu wollen. Dein Hauptgesetz sei Freiheit: Unabhängig-

keit von sich), zwanglose Bemerkung sein selbst und Unabhängigkeit
vom Urteil anderer. Alles was die Philosophen lehren und nicht
tun können, tun die, welche der Natur am nächsten sind, die ein=
fältigen Landbewohner. Diese sind die größten Beobachter der
Natur, in ihrer Knechtschaft die freisten Leute, die die Tyrannen
der Ehre verachten, die das Urteil anderer nie über das ihrige
kommen lassen! Kurz, o Philosoph, gehe auf das Land und lerne
die Weise der Ackerleute."

14. Sturm und Drang.

Die ersten Schriften, mit denen Herder in die geistige Be=
wegung seiner Zeit eingriff, insbesondere die „Fragmente zur deut=
schen Literatur" und die „Kritischen Wälder" haben schon ganz
den Charakter des Revolutionären. Was er an die Öffentlichkeit
bringt, sind nicht lehrhafte Untersuchungen, sondern Manifeste, er=
füllt von der Sprache der Leidenschaft, er will nicht da und dort
die bessernde Hand anlegen, sondern er sinnt auf den Umsturz des
bestehenden geistigen Zustands, darum gibt er überall mehr kurze
Andeutungen, Hinweise, poetische Bilder, Gleichnisse als weitläufige
und geordnete Entwickelungen, darum tritt das Didaktische weit zurück
hinter dem Rhetorischen, so sehr zurück, daß die Darstellung sich oft
genug überstürzt und überschlägt, und nicht nur die Schriften selbst,
sondern auch viele Gedankenverbindungen, sogar viele einzelne Sätze,
Fragmente bleiben.

Trotz alledem gibt es in diesen ersten Schriften doch noch
eine letzte Verknüpfung der revolutionären Forderungen mit den
Grundlagen des Bestehenden, ja, auf der synthetischen Kraft, mit
der er diese Verknüpfung bewerkstelligt, beruht zum nicht geringen
Teile die tiefe Wirkung, welche Herder erzielte. So gehört zwar
seine ganze Sehnsucht und Liebe dem in ferner Vergangenheit er=
glänzenden jugendlichen Blütezeitalter des Menschengeschlechts, aber
er sucht doch auch das gegenwärtige Zeitalter, als dessen polaren,
nicht bloß kontradiktorischen, Gegensatz, wenigstens allgemein zu
bestimmen, zu charakterisieren und historisch zu erklären; vor dem

Glanze jener fernen Vergangenheit erblaßte die Gegenwart vollständig, wenn sie nicht gar in dunkle Nacht getaucht zu sein schien,
— und dennoch rang er sich zuweilen eine geringe Anerkennung
ab für die ernsthaften Reformversuche, die in seinem eigenen Sinne
bereits gemacht worden waren; auf die Philosophie, als die eigentliche Trägerin der Verstandeskultur, und als das Prunkstück des
von aller Wahrheit und Ursprünglichkeit abgeirrten Zeitgeistes,
warf er zwar allen Haß und alle zornige Verachtung, — und
dennoch sprach er es aus, daß nur die Philosophie selbst, freilich
eine gänzlich erneuerte, von den Übeln befreien könne, die sie
selbst bereitet.

Diese letzte Verknüpfung mit dem Bestehenden aber wird
gelöst, bereits wenige Jahre nachdem Herder seine öffentliche und
schriftstellerische Wirksamkeit überhaupt begonnen hatte: es ist das
Jahr 1769, welches so den Anfang des vollen Ausbruchs der
idealistischen Gedankenrevolution bezeichnet. Damals gab Herder
alles auf, was die Grundlage der persönlichen Existenz bei fast
allen Menschen bildet, Amt und Stellung, Brot und Würden, ge-
sellige und freundschaftliche, verwandtschaftliche und literarische Beziehungen — und fuhr hinaus aufs Meer, um irgendwo in der
Ferne und Fremde ein neues Leben zu beginnen. Und so wie er
damals, nachdem er das Schiff bestiegen und vom Ufer abgestoßen
war, sich losgelöst hatte von der eigenen, unmittelbar gegenwärtigen, persönlichen, bürgerlichen, sozialen Existenz, so hat er sich
während der Seereise, wie sein aufschlußreiches Reisejournal gezeigt
hat, auch losgelöst von dem Geiste der unmittelbaren Gegenwart,
mit dem ihn schon vorher nur so geringe Verbindungsfäden verknüpft hatten. Während er auf dem Ozean dahinfuhr, waren ihm
zuletzt, wie die Konturen der heimatlichen Küste und des eigenen
Lebens, auch die des geistigen Lebens der unmittelbaren Um- und
Mitwelt mehr und mehr ganz entschwunden: und so wie er den
Blick nun in die grenzenlosen Fernen des Meeres schweifen ließ, so
drang der geistige Blick nur noch ins Weite einer fernen Zukunft,
die ihm in mannigfachen Bildern visionär vor Augen trat.

Diese Zukunftsvisionen aber entlehnten alle bildhaften Um=
risse, allen Glanz und alle Farben von der fernabliegenden Ver=
gangenheit, jenem jugendlichen Blütezeitalter des Menschen=
geschlechts, dem seine Sehnsucht schon vordem sich hingegeben. Im
Sinne dieser Sehnsucht nach einem entschwundenen, vergangenen Ideal
stellte er nun, während seiner Seefahrt, tausend Fragen an die
Zukunft, wie vorher an die unmittelbare Gegenwart; ja allmählich
wandelte sich die Hauptrichtung seines idealisierenden Triebes: er
war nicht mehr rückwärts sondern vorwärts gerichtet, — und es
war doch ein und dasselbe Ziel, dem er in beiden Fällen zustrebte.

Eben damit aber wurde zugleich offenbar, welcher Art und
welchen Ursprungs dieses Ideal war, welches Herder, das eine Mal
in die ferne Vergangenheit zurückverlegt hatte, und nun in die
ferne Zukunft projizierte: es war nichts als das Gegenbild des
eigenen Geistes, der alles abwerfen wollte, was nicht er selbst war,
der, unbefriedigt vom Gegenwärtigen, in die eigene Tiefe strebte
und damit auch die Tiefe, das Ursprüngliche, das kernhafte Wesen
des menschlichen Geistes überhaupt finden wollte.

Eben diese Tendenz hatte ja von vornherein seiner eigenen
Gedankenbildung, wie der seiner großen „Lehrer im Ideal", vor
allem Hamann und Winckelmann, Lessing und Kant, zugrunde ge=
legen; aber sie war hier überall nur in begrenzten Sphären zur
Geltung gekommen: in der Kritik der zeitgenössischen Kunst und
ihrer Sondergebiete, in der Untersuchung der Sprache, im Kampfe
gegen die sophistische Verstandesaufklärung, in der Opposition gegen
die Philosophie usw. Nun erst wird durch Herder aus alledem
das reine Fazit gezogen: die bisher allein herrschende Verstandes=
kultur, gegründet auf die Hingabe an die Mannigfaltigkeit des
Objektiven, muß von Grund aus zerstört werden, und ein völlig
Neues muß sich erzeugen, durch das Zurückgehen auf die reine
Subjektivität, die innerste Einheit und Kraft des Geistes, worin
zugleich das spezifisch Menschliche beschlossen ist. Beim Ausbruch
der französischen politischen Revolution formulierte der Abbé Sieyès
ihr Grundthema in den scharf antithetisch zugespitzten Sätzen: „Was

ist der dritte Stand? Nichts. Was müßte er sein? Alles." In
ähnlicher Weise hätte Herder im Jahre 1769 den Inhalt der
deutschen geistigen Revolution präzisieren können: Was ist die reine
Subjektivität? Nichts. Was sollte sie sein? Alles.

Das wenigstens ist der Grundakkord, der damals von Herder
in allen seinen Betrachtungen angeschlagen wird: alle Mannig=
faltigkeit des Objektiven, an welche der Geist sich verloren, aller
Stoff, den die Welt an ihn herangebracht, oder womit sie ihn
überschüttet hat, ist im Grunde nichtig und wesenlos — nur in
der reinen Subjektivität, in der Einheit und Tiefe des Geistes, ist
die Wahrheit, nicht nur des Menschen und des menschlichen Lebens,
sondern alles Seienden überhaupt, und in ihr ist auch das Eins
und Alles des Wirklichen. Um diese alles beherrschende Idee kreist
während der Seereise Herders ganzes Vorstellungsleben, sie erfüllt
ihn immer von neuem mit dithyrambischer Begeisterung und dem
Gefühl ekstatischer Erhebung, oft auch mit einem Gefühl des
Schauders, einer dumpfen beklommenen Verwirrung, wenn er
an all die grundstürzenden Folgen denkt, die sich aus seinen
schwärmerischen Ausblicken und Visionen ergeben. Dieser tief be=
wegten Stimmung gibt er u. a. auch in einem Gedichte jener Zeit
Ausdruck, das den bezeichnenden Titel „Zweites Selbstgespräch"
führt. Hier ruft er aus:

Wer bin ich? alles erwacht in mir! mein Geist . . .
Höhen . . . Tiefen! — — ich schaudre! . . . die nur Gott durchmißt! . . .
Dunkel liegt mein Grund! — Leidenschaft durchsäußt
ihn unendlich und braust! — braust! — Geist du bist
eine Welt, ein All, ein Gott, Ich! —

Wie überall, wo ein Neues revolutionär sich Bahn zu schaffen
und durchzusetzen sucht, war auch für Herder die revolutionäre
Forderung zunächst nicht sowohl positiv als negativ, mehr auf
das Umstürzen als auf das Aufbauen gerichtet. Wie das Neue
gestaltet werden solle, das sah er nur unklar in schattenhaften
Umrissen oder visionären Bildern vor Augen; sicher und deutlich
war ihm nur die negative Forderung, daß das Bestehende gänzlich

umgestürzt und neu aufgebaut werden müsse. In diesem Sinne
forderte er von sich selbst, den eigenen Geist ganz loszulösen von
allem, was sein bisheriger Lebens= und Bildungsgang ihm zu=
geführt und an ihn ankristallisiert hatte, und was doch nicht er
selbst war. „Wann werde ich soweit sein," ruft er im Reise=
journal aus, „um alles, was ich gelernt, in mir zu zerstören, und
nur selbst zu erfinden, was ich denke und lerne und glaube?" In
demselben Sinne fordert er eine neue Jugenderziehung, die mit
der bisherigen so gut wie nichts mehr gemein haben würde, eine
neue Organisation des staatlichen und sozialen Lebens, eine neue
Bildung und geistige Kultur, eine neue Organisation der gesamten
Menschenwelt, aufgebaut auf der einheitlichen Kraft des Geistes,
nachdem das menschliche Wesen gänzlich frei gemacht wäre von
allem, wodurch es im Entwickelungsgange der bisherigen Bildung
und Kultur entstellt und verderbt worden war. Und zu diesem
Befreiungswerke sollten auch die geistigen Heldengestalten der Ver=
gangenheit mithelfen, die Plato und Homer, Shakespeare und
Ossian, und alles, was an Ursprünglichkeit und Unmittelbarkeit
des geistigen Lebens aus der fernen Vergangenheit, dem jugend=
lichen Blütezeitalter der Menschenwelt, hervorleuchtete.

*   *   *

In demselben Jahre 1769, in welchem, auf der Fahrt über
den Ozean, der Herdersche Geist durchbrach zum einheitlichen Grund=
prinzip der idealistischen Gedankenrevolution, vollzog sich eben der=
selbe Durchbruch auch noch an einer anderen Stelle, in der Ein=
samkeit eines Studierzimmers: Kant empfing damals, nach seinem
eigenen Geständnis, jenes Licht, das entscheidend wurde für eine
ganz neue Wendung des philosophischen Denkens. Und so vielfach
auch Herder und Kant im einzelnen voneinander abweichen, und
so sehr sie auch Persönlichkeiten von ganz verschiedener Struktur
sind, so übereinstimmend sind doch beide in der Grundrichtung der
revolutionären Wendung, welche sich bei ihnen vollzieht — wenn

sie auch von Herder mehr individualistisch und kulturphilosophisch, von Kant mehr auf rein metaphysischem Boden vollzogen wurde. Denn wenn Kant in jenem Jahre zu der Entdeckung gelangte: Raum und Zeit gehören nicht der Welt des Objektiven, sondern der reinen Subjektivität an, sie, die das bedingende Prinzip aller Mannigfaltigkeit des Objektiven bilden, sind doch selbst nur Aus= drucksformen des Geistigen und der reinen Einheit der Subjektivität, des Ich — so bedeutet dies, unter dem Gesichtspunkt der „ersten Prinzipien", wie Aristoteles das Metaphysische nennt, eben dasselbe, was Herder unter dem Gesichtswinkel der individuellen und all= gemein menschlichen Kultur als entscheidend betrachtete: daß man sich zurückziehen müsse von aller Mannigfaltigkeit des Objektiven auf die reine Subjektivität, die innerste Einheit des Geistes, das Kraftzentrum des Ich, und daß von hier aus Wahrheit, Wirklich= keit und Leben neu gefunden und gewonnen werden müßten.

Gänzlich abseits vom lauten literarischen Getriebe, von keinem bemerkt, von den wenigsten auch nur geahnt, im Kopfe eines ein= zigen Mannes entwickelte sich die vom Metaphysischen ausgehende Gedankenrevolution Kants. Ganz anders die literarisch=kultur= philosophische Gedankenrevolution, deren Führer der jugendliche Herder war. Sie erfaßte alsbald wie ein Feuerbrand fast alle jugendlich aufstrebenden Geister, und, wie es so vielen revolutio= nären Bewegungen eigentümlich ist, es wuchs mit dieser Aus= breitung auch der Radikalismus derer, welche sich den neuen Ge= danken anschlossen. So stürmisch auch der revolutionäre Geist bei Herder auf der Seereise von 1769 zum Ausbruch kam, so ge= mäßigt erscheint er gegenüber dem revolutionären Geist, den er z. B. bei Goethe weckte, noch mehr gegenüber dem Radikalismus des Freundeskreises, der sich in Straßburg um Goethe gesammelt hatte, und aller der Stürmer und Dränger, welche sich ihnen später anschlossen. Und als, nach Herder und Goethe, die Lenz und Klinger, Wagner und Schubart u. a. ein Jahrzehnt in re= volutionärem Sturm und Drang die geistige Kultur der Zeit um und um gewühlt hatten, stand zuletzt noch ein neuer Führer,

Friedrich Schiller, auf, der an Radikalismus alle seine Vorgänger
fast noch zu übertreffen schien — denn sicher konnte es keine
radikalere Verneinung alles Bestehenden geben als die, welche
Schillers erster dramatischer Held, Karl Moor, der ganzen Kultur=
welt ins Angesicht schleuderte.

*   *   *

So verschiedenartig aber nun auch die Persönlichkeiten sind,
welche in dem Jahrzehnte von 1769—1779 oder 1780 im Vorder=
grunde jener geistigen Revolution stehen, die man — nach dem
Titel eines Klinger'schen Dramas — als „Sturm und Drang" be=
zeichnet, so einheitlich ist doch im Grunde der Geist, der in ihnen
allen lebt und auf den verschiedenartigsten Wegen nach den ihm
entsprechenden Ausdrucksformen ringt. Dieses Einheitliche ist das
leidenschaftliche Sichversenken in die geheimnisvolle Tiefe der reinen
Subjektivität, aber zunächst noch weniger um ihrer selbst willen,
— so wie dies später für die Blütezeit des deutschen Idealismus
charakteristisch war — als weil man, mehr ahnend freilich
als erkennend, in jener geheimnisvollen Tiefe die Lösung für das
Problem des Menschen und des menschlichen Daseins zu finden
meinte. Noch fragte man nicht, wie in der klassischen Periode,
nach dem Wesen des Ich, des individuellen wie des universellen
(absoluten) Geistes, nach dem Verhältnis beider zur Natur, zur
Mannigfaltigkeit des Objektiven, sondern man fragte zunächst nur
nach dem Wesen des Menschen, das mit jenem Ich identisch ist,
und nach dessen Verhältnis zu allem, was nicht dieser reinen ur=
sprünglichen Menschennatur zugehört, was sie nicht nur verhüllt
und verdunkelt, sondern auch entstellt und verdirbt. Darum hat
ja auch zunächst die Kunst, insbesondere die Dichtkunst, die Füh=
rung, welche im Blütezeitalter des deutschen Idealismus immer
mehr auf die Philosophie übergeht.

Das allgemeinste Losungswort für diese einheitliche Geistes=
richtung der Sturm= und Drangzeit hieß Natur. Eben dasselbe

Wort also, das jederzeit das Stichwort der naturalistischen Be=
trachtungsweise war, wurde in der Sturm= und Drangzeit zum
Stichwort des in revolutionärer Erhebung zur Herrschaft kommenden
Idealismus. Nur bedeutet „Natur" beide Male ganz Entgegen=
gesetztes: hier das spezifisch Menschliche, die reine Subjektivität,
das was mit der Mannigfaltigkeit des Objektiven im Widerstreit
ist, dort eben diese Mannigfaltigkeit des Objektiven, die zur reinen
Subjektivität und dem spezifisch Menschlichen den Gegensatz bildet.
Daher stehen die Stürmer und Dränger natürlich im schärfsten
Gegensatze, wie zur Naturphilosophie überhaupt, so zur Verstandes=
aufklärung im besonderen. Ihnen machte daher ein Werk, wie Holbachs
système de la nature, das so ganz aus dem Geiste naturphilo=
sophischer Verstandesaufklärung geboren wurde, geradezu, wie Goethe
in „Wahrheit und Dichtung" bezeugt, den Eindruck des Starren,
Totenhaften, das ihnen nicht nur Widerwillen sondern Grauen
einflößte. Umgekehrt fühlen sich alle Stürmer und Dränger dem
Geiste der Mystik aufs nächste verwandt, und werden von ihm
zeitweise aufs stärkste beeinflußt oder ganz beherrscht, wobei reli=
giöse Mystik und Naturmystik oft unmittelbar ineinander über=
gehen. So tritt Goethe zeitweilig in enge geistige Berührung mit
dem mystisch=schwärmerischen Fräulein von Klettenberg, und das
war eben dieselbe Zeit, wo er alchymistischen Studien sich hingab
und in die Geheimnisse der Naturmystik sich versenkte; ähnlicher
Art war der Einfluß, den die Gräfin Maria von Bückeburg zeit=
weise auf Herder ausübte, und auch er gleitet dabei von der
christlichen zur Naturmystik unmittelbar herüber und hinüber; und
geringere Geister, wie Lenz, Kaufmann u. a., sind diesen mystischen
Einflüssen zuletzt ganz unterlegen.

Was die Stürmer und Dränger mit der Verstandesaufklärung
gemein haben, ist im Grunde nur die anthropozentrische Richtung
des Vorstellens. Aber während das Interesse am Problem des
Menschen bei den Aufklärern alles andere nur überwog, ist es
hier, bei den Stürmern und Drängern, alleinherrschend geworden;
und während es dort von ruhiger, temperierter, nüchterner Stim=

mung begleitet war, verband sich hier das ausschließliche Interesse,
wie es ja natürlich ist, mit heiß begehrender, oft ins Wilde und
Groteske gesteigerter, Leidenschaftlichkeit. Wie man einstmals, da
vom Mythus die naturphilosophische Betrachtungsweise in revo=
lutionärer Erhebung sich frei gemacht hatte, der Natur in wilder
Leidenschaft entgegenging, wie einer geliebten Braut, und um so
leidenschaftlicher, je mehr man durch verborgene Geheimnisse gelockt
wurde — ganz ebenso ging der idealistische Geist, der im Sturm
und Drang völlig sich losriß von aller naturphilosophischen Be=
trachtungsweise, der Erscheinung des Menschen entgegen, die so
offenbar zu sein schien und doch so dunkel und geheimnisvoll war,
die ihn mit tausend Rätseln lockte und eben dadurch nur zu immer
leidenschaftlicherem Begehren in die Tiefe zog. Man hatte damals
die Empfindung, als ob das reine Urbild des Menschen plötzlich,
wundergleich aus unsagbar weiter Ferne herüberleuchte, daß aber
tausend drohende Hindernisse und Gefahren zu überwinden seien,
ehe man zu ihm gelangen könne, — doch man traute sich die
titanische Kraft zu, alle jene Hindernisse und Gefahren zu überwinden
und, wie Siegfried, als er Brünhild befreite, durch die wabernde
Lohe hindurch zu schreiten, bis es gelungen sei, jenes reine Bild
des Menschen zu enthüllen. Das ist die Richtungslinie jener
Sehnsucht, welche die Sturm= und Drangzeit erfüllt, und der das
Losungswort Natur einen allgemeinen Namen gab. Von ihr ist
Faust erfüllt, wenn er alles gegenwärtige menschliche Bestreben
für nichts achtet und dämonische Kräfte zu Hülfe ruft, um zum
reinen Ursprung menschlichen Wesens zu gelangen:

> Man sehnt sich nach des Lebens Bächen,
> Ach, nach des Lebens Quellen hin.

Ihr gibt auch Herder immer von neuem Ausdruck; so in
einem Gedicht, das den bezeichnenden Titel „der Mensch" führt,
und das anhebt: „Den Menschen singt mein Lied" — aber nicht
den, welchen man in der Vielgestaltigkeit seines Wesens vor Augen
sieht, sondern den, der wie ein ferner unbekannter Gott anlockt,
ihn von Angesicht zu Angesicht zu schauen:

Den Menschen der Natur, den keiner je gesehen
Und jeder in sich fühlt und jeder wünscht zu sehen,
Und niemand sucht zu sein ...
Wo ist er, daß ich ihn mit vollem Arm umfasse,
Und Weisheit von ihm lern' und nie ihn von mir lasse?
Sohn der Natur, o Mensch, blühst du in Edens Flur? ...
Wie, oder ist dein Bild, was Morgenträume sind,
Zur Wahrheit fast zu groß, zu lebhaft als ein Wind?

Die ersten und nächsten Hindernisse, welche man auf dem
Wege der Sehnsucht nach dem Urbild des Menschen antraf, waren
die, welche das soziale Leben, die Vielgestaltigkeit des menschlichen
Daseins, entgegenstellte. Alle die Bindungen und Einschränkungen,
welche gesellschaftliche und staatliche Ordnung, Mode und Konvenienz,
den Menschen auferlegen, alle die Unterschiede, welche aus der
Differenzierung der Menschen nach Rang und Stand, politischer,
nationaler und konfessioneller Zugehörigkeit sich ergeben, alle die
Hemmungen, welche Autorität und Überlieferung dem menschlichen
Streben bereiten — alles das mußte man in erster Linie von sich
abschütteln, wenn man zum reinen Urbild des Menschen vordringen
wollte. Denn beides steht im unversöhnlichen Gegensatze: die bunte
Mannigfaltigkeit des objektiven Menschenlebens ist entgegengesetzt
dem in der reinen Subjektivität beschlossenen, in der tiefsten Einheit des Geistes verborgenen Wesen des Menschen, und die Hingabe an diese differenzierte und in mannigfaltigen Bindungen sich
darstellende Vielgestaltigkeit des objektiven Menschenlebens ist unvereinbar mit dem einen, was not tut: dem Streben, wahrhaft
Mensch zu sein, d. h. in jene tiefste Einheit der reinen Subjektivität
zurückzugehen. „Himmel, was für Stände!" ruft Schlosser, Goethes
Schwager, aus — „Der Gelehrtenstand, der Juristenstand, der
Predigerstand, der Autorstand, der Poetenstand — überall Stände,
und nirgends Menschen! ... Gelehrtenstand — Stand? Pfui! ...
Sobald ein menschlich Verhältnis ein Stand wird, ist's, als ob
wir nur beiher Menschen wären."
Und so ist's mit allen anderen Bindungen und Unterschei-
dungen, die aus der Vielgestaltigkeit des menschlichen Daseins, und

vor allem des Gemeinschaftslebens, herfließen. Da trennt man den
Edelmann vom Bürger, am meisten durch den Begriff der Ehre,
die beiden in verschiedenartiger Weise zukomme, — da doch diese
Ehre nichts als ein Hirngespinst ist, das beide nur hindert, Mensch
zu sein. „Ich bin ein Edelmann", ruft Ferdinand in „Kabale
und Liebe", — laß doch sehen, ob mein Adelsbrief älter ist · als
der Riß zum unendlichen Weltall? oder mein Wappen gültiger
als die Handschrift des Himmels in Luisens Augen: dieses Weib
ist für diesen Mann." Und im bürgerlich=sozialen und politischen
Leben degradiert man den Menschen zum Untertanen, und tausend
Bedrücker und Tyrannen, vom Fürsten bis herab zum untersten
Beamten, knechten und unterdrücken das reine Selbst, hemmen die
Entfaltung des menschlichen Wesens. Darum setzt Schiller den
„Räubern", wo er im Namen dieser reinen Menschlichkeit aller
Unterdrückung den Krieg erklärt, das Motto „in tyrannos!" voran.
Aber sind denn diese Tyrannen und Unterdrücker, sind selbst die
Fürsten und Könige, besser daran, können sie wenigstens eher
wahre Menschen sein? Sie können es nicht, ja noch weniger als
andere, gerade weil sie Könige und Fürsten sind. Sie sind im
schlimmsten Sinne die Opfer ihres Standes, ihrer tausendfachen
sozialen Bindung, und verdienten vielleicht mehr Mitleid als Haß
und Neid. Das drückt auch König Philipp in Schillers „Don Carlos"
aus, wenn er dem Marquis Posa als höchsten Beweis seiner Gunst
die Erlaubnis gibt — Mensch zu sein. Und wie auf dem Boden
der politisch=sozialen, so auf dem der religiös= und kirchlich=sozialen
Unterscheidungen und Bindungen. Dem Bruder Martin in Goethes
„Götz von Berlichingen" neiden viele sein heiter=frohes und un=
gebundenes Mönchsleben — er aber sieht nur hin auf das große
menschliche Defizit, auf die gewaltige Einbuße an freier Entfaltung
des rein Menschlichen, die ihm gerade sein Mönchstum aufnötigt,
und so findet er es grundlos, beneidet zu werden, er beklagt sich
nur: denn, nicht Mensch sein zu dürfen, erscheint ihm als der Übel
größtes. Daher auch die zündende Wirkung, welche, noch inmitten
der Gärung der Sturm= und Drangperiode, Lessings „Nathan"

ausübte. Denn noch nie war es so wie hier, in diesem Hohelied
der Menschlichkeit, offenbar geworden, wie bedeutungslos und nichtig,
vor allem aber wie leben-hemmend und zerstörend, alle jene Unterscheidungen und Bindungen sind, welche aus der Trennung der
Menschen nach Glaubensformen und Religionsgemeinschaften herfließen, und dies alles eben deshalb, weil jene Unterscheidungen
und Bindungen nur eben so viele Hindernisse zur Erreichung des
einen Zieles sind, das not tut: des Zieles, Mensch zu sein. —

Nach allen diesen Richtungen hatte auch die Verstandesaufklärung der idealistischen Gedankenrevolution schon vorgearbeitet.
Auch sie hatte bereits an den unterscheidenden Formen und Bindungen des menschlichen Gemeinschaftslebens, vor allem auch an
den politisch-sozialen wie den religiös- und kirchlich-sozialen Verhältnissen vielseitig Kritik geübt und war dabei zu sehr radikalen
Verneinungen gelangt. Aber wie weit entfernt war trotz alledem
der Geist, in dem dies geschah, von dem der Sturm- und Drangzeit, selbst da, wo man sich in der Verneinung des Bestehenden
traf und die gleichen Forderungen erhob! Die Verstandesaufklärung
negierte so viele Erscheinungen des objektiven Menschenlebens, weil
sie sie maß an den Forderungen und Zwecken der Individuen, die
sie naturphilosophisch als ein Aggregat zahlloser Seelenatome ansah, zuhöchst also an dem Endzweck dieser naturphilosophisch be-
griffenen Individualitäten, nämlich der Glückseligkeit — die idealistische Gedankenrevolution der Sturm- und Drangzeit aber kam
zu ähnlichen Negationen, weil sie das objektive Menschenleben maß
am allgemein Menschlichen, an jenem, über alle individuellen
Erscheinungen weit erhabenen, Wesen des Menschen, das man mehr
ahnte als deutlich erkannte, dem man aber in seiner verborgenen
Tiefe mit Hingebung und Leidenschaft nachging. Daher ward jener
höchste Zweck, den die Verstandesaufklärung kannte, die individuelle
Glückseligkeit, von der Sturm- und Drangzeit ganz zurückgedrängt
und untergeordnet dem neuen überindividuellen Endzweck des Lebens:
Mensch zu sein und seine menschliche Bestimmung zu erfüllen.
Nichts natürlicher also, als daß solche typischen Vertreter der Ver-

standesaufklärung, wie Nicolai u. a., ein Werk, wie Goethes „Werther", nicht verstehen konnten. Sie begriffen es nicht, daß hier ein Mensch sein individuelles Glück und sein Leben für nichts achtete, gegenüber den höheren Forderungen einer, bis in die Tiefen des Bewußtseins reichenden, ja mit der Natur selbst und ihrem geheimnisvollen Ur= sprung unmittelbar verflochtenen, tief beseligenden Liebe; daß er alles eigene Leiden in die allgemein menschliche Sphäre erhob und dadurch auflöste — „was ist es anders," sagt Werther, „als Menschen= schicksal, sein Maß auszuleiden, seinen Becher auszutrinken?" — und daß er schließlich sein Leben freiwillig endigte mit dem Be= wußtsein freudiger Erhebung darüber, daß erst die Größe dieses Opfers der Tiefe seiner Liebe entsprechen könne. Das alles konnten die Aufklärer ebensowenig fassen, wie es einst die athenienfischen Sophisten fassen konnten, daß Sokrates sein individuelles Glück und sein Leben gern und in freudiger Erhebung dahingab, um Zeugnis abzulegen für die überindividuellen, die allgemein mensch= lichen Forderungen und Lebenszwecke.

Die Verstandesaufklärung hatte die bestehenden sozialen Unter= scheidungen, Normen und Bindungen nur kritisch aufgelöst, um neue an deren Stelle zu setzen, nämlich die moralischen, d. i. solche Normen und Bindungen, welche, aus der Erfahrung des mensch= lichen Lebens abstrahiert, das individuelle Glück am meisten zu sichern schienen. Die Sturm= und Drangzeit, welche diesen Endzweck, die individuelle Glückseligkeit, gering schätzte, schätzte noch geringer das Mittel, die Moral und ihre Regeln, ein, ja sie verachtete sie und sah vielfach gerade in der Moral von allen Hemmnissen einer freien Entfaltung des rein Menschlichen das allerstärkste. Gegen die Bindungen durch die sogenannte Moral setzte man daher die Ungebundenheit des frei strömenden Gefühls und der frei sich aus= wirkenden menschlichen Tat, gegen den nüchternen Verstand, der die moralischen Regeln aufstellt und abmißt, und der nichts mehr verab= scheut als die wild fortstürmende Leidenschaft, setzte man eben diese Glut der Leidenschaft, mochte sie auch zur Trunkenheit sich steigern, und den einzelnen über die Grenzen seiner selbst hinausreißen.

„Der Mensch ist Mensch", ruft Werther aus, „und das bißchen
Verstand, das einer haben mag, kommt wenig oder nicht in An-
schlag, wenn Leidenschaft wütet und die Grenzen der Menschheit
einen drängen." Und Karl Moors ganzes Leben ist ein steter
Kampf gegen jene Moral, welche die Menschlichkeit erstickt, und die
er für sich selbst wie ein Spinngewebe zerrissen hatte, als er sich,
zum Beginn einer freien menschlichen Existenz, in die böhmischen
Wälder rettete.

Und so wie Karl Moor aus aller menschlichen Gemeinschaft
sich flüchtet, so tat es, wenigstens dem Geiste nach, die ganze Sturm-
und Drangzeit. Nicht nur die Moral, nicht nur jede Art von
Unterscheidung und Bindung innerhalb der Menschenwelt, nicht
nur jede Regel und Konvention, Gesetz und Herrschaft und Autorität
wird verneint, — sondern verneint wird auch das, woraus alles
dies entspringt, die menschliche Gemeinschaft. Will man also der
höchsten Forderung, Mensch zu sein oder doch zu werden, Genüge
leisten, so muß man die Menschenwelt fliehen und zurück sich wenden
zur Natur. So erhält dieses Stichwort jener gärenden Epoche
eine zweite Bedeutung: drückte es einmal die Ursprünglichkeit der
reinen Subjektivität, die Integrität des rein menschlichen Wesens,
aus, so zum anderen Mal die Gegensätzlichkeit zu dem, was die
notwendige Vorbedingung dafür bildet, zum menschlichen Gemeinschaftsleben. Nach diesen beiden — aber nur nach diesen beiden
— Vorstellungsrichtungen traf Rousseau mit der Stimmung der
Sturm- und Drangzeit zusammen, und hat sie in tiefster Weise
wiederum auch beeinflußt. Aus ihrem Geiste heraus schien es gesprochen zu sein, wenn der „Emile" mit den Worten anhebt, alles
sei gut, wie es aus den Händen der Natur komme, alles entarte
unter den Händen der Menschen. Und wie Rousseau selbst in die
Einsamkeit entfloh, und etwa einsam auf den Bieler See hinaus
ruderte und ausrief: o, Natur, o du meine Mutter — so entwickelte
sich, unter seinem mitwirkenden Einfluß, ein neues Anachoretentum:
man wurde Einsiedler, oder folgte doch zeitweise dem Drange zur
Einsamkeit, nicht wie die christlichen Anachoreten, um das spezifisch

Menschliche zugunsten des vermeintlich Höheren, nämlich des Gött=
chen, nach Möglichkeit auszutilgen, sondern um es nach Möglichkeit zu
erhalten, zu hegen und zu entwickeln; man zog sich von den Men=
schen nur zurück, — um mehr Mensch sein zu können; und man
vertraute der Natur allein seine tiefsten Geheimnisse an, weil man
unter den Menschen kein Echo dafür zu finden glaubte. So mußte
natürlich auch das menschliche Idealbild, d. h. das Bild des Men=
schen, der sein reines Selbst, die Integrität des menschlichen Wesens,
bewahrt und entwickelt hat, sich, ganz ebenso wie es bei Rousseau
geschah, aufs engste mit diesem Verlangen, die Menschenwelt zu
fliehen, mit dem Hange zur Natureinsamkeit verbinden. Daher wurde
dieses Idealbild in eine jenseitige Ferne projiziert, die so weit als
möglich abseits lag vom Zusammenhang der Menschenwelt. In
diesem Sinne macht Goethes Werther sich die Forderung des
Evangeliums zu eigen, daß die Menschen werden müßten wie die
Kinder, wollten sie das Himmelreich erlangen, und in demselben
Sinne glaubte man, daß diejenigen Individuen und Völker dem
menschlichen Idealbilde am nächsten kämen, welche, wie die un=
schuldigen Kinder, auf primitivster Kulturstufe stehend, gleichsam
im Kindheitszustande der Menschenentwickelung noch befindlich, der
Natur also am nächsten wären. Daher hatten schon 1764, als
der abenteuerliche Ziegenprophet Kormanicki mit seinem achtjährigen
Knaben aus den Wäldern auftauchte, zwei so verschiedene Naturen
wie Hamann und Kant sich in der Bewunderung für den „kleinen
Wilden" vereinigt, weil beide ihn mit jenen Augen anblickten,
welche, wie Kant sagt, „die rohe Natur gerne ausspähen, die unter
der Zucht der Menschen gemeiniglich sehr unkenntlich wird", und
weil sie so in ihm ein lebendiges Musterbeispiel für die Wahrheiten
sahen, die Rousseau verkündet hatte.

In eben demselben Sinne suchte man auch das Urbild wahren
menschlichen Wesens in einer, von aller gegenwärtigen Kultur weit
entfernten, Vergangenheit. So erhielt alles, was Hamann und
Winckelmann, Lessing und Herder gelehrt, erhielten alle die Vor=
bilder, auf die sie hingewiesen, die Bibel und die Griechen, Homer

und Shakespeare, Ossian und die Stimmen der einfachsten Völker,
die, gleich den Lauten der Natur, in ihren Liedern ertönten, —
alles dies erhielt nun eine außerordentlich gesteigerte allgemein
menschliche Bedeutung: als ebensoviele Erscheinungsformen und Dar-
stellungsweisen eines rein menschlichen Wesens, das wie ein unerreichbares Idealbild aus ferner Vergangenheit herüberleuchtete und nur
unendliche Sehnsucht zu erwecken vermochte. So sind Homer und
besonders Ossian die Begleiter Werthers in seinen Stunden der
Naturandacht und Natureinsamkeit; sie erst erläutern ihm die
Natur, das heißt vor allem die Natur des Menschen, und die Gestalten dieser Dichter erschienen ihm wie längst entschwundene Ideal-
bilder reinen menschlichen Wesens. Und in demselben Lichte sah
man die Welt der Griechen. Es ist der Nachhall dieser Stimmung,
wenn Schiller in den „Göttern Griechenlands" die Griechen als
die wahren Vertreter reinen Menschentums feiert:

> Da die Götter menschlicher noch waren,
> Waren Menschen göttlicher.

und sehnsuchtsvoll klagt, daß diese schönere Vergangenheit dem
lebenden Geschlecht unwiderbringlich verloren sei:

> Schöne Welt, wo bist du? — Kehre wieder,
> Holdes Blütenalter der Natur!
> Ach, nur in dem Feenland der Lieder
> Lebt noch deine goldne Spur.

*   *   *

Einer jeden revolutionären Geistesströmung ist es natürlich,
daß sie ihr Sehnen und Fordern idealisiert, es in eine weite Ferne
rückt, für welche dann die unmittelbare Gegenwart die negative
Folie abgeben muß. So ist es auch in der Sturm- und Drangperiode, welche in dem Losungsworte Natur eben dies zusammenfaßt, daß ihr Ideal nicht in der Gegenwart, sondern nur in
der Vergangenheit, nicht innerhalb der menschlichen Gemeinschaft,
sondern außerhalb ihrer, ja vielleicht überhaupt nicht diesseits

sondern nur jenseits der Grenzen des sichtbar Menschlichen zu finden sei.

Nicht weniger aber ist es einer revolutionären Geistesströmung auch natürlich, daß sie solcher negativen Auffassung widerspricht, daß sie ihr Ideal für gegenwärtig und, wenn auch nur in dunklen Umrissen, für wirklich, daß sie ihr Sehnen und Fordern für un= mittelbar realisierbar hält. Das eigentlich Revolutionäre besteht ja eben gerade in dieser scharfen Spannung zwischen dem Seienden und Seinsollenden, die so groß ist, daß beides weit auseinander= strebt, und daß man doch das eine nicht mehr ohne das andere zu denken vermag. Auch für diese, der bloßen Negation entgegen= gesetzte, Auffassung des menschlichen Ideals hat die Sturm= und Drangzeit ein allgemeines Losungswort geprägt: es heißt Genius, oder, im engeren Sinne, Genie.

Wenn das Wort „Natur" bedeutet: das rein Menschliche, der Geist, die reine Subjektivität, erscheint nicht in der Wirklichkeit, sondern ist ein Ideal, das, von der gegenwärtigen Menschenwelt aus gesehen, in unendlich weiter Ferne liegt — so bedeutet das Wort „Genie": das rein Menschliche, die reine Subjektivität, der Geist, ist auch in der gegenwärtigen Menschenwelt wirklich, nur verborgen in grundloser Tiefe, in welche man hinabsteigen muß, um all seinen Reichtum und seine Schönheit zu gewinnen. Genie ist hier eben dasselbe, was einstmals Socrates sein Dämonium genannt, was Hamann zuerst seinem Wesen nach wieder deutlich gemacht hatte. Aber während einstmals, in Athen, nur ein einzelner Mensch vom Geheimnis des Dämoniums ergriffen wurde, so hier, in der Sturm= und Drang= zeit, ein ganzes Geschlecht hochstrebender Geister. Aber sie faßten das Wesen des Genius oder Dämoniums nicht anders als ehedem der athenische Weise: als ein göttlich=Geheimnisvolles im Menschen, das ihn führe und leite, nicht zu individuellen, sondern zu über= persönlichen Zwecken; das ihn Wahrheit lehre, nicht die schwankende, individuelle Wahrheit der Sophisten, sondern die ewige Wahrheit, die unerschütterlich in der Tiefe des Seins verankert ist. Und mit dieser Sokratischen Anschauung verband sich in der Sturm= und

Drangzeit die platonisierende: der Genius oder das Dämonium lehrt nicht nur Wahrheit, sondern auch Schönheit fassen und gestalten, nicht die des täuschenden Scheines, sondern die ewige Schönheit der Natur, gegen die aller Widerspruch verstummen muß; und der Genius ist es, der, wie der lebenspendende Eros, alles rein Menschliche und all das Höchste des menschlichen Daseins erzeugt, dessen wir in Stunden der Erhebung und des Ergriffenseins inne werden: auch die gute Tat, auch Freundschaft und Liebe, und die schöpferische Begeisterung des Propheten, des Künstlers, des Denkers. In diesem Sinne glaubten alle Stürmer und Dränger an die Macht des Genius und huldigten ihm, bei sich selbst wie bei anderen. „Ich glaube", sagt Herder, „jeder Mensch hat einen Genius, das ist, in tiefstem Grunde seiner Seele eine gewisse göttliche, prophetische Gabe, die ihn leitet; ein Licht, das, wenn wir darauf merkten, und wenn wir's nicht durch Vernunftschlüsse und Gesellschaftsklugheit und wohlweisen bürgerlichen Verstand ganz betäubten und auslöschten, ich sage, was uns dann eben auf dem dunkelsten Punkt der Scheidewege einen Strahl, einen plötzlichen Blick vorwirft: wo wir eine Szene sehen, oft ohne Grund und Wahrscheinlichkeit, auf deren Ahndung ich aber unendlich viel halte. Das war der Dämon des Sokrates, er hat ihn nicht betrogen, er betrügt nie; und er ist so schnell, seine Blicke so fein, so geistig: es gehört auch zu ihm so viel innerliche Treue und Aufmerksamkeit, daß ihn nur achtsame Seelen, die nicht aus gemeinem Kot geformt sind, und die eine gewisse innere Unschuld haben, bemerken können."

Dieses Transsubjektive, Überpersönliche, Universelle, das auf ein geheimnisvoll Geistiges hindeutet, für welches die menschliche Individualität nur gewissermaßen die Erscheinungsform bildet, — das ist der entscheidende Charakterzug, wie für das Sokratische Dämonium, so für den Genius der Sturm- und Drangzeit. Sokrates verehrt sein Dämonium, wie nur ein Gläubiger seine Gottheit und ist, wie dieser, von dem gleichen felsenfesten Vertrauen erfüllt — ganz ebenso die Genies der Sturm- und Drangzeit,

die ihrem Genius noch überdies die unwiderstehliche, alle Hindernisse niederreißende, Gewalt einer Naturkraft zuschreiben. „Mit
Feuerströmen braust mein Genius im Sturm und Drang", so
ruft Klinger aus; Herder spricht mit seinem Genius in allen
Lebenslagen, er befragt ihn als Orakel um seine Zukunft, er legt
sich mit ihm nieder und läßt sich überall von ihm hinbegleiten;
Goethe schreibt an Herder: „ich streichelte meinen Genius mütterlich
mit Trost und Hoffnung", und er singt diesem seinem Genius
den Hymnus „Wanderers Sturmlied":

> Wen du nicht verlässest, Genius,
> Nicht der Regen, nicht der Sturm,
> Haucht ihm Schauer übers Herz.
> Wen du nicht verlässest, Genius,
> Wird dem Regengewölk,
> Wird dem Schloßensturm
> Entgegen singen,
> Wie die Lerche,
> Du da droben.
>
> Den du nicht verlässest, Genius,
> Wirst ihn heben übern Schlammpfad
> Mit den Feuerflügeln;
> Wandeln wird er
> Wie mit Blumenfüßen
> Über Deukalions Flutschlamm . . .

So mit nachtwandlerischer Sicherheit durchs Leben schreitend,
fühlt das Genie, d. h. der vom Genius geleitete Mensch, sich den
Göttern gleich. Er bedarf also keiner Führung und Leitung durch
andere Götter — wie er alle Bindung und alle Autorität von
sich abschüttelt, so auch die des religiösen Mythus und die Herrschaft eines Gottes oder vieler Götter über die Menschen. Sein
Ich, sein Selbst, sein Genius ist allein mit sich und der Natur,
der Einheit des ewigen Ganzen — und zwischen beiden ist kein
Platz mehr für das Walten von Göttern, wie sie, geboren aus
der mythenbildenden Phantasie, das Kindheitsstadium der Menschen
beherrschen. Wie einst die Titanen sich gegen die olympischen

Götter empörten, wie Prometheus ihnen das Licht raubte, um es
den Menschen zu bringen, so erhebt sich das junge Geniegeschlecht
gegen alles, was der Vorstellungswelt des religiösen Mythus ent=
stammt. Niemand hat dieser revolutionären Erhebung einen hin=
reißenderen Ausdruck verliehen, als Goethe in seinem „Prometheus".
Seine ganze Verachtung schleudert er den Göttern entgegen:

> Ich kenne nichts Ärmeres
> Unter der Sonn', als euch, Götter!
> Ihr nähret kümmerlich
> Von Opfersteuern
> Und Gebetshauch
> Eure Majestät
> Und darbtet, wären
> Nicht Kinder und Bettler
> Hoffnungsvolle Toren.

Als Kind hat er ja freilich auch selbst einstmals sich täuschen
lassen von den Gaukelbildern des religiösen Mythus, der das Sub=
jektive in das Objektive ein=bildet:

> Da ich ein Kind war,
> Nicht wußte, wo aus noch ein,
> Kehrt' ich mein verirrtes Auge
> Zur Sonne, als wenn drüber wär'
> Ein Ohr, zu hören meine Klage,
> Ein Herz, wie meins,
> Sich des Bedrängten zu erbarmen.

Doch der Selbstbetrug wurde offenbar, als aus dem Kinde
ein Mann wurde:

> Wer half mir
> Wider der Titanen Übermut?
> Wer rettete vom Tode mich,
> Von Sklaverei?
> Hast du nicht alles selbst vollendet,
> Heilig glühend Herz?
> Und glühtest jung und gut,
> Betrogen, Rettungsdank
> Dem Schlafenden da droben?

Ich dich ehren? Wofür?
Hast du die Schmerzen gelindert
Je des Beladenen?
Hast du die Tränen gestillet
Je des Geängsteten?
Hat nicht mich zum Manne geschmiedet
Die allmächtige Zeit
Und das ewige Schicksal,
Meine Herrn und deine?
Wähntest du etwa,
Ich sollte das Leben hassen,
In Wüsten fliehen,
Weil nicht alle
Blütenträume reiften?

Und so ist es denn für Goethe-Prometheus das höchste
Zukunftsideal, ein Menschengeschlecht herangebildet zu sehen, das
sich frei gemacht hat von der aus den Kindheitstagen stammenden
Furcht vor Gott und den Göttern, ein Geschlecht, in dem jeder
Einzelne, seinem Genius vertrauend, darnach trachtet, alles Mensch-
liche in sich und durch sich selbst herauszubilden und zu entwickeln:

Hier sitz' ich, forme Menschen
Nach meinem Bilde,
Ein Geschlecht, das mir gleich sei,
Zu leiden, zu weinen,
Zu genießen und zu freuen sich
Und dein nicht zu achten,
Wie ich!

*   *   *

Es konnte nicht ausbleiben, daß die begeisterte Hingabe an
den Genius auch zu einem extravaganten Kultus des Genies ent-
artete, und daß die trunkene prometheisch-titanische Stimmung des
neuen Geschlechts sich oftmals überschlug und in den wildesten
Kraftorgien und Kraftphrasen sich Luft zu schaffen suchte. Man
denke nur daran, was Schiller's Räuber an solchen, stets sich selbst
überbietenden, Kraftorgien leisten. Und in ähnlicher Weise tobt
beispielsweise Klinger: „Hilf ewiger Himmel! es schlägt in mir

wie tausend Flammen, und ich meine, ich brennte und stürzte zusammen"; oder: „Ich baue in mir fort, und reich hinauf der Sonne
an, Sturz oder Gipfel"; „da steh' ich dir wieder auf meinem
Hügel, werf Blicke in die weite Welt und Menschenherzen, werd'
vom Geiste getrieben, hab' göttliche und satanische Eingebungen,
wie sie Dichter, Fanatiker und Narren haben. . . . . Saus denn
fort Menschheit! Dein Freund ist in Ruh"; und ein andermal:
„Ich möchte jeden Augenblick das Menschengeschlecht und alles,
was wimmelt und lebt, dem Chaos zu fressen geben und mich
nachstürzen."

Aber für die, welche, einer großen Zeit gegenüber, vorwiegend
nur auf solche Extravaganzen und Ausartungen hinblicken, die
den Sturmwind, auch den einer geistigen Revolution, heftig tadeln,
weil er, nicht ohne Schädigung mit sich zu führen, daher braust,
für sie gilt, was Goethes „Werther" ausspricht: „O meine Freunde!
warum der Strom des Genies so selten ausbricht, so selten in
hohen Fluten einherbraust und eure staunende Seele erschüttert? —
Lieben Freunde, da wohnen die gelassenen Herren auf beiden
Seiten des Ufers, denen ihre Gartenhäuschen, Tulpenbeete und
Krautfelder zu Grunde gehen würden, und die daher in Zeiten
mit Dämmen und Ableiten der künftig drohenden Gefahr abzuwehren wissen"; und ein andermal: „Ach, ihr vernünftigen Leute!
Leidenschaft! Trunkenheit! Wahnsinn! Ihr steht so gelassen, so
ohne Teilnehmung da, ihr sittlichen Menschen! scheltet den Trinker,
verabscheut den Unsinnigen, geht vorbei, wie der Priester, und
dankt Gott, wie der Pharisäer, daß er euch nicht gemacht hat, wie
einen von diesen. Ich bin mehr als einmal trunken gewesen, und
meine Leidenschaften waren nie weit vom Wahnsinn, und beides
reut mich nicht; denn ich habe in meinem Maße begreifen lernen,
wie man alle außerordentlichen Menschen, die etwas Großes, etwas
unmöglich Scheinendes wirkten, von jeher für Trunkene und Wahn-
sinnige ausschreien mußte."

Daß es auch hier, in der idealistischen Gedankenrevolution,
sich um etwas wahrhaft Großes, um etwas unmöglich Scheinendes

handelte, daß es eben das Vorgefühl hiervon war, was den Geistesrausch der Sturm= und Drangzeit hervorrief, — die un= mittelbar nachfolgende Zeit hat es deutlich bewiesen.   Denn bald legte sich die wilde revolutionäre Gärung, verzogen sich die trüben Schwaden, und langsam trat eine neue geistige Welt voll un= geahnter Blüten und Früchte hervor, so wie eine schöne Landschaft allmählich emporsteigt aus dem Morgennebel.

Anmerkungen.

Vorbemerkung: Die nachfolgenden Anmerkungen sollen nur für diejenigen Leser, welche sich näher unterrichten wollen, einige wenige literarische Hinweise geben, und daneben ein paar Erläuterungen, sowie Quellenangaben für entlegenere Zitate.

Erster Teil.
Die geschichtlichen Vorstufen.

Die hier gegebene summarische Darstellung tiefgehendster, und über Jahrtausende sich erstreckender, geistiger Kulturbewegungen wird vielleicht dem einen zu knapp, dem anderen zu ausführlich, manchem am Ende gar als ganz entbehrlich erscheinen. Dem gegenüber sei von vornherein bemerkt, daß ich auf diesen ersten Hauptteil besonderes Gewicht lege, und ich hoffe, der weitere Fortgang dieses Werkes wird, so weit es nicht schon im ersten Bande zutage tritt, nicht nur die Unentbehrlichkeit und sachliche Bedeutung, sondern auch das äußerliche Verhältnis dieses Teils zur Ökonomie des Ganzen, deutlich machen und rechtfertigen.

S. 3 ff. Zu Kap. 1. Wesen und Grundtypen des philosophischen Idealismus. Die weitergehende Entwickelung und Begründung der hier in allgemeinen Umrissen gegebenen Grundanschauungen wird natürlich erst der zweite Band des vorliegenden Werkes bringen. Vorläufig seien aber diejenigen Leser, welche sich über den Gegenstand weiter zu orientieren wünschen, bereits hingewiesen auf einige Schriften der klassischen Periode, welche eine solche Orientierung ohne größere Schwierigkeiten geben können: Goethes naturphilosophische Aufsätze, wozu als unentbehrliche Ergänzungen einmal zahlreiche seiner Maximen und Reflexionen, sodann viele seiner Briefe gehören; unter letzteren ist der Briefwechsel mit Schiller am wichtigsten, für die spätere Periode findet sich vieles zu unserem Thema Gehörige im Briefwechsel mit Zelter; ferner die ersten Briefe in Schillers „Briefen über ästhetische Erziehung", Fichtes beide Einleitungen zur Wissenschaftslehre, Schellings „Briefe über Dogmatismus und Kritizismus"; vgl. auch meine Schrift „Kant. Sein Leben und seine Lehre" (3. Aufl.), insbesondere Kap. 1 und 5.

S. 5. Aristoteles, Metaphysik, Buch I, Kap. II.

S. 7 ff. Es würde vielleicht näher liegen, den Gegensatz zum religiösen Mythus — und später zum Idealismus — in dem hier dargelegten Sinne mit dem Ausdruck „Naturalismus" zu bezeichnen. Allein dieses Wort hat nicht nur in der Gegenwart eine sehr deutlich ausgeprägte literarische Nebenbedeutung erhalten, sondern bezeichnet auch da, wo es im allgemeinsten Sinne angewandt wird, mehr die gesamte Richtung einer Kulturentwicklung, auch nach ihren imponderablen Stimmungen, den ihr vorherrschenden Lebensgefühlen usw., als gerade die philosophische Grundrichtung, die reine Ideenentwicklung, — das letztere sogar sicherlich am allerwenigsten. Daher habe ich nur da, wo das Philosophische nicht beherrschend im Vordergrund stand, den Ausdruck Naturalismus angewandt, im übrigen den Ausdruck Naturphilosophie, der allein möglich ist, ungeachtet dessen, daß er in der Neuzeit für uns die fatale Nebenbedeutung erhalten hat, auch ein Sondergebiet oder gar ein „Fach" der Philosophie zu bezeichnen.

S. 9. Der eine, dem es nach Novalis' Meinung gelang, den Schleier der Göttin zu Sais zu heben, ist Fichte.

S. 13. Vgl. Fr. Heinr. Jacobi „Fliegende Blätter".

S. 15. Frau v. Staël. Vgl. meinen Essay „Victor Cousin" in „Moderne Philosophen. Porträts und Charakteristiken". (München 1899.)

S. 16 f. Vgl. meine „Ethischen Präludien" (München 1905), insbesondere die Abschnitte „Schleiermachers Reden über die Religion", „Ethik und Religion", „Religiöse Aufklärung und Romantik".

S. 20 ff. Zu Kap. 2. Der griechische Idealismus. Vgl. Zeller: Geschichte der griechischen Philosophie; Th. Gomperz: Griechische Denker; Walter Pater: Vorlesungen über Plato; A. Döring: Geschichte der griechischen Philosophie (Leipzig 1903); Windelband: Geschichte der Philosophie; derselbe „Plato" (in Frommans Klassikern der Philosophie).

Ein für allemal, auch für sämtliche nachfolgenden Kapitel, sei ferner hingewiesen auf Überwegs bekannten „Grundriß der Geschichte der Philosophie", in dem alle wünschenswerten Literaturangaben vollständig zu finden sind.

S. 36 unten. Vgl. Goethes Aufsatz „Der Kammerberg bei Eger".

S. 41. Vgl. Marc Aurel, „Selbstgespräche" II, 17.

S. 47 ff. Zu Kap. 3. Der christliche Idealismus. Vgl. außer den bekannten allgemeinen Darstellungen der Geschichte der Philosophie (wobei die von Überweg hervorzuheben ist) noch A. Harnack, Dogmengeschichte (Freiburg 1886 und 1890); Reuter, Geschichte der Aufklärung im Mittelalter (Berlin 1875 und 1877); Ritter, Geschichte der christlichen Philosophie: Hegels Darstellung in seiner Geschichte der Philosophie; ferner Feuerbachs Religionsphilosophie, die theologischen Schriften von Ferd. Chr. Baur, Dav. Fr. Strauß, Hilgenfeld, Ritschl u. a.

S. 69. Vgl. Anselm v. Canterbury, „De fide trinitatis". Kap. 1 und 2.

S. 73 ff. Zu Kap. 4. Die Naturphilosophie der Neuzeit. Vgl. Kuno Fischer, Einleitung in die Geschichte der neueren Philosophie; Fr. Alb. Lange, Geschichte des Materialismus; Laßwitz, Geschichte der Atomistik; Mach und E. Dühring, Geschichte der Mechanik; Natorp, Galilei als Philosoph; Cantor, Geschichte der Mathematik, Prantl, Geschichte der Logik.

S. 74—76. Vgl. meine „Ethischen Präludien", Abschnitt „Weltflucht und Gemeinschaftsbildung".

S. 81 unten. Galilei, Gespräch über das Weltsystem; Opere complete di Galileo Galilei, ed. Alberi, IV, 171.

Zweiter Teil.

Übergang von der Naturphilosophie zum Idealismus.

S. 90 ff. Zu Kap. 5. Neuentdeckung des idealistischen Prinzips: Descartes. Vgl. von den Schriften von Descartes besonders: „Discours sur la méthode"; „Meditationes de prima philosophia"; und „Règles pour la direction de l'esprit". Die erstgenannte Schrift u. a. übersetzt von Kuno Fischer, auch bei Reclam erschienen (übersetzt von Ludw. Fischer), wo auch ein Auszug der Meditationes erschien. Gesamtausgabe der Werke Descartes' von Victor Cousin.

S. 94. Vgl. Galilei, opere complete (Florenz, 1842—56) I 288 und IV 171.

S. 100. Vgl. ebenda. I, 278.

S. 101. Descartes, Règles pour la direction de l'esprit. Ouevres, ed. Cousin XI, 245.

S. 107 unten. Hier ist einer der schwächsten Punkte der cartesianischen Lehre, und dies tritt besonders in den scharfsinnigen Objektionen von Arnauld und Gassendi zu ungunsten von Descartes deutlich hervor. Auch die seltsam-paradoxe Lehre von der Unbeseeltheit der Tiere hängt damit eng zusammen.

S. 108 ff. Zu Kap. 6. Der naturphilosophische Monismus: Spinoza. Vgl. Spinoza, Ethica, more geometrico demonstrata, ed. Bruder, Gfrörer, van Vloten u. a.; übersetzt u. a. von Berthold Auerbach und von Kirchmann (beide vielfach fehlerhaft), im wesentlichen korrekt und gut von Stern in Reclams Universalbibliothek. Eine verkürzte Übersetzung von mir ist erschienen in der Sammlung „Bücher der Weisheit und Schönheit", ed. Frhr. v. Grotthuß (Stuttgart 1908).

S. 116. Brief Schillers vom 23. August 1794.

S. 141 oben. Aus Goethes Gedicht „Vermächtnis" (1829).

S. 145 Schluß. Schleiermachers „Reden über die Religion".

S. 146 ff. Zu Kap. 7. Die Philosophie des reinen individuellen Subjekts: Leibniz. Vgl. von den Schriften von Leibniz
besonders: Nouveau système da la nature; la monadologie; Monadologia
physica; Principes de la nature et de la grâce; und vor allem die, erst
lange nach seinem Tode, 1765, von Raspe herausgegebenen, Nouveaux essais
sur l'entendement humain. Gesamt-Ausgaben von Erdmann (Berlin 1839)
und Gerhardt (Berlin 1875—90).

S. 147—150. Vgl. Ludwig Stein, Leibniz und Spinoza (Berlin
1890); insbesondere auch die hier im Anhang abgedruckten urkundlichen Belege.

S. 154 ff. Vgl. auch Kuno Fischer: Leibniz (Geschichte der neuern
Philosophie II).

S. 180 ff. Zu Kap. 8. Die deutsche Verstandesaufklärung.
Vgl. Zeller, Geschichte der deutschen Philosophie seit Leibniz; Hettner,
Deutsche Literaturgeschichte; Gervinus, Geschichte der deutschen Dichtung;
Schlosser, Geschichte des 18. Jahrhunderts; Tholuck, Geschichte des
Rationalismus; Lecky, Geschichte der Aufklärung in Europa.

S. 187 unten u. f. Lessings Abhandlung „Leibniz von den ewigen
Strafen".

S. 193 unten. Vgl. meine „Ethischen Präludien", den Essay „Giordano
Brunos Märtyrertod".

S. 197. Leibniz wollte ursprünglich Wolff — ebenso wie Ber-
nouilli u. a. — nur als mathematischen Schüler haben, um seiner neuen
Entdeckung der Differentialrechnung größeren Eingang zu verschaffen. Ja, er
hat Wolff brieflich einmal direkt deutlich zu verstehen gegeben, daß er ihn für
sein philosophisches System noch nicht recht für reif halte, und ihn auf das
Studium der Mathematik und Physik hingewiesen: „Ceterum suadeo, ut dum
in vigore es aetatis magis Physicis et Mathematicis quam Philosophicis
immoreris, prasertim cum ipsa Mathematica potissimum juvent philo-
sophantem neque ego in Systema Harmonicum incidissem, nisi leges
motuum prius constituissem, quae systema causarum occasionatum
evertant. Quae tamen non ideo dico ut te deterream a philosophando
sed ut ad severiorem philosophiam excitem."
Vgl. auch Arnsberger, Chr. Wolffs Verhältnis zu Leibniz (Heidelberg 1897).

S. 197 unten. Leibniz' philosophische Schriften, ed. Gerhardt III, 616.

S. 206 ff. Vgl. Dessoir, Geschichte der neueren Psychologie (2. Aufl.,
Berlin 1902).

S. 210 ff. Die Ethik oder, welcher Ausdruck gerade hier am zutreffend-
sten ist, die Moral der Aufklärung (über diesen Unterschied von Ethik und

Moral vgl. meine Schrift „Friedrich Nietzsche und seine Herrenmoral (München 1901), insbesondere S. 22) spiegelt sich am deutlichsten in den zahlreichen populären oder halbpopulären Zeitschriften jener Periode wieder, die auch noch sehr oft ausdrücklich den Zusatz „moralisch" tragen, z. B. moralische Wochenschrift u. dgl.

S. 231 oben. Engels bekannteste Schrift „Der Philosoph für die Welt" (Leipzig 1775—77) kann geradezu als Musterbeispiel dieser kompromißsüchtigen braven Lebensphilosophie der mittleren Linie gelten.

Dritter Teil.
Die idealistische Gedankenrevolution.

S. 235 ff. Zu Kap. 9. Die deutsche Mystik. Vgl. Lasson, die Darstellung der Geschichte der deutschen Mystik in Überwegs Geschichte der Philosophie, Band II; Rosenkranz, die deutsche Mystik (Königsberg 1836); Görres, die christliche Mystik, 2. Aufl. (Regensburg 1879); Preger, Geschichte der deutschen Mystik im Mittelalter (Leipzig 1874); Merz, Idee und Grundlinien einer allgemeinen Geschichte der Mystik (Heidelberg 1893).

S. 239 unten. Herders Gedicht „Der Mensch".

S. 248 ff. Über Meister Eckhardt vgl. Ad. Lasson, Meister Eckhardt, der Mystiker, Berlin 1868; eine Auswahl seiner Schriften neuerdings von G. Landauer (Leipzig 1903); ferner in der Sammlung: deutsche Mystiker des 14. Jahrhunderts von F. Pfeiffer, 2 Bände (Leipzig 1845 und 1857), mit Einleitungen.

S. 250 unten. Vgl. meinen „Kant" (3. Aufl.). S. 324 f.

S. 253 ff. Vgl. meine „Ethischen Präludien", den Essay „Der Geist der Renaissance".

S. 259 ff. Zu Kap. 10. Renaissance des christlichen Idealismus: Hamann und Fr. Heinr. Jacobi: Von den Schriften Hamanns kommen hier hauptsächlich in Betracht: „Sokratische Denkwürdigkeiten", „Wolken", „Kreuzzüge des Philologen", „Golgatha und Scheblimini", auch „Der fliegende Brief" und die von Kant so geschätzte „Apologie des Buchstabens H." Diesen Schriften ist auch die Mehrzahl der im Texte angeführten Stellen entnommen. Doch hängt es natürlich mit dem völlig Fragmentarischen und Improvisierten der schriftstellerischen Thätigkeit Hamanns eng zusammen, daß auch in anderen Schriften und in allen seinen schriftlichen Äußerungen der Hamannsche Geist sich darstellt und kaleidoskopartig sich wiederspiegelt. Insbesondere sind auch seine Briefe eine unentbehrliche Quelle für die Erkenntnis seiner Ideenwelt.

Eine Sammlung der Schriften (und Briefe) Hamanns hat Roth herausgegeben (Berlin 1821—43); vgl. ferner C. H. Gildemeister, Hamann's

Leben und Schriften, 6 Bände (Gotha 1858—73); vgl. hier insbesondere
Band 4, wo der Versuch gemacht wird, eine sachliche Ordnung wenigstens
insoweit in die Ideenwelt Hamanns zu bringen, als seine wichtigsten
Aussprüche unter bestimmte Fächer (Philosophie, Psychologie, Theologie,
Ästhetik usw.) rubriziert werden.

S. 287 ff. Von den Schriften Fr. Heinr. Jacobi's sind hier die
wichtigsten: die halb philosophischen Romane „Allwill" und „Woldemar";
„Über die Lehre des Spinoza, in Briefen an Mendelssohn"; „Dav. Hume
über den Glauben, oder Idealismus und Realismus"; „Von den göttlichen
Dingen und ihrer Offenbarung". Die letztgenannten Schriften reichen ja
freilich über die Sturm- und Drangzeit weit hinaus, sie fallen bereits
mitten in die klassische Periode, in die sie auch unmittelbar eingreifen. Ist
doch die Schrift „Von den göttlichen Dingen" direkt gegen Schelling gerichtet, der darauf auch in einer seiner besten Streitschriften erwiderte. Aber
Jacobi blieb auch in dieser späteren und spätesten Zeit ein und derselbe,
der er von Anfang an war, er variierte nur die Grundgedanken, die ihn von
Anfang an beherrschten, er wandte sie polemisch und kritisch gegen Andere,
aber er änderte sie nicht, ja es hat wohl keinen unter den geistigen Größen
jener Zeit gegeben, der so sehr sich immer gleich blieb, ungeachtet der größten
geistigen Wandlungen, die sich im geistigen Leben seiner Zeit vollzogen.

Eine Gesamtausgabe der Werke Jacobis ist Leipzig 1825—27 er-
schienen; vgl. ferner „Auserlesenen Briefwechsel" Jacobi's, herausgegeben
von Roth (Leipzig 1825—27), und die Schrift „Aus Jacobis Nachlaß"
(Leipzig 1869); vgl. ferner Deycks, Jacobi im Verhältnis zu seinen
Zeitgenossen (Frankfurt 1849); Zirngiebl, Jacobis Leben, Dichten und
Denken (Wien 1867); Harms, Über die Lehre von Fr. Heinr. Jacobi
(Berlin 1876).

S. 303 ff. Zu Kap. 11. Renaissance des griechischen Idealismus: Winckelmann und Lessing. Von den Schriften Winckelmanns
sind hier die wichtigsten die „Gedanken über die Nachahmung der griechischen
Werke in der Malerei und Bildhauerkunst", die „Abhandlung von der Fähigkeit der Empfindung des Schönen in der Kunst und dem Unterricht in derselben" und die „Geschichte der Kunst des Altertums". Doch gilt in bezug
auf die Heranziehung auch der übrigen Schriften für Winckelmann Ähnliches,
wie oben für Hamann ausgeführt wurde.

Gesamtausgabe der Schriften Winckelmanns von Joseph Eiselein
(Donaueschingen 1825—1829) und die Originalausgabe in zwei Bänden
(Stuttgart 1847). Vgl. ferner Justi, Winckelmann, sein Leben, seine Werke
und seine Zeitgenossen (Leipzig 1866—1872) und Goethes vortreffliche
Charakteristik „Winckelmann" (1805).

S. 318 unten. Frau v. Staël in ihrem Buche „De l'Allemagne".

S. 318 ff. Von Leſſings Schriften ſind hier die wichtigſten die „Literaturbriefe“, der „Laokoon“, nebſt den Entwürfen und Fragmenten zum „Laokoon“, die „Hamburgiſche Dramaturgie“; ferner die ſchöne Abhandlung „Wie die Alten den Tod gebildet“, und eine ganze Anzahl kleinerer Abhand- lungen zur Altertumskunde, deren Aufzählung ſich hier erübrigt. Vgl. ferner Erich Schmidt's Leſſing-Biographie (2. Aufl., 1899), Kuno Fiſcher, Leſſing als Reformator der deutſchen Literatur (4. Aufl., Stuttgart 1896) und beſonders Fr. Schlegel, Leſſings Geiſt aus ſeinen Schriften (Leipzig 1804).

Zu S. 338 ff. Kap. 12. Auflöſung der Naturphiloſophie: Kants vorkritiſche Philoſophie. Von den hier in Betracht kommenden Schriften Kants ſind die wichtigſten: „Die falſche Spitzfindigkeit der vier ſyllogiſtiſchen Figuren“, „Verſuch, den Begriff der negativen Größen in die Weltweisheit einzuführen“; Der einzig mögliche Beweisgrund zu einer Demon- ſtration für das Daſein Gottes“; „Beobachtungen über das Gefühl des Schönen und Erhabenen“; „Unterſuchungen über die Deutlichkeit der Grundſätze der natürlichen Theologie und Moral“; „Träume eines Geiſterſehers, erläutert durch Träume der Metaphyſik“. Alle dieſe Schriften erſchienen in den Jahren 1762—1766. Die Geſamtausgabe der Kantiſchen Schriften von Hartenſtein (Leipzig 1867—1869) enthält ſie in Band II. Vgl. ferner Kuno Fiſcher, Kant (Band III der Geſchichte der neueren Philoſophie) und meinen Kant (3. Aufl.), (München 1905) beſonders S. 137—175.

S. 375 ff. Zu Kap. 13. Der idealiſtiſche Univerſalismus: Herders Frühzeit. Von Herders Schriften, die hier in Betracht kommen, ſind in erſter Linie zu nennen: die „Fragmente zur deutſchen Literatur“ und die „Kritiſchen Wälder“ — ausgenommen das weſentlich ſpäter entſtandene vierte Wäldchen —; ſodann die Abhandlungen „Über die Ode“ und „Daß und wie die Philoſophie für das Volk nutzbar zu machen ſei“.

Geſamtausgabe von Suphan, auch die von Dünter (Hempelſche Ausgabe).

Vgl. Haym, Herder nach ſeinem Leben und ſeinen Werken (Berlin 1880—1885), Kühnemann, Herders Leben (München 1894), meine Schrift „Herders Philoſophie nach ihrem Entwicklungsgang und ihrer hiſtoriſchen Stellung“ (Heidelberg 1889), neuerdings Siegel, Herder als Philoſoph (Stuttgart 1907).

S. 406 ff. Zu Kap. 14. Sturm und Drang. Vgl. außer den be- kannten literaturgeſchichtlichen Darſtellungen von Gervinus, Hettner, auch von Scherer, noch: Erich Schmidt: Rouſſeau, Richardſon und Goethe (Jena 1875), S. Hirzel, Der junge Goethe (Leipzig 1875), Bielſchowskys Goethe-Biographie, ferner natürlich den geſamten Briefwechſel Goethes (und Schillers) aus der Sturm- und Drangzeit, die betr. Abſchnitte in Goethes

„Wahrheit und Dichtung" u. a. Weitere Literatur im Anhang zu Scherers Literaturgeschichte.

S. 411 f. Klinger. Vgl. M. Rieger, Klinger in der Sturm- und Drangperiode (Darmstadt 1880), Erich Schmidt, Lenz und Klinger (Berlin 1878); ferner über die anderen Größen der Sturm- und Drangzeit: A. Sauer, Einleitungen zu seiner Ausgabe der Stürmer und Dränger in Kürschners deutscher Nationalliteratur.

S. 413. Vgl. Goethes „Wilhelm Meister", 6. Buch, die „Bekenntnisse einer schönen Seele" (d. i. Frl. v. Klettenberg).

S. 419 f. Vgl. die Rousseau-Biographie von Brockerhoff (Leipzig 1863—74) und Höffding (Frommann's Klassiker der Philosophie); ferner meinen „Kant" S. 168 und meine „Ethischen Präludien" Abschnitt „Rousseau und die Enzyklopädisten".